CONSTRUCTION LAW
PROVIDES FOR INTEGRATION AND
CASE APPLICATION

建筑法

规定集成与案例适用

石文辉　编著

法律出版社
LAW PRESS · CHINA
北京

图书在版编目(CIP)数据

建筑法规定集成与案例适用 / 石文辉编著. -- 北京 :法律出版社, 2023

ISBN 978 - 7 - 5197 - 7482 - 0

Ⅰ. ①建… Ⅱ. ①石… Ⅲ. ①建筑法 - 案例 - 中国 Ⅳ. ①D922.297.5

中国国家版本馆 CIP 数据核字(2023)第 004162 号

建筑法规定集成与案例适用
JIANZHUFA GUIDING JICHENG YU ANLI SHIYONG

石文辉　编著

策划编辑 朱海波
责任编辑 朱海波　谢瑞忠
装帧设计 李　瞻

出版发行 法律出版社
编辑统筹 法律应用出版分社
责任校对 蒋　橙
责任印制 刘晓伟
经　　销 新华书店

开本 A5
印张 18.75　　**字数** 580 千
版本 2023 年 2 月第 1 版
印次 2023 年 2 月第 1 次印刷
印刷 三河市兴达印务有限公司

地址:北京市丰台区莲花池西里 7 号(100073)
网址:www.lawpress.com.cn
投稿邮箱:info@lawpress.com.cn
举报盗版邮箱:jbwq@lawpress.com.cn
销售电话:010 - 83938349
客服电话:010 - 83938350
咨询电话:010 - 63939796

书号:ISBN 978 - 7 - 5197 - 7482 - 0
定价:75.00 元

出版说明

本书通过“条文理解”、“规定集成”、“案例适用”三个方面，对《建筑法》进行写作汇编。“条文理解”部分，采用依据某某规定的方式陈述，便于读者进一步求证。“规定集成”部分，按照相关规定实施时间从旧到新的顺序排列，帮助读者系统的了解建筑相关规定的发展变化，加深对本法的理解。“案例适用”部分，通过检索与条文相关的案例汇编而成。裁判观点仅选择与条文相关的内容，读者如需了解案例全文，可以通过案号查阅。附录部分，附录二至附录八将本书引用的 199 部规定，分成 7 大类，分别是：综合性规定、建筑许可的规定、建筑工程发包与承包的规定、建筑工程监理的规定、建筑安全生产管理的规定、建筑工程质量管理的规定、其他相关规定。与建筑法各章对应，便于读者查阅。

以上为出版说明，敬请各界同仁批评指正。

石文辉

2023 年 1 月

目　录

CONTENTS

案例适用索引

第一章

总　则

第一条　【立法宗旨】为了加强对建筑活动的监督管理，维护建筑市场秩序，保证建筑工程的质量和安全，促进建筑业健康发展，制定本法。

条文理解

本条是关于立法宗旨的规定，关于对建筑活动的监督管理，依据本法第7条、第13条、第19条及第30条等相关规定，建设单位在开工前，应当向建设行政主管部门申领施工许可证，小型工程及按规定批准开工报告的工程除外；施工企业、勘察单位、设计单位和工程监理单位，在取得相应等级的资质证书后，方可在许可的范围内从事建筑活动；建筑工程依法实行招标发包及国务院规定强制监理的建筑工程的范围等，分别从施工许可证制度、资质等级证书要求、招标发包要求及工程强制监理等方面进行加强。

关于建筑市场秩序。依据本法第15条、第16条、第23条及第28条等相关规定，建筑工程的发包单位和承包单位应当全面履行合同约定的义务，不按照合同约定履行义务的，依法承担违约责任；建筑工程发包与承包的招标投标活动，应当遵循公开、公正、平等竞争的原则，择优选择承包单位；政府及其所属部门不得滥用行政权力，限定发包单位将招标发包的建筑工程发包给指定的承包单位；禁止承包单位将其承包的全部建筑工程转包给他人，禁止承包单位将其承包的全部建筑工程肢解以后以分包的名义分别转包给他人等，分别从发包单位和承包单位依法全面履行合同、招标投标活动的原则、禁止政府及其所属部门滥用行政权力指定发包、禁止转包等方面进行维护。

关于建筑工程的质量。依据本法第54条、第56条、第58条及第61条等相关规定,建设单位不得以任何理由,要求建筑设计单位或者建筑施工企业在工程设计或者施工作业中,违反法律、行政法规和建筑工程质量、安全标准,降低工程质量;勘察、设计文件应当符合有关法律、行政法规的规定和建筑工程质量、安全标准、建筑工程勘察、设计技术规范以及合同的约定;建筑施工企业必须按照工程设计图纸和施工技术标准施工,不得偷工减料;交付竣工验收的建筑工程,必须符合规定的建筑工程质量标准,有完整的工程技术经济资料和经签署的工程保修书,并具备国家规定的其他竣工条件等,分别从建设单位的质量责任、勘察设计文件的要求、施工依据和要求及建筑工程竣工验收的质量标准等方面进行保证,主要规定在本法第六章。

关于建筑工程的安全。依据本法第37条至第39条及第46条等相关规定,建筑工程设计应当符合按照国家规定制定的建筑安全规程和技术规范,保证工程的安全性能;建筑施工企业在编制施工组织设计时,应当根据建筑工程的特点制定相应的安全技术措施,对专业性较强的工程项目,应当编制专项安全施工组织设计,并采取安全技术措施;建筑施工企业应当在施工现场采取维护安全、防范危险、预防火灾等措施,有条件的,应当对施工现场实行封闭管理;建筑施工企业应当建立健全劳动安全生产教育培训制度,加强对职工安全生产的教育培训,未经安全生产教育培训的人员,不得上岗作业等,分别从工程设计的要求、安全技术措施、施工现场安全维护、劳动安全生产教育培训等方面进行保证,主要规定在本法第五章。

关于建筑业健康发展。依据本法第4条、第24条及第53条等相关规定,国家扶持建筑业的发展,支持建筑科学技术研究,提高房屋建筑设计水平,鼓励节约能源和保护环境,提倡采用先进技术、先进设备、先进工艺、新型建筑材料和现代管理方式;提倡对建筑工程实行总承包;国家对从事建筑活动的单位推行质量体系认证制度,经认证合格的,由认证机构颁发质量体系认证证书等，分别从国家扶持行业发展、支持技术研究、提倡工程总承包模式、推行质量体系认证制度等方面进行促进，打造“中国建造”品牌。

规定集成

《建设工程质量投诉处理暂行规定》（1997年4月2日初次实施）

第1条　为确保建设工程质量，维护建设工程各方当事人的合法权益，认真做好工程质量投诉的处理工作，依据有关规定，制定本规定。

《建设工程质量管理条例》（2000年1月30日初次实施，2019年4月23日修订）

第1条　为了加强对建设工程质量的管理，保证建设工程质量，保护人民生命和财产安全，根据《中华人民共和国建筑法》，制定本条例。

《建设工程安全生产管理条例》（2004年2月1日初次实施）

第1条　为了加强建设工程安全生产监督管理，保障人民群众生命和财产安全，根据《中华人民共和国建筑法》、《中华人民共和国安全生产法》，制定本条例。

《房屋建筑和市政基础设施工程施工分包管理办法》（2004年4月1日初次实施，2019年3月13日修正）

第1条　为了规范房屋建筑和市政基础设施工程施工分包活动，维护建筑市场秩序，保证工程质量和施工安全，根据《中华人民共和国建筑法》、《中华人民共和国招标投标法》、《建设工程质量管理条例》等有关法律、法规，制定本办法。

《关于进一步强化住宅工程质量管理和责任的通知》（2010年5月4日初次实施）

住宅工程质量，关系到人民群众的切身利益和生命财产安全，关系到住有所居、安居乐业政策的有效落实。近几年来，住宅工程质量总体上是好的，但在一些住宅工程中，违反建设程序、降低质量标准、违规违章操作、执法监督不力等现象依然存在，重大质量事故仍有发生。为进一步加强质量管理，强化质量责任，切实保证住宅工程质量，现将有关问题通知如下……

《关于做好房屋建筑和市政基础设施工程质量事故报告和调查处理工作的通知》(2010年7月20日初次实施)

为维护国家财产和人民生命财产安全,落实工程质量事故责任追究制度,根据《生产安全事故报告和调查处理条例》和《建设工程质量管理条例》,现就规范、做好房屋建筑和市政基础设施工程(以下简称工程)质量事故报告与调查处理工作通知如下……

《房屋市政工程生产安全重大隐患排查治理挂牌督办暂行办法》(2011年10月8日初次实施)

第1条　为推动企业落实房屋市政工程生产安全重大隐患排查治理责任,积极防范和有效遏制事故的发生,根据《国务院关于进一步加强企业安全生产工作的通知》(国发〔2010〕23号),对房屋市政工程生产安全重大隐患排查治理实行挂牌督办。

《房屋市政工程生产安全事故报告和查处工作规程》(2013年1月14日初次实施)

第1条　为规范房屋市政工程生产安全事故报告和查处工作,落实事故责任追究制度,防止和减少事故发生,根据《建设工程安全生产管理条例》、《生产安全事故报告和调查处理条例》等有关规定,制定本规程。

《房屋建筑和市政基础设施工程竣工验收规定》(2013年12月2日初次实施)

第1条　为规范房屋建筑和市政基础设施工程的竣工验收,保证工程质量,根据《中华人民共和国建筑法》和《建设工程质量管理条例》,制定本规定。

《住房城乡建设部关于推进建筑业发展和改革的若干意见》(2014年7月1日初次实施)

第1条　指导思想和发展目标,第2项,发展目标:简政放权,开放市场,坚持放管并重,消除市场壁垒,构建统一开放、竞争有序、诚信守法、监管有力的全国建筑市场体系;创新和改进政府对建筑市场、质量安全的监督管理机制,加强事中事后监管,强化市场和现场联动,落实各方主体责任,确保工程质量安全;转变建筑业发展方式,推进建筑产业现代化,促进建筑业健康协调可持续发展。

《房屋建筑和市政基础设施工程施工安全监督工作规程》(2014 年 10 月 28 日初次实施)

第 1 条　为规范房屋建筑和市政基础设施工程施工安全监督工作程序,依据有关法律法规,制定本规程。

《国务院办公厅关于促进建筑业持续健康发展的意见》(2017 年 2 月 24 日初次实施)

……改革开放以来,我国建筑业快速发展,建造能力不断增强,产业规模不断扩大,吸纳了大量农村转移劳动力,带动了大量关联产业,对经济社会发展、城乡建设和民生改善作出了重要贡献。但也要看到,建筑业仍然大而不强,监管体制机制不健全、工程建设组织方式落后、建筑设计水平有待提高、质量安全事故时有发生、市场违法违规行为较多、企业核心竞争力不强、工人技能素质偏低等问题较为突出。为贯彻落实《中共中央　国务院关于进一步加强城市规划建设管理工作的若干意见》,进一步深化建筑业"放管服"改革,加快产业升级,促进建筑业持续健康发展,为新型城镇化提供支撑……

《建筑工程施工发包与承包违法行为认定查处管理办法》(2019 年 1 月 1 日初次实施)

第 1 条　为规范建筑工程施工发包与承包活动中违法行为的认定、查处和管理,保证工程质量和施工安全,有效遏制发包与承包活动中的违法行为,维护建筑市场秩序和建筑工程主要参与方的合法权益……结合建筑活动实践,制定本办法。

第二条　【适用范围】在中华人民共和国境内从事建筑活动,实施对建筑活动的监督管理,应当遵守本法。

本法所称建筑活动,是指各类房屋建筑及其附属设施的建造和与其配套的线路、管道、设备的安装活动。

条文理解

本条是关于适用范围的规定,本法适用于各类房屋建筑及其附属设施的建造和与其配套的线路、管道、设备的安装活动,即适用于房屋建造及与其相关内容的安装活动。本法第81条关于“本法关于施工许可、建筑施工企业资质审查和建筑工程发包、承包、禁止转包,以及建筑工程监理、建筑工程安全和质量管理的规定,适用于其他专业建筑工程的建筑活动,具体办法由国务院规定”的规定属于适用范围的补充规定,“其他专业”指公路工程、铁路工程、港口与航道工程、水利水电工程、电力工程、矿山工程、冶金工程、石油化工工程、市政公用工程、通信工程、机电工程,加上本条规定的建筑工程,共计十二类,详见《建筑业企业资质标准》。

本法第83条关于“省、自治区、直辖市人民政府确定的小型房屋建筑工程的建筑活动,参照本法执行。依法核定作为文物保护的纪念建筑物和古建筑等的修缮,依照文物保护的有关法律规定执行。抢险救灾及其他临时性房屋建筑和农民自建低层住宅的建筑活动,不适用本法”的规定属于适用范围的特别规定,即省级政府确定的小型房屋建筑工程仅是参照本法执行,而非依据本法执行。对作为文物保护的纪念建筑物和古建筑等进行修缮的活动,因为其文物保护的特殊性,故依照文物保护的规定执行。抢险救灾及其他临时性房屋建筑,因为其临时性、紧急性,所以不适用本法的规定,遵守的是特事特办的原则。农民自建低层住宅(两层以下,含两层)因为数量庞大,适用本法成本过高,故不适用本法规定。另外,本法第84条关于军用建筑的规定,因为其保密性、危险性等特殊原因,其建筑活动的具体管理办法由国务院、中央军事委员会依据本法制定。

规定集成

《建设工程质量管理条例》(2000 年 1 月 30 日初次实施,2019 年 4 月 23 日修订)

第 2 条　凡在中华人民共和国境内从事建设工程的新建、扩建、改建等有关活动及实施对建设工程质量监督管理的,必须遵守本条例。本条例所称建设工程,是指土木工程、建筑工程、线路管道和设备安装工程及装修工程。

《建设部关于建筑装饰装修归口管理问题的复函》(2000 年 6 月 7 日初次实施)

根据《中华人民共和国建筑法》、《建设工程质量管理条例》、国家标准《国民经济行业分类与代码》和国务院批准的建设部三定方案,建筑装修装饰属于建筑活动,建筑装修装饰业是建筑业的重要组成部分。为此,各级建设行政主管部门要切实抓好包括建筑装修装饰业在内的建筑业的行业归口管理。国务院批准的建设部三定方案(国办发〔1998〕86 号)提到:“住宅建成后住户室内装饰的指导职能,下放给地方人民政府”,其中的“住宅建成后住户室内装饰”是指家庭居室的装修装饰,其主要属性是建筑装修装饰。这部分家庭居室装修装饰由地方建设行政主管部门管理,会更有利于保障建筑工程的质量和住户生命财产的安全。我们认为地方人民政府应该把家庭居室装修装饰的管理职能定给地方建设行政主管部门。

《房屋建筑和市政基础设施工程施工招标投标管理办法》(2001 年 6 月 1 日初次实施,2019 年 3 月 13 日修正)

第 2 条　依法必须进行招标的房屋建筑和市政基础设施工程,其施工招标投标活动,适用本办法。本办法所称房屋建筑工程,是指各类房屋建筑及其附属设施和与其配套的线路、管道、设备安装工程及室内外装修工程。本办法所称市政基础设施工程,是指城市道路、公共交通、供水、排水、燃气、热力、园林、环卫、污水处理、垃圾处理、防洪、地下公共设施及附属设施的土建、管道、设备安装工程。

《建设工程安全生产管理条例》(2004 年 2 月 1 日初次实施)

第 2 条　在中华人民共和国境内从事建设工程的新建、扩建、改建和拆除等有关活动及实施对建设工程安全生产的监督管理,必须遵守本条例。本条例所称建设工程,是指土木工程、建筑工程、线路管道和设备安装工程及装修工程。

《关于加强村镇建设工程质量安全管理的若干意见》(2004 年 12 月 6 日初次实施)

第 3 条　突出重点,分类指导,创新监督管理方式,第 3 项,对于村庄建设规划范围内的农民自建两层(含两层)以下住宅(以下简称农民自建低层住宅)的建设活动,县级建设行政主管部门的管理以为农民提供技术服务和指导作为主要工作方式。

《建设部关于加强农民住房建设技术服务和管理的通知》(2006 年 12 月 14 日初次实施)

第 6 条　三层(含三层)以上的农民住房建设管理要严格执行《建筑法》、《建设工程质量管理条例》等法律法规的有关规定。

《建筑工程施工发包与承包违法行为认定查处管理办法》(2019 年 1 月 1 日初次实施)

第 2 条　本办法所称建筑工程,是指房屋建筑和市政基础设施工程及其附属设施和与其配套的线路、管道、设备安装工程。

案例适用

001　楼梯扶手及防护栏的施工是否属于建筑活动

案件名称:甘肃中汇建设有限公司(以下简称中汇公司)与宋某、魏某、高某等建设工程施工合同纠纷案

审理法院:甘肃省高级人民法院

案　　号:(2020)甘民申 2398 号

裁判观点:高某与宋某、魏某签订《工程分包施工协议》,将中汇公司承建的河西堡兴盛家园城中村改造住宅小区楼梯扶手及防护栏施工任务承包给宋某、魏某完成,中汇公司亦认可施工内容包括楼梯扶手、防护栏的加工、制作和安装,故原审认定案涉项目属建设工程的范围,并将本案定性为建设工程施工合同纠纷符合法律规定。

002 钢制防火门和管道井防火门的制作和安装是否属于建筑活动

案件名称：成都市和乐门业有限公司（以下简称和乐门业公司）与中国华西企业股份公司（以下简称华西企业公司）建设工程分包合同纠纷案

审理法院：四川省高级人民法院

案　　号：（2020）川民申5737号

裁判观点：从和乐门业公司提交的起诉材料的内容来看，华西企业公司作为总包人与分包人和乐门业公司签订的《旭和蓝花楹花园工程公共区域钢制防火门制安工程分包合同》中约定：根据华西企业公司承建的旭和蓝花楹花园1#至11#楼住宅工程需要，华西企业公司决定将该工程的“通道钢制防火门及管道井防火门制安”工程分包给和乐门业公司；工程地点为四川省成都市高新区天府三街，分包范围为旭和蓝花楹花园项目1#至11#楼工程设计施工图纸及设计变更标注的所有通道钢制防火门和管道井防火门的制作和安装；结算方式为经建设单位、监理单位、质监站及华西企业公司验收合格后，按和乐门业公司实际完成产值计算工程量并以华西企业公司书面的通知结算。该合同还对合同总金额、质量要求、安全要求、工程进度款、质保金、工程保修等事项作了约定。根据《建筑法》第2条第2款的规定并结合案涉合同约定的内容，和乐门业公司所承接的“通道钢制防火门及管道井防火门制安”工程，属于“旭和蓝花楹花园”项目工程中与建筑配套的消防设备安装的分项工程，并纳入工程竣工验收范畴，该合同的性质应确认为建设工程分包合同，故原审裁定认定本案为建设工程分包合同法律关系正确。

003 厂房维修是否属于建筑活动

案件名称：张某与刘某等提供劳务者受伤害纠纷案

审理法院：四川省高级人民法院

案　　号：（2016）川民申3321号

裁判观点：《建设工程质量管理条例》第2条规定：“凡在中华人民共和国境内从事建设工程的新建、扩建、改建等有关活动及实施对建设工程质量监督管理的,必须遵守本条例。本条例所称建设工程,是指土木工程、建筑工程、线路管道和设备安装工程及装修工程。”第7条第1款规定:“建设单位应当将工程发包给具有相应资质等级的单位。”由此可见,张某将天铮雕塑厂厂房交给刘某维修,双方签订《工程承包合同》约定施工内容包括彩钢瓦铺设、拆换塑钢窗、墙体抹灰、隔断砌砖、室外地坪等,包含了安装、砌筑、抹灰等建筑施工专项劳务作业,张某发包建筑工程的行为应当依法认定为建设工程施工合同,应受《建筑法》和《建设工程质量管理条例》的调控,即必须将工程发包给具有相应资质等级的单位进行维修。

004 脚手架租赁是否属于建筑活动

案件名称:江苏长实基业建设有限公司(以下简称长实公司)与苏州高新区中辰建筑设备租赁站(以下简称中辰租赁站)建设工程施工合同纠纷案

审理法院:江苏省高级人民法院

案　　号:(2017)苏民终1740号

裁判观点:根据《建筑法》第2条第2款的规定,建筑活动是指各类房屋建筑及其附属设施的建造和与其配套的线路、管道、设备的安装活动。脚手架工程属于上述建筑活动范围,同时按照《脚手架工程合同》的约定,中辰租赁站的承包范围包括双排脚手架的搭设、拆除、维护,挂安全网、标志、标牌、标语,施工现场防护,厂内脚手架的管理等一切工序,而非单纯的钢管扣件的租赁,故一审判决将本案案由定为建设工程施工合同纠纷,并无不当。长实公司主张本案系建筑设备租赁合同纠纷,法院不予支持。

005 木工劳务包工是否属于建筑活动

案件名称:刘某与湖南华侨建设开发集团有限公司建设工程分包合同纠纷案

审理法院:湖南省高级人民法院

案　　号：(2020)湘民辖255号

裁判观点：本案中，《单项劳务分包协议书》中，双方约定承包形式为"木工部分劳务包工，包木工工程所需的各种辅材"。经查阅原审材料，本案所称"木工"，是指房屋建筑主体结构建设过程中关于模板制作及类似工作的一道工序，属于《建筑法》第2条第2款规定的"各类房屋建筑及其附属设施的建造"范围。故本案属于建设工程施工合同纠纷。

006　土方、泥浆外运劳务是否属于建筑活动

案件名称：再审申请人丁某、颜某与被申请人傅某、一审第三人宁波市飞宏基础工程有限公司(以下简称飞宏公司)合伙协议纠纷案

审理法院：浙江省高级人民法院

案　　号：(2016)浙民申3921号

裁判观点：傅某与丁某签订《个人合伙协议书》一份，约定：双方共同以飞宏公司名义承揽中铁十三局公司项目部土方、泥浆外运劳务协作和2号线二期工程火车南站TJ2105－1标项目部土方外运及其施工队陈某泥浆外运劳务协作，合伙期间自2011年7月15日起至中铁十三局公司以上有关宁波项目部及其施工队陈某与飞宏公司终止合同时止。协议还对协议各方的出资额、权利义务、盈余及债务的承担等作了约定。本案系劳务外运项目，不受《建筑法》调整，丁某、颜某提出的《个人合伙协议书》违反《建筑法》第26条第2款及国务院《建设工程质量管理条例》第25条第2款的禁止性规定，没有法律依据，不予采纳。一审、二审认定《个人合伙协议书》系各方真实意思表示，利润不违反法律、行政法规的禁止性规定，应属有效正确。

007　陈列装饰景箱是否属于建筑活动

案件名称：北京保发艺术装饰有限责任公司(以下简称保发公司)与株式会社CINQ-ART、闪酷艺术设计(上海)有限公司合同纠纷案

审理法院：上海市高级人民法院

案　　号：(2017)沪民申1368号

裁判观点：本案涉讼的"包件二生存策略小型景箱""包件三泥畔天堂生态景箱""包件四农业起源微缩场景"工程，从其展示内容来看，皆是属于展示人类文明发展和自然标本的陈列，不属于博物馆房屋建筑及其附属设施或配套线路、管道，原审据此对保发公司关于相关工程为建设工程、《合作协议》为无效的主张不予支持，于法不悖。

008　空调通风工程安装是否属于建筑活动

案件名称：河南鸿业建设(集团)有限公司、许昌电气职业学院与姚某建设工程合同纠纷案

审理法院：河南省高级人民法院

案　　号：(2018)豫民申6928号

裁判观点：本案涉案工程为服务楼中央空调通风工程。根据《建筑法》第2条的规定，建筑活动是指各类房屋建筑及其附属设施的建造和与其配套的线路、管道、设备的安装活动。本案工程不仅涉及中央空调的购买、安装，还涉及通风管道的施工，与房屋建筑不可分离，且需要具备相应的资质才能完成，属于《建筑法》调整范围的活动，故本案纠纷属于建设工程合同纠纷，适用建设工程施工合同纠纷案件相关法律和司法解释的规定。

009　LED电子显示系统购销是否属于建筑活动

案件名称：原告广州市骏才科技服务有限公司(以下简称骏才科技)与被告中山市山木显示技术有限公司(以下简称山木公司)建设工程施工合同纠纷案

终审法院：广东省高级人民法院

案　　号：(2019)粤民辖14号

禅城区法院裁判观点：原、被告签订的《LED电子显示系统购销合同》系确定原、被告双方权利义务的依据。根据该合同的约定，被告的主要合同义务是供货，即向原告提供符合要求的显示屏，而非安装和调试。故双方依据上述合同形成的是承揽合同关系，本案应为承揽合同纠纷，

而非建设工程施工合同纠纷,不适用专属管辖的法律规定。

中山二院裁判观点:虽然骏才科技和山木公司签订的合同名为购销合同,但合同的履行涉及施工报建、安装调试、竣工验收等流程,因此本案应为建设工程施工合同纠纷,由不动产所在地人民法院管辖。

广东高院裁判观点:根据《建筑法》第 2 条第 2 款"本法所称建筑活动,是指各类房屋建筑及其附属设施的建造和与其配套的线路、管道、设备的安装活动"以及《建设工程质量管理条例》第 2 条第 2 款"本条例所称建设工程,是指土木工程、建筑工程、线路管道和设备安装工程及装修工程"的规定,本案的涉案工程属于设备安装工程。虽然骏才科技和山木公司签订的合同名为购销合同,但合同的履行涉及施工报建、安装调试、竣工验收等流程,因此本案应为建设工程施工合同纠纷。

010　装饰装修活动是否适用本法规定

案件名称:上海欧弗迪装饰工程有限公司(以下简称欧弗迪公司)与珊美贸易(上海)有限公司(以下简称珊美公司)等装饰装修合同纠纷案

审理法院:重庆市高级人民法院

案　　号:(2020)渝民申 2862 号

裁判观点:关于案涉《承包合同书》的效力问题。通常认为,《建筑法》第 2 条第 2 款调整的行为是各类房屋建筑及其设施的新建、改建、扩建、维修、拆除、装饰装修等活动,以及线路、管道、设备的安装活动。同时,该法第 49 条规定,"涉及建筑主体和承重结构变动的装修工程,建设单位应当在施工前委托原设计单位或者具有相应资质条件的设计单位提出设计方案;没有设计方案的,不得施工"。由此可见,装饰装修活动属于《建筑法》第 2 条所称的建筑活动,装饰装修施工单位应当持有依法取得的资质证书,并在其资质等级许可的业务范围内承揽工程。欧弗迪公司无从事装饰装修工程的施工资质,一审、二审法院认定其与珊美公司就案涉项目签订的《承包合同书》为无效合同,符合《合同法》(已失效)、《建筑法》、《最高人民法院关于审理建设工程施工合同纠纷案件适用法律问题的解释》(已失效)等法律和司法解释的规定。基于家庭住宅室内装饰装修的特点,司法实践中,根据相关规定,对家庭住宅室内装饰装修,当事人仅以施工人缺乏相应资质为由,主张合同无效的,一般不予支持。本案中《承包合同书》并不属于此种情况,欧弗迪公司以《建设工程质监管理条例》的相关规定认为《承包合同书》不应适用《建筑法》,没有事实与法律依据。

011　木结构房屋销售及组装是否适用本法规定

案件名称:江西森美生态园有限公司(以下简称森美公司)与北京美好家园景观公共设施制造有限责任公司(以下简称美好家园公司)建设工程合同纠纷案

审理法院:江西省高级人民法院

案　　号:(2018)赣民申9号

裁判观点:双方签订《木结构房屋销售及组装合同》,系双方自愿意思表示,合同约定美好家园公司为森美公司位于南昌市××镇××号森美生态园内木结构房屋工程进行设计、加工及现场组装。根据《建筑法》第2条第2款的规定,美好家园公司建造的木屋属于《建筑法》规定的各类房屋范围,美好家园公司为森美公司建造木屋的行为属于建筑活动,故双方签订的《木结构房屋销售及组装合同》属于建设工程施工合同范畴。

012　农民自建低层住宅是否适用本法规定

案件名称:魏某1与魏某2农村建房施工合同纠纷案

审理法院:贵州省高级人民法院

案　　号:(2019)黔民申216号

裁判观点:《建筑法》第83条第3款规定:“抢险救灾及其他临时性房屋建筑和农民自建低层住宅的建筑活动,不适用本法。”《建设部关于加强村镇建设工程质量安全管理的若干意见》(建质〔2004〕216号)规定:“……(三)对于村庄建设规划范围内的农民自建两层(含两层)以下住宅(以下简称农民自建低层住宅)的建设活动,县级建设行政主管部门的管理以为农民提供技术服务和指导作为主要工作方式……”《关于加强农民住房建设技术服务和管理的通知》(建村〔2006〕303号)第6条规定:“三层(含三层)以上的农民住房建设管理要严格执行《建筑法》、《建设工程质量管理条例》等法律法规的有关规定。”由此可判断,《建筑法》第83条第3款中的“农民自建低层住宅”应该是指农民自建两层(含两层)以下住宅。而根据原审查明的事实,案涉房屋的楼层已达三层,故本案双方的法律关系应受《建筑法》及相关司法解释、行政法规的调整。

013 海洋、通海可航水域工程是否适用本法规定

案件名称:深圳市雄风疏浚工程有限公司与唐山湾国际游艇发展有限公司、唐山湾三岛旅游区旅游开发建设有限公司、王某、河北省乐亭县振兴建筑安装工程有限公司等海洋开发利用纠纷案

审理法院:天津市高级人民法院

案　　号:(2020)津民终3号

裁判观点:涉案工程属于海洋、通海可航水域工程。《建筑法》第2条规定所称“建筑活动”虽未明确涵盖海洋、通海可航水域工程,但该法第81条规定,本法关于施工许可、建筑施工企业资质审查和建筑工程发包、承包、禁止转包,以及建筑工程监理、建筑工程安全和质量管理的规定,适用于其他专业建筑工程的建筑活动。所谓专业建筑工程,是指房屋建筑以外的其他建设工程,主要指冶金、有色金属、石油化工、水利水电、航务航道、公路、邮电通讯、火电送变电、矿山、核设施、铁路市政建设等特殊行业的建筑工程。根据该法制定的《建设工程质量管理条例》,以及根据该法及前述行政法规制定的《建筑业企业资质管理规定》《建筑业企业资质标准》,对《建筑法》的调整范围进行了逐级细化,其中,《建筑业企业资质标准》关于施工总承包资质标准和专业承包资质标准的规定包括了港口与航道工程、港口与海岸工程、航道工程等海洋、通海

可航水域工程在内。故此,应认定涉案工程应适用《建筑法》关于施工许可、建筑施工企业资质审查和建筑工程发包、承包、禁止转包等相应规定,同时亦应适用建设工程相关司法解释的规定。

第三条 【建筑要求】建筑活动应当确保建筑工程质量和安全,符合国家的建筑工程安全标准。

条文理解

本条是关于建筑要求的规定,依据《建设工程质量管理条例》第3条和《建设工程安全生产管理条例》第4条的规定,建设单位、勘察单位、设计单位、施工单位、工程监理单位依法对建筑工程质量负责,必须遵守安全生产法律、法规的规定,保证建筑工程安全生产,依法承担建筑工程安全生产责任,具体详见本法第五章和第六章的专章规定。

依据《工程建设国家标准管理办法》第3条的规定,国家有关建筑工程安全标准分为强制性标准、推荐性标准,强制性标准属于必须执行的标准。依据《建设工程安全生产管理条例》第12条、第13条和第28条的规定,勘察单位应当按照法律、法规和工程建设强制性标准进行勘察,设计单位应当按照法律、法规和工程建设强制性标准进行设计,施工单位必须按照工程设计图纸和施工技术标准施工。依据本法第52条的规定,建筑工程勘察、设计、施工的质量必须符合国家有关建筑工程安全标准的要求,具体管理办法由国务院规定。

规定集成

《工程建设国家标准管理办法》(1992年12月30日初次实施)

第3条 国家标准分为强制性标准和推荐性标准。下列标准属于强制性标准:(一)工程建设勘察、规划、设计、施工(包括安装)及验收等通用的综合标准和重要的通用的质量标准;(二)工程建设通用的有关安全、卫生和环境保护的标准;(三)工程建设重要的通用的术语、符号、代号、量与单位、建筑模数和制图方法标准;(四)工程建设重要的通用的试验、检验和评定方法等标准;(五)工程建设重要的通用的信息技术标准;(六)国家需要控制的其他工程建设通用的标准。强制性标准以外的标准是推荐性标准。

《建设工程质量管理条例》(2000 年 1 月 30 日初次实施,2019 年 4 月 23 日修订)

第 3 条　建设单位、勘察单位、设计单位、施工单位、工程监理单位依法对建设工程质量负责。

《实施工程建设强制性标准监督规定》(2000 年 8 月 25 日初次实施,2015 年 1 月 22 日修正)

第 2 条　在中华人民共和国境内从事新建、扩建、改建等工程建设活动,必须执行工程建设强制性标准。

《建设部关于加强住宅工程质量管理的若干意见》(2004 年 1 月 30 日初次实施)

第 2 条　突出重点环节,强化工程建设各方主体的质量管理责任。第 1 项,建设单位(含开发企业,下同)是住宅工程质量的第一责任者,对建设的住宅工程的质量全面负责。建设单位应设立质量管理机构并配备相应人员,加强对设计和施工质量的过程控制和验收管理。在工程建设中,要保证合理工期、造价和住宅设计标准,不得擅自变更已审查批准的施工图设计文件等。要综合、系统地考虑住宅小区的给水、排水、供暖、燃气、电气、电讯等管网系统的统一设计、设计施工,编制统一的管网综合图,在保证各专业技术标准要求的前提下,合理安排管线,统筹设计和施工。建设单位应在住宅工程的显著部位镶刻铭牌,将工程建设的有关单位名称和工程竣工日期向社会公示。第 3 项,设计单位应严格执行国家有关强制性技术标准,注重提高住宅工程的科技含量。要坚持以人为本,注重生态环境建设和住宅内部功能设计,在确保结构安全的基础上,保证设计文件能够满足对日照、采光、隔声、节能、抗震、自然通风、无障碍设计、公共卫生和居住方便的需要,并对容易产生质量通病的部位和环节,尽量优化细化设计作法。第 4 项,施工单位应严格执行国家《建筑工程施工质量验收规范》,强化施工质量过程控制,保证各工序质量达到验收规范的要求。要制定本企业的住宅工程施工工艺标准,结合工程实际,落实设计图纸会审中保证施工质量的设计交底措施,对容易产生空鼓、开裂、渗漏等质量通病的部位和容易影响空气质量的厨房、卫生间管材等环节,采取相应的技术保障措施。第5项,监管单位应针对工程的具体情况制定监理规划和监理实施细则,按国家技术标准进行验收,工序质量验收不合格的,不得进行下道工序。要将住宅工程结构质量、使用功能和建筑材料对室内环境的污染作为监理工作的控制重点,并按有关规定做好旁站监理和见证取样工作,特别是要做好厕浴间蓄水试验等重要使用功能的检查工作。

《建设工程安全生产管理条例》(2004年2月1日初次实施)

第4条　建设单位、勘察单位、设计单位、施工单位、工程监理单位及其他与建设工程安全生产有关的单位,必须遵守安全生产法律、法规的规定,保证建设工程安全生产,依法承担建设工程安全生产责任。

《住房城乡建设部关于进一步加强建筑市场监管工作的意见》(2011年6月24日初次实施)

第4条　加强施工现场管理,保障工程质量安全,第15项,严格执行工程建设标准:建设工程的建设、勘察、设计、施工、监理、检测等单位要严格执行工程建设标准,督促从业人员认真掌握并严格执行相关工程建设标准……

《房屋建筑和市政基础设施工程竣工验收规定》(2013年12月2日初次实施)

第5条　工程符合下列要求方可进行竣工验收:……(二)施工单位在工程完工后对工程质量进行了检查,确认工程质量符合有关法律、法规和工程建设强制性标准,符合设计文件及合同要求,并提出工程竣工报告。工程竣工报告应经项目经理和施工单位有关负责人审核签字。(三)对于委托监理的工程项目,监理单位对工程进行了质量评估,具有完整的监理资料,并提出工程质量评估报告。工程质量评估报告应经总监理工程师和监理单位有关负责人审核签字。(四)勘察、设计单位对勘察、设计文件及施工过程中由设计单位签署的设计变更通知书进行了检查,并提出质量检查报告。质量检查报告应经该项目勘察、设计负责人和勘察、设计单位有关负责人审核签字……(十)建设主管部门及工程质量监督机构责令整改的问题全部整改完毕。(十一)法律、法规规定的其他条件。

案例适用

014　阳台护栏的施工应当符合哪些工程安全标准

案件名称：田某、赵某与思南县房屋征收与补偿办公室、思南县住房和城乡建设局（以下简称住建局）房屋拆迁安置补偿合同纠纷案

终审法院：贵州省铜仁市中级人民法院

案　　号：（2018）黔06民终683号

一审裁判观点：阳台护栏作为房屋的一部分应符合安全要求，司法鉴定意见载明“阳台护栏的施工建设不满足设计要求，护栏与建筑物未做有效连接”，住建局作为业主方和发包方对该项施工负有监管职责，不符合质量要求的护栏垮塌后应当重建。

二审裁判观点：鉴定意见载明：鉴定房屋阳台护栏的材料尺寸及安装均未按照施工设计图纸要求用料及施工，鉴定房屋阳台的护栏不满足设计要求；护栏与建筑物未做有效连接，不满足《民用建筑设计通则》（GB 50352—2005）规定。案涉护栏既不符合施工图纸的设计要求，也不符合《民用建筑设计通则》（GB 50352—2005）对安全标准的国家通用规定。《民用建筑设计通则》（GB 50352—2005）是目前民用建筑行业的通行国标规定，案涉阳台的安装要求不满足该规定，实质就是不符合国家建筑行业的相应强制性规定，且客观上也因该阳台自身存在安全问题导致垮塌并致人伤亡，故田某、赵某上诉请求确认案涉阳台不符合国家安全标准的理由成立。

015　电缆敷设应当符合哪些工程安全标准

案件名称：长春中海地产有限公司（以下简称中海地产）与孙某商品房销售合同纠纷案

审理法院：吉林省长春市中级人民法院

案　　号：（2018）吉01民终242号

裁判观点：经吉林省建筑工程质量检测中心对孙某家地下敷设的电

线电缆进行鉴定,意见为:中海凯旋门 A3 栋 109 室的三根 YJV-5X16SC50-FC,WC 电缆敷设路径不符合设计图纸电施 70-49 的要求、八条通讯线缆敷设路径不符合设计图纸电施 70-56 的要求、三根电缆缆钢套管均采用对口焊接,不符合《建筑电气工程施工质量验收规范》第 14.1.2 条的规定。《建筑法》第 3 条规定,建筑活动应当确保建筑工程质量和安全,符合国家的建筑工程安全标准。同时规定在从事建筑活动时应遵守法律法规,不得损害公共利益和他人的合法权利。本案中,因孙某家地下的电缆敷设路径不符合设计图纸的要求及三根电缆缆钢套管采用对口焊接,不符合《建筑电气工程施工质量验收规范》的标准,存在安全隐患,故中海地产应按设计图纸的设计途径及国家规定的行业标准将孙某家地下的电线、电缆重新敷设。

016　未约定施工标准的情形下应按照何种工程安全标准进行施工

案件名称:乐亭县腾远新型建材有限公司(以下简称腾远建材公司)与黑龙江美丽岛旅游资源开发有限公司建设工程施工合同纠纷案

审理法院:黑龙江省哈尔滨市中级人民法院

案　　号:(2020)黑 01 民终 1750 号

裁判观点:双方的施工合同中,没有约定施工标准,但腾远建材公司的施工应该严格以国家要求的安全施工原则作为基础,在约定不明确的前提下,应当适用通常的符合国家标准的施工工艺,根据《合同法》(已失效)第 61 条"合同生效后,当事人就质量、价款或者报酬、履行地点等内容没有约定或者约定不明确的,可以协议补充;不能达成补充协议的,按照合同有关条款或者交易习惯确定"、第 62 条"当事人就有关合同内容约定不明确,依照本法第六十一条的规定仍不能确定的,适用下列规定:(一)质量要求不明确的,按照国家标准、行业标准履行;没有国家标准、行业标准的,按照通常标准或者符合合同目的的特定标准履行……"的规定,严格按照国家标准进行节点施工。腾远建材公司作为专业的墙板生产安装企业,应当对此充分了解并执行。因此法院认为,根据《建筑法》第3条的规定，腾远建材公司应当依据其自认的“蒸压加气混凝土砌块、板材构造13J104”进行施工。

第四条 【国家扶持】国家扶持建筑业的发展，支持建筑科学技术研究，提高房屋建筑设计水平，鼓励节约能源和保护环境，提倡采用先进技术、先进设备、先进工艺、新型建筑材料和现代管理方式。

条文理解

本条是关于国家扶持的规定，依据《国务院办公厅关于促进建筑业持续健康发展的意见》第7条第16项的规定，国家加快先进建造设备、智能设备的研发、制造和推广应用，提升各类施工机具的性能和效率，提高机械化施工程度。限制和淘汰落后、危险工艺工法，保障生产施工安全。积极支持建筑业科研工作，大幅提高技术创新对产业发展的贡献率。加快推进建筑信息模型（BIM）技术在规划、勘察、设计、施工和运营维护全过程的集成应用，实现工程建设项目全生命周期数据共享和信息化管理，为项目方案优化和科学决策提供依据，促进建筑业提质增效。

关于房屋建筑设计水平。依据《住房城乡建设部关于推进建筑业发展和改革的若干意见》第1条第18项的规定，提升建筑设计水平，坚持以人为本、安全集约、生态环保、传承创新的理念，树立文化自信，鼓励建筑设计创作。树立设计企业是创新主体的意识，提倡精品设计。鼓励开展城市设计工作，加强建筑设计与城市规划间的衔接。探索放开建筑工程方案设计资质准入限制，鼓励相关专业人员和机构积极参与建筑设计方案竞选。完善建筑设计方案竞选制度，建立完善大型公共建筑方案公众参与和专家辅助决策机制，在方案评审中，重视设计方案文化内涵审查。加强建筑设计人才队伍建设，着力培养一批高层次创新人才。开展设计评优，激发建筑设计人员的创作激情。探索研究大型公共建筑设计后评估制度。

关于节约能源和保护环境。依据《节约能源法》第4条、《环境保护法》第4条和第21条的规定,节约资源和保护环境是国家的基本国策。国家采取有利于节约和循环利用资源、保护和改善环境、促进人与自然和谐的经济、技术政策和措施,使经济社会发展与环境保护相协调。国家采取财政、税收、价格、政府采购等方面的政策和措施,鼓励和支持环境保护技术装备、资源综合利用和环境服务等环境保护产业的发展。依据《民用建筑节能管理规定》第8条的规定,鼓励发展下列建筑节能技术和产品:(1)新型节能墙体和屋面的保温、隔热技术与材料;(2)节能门窗的保温隔热和密闭技术;(3)集中供热和热、电、冷联产联供技术;(4)供热采暖系统温度调控和分户热量计量技术与装置;(5)太阳能、地热等可再生能源应用技术及设备;(6)建筑照明节能技术与产品;(7)空调制冷节能技术与产品;(8)其他技术成熟、效果显著的节能技术和节能管理技术。

规定集成

《建设工程勘察设计管理条例》(2000年9月25日初次实施,2017年10月7日修订)

第6条　国家鼓励在建设工程勘察、设计活动中采用先进技术、先进工艺、先进设备、新型材料和现代管理方法。

《民用建筑节能管理规定》(2006年1月1日初次实施)

第2条第2款　本规定所称民用建筑节能,是指民用建筑在规划、设计、建造和使用过程中,通过采用新型墙体材料,执行建筑节能标准,加强建筑物用能设备的运行管理,合理设计建筑围护结构的热工性能,提高采暖、制冷、照明、通风、给排水和通道系统的运行效率,以及利用可再生能源,在保证建筑物使用功能和室内热环境质量的前提下,降低建筑能源消耗,合理、有效地利用能源的活动。

第 7 条　鼓励民用建筑节能的科学研究和技术开发,推广应用节能型的建筑、结构、材料、用能设备和附属设施及相应的施工工艺、应用技术和管理技术,促进可再生能源的开发利用。

第 8 条第 1 款　鼓励发展下列建筑节能技术和产品:(一)新型节能墙体和屋面的保温、隔热技术与材料;(二)节能门窗的保温隔热和密闭技术;(三)集中供热和热、电、冷联产联供技术;(四)供热采暖系统温度调控和分户热量计量技术与装置;(五)太阳能、地热等可再生能源应用技术及设备;(六)建筑照明节能技术与产品;(七)空调制冷节能技术与产品;(八)其他技术成熟、效果显著的节能技术和节能管理技术。

《房屋建筑工程抗震设防管理规定》(2006 年 4 月 1 日初次实施,2015 年 1 月 22 日修正)

第 5 条　国家鼓励采用先进的科学技术进行房屋建筑工程的抗震设防。制定、修订工程建设标准时,应当及时将先进适用的抗震新技术、新材料和新结构体系纳入标准、规范,在房屋建筑工程中推广使用。

《节约能源法》(2008 年 4 月 1 日版,1998 年 1 月 1 日初次实施,2018 年 10 月 26 日修正)

第 4 条　节约资源是我国的基本国策。国家实施节约与开发并举、把节约放在首位的能源发展战略。

第 6 条　国家实行节能目标责任制和节能考核评价制度,将节能目标完成情况作为对地方人民政府及其负责人考核评价的内容。省、自治区、直辖市人民政府每年向国务院报告节能目标责任的履行情况。

第 7 条　国家实行有利于节能和环境保护的产业政策,限制发展高耗能、高污染行业,发展节能环保型产业。国务院和省、自治区、直辖市人民政府应当加强节能工作,合理调整产业结构、企业结构、产品结构和能源消费结构,推动企业降低单位产值能耗和单位产品能耗,淘汰落后的生产能力,改进能源的开发、加工、转换、输送、储存和供应,提高能源利用效率。国家鼓励、支持开发和利用新能源、可再生能源。

第 40 条　国家鼓励在新建建筑和既有建筑节能改造中使用新型墙体材料

等节能建筑材料和节能设备，安装和使用太阳能等可再生能源利用系统。

第60条　中央财政和省级地方财政安排节能专项资金，支持节能技术研究开发、节能技术和产品的示范与推广、重点节能工程的实施、节能宣传培训、信息服务和表彰奖励等。

第61条　国家对生产、使用列入本法第五十八条规定的推广目录的需要支持的节能技术、节能产品，实行税收优惠等扶持政策。国家通过财政补贴支持节能照明器具等节能产品的推广和使用。

《民用建筑节能条例》(2008年10月1日初次实施)

第4条　国家鼓励和扶持在新建建筑和既有建筑节能改造中采用太阳能、地热能等可再生能源。在具备太阳能利用条件的地区，有关地方人民政府及其部门应当采取有效措施，鼓励和扶持单位、个人安装使用太阳能热水系统、照明系统、供热系统、采暖制冷系统等太阳能利用系统。

第7条　国家建立健全民用建筑节能标准体系。国家民用建筑节能标准由国务院建设主管部门负责组织制定，并依照法定程序发布。国家鼓励制定、采用优于国家民用建筑节能标准的地方民用建筑节能标准。

第8条　县级以上人民政府应当安排民用建筑节能资金，用于支持民用建筑节能的科学技术研究和标准制定、既有建筑围护结构和供热系统的节能改造、可再生能源的应用，以及民用建筑节能示范工程、节能项目的推广。政府引导金融机构对既有建筑节能改造、可再生能源的应用，以及民用建筑节能示范工程等项目提供支持。民用建筑节能项目依法享受税收优惠。

第11条　国家推广使用民用建筑节能的新技术、新工艺、新材料和新设备，限制使用或者禁止使用能源消耗高的技术、工艺、材料和设备。国务院节能工作主管部门、建设主管部门应当制定、公布并及时更新推广使用、限制使用、禁止使用目录。国家限制进口或者禁止进口能源消耗高的技术、材料和设备。建设单位、设计单位、施工单位不得在建筑活动中使用列入禁止使用目录的技术、工艺、材料和设备。

《循环经济促进法》(2009年1月1日初次实施,2018年10月26日修正)

第10条第1款、第2款　公民应当增强节约资源和保护环境意识，合理消费,节约资源。国家鼓励和引导公民使用节能、节水、节材和有利于保护环境的产品及再生产品,减少废物的产生量和排放量……

第 18 条　国务院循环经济发展综合管理部门会同国务院生态环境等有关主管部门,定期发布鼓励、限制和淘汰的技术、工艺、设备、材料和产品名录。禁止生产、进口、销售列入淘汰名录的设备、材料和产品,禁止使用列入淘汰名录的技术、工艺、设备和材料。

第 23 条　建筑设计、建设、施工等单位应当按照国家有关规定和标准,对其设计、建设、施工的建筑物及构筑物采用节能、节水、节地、节材的技术工艺和小型、轻型、再生产品。有条件的地区,应当充分利用太阳能、地热能、风能等可再生能源。国家鼓励利用无毒无害的固体废物生产建筑材料,鼓励使用散装水泥,推广使用预拌混凝土和预拌砂浆。禁止损毁耕地烧砖。在国务院或者省、自治区、直辖市人民政府规定的期限和区域内,禁止生产、销售和使用粘土砖。

第 44 条　国家对促进循环经济发展的产业活动给予税收优惠,并运用税收等措施鼓励进口先进的节能、节水、节材等技术、设备和产品,限制在生产过程中耗能高、污染重的产品的出口。……企业使用或者生产列入国家清洁生产、资源综合利用等鼓励名录的技术、工艺、设备或者产品的,按照国家有关规定享受税收优惠。

《住房城乡建设部关于进一步加强建筑市场监管工作的意见》(2011 年 6 月 24 日初次实施)

第 8 条　创建良好市场环境,促进建筑业健康发展,第 31 项,促进行业发展:各地要督促企业落实“绿色建筑、节能减排”要求,推动企业技术进步,提升企业自主创新能力,鼓励企业开发具有自主知识产权的专利和专有技术,鼓励企业制定具有自身特点的技术标准和工法,提高大型现代化机械设备装备能力,增强企业的核心竞争力。要加大支持力度,在一些大型公共建筑和基础设施建设中推行工程总承包,引导大型设计、施工企业发展成为具有设计、采购、施工管理等全过程服务能力的龙头企业,全面提升建筑企业的技术与管理水平,促进建筑业健康发展。

《住房城乡建设部关于进一步促进工程勘察设计行业改革与发展的若干意见》(2013 年 2 月 6 日初次实施)

第 3 条　提升行业服务水平，第 12 项，增强工程勘察设计企业自主创新能力：鼓励工程勘察设计企业坚持自主创新，引导企业建立自主创新的工作机制和激励制度。鼓励企业创建技术研发中心，重点开发具有自主知识产权的核心技术、专利和专有技术及产品，形成完备的科研开发和技术运用体系。引导行业企业与生产企业、高等院校、科研单位进行战略合作，重点解决影响行业发展的关键性技术。支持有条件的工程勘察设计企业申请高新技术企业，全面提高工程勘察设计企业的科技水平。

《住房城乡建设部关于推进建筑业发展和改革的若干意见》(2014 年 7 月 1 日初次实施)

第 1 条　指导思想和发展目标，第 2 项，发展目标：简政放权，开放市场，坚持放管并重，消除市场壁垒，构建统一开放、竞争有序、诚信守法、监管有力的全国建筑市场体系；创新和改进政府对建筑市场、质量安全的监督管理机制，加强事中事后监管，强化市场和现场联动，落实各方主体责任，确保工程质量安全；转变建筑业发展方式，推进建筑产业现代化，促进建筑业健康协调可持续发展。

第 4 条　促进建筑业发展方式转变，第 16 项，推动建筑产业现代化：统筹规划建筑产业现代化发展目标和路径。推动建筑产业现代化结构体系、建筑设计、部品构件配件生产、施工、主体装修集成等方面的关键技术研究与应用。制定完善有关设计、施工和验收标准，组织编制相应标准设计图集，指导建立标准化部品构件体系。建立适应建筑产业现代化发展的工程质量安全监管制度。鼓励各地制定建筑产业现代化发展规划以及财政、金融、税收、土地等方面激励政策，培育建筑产业现代化龙头企业，鼓励建设、勘察、设计、施工、构件生产和科研等单位建立产业联盟。进一步发挥政府投资项目的试点示范引导作用并适时扩大试点范围，积极稳妥推进建筑产业现代化。第 18 项，提升建筑设计水平：坚持以人为本、安全集约、生态环保、传承创新的理念，树立文化自信，鼓励建筑设计创作。树立设计企业是创新主体的意识，提倡精品设计。鼓励开展城市设计工作，加强建筑设计与城市规划间的衔接。探索放开建筑工程方案设计资质准入限制，鼓励相关专业人员和机构积极参与建筑设计方案竞选。完善建筑设计方案竞选制度，建立完善大型公共建筑方案公众参与和专家辅助决策机制，在方案评审中，重视设计方案文化内涵审查。加强建筑设计人才队伍建设，着力培养一批高层次创新人才。开展设计评优，激发建筑设计人员的创作激情。探索研究大型公共建筑设计后评估制度。第 20 项，提升建筑业技术能力：完善以工法和专有技术成果、试点示范工程为抓手的技术转移与推广机制，依法保护知识产权。积极推动以节能环保为特征的绿色建造技术的应用。推进建筑信息模型（BIM）等信息技术在工程设计、施工和运行维护全过程的应用，提高综合效益。推广建筑工程减隔震技术。探索开展白图替代蓝图、数字化审图等工作。建立技术研究应用与标准制定有效衔接的机制，促进建筑业科技成果转化，加快先进适用技术的推广应用。加大复合型、创新型人才培养力度。推动建筑领域国际技术交流合作。

《环境保护法》（1989 年 12 月 26 日初次实施，2014 年 4 月 24 日修订）

第 4 条　保护环境是国家的基本国策。国家采取有利于节约和循环利用资源、保护和改善环境、促进人与自然和谐的经济、技术政策和措施，使经济社会发展与环境保护相协调。

第 8 条　各级人民政府应当加大保护和改善环境、防治污染和其他公害的财政投入，提高财政资金的使用效益。

第 21 条　国家采取财政、税收、价格、政府采购等方面的政策和措施，鼓励和支持环境保护技术装备、资源综合利用和环境服务等环境保护产业的发展。

第 22 条　企业事业单位和其他生产经营者，在污染物排放符合法定要求的基础上，进一步减少污染物排放的，人民政府应当依法采取财政、税收、价格、政府采购等方面的政策和措施予以鼓励和支持。

《国务院办公厅关于促进建筑业持续健康发展的意见》（2017 年 2 月 24 日初次实施）

第 7 条　推进建筑产业现代化，第 15 项，提升建筑设计水平：建筑设计应体现地域特征、民族特点和时代风貌，突出建筑使用功能及节能、节水、节地、节材和环保等要求，提供功能适用、经济合理、安全可靠、技术先进、环境协调的建筑设计产品。健全适应建筑设计特点的招标投标制度,推行设计团队招标、设计方案招标等方式。促进国内外建筑设计企业公平竞争,培育有国际竞争力的建筑设计队伍。倡导开展建筑评论,促进建筑设计理念的融合和升华。第16项,加强技术研发应用:加快先进建造设备、智能设备的研发、制造和推广应用,提升各类施工机具的性能和效率,提高机械化施工程度。限制和淘汰落后、危险工艺工法,保障生产施工安全。积极支持建筑业科研工作,大幅提高技术创新对产业发展的贡献率。加快推进建筑信息模型(BIM)技术在规划、勘察、设计、施工和运营维护全过程的集成应用,实现工程建设项目全生命周期数据共享和信息化管理,为项目方案优化和科学决策提供依据,促进建筑业提质增效。

第8条　加快建筑业企业“走出去”,第20项,加大政策扶持力度:加强建筑业“走出去”相关主管部门间的沟通协调和信息共享。到2025年,与大部分“一带一路”沿线国家和地区签订双边工程建设合作备忘录,同时争取在双边自贸协定中纳入相关内容,推进建设领域执业资格国际互认。综合发挥各类金融工具的作用,重点支持对外经济合作中建筑领域的重大战略项目。借鉴国际通行的项目融资模式,按照风险可控、商业可持续原则,加大对建筑业“走出去”的金融支持力度。

《民法典》(2021年1月1日初次实施)

第9条　民事主体从事民事活动,应当有利于节约资源、保护生态环境。

第五条　【从业守法】从事建筑活动应当遵守法律、法规,不得损害社会公共利益和他人的合法权益。

任何单位和个人都不得妨碍和阻挠依法进行的建筑活动。

条文理解

本条是关于从业守法的规定,依据《民法典》第3条和第8条的规定,民事主体从事民事活动,不得违反法律,不得违背公序良俗,其人身权利、财产权利以及其他合法权益受法律保护，任何组织或者个人不得侵犯。

依据《建设工程安全生产管理条例》第12条、第13条及第28条的规定，勘察单位应当按照法律、法规和工程建设强制性标准进行勘察，设计单位应当按照法律、法规和工程建设强制性标准进行设计，施工单位必须按照工程设计图纸和施工技术标准施工。依据本法第32条、第39条、第47条及第54条的规定，监理单位应当依照法律、行政法规及有关的技术标准、设计文件和建筑工程承包合同，对施工单位在施工质量、建设工期和建设资金使用等方面，代表建设单位实施监督。施工单位和作业人员在施工过程中，应当遵守有关安全生产的法律、法规和建筑行业安全规章、规程，不得违章指挥或者违章作业。施工现场对毗邻的建筑物、构筑物和特殊作业环境可能造成损害的，施工单位应当采取安全防护措施。建设单位不得以任何理由，要求建筑设计单位或者建筑施工企业在工程设计或者施工作业中，违反法律、行政法规和建筑工程质量、安全标准，降低工程质量。

规定集成

《建设工程质量管理条例》(2000年1月30日初次实施，2019年4月23日修订)

第5条　从事建设工程活动，必须严格执行基本建设程序，坚持先勘察、后设计、再施工的原则。县级以上人民政府及其有关部门不得超越权限审批建设项目或者擅自简化基本建设程序。

《建设工程勘察设计管理条例》(2000年9月25日初次实施，2017年10月7日修订)

第5条第2款　建设工程勘察、设计单位必须依法进行建设工程勘察、设计，严格执行工程建设强制性标准，并对建设工程勘察、设计的质量负责。

《房屋建筑和市政基础设施工程施工招标投标管理办法》(2001年6月1日初次实施，2019年3月13日修正)

第4条　任何单位和个人不得违反法律、行政法规规定，限制或者排斥本地区、本系统以外的法人或者其他组织参加投标,不得以任何方式非法干涉施工招标投标活动。

《建设工程勘察质量管理办法》(2003 年 2 月 1 日初次实施,2007 年 11 月 22 日修正)

第 3 条　工程勘察企业应当按照有关建设工程质量的法律、法规、工程建设强制性标准和勘察合同进行勘察工作,并对勘察质量负责。勘察文件应当符合国家规定的勘察深度要求,必须真实、准确。

《建设工程安全生产管理条例》(2004 年 2 月 1 日初次实施)

第 4 条　建设单位、勘察单位、设计单位、施工单位、工程监理单位及其他与建设工程安全生产有关的单位,必须遵守安全生产法律、法规的规定,保证建设工程安全生产,依法承担建设工程安全生产责任。

《房屋建筑和市政基础设施工程施工分包管理办法》(2004 年 4 月 1 日初次实施,2019 年 3 月 13 日修正)

第 6 条第 1 款　房屋建筑和市政基础设施工程施工分包活动必须依法进行。

第 7 条　建设单位不得直接指定分包工程承包人。任何单位和个人不得对依法实施的分包活动进行干预。

《招标投标法实施条例》(2012 年 2 月 1 日初次实施,2019 年 3 月 2 日修订)

第 6 条　禁止国家工作人员以任何方式非法干涉招标投标活动。

《工程建设项目施工招标投标办法》(2003 年 5 月 1 日初次实施,2013 年 3 月 11 日修正)

第 5 条　工程施工招标投标活动,依法由招标人负责。任何单位和个人不得以任何方式非法干涉工程施工招标投标活动。施工招标投标活动不受地区或者部门的限制。

《房屋建筑和市政基础设施项目工程总承包管理办法》(2020 年 3 月 1 日初次实施)

第 4 条　工程总承包活动应当遵循合法、公平、诚实守信的原则,合理分担风险,保证工程质量和安全,节约能源,保护生态环境,不得损害社会公共利益和他人的合法权益。

《民法典》(2021年1月1日初次实施)

第3条　民事主体的人身权利、财产权利以及其他合法权益受法律保护,任何组织或者个人不得侵犯。

第8条　民事主体从事民事活动,不得违反法律,不得违背公序良俗。

案例适用

017　在未取得建设用地规划许可证、工程规划许可证的情形下签订施工合同是否违反法律规定

案件名称:东莞市盈锋物业发展有限公司与茂名市电白建筑工程总公司建设工程施工合同纠纷案

审理法院:广东省高级人民法院

案　　号:(2011)粤高法民一终字第47号

裁判观点:《城市规划法》(已失效)第31条规定:"在城市规划区内进行建设需要申请用地的,必须持国家批准建设项目的有关文件,向城市规划行政主管部门申请定点,由城市规划行政主管部门核定其用地位置和界限,提供规划设计条件,核发建设用地规划许可证。建设单位或者个人在取得建设用地规划许可证后,方可向县级以上地方人民政府土地管理部门申请用地,经县级以上人民政府审查批准后,由土地管理部门划拨土地。"第32条规定:"在城市规划区内新建、扩建和改建建筑物、构筑物、道路、管线和其他工程设施,必须持有关批准文件向城市规划行政主管部门提出申请,由城市规划行政主管部门根据城市规划提出的规划设计要求,核发建设工程规划许可证件。建设单位或者个人在取得建设工程规划许可证件和其他有关批准文件后,方可申请办理开工手续。"第39条规定:"在城市规划区内,未取得建设用地规划许可证而取得建设用地批准文件、占用土地的,批准文件无效,占用的土地由县级以上人民政府责令退回。"《建筑法》第5条第1款规定:……涉案工程迄今未办

理建设项目批准证书、建设用地规划许可证、建设用地批准文件，违反了《城市规划法》（已失效）和《建筑法》上述强制性规定，损害了建筑活动公共秩序，根据《合同法》（已失效）第52条的规定，原审判决确认双方当事人签订的《工程施工合同》及合同附件无效正确，法院予以维持。

018 将工程转包是否违反法律规定

案件名称：大庆市美佳建筑有限责任公司（以下简称美佳公司）与浙江东航建设集团有限公司（以下简称东航公司）建设工程施工合同纠纷案

终审法院：黑龙江省高级人民法院

案　　号：（2017）黑民终430号

一审裁判观点：东航公司与美佳公司签订的《工程分包协议》，因东航公司在承包工程后又将其承包的案涉工程全部建设任务转让给美佳公司，东航公司不履行合同义务，不承担施工、管理、技术指导等技术经济责任，只收取20%的管理费用，东航公司与美佳公司之间名为分包实为转包的法律关系应为无效。

二审裁判观点：东航公司将其承包的案涉工程以分包合同的名义，全部转包给美佳公司，并收取相应的管理费，其与美佳公司签订的《工程分包协议》，因违反了《最高人民法院关于审理建设工程施工合同纠纷案件适用法律问题的解释》（已失效）第4条的规定，应确认为无效。

019 通过虚假材料代办资质升级是否违反法律规定

案件名称：上诉人河南格美环保工程有限公司与被上诉人河南鼎越企业管理咨询有限公司服务合同纠纷案

审理法院：河南省郑州市中级人民法院

案　　号：（2020）豫01民终953号

裁判观点：损害社会公共利益的合同无效。本案中，当事人之间签订咨询服务约定书，被上诉人代理上诉人申办环保工程专业承包资质，代理上诉人支付资质申报所需招聘建造师人员的费用，同时注明该人员不在上诉人处上班,上诉人于庭审期间亦声称并不认识被上诉人代其招聘的建造师人员。而国家住房和城乡建设部对于环保工程专业承包资质有明确的企业资产、主要人员、工程业绩等方面的要求,《建筑法》亦要求从事建筑活动的建筑施工企业应当具备有与其从事的建筑活动相适应的具有法定执业资格的专业技术人员等要求。当事人之间签订的合同内容意欲规避建筑业企业资质标准的实质性要求,规避政府对建筑活动的监督管理,危害建筑市场秩序。若通过虚报材料等方式升级资质成功,实际施工工程的质量与安全均无法得到保障,为虚假获取资质而签订的资质代办服务合同明显损害社会公共利益,应属无效合同情形。

020 妨碍和阻挠依法进行的建筑活动如何赔偿

案件名称:于某与威海万嘉房地产开发有限公司(以下简称万嘉公司)侵权责任纠纷案

终审法院:山东省威海市中级人民法院

案　　号:(2020)鲁10民终1398号

一审裁判观点:《物权法》(已失效)第135条规定,建设用地使用权人依法对国家所有的土地享有占有、使用和收益的权利,有权利用该土地建造建筑物、构筑物及其附属设施。《建筑法》第5条规定:……本案中,万嘉公司通过与荣成市国土资源局签订《国有建设用地使用权出让合同》,以出让方式获得荣成市凭海东路238号宗地面积59,801平方米的国有土地使用权,并于2013年8月2日取得荣国用(2013)第290936号国有土地使用证,万嘉公司对该宗土地享有直接支配和排他的权利,有权在国有土地使用证所确定的范围内按照规划进行施工,故于某不得妨碍和阻挠万嘉公司在国有土地使用证范围内施工。现万嘉公司要求于某停止侵害、排除妨碍、恢复幼儿园工地基础原状的理由正当,万嘉公司作为建设用地使用权人,于某阻碍万嘉公司正常施工,严重影响万嘉公司项目的顺利开发建设,且于某承认挖掘幼儿园工地基础的事实,故万嘉公司要求于某赔偿经济损失35,280元,有事实及法律依据,法院予以支持。

二审裁判观点:万嘉公司依法通过出让方式取得了案涉国有土地使用权并办理了建设规划审批手续,经鉴定机构现场勘查,于某所占土地包含在万嘉公司取得的国有土地使用权范围内,故万嘉公司对案涉土地享有使用、收益等排他性权利,于某堆放物品、停放车辆、挖水沟等行为,阻碍了万嘉公司对案涉土地的正常使用并造成相应损失,故于某构成侵权,一审判令其停止侵权并赔偿万嘉公司的损失并无不当。

第六条 【主管部门】国务院建设行政主管部门对全国的建筑活动实施统一监督管理。

条文理解

本条是关于主管部门的规定,依据《建筑业企业资质管理规定》第4条、《房屋建筑和市政基础设施工程施工招标投标管理办法》第3条、《建设工程安全生产管理条例》第40条、《建设工程质量管理条例》第43条的规定,建设行政主管部门对建筑业企业资质、工程施工招标投标、建筑工程安全生产、工程质量等实施统一监督管理,铁路、交通、水利等有关部门按照职责分工,负责有关专业建筑工程的监督管理。

依据《住房城乡建设部关于进一步加强建筑市场监管工作的意见》的规定,建设行政主管部门对建筑活动实施监督管理的主要内容有:(1)落实建设单位责任,严格依法发包工程;(2)规范工程承包行为,严禁转包和违法分包;(3)加强合同管理,规范合同履约行为;(4)加强施工现场管理,保障工程质量安全;(5)加强建筑劳务管理,提高作业人员素质;(6)加强诚信体系建设,提高监管信息化水平;(7)加大市场清出力度,严肃查处违法违规行为;(8)创建良好市场环境,促进建筑业健康发展。

规定集成

《建设工程质量管理条例》(2000 年 1 月 30 日初次实施,2019 年 4 月 23 日修订)

第 43 条　国家实行建设工程质量监督管理制度。国务院建设行政主管部门对全国的建设工程质量实施统一监督管理。国务院铁路、交通、水利等有关部门按照国务院规定的职责分工,负责对全国的有关专业建设工程质量的监督管理。县级以上地方人民政府建设行政主管部门对本行政区域内的建设工程质量实施监督管理。县级以上地方人民政府交通、水利等有关部门在各自的职责范围内,负责对本行政区域内的专业建设工程质量的监督管理。

《建设部关于建筑装饰装修归口管理问题的复函》(2000 年 6 月 7 日初次实施)

根据《中华人民共和国建筑法》、《建设工程质量管理条例》、国家标准《国民经济行业分类与代码》和国务院批准的建设部三定方案,建筑装修装饰属于建筑活动,建筑装修装饰业是建筑业的重要组成部分。为此,各级建设行政主管部门要切实抓好包括建筑装修装饰业在内的建筑业的行业归口管理。国务院批准的建设部三定方案(国办发〔1998〕86 号)提到:"住宅建成后住户室内装饰的指导职能,下放给地方人民政府",其中的"住宅建成后住户室内装饰"是指家庭居室的装修装饰,其主要属性是建筑装修装饰。这部分家庭居室装修装饰由地方建设行政主管部门管理,会更有利于保障建筑工程的质量和住户生命财产的安全。我们认为地方人民政府应该把家庭居室装修装饰的管理职能定给地方建设行政主管部门。

《建设工程勘察设计管理条例》(2000 年 9 月 25 日初次实施,2017 年 10 月 7 日修订)

第 31 条　国务院建设行政主管部门对全国的建设工程勘察、设计活动实施统一监督管理。国务院铁路、交通、水利等有关部门按照国务院规定的职责分工,负责对全国的有关专业建设工程勘察、设计活动的监督管理。县级以上地方人民政府建设行政主管部门对本行政区域内的建设工程勘察、设计活动实施监督管理。县级以上地方人民政府交通、水利等有关部门在各自的职责范围内,负责对本行政区域内的有关专业建设工程勘察、设计活动的监督管理。

《房屋建筑和市政基础设施工程施工招标投标管理办法》(2001 年 6 月 1 日初次实施,2019 年 3 月 13 日修正)

第 3 条　国务院建设行政主管部门负责全国工程施工招标投标活动的监督管理。县级以上地方人民政府建设行政主管部门负责本行政区域内工程施工招标投标活动的监督管理。具体的监督管理工作,可以委托工程招标投标监督管理机构负责实施。

《建设工程勘察质量管理办法》(2003 年 2 月 1 日初次实施,2007 年 11 月 22 日修正)

第 4 条　国务院住房和城乡建设主管部门对全国的建设工程勘察质量实施统一监督管理。国务院铁路、交通、水利等有关部门按照国务院规定的职责分工,负责对全国的有关专业建设工程勘察质量的监督管理。县级以上地方人民政府建设行政主管部门对本行政区域内的建设工程勘察质量实施监督管理。县级以上地方人民政府有关部门在各自的职责范围内,负责对本行政区域内的有关专业建设工程勘察质量的监督管理。

《建设工程安全生产管理条例》(2004 年 2 月 1 日初次实施)

第 39 条　国务院负责安全生产监督管理的部门依照《中华人民共和国安全生产法》的规定,对全国建设工程安全生产工作实施综合监督管理。县级以上地方人民政府负责安全生产监督管理的部门依照《中华人民共和国安全生产法》的规定,对本行政区域内建设工程安全生产工作实施综合监督管理。

第 40 条　国务院建设行政主管部门对全国的建设工程安全生产实施监督管理。国务院铁路、交通、水利等有关部门按照国务院规定的职责分工,负责有关专业建设工程安全生产的监督管理。县级以上地方人民政府建设行政主管部门对本行政区域内的建设工程安全生产实施监督管理。县级以上地方人民政府交通、水利等有关部门在各自的职责范围内,负责本行政区域内的专业建设工程安全生产的监督管理。

《房屋建筑和市政基础设施工程施工分包管理办法》(2004 年 4 月 1 日初次实施,2019 年 3 月 13 日修正)

第 3 条　国务院住房城乡建设主管部门负责全国房屋建筑和市政基础设施

工程施工分包的监督管理工作。县级以上地方人民政府住房城乡建设主管部门负责本行政区域内房屋建筑和市政基础设施工程施工分包的监督管理工作。

《民用建筑节能管理规定》(2006年1月1日初次实施)

第3条　国务院建设行政主管部门负责全国民用建筑节能的监督管理工作。县级以上地方人民政府建设行政主管部门负责本行政区域内民用建筑节能的监督管理工作。

第10条　建筑工程施工过程中,县级以上地方人民政府建设行政主管部门应当加强对建筑物的围护结构(含墙体、屋面、门窗、玻璃幕墙等)、供热采暖和制冷系统、照明和通风等电器设备是否符合节能要求的监督检查。

《房屋建筑工程抗震设防管理规定》(2006年4月1日初次实施,2015年1月22日修正)

第4条　国务院住房城乡建设主管部门负责全国房屋建筑工程抗震设防的监督管理工作。县级以上地方人民政府住房城乡建设主管部门负责本行政区域内房屋建筑工程抗震设防的监督管理工作。

第20条　县级以上地方人民政府住房城乡建设主管部门应当加强对房屋建筑工程抗震设防质量的监督管理,并对本行政区域内房屋建筑工程执行抗震设防的法律、法规和工程建设强制性标准情况,定期进行监督检查。县级以上地方人民政府建设主管部门应当对村镇建设抗震设防进行指导和监督。

《工程监理企业资质管理规定》(2007年8月1日初次实施,2018年12月22日修正)

第4条　国务院住房城乡建设主管部门负责全国工程监理企业资质的统一监督管理工作。国务院铁路、交通、水利、信息产业、民航等有关部门配合国务院住房城乡建设主管部门实施相关资质类别工程监理企业资质的监督管理工作。省、自治区、直辖市人民政府住房城乡建设主管部门负责本行政区域内工程监理企业资质的统一监督管理工作。省、自治区、直辖市人民政府交通、水利、信息产业等有关部门配合同级建设主管部门实施相关资质类别工程监理企业资质的监督管理工作。

《建设工程勘察设计资质管理规定》(2007 年 9 月 1 日初次实施,2016 年 9 月 13 日修正)

第 4 条　国务院住房城乡建设主管部门负责全国建设工程勘察、工程设计资质的统一监督管理。国务院铁路、交通、水利、信息产业、民航等有关部门配合国务院住房城乡建设主管部门实施相应行业的建设工程勘察、工程设计资质管理工作。省、自治区、直辖市人民政府住房城乡建设主管部门负责本行政区域内建设工程勘察、工程设计资质的统一监督管理。省、自治区、直辖市人民政府交通、水利、信息产业等有关部门配合同级住房城乡建设主管部门实施本行政区域内相应行业的建设工程勘察、工程设计资质管理工作。

《节约能源法》(2008 年 4 月 1 日版,1998 年 1 月 1 日初次实施,2018 年 10 月 26 日修正)

第 34 条　国务院建设主管部门负责全国建筑节能的监督管理工作。县级以上地方各级人民政府建设主管部门负责本行政区域内建筑节能的监督管理工作。县级以上地方各级人民政府建设主管部门会同同级管理节能工作的部门编制本行政区域内的建筑节能规划。建筑节能规划应当包括既有建筑节能改造计划。

《住房城乡建设部主要职责内设机构和人员编制规定》(2008 年 7 月 10 日初次实施)

第 2 条　主要职责:……(三)承担规范住房和城乡建设管理秩序的责任。起草住房和城乡建设的法律法规草案,制定部门规章。依法组织编制和实施城乡规划,拟订城乡规划的政策和规章制度,会同有关部门组织编制全国城镇体系规划,负责国务院交办的城市总体规划、省域城镇体系规划的审查报批和监督实施,参与土地利用总体规划纲要的审查,拟订住房和城乡建设的科技发展规划和经济政策。(四)承担建立科学规范的工程建设标准体系的责任。组织制定工程建设实施阶段的国家标准,制定和发布工程建设全国统一定额和行业标准,拟订建设项目可行性研究评价方法、经济参数、建设标准和工程造价的管理制度,拟订公共服务设施(不含通信设施)建设标准并监督执行,指导监督各类工程建设标准定额的实施和工程造价计价,组织发布工程造价信息。……(六)监督管理建筑市场、规范市场各方主体行为。指导全国建筑活动，组织实施房屋和市政工程项目招投标活动的监督执法，拟订勘察设计、施工、建设监理的法规和规章并监督和指导实施，拟订工程建设、建筑业、勘察设计的行业发展战略、中长期规划、改革方案、产业政策、规章制度并监督执行，拟订规范建筑市场各方主体行为的规章制度并监督执行，组织协调建筑企业参与国际工程承包、建筑劳务合作。……（八）承担规范村镇建设、指导全国村镇建设的责任。拟订村庄和小城镇建设政策并指导实施，指导村镇规划编制、农村住房建设和安全及危房改造，指导小城镇和村庄人居生态环境的改善工作，指导全国重点镇的建设。（九）承担建筑工程质量安全监管的责任。拟订建筑工程质量、建筑安全生产和竣工验收备案的政策、规章制度并监督执行，组织或参与工程重大质量、安全事故的调查处理，拟订建筑业、工程勘察设计咨询业的技术政策并指导实施。（十）承担推进建筑节能、城镇减排的责任。会同有关部门拟订建筑节能的政策、规划并监督实施，组织实施重大建筑节能项目，推进城镇减排……

《住房城乡建设部关于进一步加强建筑市场监管工作的意见》（2011 年 6 月 24 日初次实施）

第 6 条　加强诚信体系建设，提高监管信息化水平，第 19 项，建立完善建筑市场监管信息系统。要加快行业注册人员数据库、企业数据库、工程项目数据库的建设步伐。住房城乡建设部将尽快制定全国建筑市场监管信息系统基础数据库的数据标准。各地要健全和完善省级建筑市场监管信息系统的基础数据库，实现与中央数据库的对接和互联互通，在全国范围内建立覆盖建设、勘察、设计、施工、监理等各方主体，以及招标投标、施工许可、工程施工、质量安全各环节的监管信息系统。第 20 项，加强信用信息的采集和录入。各地要建立由企业资质、人员资格、招标投标、施工许可、合同备案、设计、施工、监理、造价、质量、安全、行政执法等多部门组成的联席办公机制，建立综合与专业相结合、上下对口联动的信用信息采集体系，落实工作职责，按照《全国建筑市场责任主体不良行为记录基本标准》，及时录入和上报不良信用信息。住房城乡建设部将继续完善全国建筑市场诚信信息平台，尽快出台注册执业人员不良行为记录基本标准，并建立信息报送通报制度，对不按期报送、瞒报信用信息的地区进行通报批评。第

21 项，实现市场主体行为信息公开。各级住房城乡建设主管部门要充分利用全国建筑市场诚信信息平台，向社会公布工程项目、承包企业及注册人员的基本情况、招投标、施工许可、质量安全、合同备案、合同履约等各类信息，尽快制定不良行为信息分级分类管理办法，公示市场主体的不良行为，公布发生较大及以上质量安全事故、转包工程、违法分包工程、拖欠农民工工资、以讨要工资为名扰乱正常生产生活秩序等违法违规行为的企业和人员，接受社会监督。要逐步建立失信惩戒、守信激励制度，通过约谈、公示、公告等方式进行信用惩戒和社会监督，通报表彰诚实守信的企业和人员，引导建设单位在发包中选用遵纪守法、重视质量安全的企业和人员，不用不遵纪守法、不重视质量安全的企业和人员。

《招标投标法实施条例》(2012 年 2 月 1 日初次实施,2019 年 3 月 2 日修订)

第 4 条　国务院发展改革部门指导和协调全国招标投标工作，对国家重大建设项目的工程招标投标活动实施监督检查。国务院工业和信息化、住房城乡建设、交通运输、铁道、水利、商务等部门，按照规定的职责分工对有关招标投标活动实施监督。县级以上地方人民政府发展改革部门指导和协调本行政区域的招标投标工作。县级以上地方人民政府有关部门按照规定的职责分工，对招标投标活动实施监督，依法查处招标投标活动中的违法行为。县级以上地方人民政府对其所属部门有关招标投标活动的监督职责分工另有规定的，从其规定。财政部门依法对实行招标投标的政府采购工程建设项目的政府采购政策执行情况实施监督。监察机关依法对与招标投标活动有关的监察对象实施监察。

《住房城乡建设部关于推进建筑业发展和改革的若干意见》(2014 年 7 月 1 日初次实施)

第 2 条　建立统一开放的建筑市场体系，第 6 项，推进建筑市场监管信息化与诚信体系建设：加快推进全国工程建设企业、注册人员、工程项目数据库建设，印发全国统一的数据标准和管理办法。各省级住房城乡建设主管部门要建立建筑市场和工程质量安全监管一体化工作平台，动态记录工程项目各方主体市场和现场行为，有效实现建筑市场和现场的两场联动。各级住房城乡建设主管部门要进一步加大信息的公开力度，通过全国统一信息平台发布建筑市场和质量安全监管信息，及时向社会公布行政审批、工程建设过程监管、执法处罚等信息，公开曝光各类市场主体和人员的不良行为信息,形成有效的社会监督机制。各地可结合本地实际,制定完善相关法规制度,探索开展工程建设企业和从业人员的建筑市场和质量安全行为评价办法,逐步建立"守信激励、失信惩戒"的建筑市场信用环境。鼓励有条件的地区研究、试行开展社会信用评价,引导建设单位等市场各方主体通过市场化运作综合运用信用评价结果。

《建筑业企业资质管理规定》(2015 年 3 月 1 日初次实施,2016 年 9 月 13 日修正)

第 4 条　国务院住房城乡建设主管部门负责全国建筑业企业资质的统一监督管理。国务院交通运输、水利、工业信息化等有关部门配合国务院住房城乡建设主管部门实施相关资质类别建筑业企业资质的管理工作。省、自治区、直辖市人民政府住房城乡建设主管部门负责本行政区域内建筑业企业资质的统一监督管理。省、自治区、直辖市人民政府交通运输、水利、通信等有关部门配合同级住房城乡建设主管部门实施本行政区域内相关资质类别建筑业企业资质的管理工作。

《国务院关于优化建设工程防雷许可的决定》(2016 年 6 月 28 日初次实施)

第 1 条　整合部分建设工程防雷许可,第 1 项,将气象部门承担的房屋建筑工程和市政基础设施工程防雷装置设计审核、竣工验收许可,整合纳入建筑工程施工图审查、竣工验收备案,统一由住房城乡建设部门监管,切实优化流程、缩短时限、提高效率。

第 2 条　清理规范防雷单位资质许可,取消气象部门对防雷专业工程设计、施工单位资质许可;新建、改建、扩建建设工程防雷的设计、施工,可由取得相应建设、公路、水路、铁路、民航、水利、电力、核电、通信等专业工程设计、施工资质的单位承担……

《房屋建筑和市政基础设施项目工程总承包管理办法》(2020 年 3 月 1 日初次实施)

第 5 条　国务院住房和城乡建设主管部门对全国房屋建筑和市政基础设施项目工程总承包活动实施监督管理。国务院发展改革部门依据固定资产投资建设管理的相关法律法规履行相应的管理职责。县级以上地方人民政府住房和城乡建设主管部门负责本行政区域内房屋建筑和市政基础设施项目工程总承包

(以下简称工程总承包)活动的监督管理。县级以上地方人民政府发展改革部门依据固定资产投资建设管理的相关法律法规在本行政区域内履行相应的管理职责。

案例适用

021 区政府是不是查处违法建筑的主管部门

案件名称:房某与济南市天桥区人民政府(以下简称天桥区政府)履行法定职责案

终审法院:山东省高级人民法院

案　　号:(2020)鲁行终93号

一审裁判观点:本案原告的诉讼请求虽然表述为"确认被告未作答复的行为违法",其实质系要求被告履行职责之诉。《建筑法》第6条明确规定了土地、建设工程监督管理的主管机关。本案中,原告向被告天桥区政府邮寄标山壹号公寓违法建筑查处的申请书,请求被告对标山壹号公寓违法建筑问题予以查处,根据上述法律规定,被告天桥区政府明显不具有查处职责和权限,对原告的起诉,应予驳回。

二审裁判观点:上诉人房某向被上诉人天桥区政府邮寄标山壹号公寓违法建筑查处的申请书,请求天桥区政府对标山壹号公寓违法建筑问题予以查处,根据法律规定,天桥区政府不具有查处职责和权限,原审法院驳回房某起诉并无不当。

022 市应急局是不是处罚建筑安全生产事故的主管部门

案件名称:大连泛华建设咨询管理有限公司(以下简称泛华公司)与大连市应急管理局(以下简称市应急局)行政处罚决定案

终审法院:辽宁省大连市中级人民法院

案　　号:(2020)辽02行终579号

一审裁判观点:《安全生产法》(已被修改)第9条第1款规定:"……县级以上地方各级人民政府安全生产监督管理部门依照本法,对本行政区域内安全生产工作实施综合监督管理。”即使案涉事故为一般事故，发生在旅顺口，被告市应急局作为市级安全监管监察部门，即旅顺口安全监管监察部门的上级部门具有作出行政处罚的职权及管辖权。被告市应急局依据上述法规，按照大连市人民政府就案涉事故作出的事故批复对泛华公司进行行政处罚，罚款20万元，证据充分，适用法律正确，并无不当。

二审裁判观点：根据《建筑法》第6条等规定，建设行政主管部门具有对建筑领域的安全生产工作实施监督管理的行政职权，但是依照《安全生产法》(已被修改)第2条、第9条的规定可知，安全监管监察部门系对从事生产经营活动的单位的安全生产工作进行统一监管的行政机关，故其对作为生产经营活动之一的建筑活动，亦具有监管职责。上诉人关于被上诉人市应急局不具有作出案涉行政处罚决定职权依据的主张，缺乏法律依据，法院不予采纳。

023 市场监管局是不是处罚建筑配件设备质量问题的主管部门

案件名称：湖南格莱特新能源发展有限公司(以下简称湖南格莱特公司)与公安县市场监督管理局(以下简称公安县市场监管局)等行政处罚、行政复议案

终审法院：湖北省荆州市中级人民法院

案　　号：(2020)鄂10行终43号

一审裁判观点：依据《产品质量法》第2条的规定，“在中华人民共和国境内从事产品生产、销售活动，必须遵守本法。本法所称产品是指经过加工、制作，用于销售的产品。建设工程不适用本法规定；但是，建设工程使用的建筑材料、建筑构配件和设备，属于前款规定的产品范围的，适用本法规定”，湖南格莱特公司在建设工程中使用的太阳能光伏组件系建筑配件和设备，应当属于《产品质量法》调整范畴，故公安县市场监管局根据《产品质量法》作出处罚决定，适用法律正确。

二审裁判观点：《建筑法》第2条规定，在中华人民共和国境内从事

建筑活动,实施对建筑活动的监督管理,应当遵守本法。本法所称建筑活动,是指各类房屋建筑及其附属设施的建造和与其配套的线路、管道、设备的安装活动。从该条法律规定可知,湖南格莱特公司作为光伏电站设备及安装项目的中标方,其实施的光伏电站建设属于建筑活动。《建筑法》第6条规定:……《建设工程质量管理条例》第43条第3款规定,县级以上地方人民政府建设行政主管部门对本行政区域内的建设工程质量实施监督管理。县级以上地方人民政府交通、水利等有关部门在各自的职责范围内,负责对本行政区域内的专业建设工程质量的监督管理。《建筑法》第74条规定,建筑施工企业在施工中偷工减料的,使用不合格的建筑材料、建筑构配件和设备的,或者有其他不按照工程设计图纸或者施工技术标准施工的行为的,责令改正,处以罚款;情节严重的,责令停业整顿,降低资质等级或者吊销资质证书;造成建筑工程质量不符合规定的质量标准的,负责返工、修理,并赔偿因此造成的损失;构成犯罪的,依法追究刑事责任。本案中,湖南格莱特公司作为光伏电站施工企业,对建筑工程质量负责,其在光伏电站项目建设过程中使用不合格的设备(A2-1、A2-2太阳能光伏组件),违反《建筑法》第74条之规定,应由有权机关县级以上人民政府建设行政主管部门依法予以处理,但公安县市场监管局并无对建设工程质量监督管理的法定职权。

第二章

建筑许可

第一节　建筑工程施工许可

第七条　【开工许可】建筑工程开工前，建设单位应当按照国家有关规定向工程所在地县级以上人民政府建设行政主管部门申请领取施工许可证；但是，国务院建设行政主管部门确定的限额以下的小型工程除外。

按照国务院规定的权限和程序批准开工报告的建筑工程，不再领取施工许可证。

条文理解

本条是关于开工许可的规定，建筑工程开工前，建设单位应当向工程所在地县级以上人民政府建设行政主管部门申请领取施工许可证，国务院建设行政主管部门确定的限额以下的小型工程除外。施工许可证的申请主体为建设单位，受理部门为工程所在地县级以上人民政府建设行政主管部门。建设单位未取得施工许可手续的，不得擅自开工建设。建设单位不得将应该申请领取施工许可证的工程项目分解为若干限额以下的工程项目，规避申请领取施工许可证。

关于国务院建设行政主管部门确定的限额以下的小型工程，依据《建筑工程施工许可管理办法》第2条的规定，小型工程指的是工程投资额在30万元以下或者建筑面积在300平方米以下的建筑工程，以及省级人民政府住房城乡建设主管部门根据当地的实际情况，对限额进行调整后，报国务院住房城乡建设主管部门备案的工程。该类工程因为投资不大，规模较小，施工简单，且数量不少等原因，所以开工前不用申请领取施工许可证，与本法第83条第3款规定的农民自建低层住宅的建筑活动不适用本法的法理类同。关于按照国务院规定的权限和程序批准开工报告的建筑工程不再领取施工许可证，是因为批准开工的审批条件与施工许可证的审批条件相差不大，法律后果又基本相同，都是同意开工，没有必要重复审批，所以规定批准开工报告的建筑工程，不再领取施工许可证。

实务中，施工合同经常约定由施工单位办理施工许可证，建设单位进行协助，甚至没有约定建设单位的协助义务。后期施工许可证没有顺利取得，导致各种纠纷出现。此时，建设单位与施工单位的责任需要根据本条的规定和施工合同的约定等进行综合认定。如果是因为没有办理施工许可证擅自施工而被行政处罚的问题，依据本条的规定，建设单位是施工许可证的法定办理主体，其与施工单位之间的约定不能免除其行政处罚责任。如果是建设单位与施工单位之间的民事纠纷问题，依据本条及《建筑工程施工许可管理办法》第4条的规定，建设单位应当提供证据证明已经向施工单位提供了办理施工许可证需要提交的相关证明材料，如工程用地批准手续、工程规划许可证、施工图设计文件等。如果建设单位不能证明其已向施工单位提供了相关办理材料，即使合同约定由施工单位办理施工许可证，最终未能取得施工许可证的责任主要还是由建设单位来承担，因为办理施工许可证的相关材料主要在建设单位一方手中。另外，是否取得施工许可证只是影响建筑工程的开工问题，不涉及施工合同的效力问题，而且已经确定施工单位是办理施工许可证的条件之一，是先有施工单位才有施工许可证的，此点与《最高人民法院关于审理建设工程施工合同纠纷案件适用法律问题的解释(一)》第3条关于“当事人以发包人未取得建设工程规划许可证等规划审批手续为由，请求确认建设工程施工合同无效的，人民法院应予支持……”的规定不同。但是建设单位一直未能取得施工许可证的，施工单位可以以合同目的无法实现为由要求解除施工合同。

规定集成

《工程建设项目实施阶段程序管理暂行规定》(1995 年 7 月 29 日初次实施)

第 9 条　建设单位必须在开工前向工程建设项目所在地县级以上人民政府建设行政主管部门或其授权的部门办理工程建设项目施工许可证手续。未取得施工许可证的,不得开工。施工许可证的办理及管理,按照建设部第 15 号令《建设工程施工现场管理规定》的规定执行。

《关于进一步强化住宅工程质量管理和责任的通知》(2010 年 5 月 4 日初次实施)

第 2 条　加强住宅工程质量管理,严格执行法定基本制度,第 10 项,加强施工许可管理。住宅工程要严格执行施工许可制度。依法必须申请领取施工许可证的住宅工程未取得施工许可手续的,不得擅自开工建设。任何单位和个人不得将应该申请领取施工许可证的工程项目分解为若干限额以下的工程项目,规避申请领取施工许可证。各地要切实加强施工许可证的发放管理,严格依法审查住宅工程用地、规划、设计等前置条件,不符合法定条件的不得颁发施工许可证。对存在违法开工行为的单位和个人,要依法进行处罚,并追究建设单位和施工单位法定代表人的责任。对于不按规定颁发施工许可证的有关部门和个人,要依法追究法律责任。

《建筑工程施工许可管理办法》(2014 年 10 月 25 日初次实施,2018 年 9 月 28 日修正)

第 2 条　在中华人民共和国境内从事各类房屋建筑及其附属设施的建造、装修装饰和与其配套的线路、管道、设备的安装,以及城镇市政基础设施工程的施工,建设单位在开工前应当依照本办法的规定,向工程所在地的县级以上地方人民政府住房城乡建设主管部门(以下简称发证机关)申请领取施工许可证。工程投资额在 30 万元以下或者建筑面积在 300 平方米以下的建筑工程,可以不申请办理施工许可证。省、自治区、直辖市人民政府住房城乡建设主管部门可以根据当地的实际情况,对限额进行调整,并报国务院住房城乡建设主管部门备案。按照国务院规定的权限和程序批准开工报告的建筑工程,不再领取施工许可证。

第3条　本办法规定应当申请领取施工许可证的建筑工程未取得施工许可证的，一律不得开工。任何单位和个人不得将应当申请领取施工许可证的工程项目分解为若干限额以下的工程项目，规避申请领取施工许可证。

《最高人民法院关于审理建设工程施工合同纠纷案件适用法律问题的解释（一）》(2021年1月1日初次实施)

第3条　当事人以发包人未取得建设工程规划许可证等规划审批手续为由，请求确认建设工程施工合同无效的，人民法院应予支持，但发包人在起诉前取得建设工程规划许可证等规划审批手续的除外。发包人能够办理审批手续而未办理，并以未办理审批手续为由请求确认建设工程施工合同无效的，人民法院不予支持。

第8条　当事人对建设工程开工日期有争议的，人民法院应当分别按照以下情形予以认定：(一)开工日期为发包人或者监理人发出的开工通知载明的开工日期；开工通知发出后，尚不具备开工条件的，以开工条件具备的时间为开工日期；因承包人原因导致开工时间推迟的，以开工通知载明的时间为开工日期。(二)承包人经发包人同意已经实际进场施工的，以实际进场施工时间为开工日期。(三)发包人或者监理人未发出开工通知，亦无相关证据证明实际开工日期的，应当综合考虑开工报告、合同、施工许可证、竣工验收报告或者竣工验收备案表等载明的时间，并结合是否具备开工条件的事实，认定开工日期。

案例适用

024　施工许可证的申领主体是建设单位还是施工单位

案件名称：广东旗胜智能装饰有限公司(以下简称广东旗胜公司)与大通回族土族自治县住房和城乡建设局城建行政许可案

审理法院：青海省高级人民法院

案　　号：(2020)青行申17号

裁判观点：根据《建筑法》第7条的规定，建筑工程开工前，建设单位应当按照国家有关规定向工程所在地县级以上人民政府建设行政主管部门申请领取施工许可证。因此，建设单位是申请施工许可的责任人，建筑工程未被许可施工的责任由建设单位承担。本案中,建设单位青海浙东公司是案涉许可事项申请人和责任承担主体。广东旗胜公司仅为案涉工程的施工单位,并无申请施工许可的法定义务。

025　合同约定由施工单位办理施工许可证的情形下,建设单位有哪些义务

案件名称:重庆合谊明诚房地产有限公司(以下简称合谊明诚房地产公司)与中海外开发建设集团有限公司(以下简称中海外建设公司)建设工程施工合同纠纷案

终审法院:重庆市高级人民法院

案　　号:(2020)渝民终1031号

一审裁判观点:按照合谊明诚房地产公司与中海外建设公司签订的合同约定,中海外建设公司负责办理本合同范围的施工报建手续、施工临时水电、临时施工道路开口等相关手续,合谊明诚房地产公司给予协助。审理中,中海外建设公司认为虽然按照合同约定由中海外建设公司代为办理涉案工程项目的建筑工程施工许可证,但建筑工程施工许可证至今未能办理的原因系合谊明诚房地产公司未能提供办理施工许可证的相关手续,合谊明诚房地产公司虽否认中海外建设公司的说法,但其并未举示已将办理施工许可证必要的全部手续交付中海外建设公司的证据,鉴于合谊明诚房地产公司具有按照合同约定协助办理施工许可证的义务,故涉案工程至今未取得施工许可证不能归责于中海外建设公司。

二审裁判观点:《建筑法》第7条规定:……《建筑工程施工许可管理办法》第4条规定,建设单位申请领取施工许可证,应当具备下列条件,并提交相应的证明文件:(1)依法应当办理用地批准手续的,已经办理该建筑工程用地批准手续。(2)在城市、镇规划区的建筑工程,已经取得建设工程规划许可证。(3)施工场地已经基本具备施工条件,需要征收房屋的,其进度符合施工要求……从上述规定可知,建筑工程开工

前,建设单位应当申领施工许可证,且申领施工许可证应具备前述规定的条件并提供相应的证明文件。本案中,《施工合同》约定由中海外建设公司负责办理本合同范围的施工报建手续、施工临时水电、临时施工道路开口等相关手续,合谊明诚房地产公司给予协助。虽然按照合同约定,案涉工程的施工许可证应当由中海外建设公司具体办理,但合谊明诚房地产公司作为建设单位,有义务向中海外建设公司提供办理施工许可证所需的证明文件。由于合谊明诚房地产公司未举证证明其已按照相关规定将办理施工许可证所需证明文件提供给中海外建设公司,而中海外建设公司怠于履行办理施工许可证的合同义务,故一审判决认定案涉工程未取得施工许可证不能归责于中海外建设公司并无不当。

026　未取得施工许可证是否影响施工合同的效力

案件名称:中建六局土木工程有限公司(以下简称中建六局公司)与沈阳永来房地产有限公司(以下简称永来房地产公司)建设工程施工合同纠纷案

审理法院:最高人民法院

案　　号:(2015)民申字第1477号

裁判观点:《建筑法》第7条规定的"建筑工程开工前,建设单位应当按照国家有关规定向工程所在地县级以上人民政府建设行政主管部门申请领取施工许可证",属于管理性强制性规定,并非最高人民法院司法解释所规定的"效力性强制性规定"。即使被申请人永来房地产公司在涉案建筑工程开工前没有申请领取施工许可证,也不影响双方签订的建设工程施工合同的效力。因此,原判决认定双方合同有效,适用法律正确。至于中建六局公司在法院审查过程中提出的因没有施工许可证等原因而应该解除合同的问题,因双方当事人并没有在本案中提出解除合同的诉请,故原判决没有判令解除合同并无不当,双方当事人可就此问题另行解决。

027　施工单位能否以建设单位未取得施工许可证为由解除合同

案件名称：山东微蓝服饰有限公司（以下简称微蓝公司）与山东滨州城建集团公司建设工程施工合同纠纷案

审理法院：最高人民法院

案　　号：（2018）最高法民申6304号

裁判观点：根据《建筑法》第7条第1款和第64条"违反本法规定，未取得施工许可证或者开工报告未经批准擅自施工的，责令改正，对不符合开工条件的责令停止施工，可以处以罚款"的规定，依法申请领取施工许可证是建设单位在开工前应尽的义务，未取得施工许可证，不能擅自开工。根据本案一审、二审查明的事实，微蓝公司作为建设单位一直未办理案涉工程的建设工程施工许可证。如果案涉工程重新开工，将面临被责令停止施工的风险。在这种情形下，二审判决解除《建设工程施工合同》并无不当。

028　施工单位多次催告建设单位办理施工许可证无果后，能否解除合同

案件名称：重庆市绿鹏种植发展有限公司（以下简称绿鹏公司）与重庆市渝西建筑工程有限公司（以下简称渝西公司）建设工程施工合同纠纷案

审理法院：重庆市高级人民法院

案　　号：（2018）渝民申2289号

裁判观点：《建筑法》第7条第1款规定：……《建设工程施工许可管理办法》第2条第2款规定："工程投资额在30万元以下或者建筑面积在300平方米以下的建筑工程，可以不申请办理施工许可证。省、自治区、直辖市人民政府住房城乡建设主管部门可以根据当地的实际情况，对限额进行调整，并报国务院住房城乡建设主管部门备案。"第3条第1款规定："本办法规定应当申请领取施工许可证的建筑工程未取得施工许可证的，一律不得开工。"本案中，根据绿鹏公司与渝西公司签订的《建设工程施工合同》，涉案工程造价暂定1800万元，属于依法应办理施

工许可证的工程项目。绿鹏公司作为建设单位,负有在开工前取得施工许可证的法定义务。而在渝西公司两次催告后,绿鹏公司仍未取得涉案工程的施工许可证,违反了前述规定,属于根本违约。绿鹏公司将未取得施工许可证的责任归咎于渝西公司的停工,明显与法律规定不符,不能成立。渝西公司与绿鹏公司签订《建设工程施工合同》的目的,是通过合法的施工行为,取得相应施工建设利润。在涉案工程未取得施工许可证的情况下,渝西公司若继续施工,即使涉案工程最后完工,也存在不能竣工验收、按期结算的法律风险,应认定为不能实现合同目的的情形。渝西公司据此要求解除合同,符合法律规定。

029　未取得施工许可证擅自施工的违法行为能否成为土地闲置的免责理由

案件名称:海口农村商业银行股份有限公司与海南省海口市人民政府、海南省人民政府无偿收回国有用地使用权及行政复议案

审理法院:最高人民法院

案　　号:(2020)最高法行申8165号

裁判观点:依照《闲置土地处置办法》第14条、《海南省闲置土地认定和处置规定》第28条、第29条等规定,界定国有建设用地是否处于闲置状态,土地使用权人是否怠于履行开发建设职责,是否应给予行政处罚以及处罚的幅度的客观评判标准,系该建设用地是否已经依法动工开发。而根据《城乡规划法》第40条第1款、《建筑法》第7条第1款和第8条第1款第2项的规定,在城市、镇规划区内进行工程建设的应办理建设工程规划许可证,且在建设施工前应当办理建设工程施工许可证,故未办理建设工程规划许可证,亦未领取建设工程施工许可证而动工开发建设的,属于违法建设行为,不能认定为已经依法动工开发。综上,若土地使用权人怠于履行开发建设职责导致建设用地闲置的,县级以上人民政府及其国土资源主管部门可依法启动闲置土地查处程序,对使用权人的闲置违法行为予以行政处罚。

030　进场时间和施工许可证载明的开工时间不一致时，开工时间如何确定

案件名称：浙江环宇建设集团有限公司（以下简称环宇公司）与唐山市南北房地产开发有限公司（以下简称南北公司）建设工程施工合同纠纷案

审理法院：最高人民法院

案　　号：（2015）民一终字第9号

裁判观点：南北公司主张应以环宇公司2009年年底进场的时间为开工日期。但《建筑法》第7条第1款规定，建筑工程开工前，建设单位应当按照国家有关规定向工程所在地县级以上人民政府建设行政主管部门申请领取施工许可证。而根据查明的事实可知，环宇公司进场时南北公司尚未申领施工许可证，故环宇公司进场行为应为施工准备，不能认定为工程开工。根据施工许可证记载，涉案工程的合同开工日期为2010年6月1日，竣工日期为2012年6月1日，因此一审法院确认2010年6月1日为开工日期并无不当。

第八条　【开工条件】申请领取施工许可证，应当具备下列条件：

（一）已经办理该建筑工程用地批准手续；

（二）依法应当办理建设工程规划许可证的，已经取得建设工程规划许可证；

（三）需要拆迁的，其拆迁进度符合施工要求；

（四）已经确定建筑施工企业；

（五）有满足施工需要的资金安排、施工图纸及技术资料；

（六）有保证工程质量和安全的具体措施。

建设行政主管部门应当自收到申请之日起七日内，对符合条件的申请颁发施工许可证。

条文理解

本条是关于开工条件的规定，依据《建筑工程施工许可管理办法》第4条的规定，建设单位申请领取施工许可证，应当具备下列条件，并提交相应的证明文件：(1)依法应当办理用地批准手续的，已经办理该建筑工程用地批准手续。(2)依法应当办理建设工程规划许可证的，已经取得建设工程规划许可证。(3)施工场地已经基本具备施工条件，需要征收房屋的，其进度符合施工要求。(4)已经确定施工企业。按照规定应当招标的工程没有招标，应当公开招标的工程没有公开招标，或者肢解发包工程，以及将工程发包给不具备相应资质条件的企业的，所确定的施工企业无效。(5)有满足施工需要的资金安排、施工图纸及技术资料，建设单位应当提供建设资金已经落实承诺书，施工图设计文件已按规定审查合格。(6)有保证工程质量和安全的具体措施。施工企业编制的施工组织设计中有根据建筑工程特点制定的相应质量、安全技术措施。建立工程质量安全责任制并落实到人。专业性较强的工程项目编制了专项质量、安全施工组织设计，并按照规定办理了工程质量、安全监督手续。

关于已经办理该建筑工程用地批准手续方面。依据《城乡规划法》第36条和第37条的规定，在城市、镇规划区内以划拨方式提供国有土地使用权的建设项目，建设单位取得城市、县人民政府城乡规划主管部门核发的建设用地规划许可证后，再向县级以上地方人民政府土地主管部门申请用地，经县级以上人民政府审批后，由土地主管部门划拨土地。根据该法第38条的规定，在城市、镇规划区内以出让方式提供国有土地使用权的，建设单位在取得建设项目的批准、核准、备案文件和签订国有土地使用权出让合同后，向城市、县人民政府城乡规划主管部门领取建设用地规划许可证，即在城市、镇规划区内申请用地的，划拨用地和出让用地的申请流程有所差别，应注意区分。根据该法第41条的规定，在乡、村庄规划区内进行乡镇企业、乡村公共设施和公益事业建设的,建设单位或者个人应当向乡、镇人民政府提出申请,由乡、镇人民政府报城市、县人民政府城乡规划主管部门核发乡村建设规划许可证。建设单位或者个人在取得乡村建设规划许可证后,方可办理用地审批手续。

关于已经取得建设工程规划许可证方面。依据《城乡规划法》第 40 条第 2 款的规定,在城市、镇规划区内进行建筑物、构筑物、道路、管线和其他工程建设的,申请办理建设工程规划许可证,应当提交使用土地的有关证明文件、建设工程设计方案等材料。需要建设单位编制修建性详细规划的建设项目,还应当提交修建性详细规划。对符合控制性详细规划和规划条件的,由城市、县人民政府城乡规划主管部门或者省、自治区、直辖市人民政府确定的镇人民政府核发建设工程规划许可证。根据该法第 41 条第 1 款的规定,在乡、村庄规划区内进行乡镇企业、乡村公共设施和公益事业建设的,建设单位或者个人应当向乡、镇人民政府提出申请,由乡、镇人民政府报城市、县人民政府城乡规划主管部门核发乡村建设规划许可证。另外,根据《最高人民法院关于审理建设工程施工合同纠纷案件适用法律问题的解释(一)》第 3 条关于"当事人以发包人未取得建设工程规划许可证等规划审批手续为由,请求确认建设工程施工合同无效的,人民法院应予支持……"的规定,在未取得建设工程规划许可证等批准手续的情形下签订的建设工程施工合同无效。

关于拆迁进度符合施工要求方面。依据《国有土地上房屋征收与补偿条例》第 12 条和第 27 条的规定,市、县级人民政府作出房屋征收决定前,应当按照有关规定进行社会稳定风险评估,房屋征收决定涉及被征收人数量较多的,应当经政府常务会议讨论决定。不得采取暴力、威胁或者违反规定中断供水、供热、供气、供电和道路通行等非法方式迫使被征收人搬迁。拆迁涉及社会维稳问题,并且直接影响施工进度,所以要求拆迁进度符合施工要求才准予申领施工许可证,该规定与《建筑工程施工许可管理办法》第 4 条第 1 款第 3 项关于施工场地已经基本具备施工条件的规定法理类同。

关于已经确定建筑施工企业方面。施工企业是建筑工程质量与安全的第一责任主体，在尚未确定施工企业之前，不得颁发施工许可证，否则无法保障建筑工程的质量与安全。依据《建筑工程施工许可管理办法》第4条第1款第5项的规定，按照规定应当招标的工程没有招标，应当公开招标的工程没有公开招标，或者肢解发包工程，以及将工程发包给不具备相应资质条件的企业的，所确定的施工企业无效，即确定的施工企业必须是合法合规的，否则视为施工企业未确定。

关于有满足施工需要的资金安排方面。依据《建筑工程施工许可管理办法》(已被删除)第4条第1款第7项及《保障农民工工资支付条例》第23条和第24条的规定，建设单位的建设资金应当已经落实，并且需要提供建设资金已经落实承诺书。政府投资项目所需资金，应当按照国家有关规定落实到位，不得由施工单位垫资建设。建设单位应当向施工单位提供工程款支付担保。资金安排涉及农民工工资、施工企业权益及施工进度等重大问题，所以要求建设单位应当有满足施工所需要的资金安排，否则不得颁发施工许可证。

关于施工图纸和技术资料方面。因为施工企业是按照工程设计图纸和施工技术标准进行施工，其直接影响工程的质量与安全，所以审查施工图纸是否符合国家规定的建筑安全规程和技术规范，能否保证工程的安全性能是颁发施工许可证的前提。依据《房屋建筑和市政基础设施工程施工图设计文件审查管理办法》第11条的规定，审查机构应当对施工图审查的内容有：(1)是否符合工程建设强制性标准；(2)地基基础和主体结构的安全性；(3)消防安全性；(4)人防工程(不含人防指挥工程)防护安全性；(5)是否符合民用建筑节能强制性标准，对执行绿色建筑标准的项目，还应当审查是否符合绿色建筑标准；(6)勘察设计企业和注册执业人员以及相关人员是否按规定在施工图上加盖相应的图章和签字；(7)法律、法规、规章规定必须审查的其他内容。

关于有保证工程质量和安全的具体措施方面。依据《建筑工程施工许可管理办法》第4条第1款第6项的规定，施工企业编制的施工组织设计中有根据建筑工程特点制定的相应质量、安全技术措施。建立工程质量安全责任制并落实到人。专业性较强的工程项目编制了专项质量、安全施工组织设计，并按照规定办理了工程质量、安全监督手续。依据《建筑工程安全防护、文明施工措施费用及使用管理规定》第8条的规定，建设单位应当将施工合同中约定的安全防护、文明施工措施费用支付计划作为保证工程安全的具体措施提交建设行政主管部门，未提交的，建设行政主管部门不予核发施工许可证。依据《建筑施工企业安全生产许可证动态监管暂行办法》第3条的规定，建筑施工企业未取得安全生产许可证及安全生产许可证处于暂扣期内的，不得颁发施工许可证。

规定集成

《建设项目环境保护管理条例》(1998年11月29日初次实施,2017年7月16日修订)

第9条第1款　依法应当编制环境影响报告书、环境影响报告表的建设项目，建设单位应当在开工建设前将环境影响报告书、环境影响报告表报有审批权的环境保护行政主管部门审批；建设项目的环境影响评价文件未依法经审批部门审查或者审查后未予批准的，建设单位不得开工建设。

《土地管理法》(1999年1月1日版,1987年1月1日初次实施,2019年8月26日修正)

第53条　经批准的建设项目需要使用国有建设用地的，建设单位应当持法律、行政法规规定的有关文件，向有批准权的县级以上人民政府自然资源主管部门提出建设用地申请，经自然资源主管部门审查，报本级人民政府批准。

《超限高层建筑工程抗震设防管理规定》(2002年9月1日初次实施)

第5条　在抗震设防区内进行超限高层建筑工程的建设时，建设单位应当在初步设计阶段向工程所在地的省、自治区、直辖市人民政府建设行政主管部门提出专项报告。

第 14 条　未经超限高层建筑工程抗震设防专项审查，建设行政主管部门和其他有关部门不得对超限高层建筑工程施工图设计文件进行审查。超限高层建筑工程的施工图设计文件审查应当由经国务院建设行政主管部门认定的具有超限高层建筑工程审查资格的施工图设计文件审查机构承担。施工图设计文件审查时应当检查设计图纸是否执行了抗震设防专项审查意见；未执行专项审查意见的，施工图设计文件审查不能通过。

《建设工程安全生产管理条例》(2004 年 2 月 1 日初次实施)

第 10 条第 1 款　建设单位在申请领取施工许可证时，应当提供建设工程有关安全施工措施的资料。

《建筑工程安全防护、文明施工措施费用及使用管理规定》(2005 年 9 月 1 日初次实施)

第 8 条　建设单位申请领取建筑工程施工许可证时，应当将施工合同中约定的安全防护、文明施工措施费用支付计划作为保证工程安全的具体措施提交建设行政主管部门。未提交的，建设行政主管部门不予核发施工许可证。

《民用建筑节能管理规定》(2006 年 1 月 1 日初次实施)

第 19 条　设计单位应当依据建筑节能标准的要求进行设计，保证建筑节能设计质量。施工图设计文件审查机构在进行审查时，应当审查节能设计的内容，在审查报告中单列节能审查章节；不符合建筑节能强制性标准的，施工图设计文件审查结论应当定为不合格。

《城乡规划法》(2008 年 1 月 1 日初次实施，2019 年 4 月 23 日修正)

第 36 条　按照国家规定需要有关部门批准或者核准的建设项目，以划拨方式提供国有土地使用权的，建设单位在报送有关部门批准或者核准前，应当向城乡规划主管部门申请核发选址意见书。前款规定以外的建设项目不需要申请选址意见书。

第 37 条　在城市、镇规划区内以划拨方式提供国有土地使用权的建设项目，经有关部门批准、核准、备案后，建设单位应当向城市、县人民政府城乡规划主管部门提出建设用地规划许可申请，由城市、县人民政府城乡规划主管部门依据控制性详细规划核定建设用地的位置、面积、允许建设的范围，核发建设用地规划许可证。建设单位在取得建设用地规划许可证后，方可向县级以上地方人民政府土地主管部门申请用地，经县级以上人民政府审批后，由土地主管部门划拨土地。

第 38 条　在城市、镇规划区内以出让方式提供国有土地使用权的，在国有土地使用权出让前，城市、县人民政府城乡规划主管部门应当依据控制性详细规划，提出出让地块的位置、使用性质、开发强度等规划条件，作为国有土地使用权出让合同的组成部分。未确定规划条件的地块，不得出让国有土地使用权。以出让方式取得国有土地使用权的建设项目，建设单位在取得建设项目的批准、核准、备案文件和签订国有土地使用权出让合同后，向城市、县人民政府城乡规划主管部门领取建设用地规划许可证。城市、县人民政府城乡规划主管部门不得在建设用地规划许可证中，擅自改变作为国有土地使用权出让合同组成部分的规划条件。

第 39 条　规划条件未纳入国有土地使用权出让合同的，该国有土地使用权出让合同无效；对未取得建设用地规划许可证的建设单位批准用地的，由县级以上人民政府撤销有关批准文件；占用土地的，应当及时退回；给当事人造成损失的，应当依法给予赔偿。

第 40 条第 1 款、第 2 款　在城市、镇规划区内进行建筑物、构筑物、道路、管线和其他工程建设的，建设单位或者个人应当向城市、县人民政府城乡规划主管部门或者省、自治区、直辖市人民政府确定的镇人民政府申请办理建设工程规划许可证。申请办理建设工程规划许可证，应当提交使用土地的有关证明文件、建设工程设计方案等材料。需要建设单位编制修建性详细规划的建设项目，还应当提交修建性详细规划。对符合控制性详细规划和规划条件的，由城市、县人民政府城乡规划主管部门或者省、自治区、直辖市人民政府确定的镇人民政府核发建设工程规划许可证。

第 41 条　在乡、村庄规划区内进行乡镇企业、乡村公共设施和公益事业建设的，建设单位或者个人应当向乡、镇人民政府提出申请，由乡、镇人民政府报城市、县人民政府城乡规划主管部门核发乡村建设规划许可证。在乡、村庄规划区内使用原有宅基地进行农村村民住宅建设的规划管理办法，由省、自治区、直辖市制定。在乡、村庄规划区内进行乡镇企业、乡村公共设施和公益事业建设以及农村村民住宅建设，不得占用农用地；确需占用农用地的，应当依照《中华人民共和国土地管理法》有关规定办理农用地转用审批手续后，由城市、县人民政府城乡规划主管部门核发乡村建设规划许可证。建设单位或者个人在取得乡村建设规划许可证后，方可办理用地审批手续。

《建筑施工企业安全生产管理机构设置及专职安全生产管理人员配备办法》(2008 年 5 月 13 日初次实施)

第 18 条　建设主管部门核发施工许可证或者核准开工报告时，应当审查该工程项目专职安全生产管理人员的配备情况。

《建筑施工企业安全生产许可证动态监管暂行办法》(2008 年 6 月 30 日初次实施)

第 3 条　建设主管部门在审核发放施工许可证时，应当对已经确定的建筑施工企业是否具有安全生产许可证以及安全生产许可证是否处于暂扣期内进行审查，对未取得安全生产许可证及安全生产许可证处于暂扣期内的，不得颁发施工许可证。

《民用建筑节能条例》(2008 年 10 月 1 日初次实施)

第 12 条第 2 款、第 3 款　城乡规划主管部门依法对民用建筑进行规划审查，应当就设计方案是否符合民用建筑节能强制性标准征求同级建设主管部门的意见；建设主管部门应当自收到征求意见材料之日起 10 日内提出意见。征求意见时间不计算在规划许可的期限内。对不符合民用建筑节能强制性标准的，不得颁发建设工程规划许可证。

第 13 条　施工图设计文件审查机构应当按照民用建筑节能强制性标准对施工图设计文件进行审查；经审查不符合民用建筑节能强制性标准的，县级以上地方人民政府建设主管部门不得颁发施工许可证。

《防震减灾法》(1998 年 3 月 1 日初次实施，2008 年 12 月 27 日修订)

第 24 条第 2 款　对地震观测环境保护范围内的建设工程项目，城乡规划主管部门在依法核发选址意见书时，应当征求负责管理地震工作的部门或者机构的意见；不需要核发选址意见书的，城乡规划主管部门在依法核发建设用地规划许可证或者乡村建设规划许可证时,应当征求负责管理地震工作的部门或者机构的意见。

《消防法》(2009年5月1日版,1998年9月1日初次实施,2021年4月29日修正)

第10条　对按照国家工程建设消防技术标准需要进行消防设计的建设工程,实行建设工程消防设计审查验收制度。

第11条　国务院住房和城乡建设主管部门规定的特殊建设工程,建设单位应当将消防设计文件报送住房和城乡建设主管部门审查,住房和城乡建设主管部门依法对审查的结果负责。前款规定以外的其他建设工程,建设单位申请领取施工许可证或者申请批准开工报告时应当提供满足施工需要的消防设计图纸及技术资料。

第12条　特殊建设工程未经消防设计审查或者审查不合格的,建设单位、施工单位不得施工;其他建设工程,建设单位未提供满足施工需要的消防设计图纸及技术资料的,有关部门不得发放施工许可证或者批准开工报告。

《关于进一步强化住宅工程质量管理和责任的通知》(2010年5月4日初次实施)

第2条　加强住宅工程质量管理,严格执行法定基本制度,第11项,加强施工图审查管理。建设单位要严格执行施工图设计文件审查制度,及时将住宅工程施工图设计文件报有关机构审查;要先行将勘察文件报审,不得将勘察文件和设计文件同时报审,未经审查合格的勘察文件不得作为设计依据。施工图审查机构要重点对住宅工程的地基基础和主体结构的安全性,防火、抗震、节能、环保以及厨房、卫生间等关键场所的设计质量是否符合工程建设强制性标准进行审查,任何单位和个人不得擅自修改已审查合格的施工图设计文件。确需修改的,建设单位要按有关规定将修改后的施工图设计文件送原审查机构审查。凡出据虚假审查合格书或未尽审查职责的审查机构和审查人员要依法承担相应责任。

《国有土地上房屋征收与补偿条例》(2011年1月21日初次实施)

第12条第1款　市、县级人民政府作出房屋征收决定前,应当按照有关规定进行社会稳定风险评估;房屋征收决定涉及被征收人数量较多的,应当经政府常务会议讨论决定。

第27条　实施房屋征收应当先补偿、后搬迁。作出房屋征收决定的市、县级人民政府对被征收人给予补偿后,被征收人应当在补偿协议约定或者补偿决定确定的搬迁期限内完成搬迁。任何单位和个人不得采取暴力、威胁或者违反规定中断供水、供热、供气、供电和道路通行等非法方式迫使被征收人搬迁。禁止建设单位参与搬迁活动。

《建设用地容积率管理办法》(2012 年 3 月 1 日初次实施)

第 4 条　以出让方式提供国有土地使用权的,在国有土地使用权出让前,城市、县人民政府城乡规划主管部门应当依据控制性详细规划,提出容积率等规划条件,作为国有土地使用权出让合同的组成部分。未确定容积率等规划条件的地块,不得出让国有土地使用权。容积率等规划条件未纳入土地使用权出让合同的,土地使用权出让合同无效。以划拨方式提供国有土地使用权的建设项目,建设单位应当向城市、县人民政府城乡规划主管部门提出建设用地规划许可申请,由城市、县人民政府城乡规划主管部门依据控制性详细规划核定建设用地容积率等控制性指标,核发建设用地规划许可证。建设单位在取得建设用地规划许可证后,方可向县级以上地方人民政府土地主管部门申请用地。

《房屋建筑和市政基础设施工程施工图设计文件审查管理办法》(2013 年 8 月 1 日初次实施,2015 年 5 月 4 日修正)

第 11 条　审查机构应当对施工图审查下列内容:(一)是否符合工程建设强制性标准;(二)地基基础和主体结构的安全性;(三)消防安全性;(四)人防工程(不含人防指挥工程)防护安全性;(五)是否符合民用建筑节能强制性标准,对执行绿色建筑标准的项目,还应当审查是否符合绿色建筑标准;(六)勘察设计企业和注册执业人员以及相关人员是否按规定在施工图上加盖相应的图章和签字;(七)法律、法规、规章规定必须审查的其他内容。

第 18 条　按规定应当进行审查的施工图,未经审查合格的,住房城乡建设主管部门不得颁发施工许可证。

《建筑工程五方责任主体项目负责人质量终身责任追究暂行办法》(2014 年 8 月 25 日初次实施)

第 8 条　项目负责人应当在办理工程质量监督手续前签署工程质量终身责任承诺书,连同法定代表人授权书,报工程质量监督机构备案。项目负责人如有更换的，应当按规定办理变更程序，重新签署工程质量终身责任承诺书，连同法定代表人授权书，报工程质量监督机构备案。

《建筑工程施工许可管理办法》（2014 年 10 月 25 日初次实施，2018 年 9 月 28 日修正，2021 年住建部第 52 号令又单独修改了第 4 条）

第 4 条　建设单位申请领取施工许可证，应当具备下列条件，并提交相应的证明文件：

（一）依法应当办理用地批准手续的，已经办理该建筑工程用地批准手续。

（二）依法应当办理建设工程规划许可证的，已经取得建设工程规划许可证。

（三）施工场地已经基本具备施工条件，需要征收房屋的，其进度符合施工要求。

（四）已经确定施工企业。按照规定应当招标的工程没有招标，应当公开招标的工程没有公开招标，或者肢解发包工程，以及将工程发包给不具备相应资质条件的企业的，所确定的施工企业无效。

（五）有满足施工需要的资金安排、施工图纸及技术资料，建设单位应当提供建设资金已经落实承诺书，施工图设计文件已按规定审查合格。

（六）有保证工程质量和安全的具体措施。施工企业编制的施工组织设计中有根据建筑工程特点制定的相应质量、安全技术措施。建立工程质量安全责任制并落实到人。专业性较强的工程项目编制了专项质量、安全施工组织设计，并按照规定办理了工程质量、安全监督手续。

县级以上地方人民政府住房城乡建设主管部门不得违反法律法规规定，增设办理施工许可证的其他条件。

《房屋建筑和市政基础设施工程施工安全监督工作规程》（2014 年 10 月 28 日初次实施）

第 4 条　工程项目施工前，建设单位应当申请办理施工许可证。住房城乡建设主管部门可以将建设单位提交的保证安全施工具体措施的资料（包括工程项目及参建单位基本信息）委托监督机构进行查验，必要时可以进行现场踏勘，对不符合施工许可条件的，不得颁发施工许可证。

《建设单位项目负责人质量安全责任八项规定(试行)》(2015 年 3 月 6 日初次实施)

第 5 条　建设单位项目负责人应当在项目开工前按照国家有关规定办理工程质量、安全监督手续,申请领取施工许可证……

《保障农民工工资支付条例》(2020 年 5 月 1 日初次实施)

第 23 条　建设单位应当有满足施工所需要的资金安排。没有满足施工所需要的资金安排的,工程建设项目不得开工建设;依法需要办理施工许可证的,相关行业工程建设主管部门不予颁发施工许可证。政府投资项目所需资金,应当按照国家有关规定落实到位,不得由施工单位垫资建设。

第 24 条第 1 款、第 2 款　建设单位应当向施工单位提供工程款支付担保。建设单位与施工总承包单位依法订立书面工程施工合同,应当约定工程款计量周期、工程款进度结算办法以及人工费用拨付周期,并按照保障农民工工资按时足额支付的要求约定人工费用。人工费用拨付周期不得超过 1 个月。

《最高人民法院关于审理建设工程施工合同纠纷案件适用法律问题的解释(一)》(2021 年 1 月 1 日初次实施)

第 3 条　当事人以发包人未取得建设工程规划许可证等规划审批手续为由,请求确认建设工程施工合同无效的,人民法院应予支持,但发包人在起诉前取得建设工程规划许可证等规划审批手续的除外。发包人能够办理审批手续而未办理,并以未办理审批手续为由请求确认建设工程施工合同无效的,人民法院不予支持。

案例适用

031　建设单位申领施工许可证需要提交哪些材料

案件名称:方某、张某与扬中市住房和城乡建设局(以下简称扬中市住建局)行政许可案

审理法院:江苏省高级人民法院

案　　号:(2017)苏行申 564 号

裁判观点：复旦科技园房地产开发扬中有限公司向扬中市住建局提交建筑工程施工许可申请表时，一并提交了扬中市国土资源局颁发的扬中市市(县)〔2014〕扬土交字第8号建设用地批准书、扬中市规划局颁发的建设工程规划许可证、扬中市发展改革和经济信息化委员会核发的扬发改经信行政核准〔2015〕42号关于核准复旦科技园房地产开发扬中有限公司复旦上雅园建设项目的通知、加盖扬中市建设工程招标投标办公室印章的工程直接发包登记表、承包工程的企业的营业执照及安全生产证、施工合同书、涉案工程施工图设计文件审查合格书、扬中市建设安全监督站作出的建设工程安全监督通知书、建设工程监理合同、工程款说明及进场施工条件说明等材料。扬中市住建局经审查，认为符合核准条件，向复旦科技园房地产开发扬中有限公司核发被诉321182020150012号建筑工程施工许可证符合上述规定。

032　未取得建设用地规划许可证和工程规划许可证是否影响施工合同的效力

案件名称：浙江金茂钢结构有限公司管理人与青海安飞电子科技有限责任公司(以下简称安飞公司)建设工程施工合同纠纷案

终审法院：青海省高级人民法院

案　　号：(2017)青民终211号

一审裁判观点：安飞公司作为建设单位，与原浙江金茂钢结构有限公司自签订案涉《建筑工程施工承包合同》至本案审理时，始终未取得建设用地规划许可证和建设工程规划许可证，亦未进行招投标，违反了《建筑法》第7条第1款、第8条第1款第1项、第2项及《招标投标法》第3条第1款第1项的规定，应为无效合同。

二审裁判观点：在没有依法获取建设用地规划许可证、建设工程规划许可证的情况下就签订施工合同的行为，干扰到国家对建设工程的调控和监督，存在较大的法律风险及安全隐患，应该被归纳到会直接影响国家利益和社会公共利益的范畴内。因此，原浙江金茂钢结构有限公司与安飞公司签订案涉建设工程施工合同之时所适用的《城乡规划法》(已被修改)第38条第2款所规定的"以出让方式取得国有土地使用权的建设项目,在签订国有土地使用权出让合同后,建设单位应当持建设项目的批准、核准、备案文件和国有土地使用权出让合同,向城市、县人民政府城乡规划主管部门领取建设用地规划许可证"及该法第40条第1款所规定的"在城市、镇规划区内进行建筑物、构筑物、道路、管线和其他工程建设的,建设单位或者个人应当向城市、县人民政府城乡规划主管部门或者省、自治区、直辖市人民政府确定的镇人民政府申请办理建设工程规划许可证"应属效力性强制性法律规定,违反上述法律规定的建设工程施工合同应属无效。

033　建设工程规划许可证过期是否影响施工许可证的效力

案件名称:明光市花园富民工贸有限责任公司因明光市利通汽车修理厂诉明光市住房和城乡建设局(以下简称明光住建局)房屋建设行政许可案

审理法院:安徽省高级人民法院

案　　号:(2017)皖行申253号

裁判观点:根据《建筑法》第8条的规定,申请领取施工许可证,应当已经取得规划许可证。而本案所涉建设工程规划许可证是2003年2月24日颁发,根据2011年3月1日实施的《安徽省城乡规划条例》第33条的规定,选址意见书、建设用地规划许可证、建设工程规划许可证、乡村建设规划许可证有效期为一年。需要延期的,应当在期限届满三十日前向发证机关提出延期申请,延期期限不得超过六个月。逾期未申请延期或者申请延期未获批准的,选址意见书、建设用地规划许可证、建设工程规划许可证以及乡村建设规划许可证自行失效。该规划许可证自行失效,而明光住建局依据失效的建设工程规划许可证颁发建筑工程施工许可证显然不符合法律规定。

034　颁发施工许可证是否需要审查施工场地拆迁争议情况

案件名称：再审申请人陈某与宁波市鄞州区住房和城乡建设局城建行政许可案

审理法院：浙江省高级人民法院

案　　号：(2019)浙行申180号

裁判观点：《建筑法》第8条规定："……需要拆迁的，其拆迁进度符合施工要求……"上述法律并未规定建设行政主管部门在颁发建筑工程施工许可证时应审查拆迁人与被拆迁人是否签订拆迁补偿协议或者其他拆迁争议是否解决。申请人的房屋在被申请人颁发涉案建筑工程施工许可证前已被拆除，故申请人认为其与被申请人颁发涉案建筑工程施工许可证的行为之间具有利害关系的主张不能成立。如申请人认为相关部门拆除其房屋的行为违法，可另行通过法律途径解决。

035　建设单位未安排满足施工需要的资金如何担责

案件名称：新余中鼎建设工程有限公司(以下简称新余中鼎公司)与江西龙信房地产开发有限公司(以下简称江西龙信公司)建设工程施工合同纠纷案

终审法院：江西省高级人民法院

案　　号：(2020)赣民终529号

一审裁判观点：虽然案涉工程从开工日2015年8月20日至竣工日2017年5月19日共计639天，比合同约定的480天多了159天，但是在施工过程中江西龙信公司多次变更设计，且在2015年12月江西龙信公司就已经存在未按合同约定全额支付工程进度款的情形，且江西龙信公司又将外墙漆等本应由新余中鼎公司承建的工程违反合同约定发包给包括江西龙信公司委托诉讼代理人在内的其他承包人，而2017年1月23日龙信金座项目初验时，包括江西龙信公司委托诉讼代理人所承建的其他工程项目也存在相应问题，导致需整改后才能验收，江西龙信公司未能提供充分证据证明系新余中鼎公司的因素导致案涉龙信金座工程的逾期竣工天数,也未提供任何证据证明其因逾期竣工受到的损失情况,应当承担举证不利的后果,故对江西龙信公司要求新余中鼎公司支付逾期竣工违约金的反诉请求,不予支持。

二审裁判观点:虽然新余中鼎公司存在工期延误的客观事实,但除了一审论述的情形外,江西龙信公司自2015年12月就未按约定支付工程进度款,至本案起诉时,工程进度款支付总体不到65%,其建设资金安排没有达到《建筑法》第8条第1款第7项"建设资金已经落实"的要求。同时,因江西龙信公司工程进度款支付不到位,一方面在一定程度上迫使新余中鼎公司垫资建设,形成了江西龙信公司将其合同义务转嫁给新余中鼎公司的局面;另一方面又要求新余中鼎公司严格遵循合同工期约定,显然会导致双方权利义务失衡。因此,对江西龙信公司要求新余中鼎公司承担违约金310万元的上诉主张,法院不予支持。

036　取得施工许可证能否初步证明具有施工图纸的事实

案件名称:辽宁东亿房地产开发(集团)有限公司(以下简称东亿公司)与辽宁省城市建筑设计院(以下简称设计院)建设工程设计合同纠纷案

审理法院:最高人民法院

案　　号:(2016)最高法民申1085号

裁判观点:根据《建筑法》第8条第1款第5项及住房和城乡建设部发布的《建筑工程施工许可管理办法》第4条第1款第5项的规定,东亿公司领取施工许可证进行工程建设的条件之一,是审查咨询公司对相关设计图纸进行审查后出具的图纸审查合格报告。结合存在的案涉20套6层设计图纸的图纸审查合格报告及东亿公司案涉工程已经竣工的事实,东亿公司否认接收设计院设计的案涉20套6层住宅的图纸,证据明显不足。综上所述,在设计院提供的证据可以证明东亿公司已经签收了案涉20套6层设计图纸的情况下,东亿公司无法提供扎实充分的反证来证明不存在案涉20套6层设计图纸,应承担举证不能的责任。

037　如何正确选择施工许可、用地规划、工程规划或者占地侵权等行为的被告

案件名称：再审申请人刘某与被申请人邵阳市住房和城乡建设局、原审第三人邵阳市丰毅房地产开发有限公司（以下简称丰毅公司）城乡建设行政许可案

审理法院：湖南省高级人民法院

案　　号：（2019）湘行申965号

裁判观点：《行政诉讼法》第25条第1款规定："行政行为的相对人以及其他与行政行为有利害关系的公民、法人或者其他组织，有权提起诉讼。"所谓"与行政行为有利害关系"，是指行政行为作出时已经或者将来必然对特定当事人的权利义务产生实际影响。《建筑法》第3条规定："建筑活动应当确保建筑工程质量和安全，符合国家的建筑工程安全标准。"第8条规定："申请领取施工许可证，应当具备下列条件：（一）已经办理该建筑工程用地批准手续；（二）在城市规划区的建筑工程，已经取得规划许可证……"据此可知，建筑法的立法目的是维护建筑市场秩序，保证建筑工程的质量和安全。同样，国家实施建筑工程施工许可，也是为了使建筑工程符合国家的安全标准，从而确保工程质量和安全。因此，在建筑工程已经办理用地批准手续并取得规划许可证的情况下，该建筑工程是否还存在违反城市规划及违法占地的情形，不是行政机关作出建筑工程施工许可行为应当考虑的因素。公民、法人或者其他组织以建筑工程违反城市规划或者违法占地侵害其合法权益为由，起诉建筑工程施工许可行为的，因其与被诉行政行为没有利害关系而不具有原告主体资格。本案中，涉案塔北1号公馆综合楼工程项目已经办理了建筑工程用地批准手续，取得了国有建设用地使用权证，同时也取得了建设用地规划许可证和建设工程规划许可证。在此情形下，被申请人邵阳市住房和城乡建设局为原审第三人丰毅公司作出和颁发编号为430501201702210101的建筑工程施工许可证的行政行为，并未对再审申请人刘某的权利义务

产生实际影响,亦即再审申请人与被诉行政行为没有利害关系。再审申请人如果认为塔北1号公馆综合楼的建设位置、建筑高度损害了其合法权益,可以起诉建设工程规划许可行为;如果认为塔北1号公馆综合楼项目的国有建设用地使用权证与其私宅土地证的用地红线有交叉,可以起诉国有土地确权许可行为;如果认为塔北1号公馆综合楼超出了其国有建设用地使用权证的用地红线范围而侵占了再审申请人的住房用地,则属民事侵权范畴,可以通过民事诉讼等合法途径主张权利。现再审申请人以涉案塔北1号公馆综合楼工程侵占了其住房用地为由,就被申请人作出的涉案建筑工程施工许可行为提起本案诉讼,因其与被诉行政行为没有利害关系而不具有原告主体资格。对再审申请人的起诉,依法应不予立案。

第九条 【开工时间】建设单位应当自领取施工许可证之日起三个月内开工。因故不能按期开工的,应当向发证机关申请延期;延期以两次为限,每次不超过三个月。既不开工又不申请延期或者超过延期时限的,施工许可证自行废止。

条文理解

本条是关于开工时间的规定,施工许可证载明有效期限,建设单位应当自领取施工许可证之日起三个月内开工。既不开工又不申请延期或者超过延期时限的,施工许可证自行废止。开工时间既涉及建设行政主管部门对工程质量安全的监督管理,又涉及工期认定、工程款支付、质量缺陷期及保修期认定等各个方面,所以正确认定开工时间尤为重要。

关于开工准备与实际开工,参照《建设工程施工合同(示范文本)》(GF-2017-0201)第7.3.1条关于开工准备的约定,施工所需的施工道路、临时设施、材料、工程设备、施工设备、施工人员等落实以及工程的进度安排属于开工准备工作，非本条规定的开工。承包人落实上述准备工作后，向监理人提交工程开工报审表，也叫开工申请，经监理人报发包人批准后，开工阶段才算开始。依据《建设工程质量管理条例》第57条的规定，建设单位未取得施工许可证或者开工报告未经批准，擅自施工的，建设行政主管部门可以责令停止施工，限期改正，处工程合同价款百分之一以上百分之二以下的罚款。

实务中，当事人对开工日期有争议的，依据《最高人民法院关于审理建设工程施工合同纠纷案件适用法律问题的解释(一)》第8条的规定，分别按照以下情形予以认定：(1)开工日期为发包人或者监理人发出的开工通知载明的开工日期；开工通知发出后，尚不具备开工条件的，以开工条件具备的时间为开工日期；因承包人原因导致开工时间推迟的，以开工通知载明的时间为开工日期。(2)承包人经发包人同意已经实际进场施工的，以实际进场施工时间为开工日期。(3)发包人或者监理人未发出开工通知，亦无相关证据证明实际开工日期的，应当综合考虑开工报告、合同、施工许可证、竣工验收报告或者竣工验收备案表等载明的时间，并结合是否具备开工条件的事实，认定开工日期。发包人或者监理人发出的开工通知，俗称开工令，此为确定开工日期的主要依据，开工报告只是承包人单方的要求开工的申请，对开工日期的确定不是直接证据。开工通知发出后，尚不具备开工条件的，以开工条件具备的时间为开工日期，因为承包人的原因导致开工时间推迟的除外。承包人的原因如临时设施、材料、工程设备、施工设备、施工人员等由承包人负责的事项尚未落实到位。承包人经发包人同意已经实际进场施工的，尊重发承包双方的意思自治，以实际进场施工时间为开工日期，即无开工通知，亦无相关证据证明实际开工日期的，则综合考虑承包人的开工报告，发承包双方签订的合同，施工许可证、竣工验收报告或者竣工验收备案表等载明的时间，并结合是否具备开工条件的事实，认定开工日期。

规定集成

《工程建设项目实施阶段程序管理暂行规定》(1995 年 7 月 29 日初次实施)

第 2 条　本规定所称工程建设项目实施阶段程序,是指土木建筑工程,线路、管道及设备安装工程,建筑装修装饰工程等新建、扩建、改建活动的施工准备阶段、施工阶段、竣工阶段应遵循的有关工作步骤。

第 4 条　施工准备阶段分为工程建设项目报建、委托建设监理、招标投标、施工合同签订;施工阶段分为建设工程施工许可证领取、施工;竣工阶段分为竣工验收及期内保修。工程建设项目报建表示项目前期工作结束,施工准备阶段开始;取得工程建设项目施工许可证表示施工准备阶段结束,施工阶段开始;竣工验收表示施工阶段结束,竣工阶段开始;保修期限届满,全部工程建设项目实施阶段程序结束。

《建设工程监理规范》(GB/T 50319—2013)(2014 年 3 月 1 日初次实施)

第 5.1.8 条　总监理工程师应组织专业监理工程师审查施工单位报送的工程开工报审表及相关资料;同时具备下列条件时,应由总监理工程师签署审查意见,并应报建设单位批准后,总监理工程师签发工程开工令:1. 设计交底和图纸会审已完成。2. 施工组织设计已由总监理工程师签认。3. 施工单位现场质量、安全生产管理体系已建立,管理及施工人员已到位,施工机械具备使用条件,主要工程材料已落实。4. 进场道路及水、电、通信等已满足开工要求。

《建筑工程施工许可管理办法》(2014 年 10 月 25 日初次实施,2018 年 9 月 28 日修正)

第 8 条　建设单位应当自领取施工许可证之日起三个月内开工。因故不能按期开工的,应当在期满前向发证机关申请延期,并说明理由;延期以两次为限,每次不超过三个月。既不开工又不申请延期或者超过延期次数、时限的,施工许可证自行废止。

《最高人民法院关于审理建设工程施工合同纠纷案件适用法律问题的解释(一)》(2021 年 1 月 1 日初次实施)

第 8 条　当事人对建设工程开工日期有争议的,人民法院应当分别按照以下情形予以认定:(一)开工日期为发包人或者监理人发出的开工通知载明的开工日期;开工通知发出后,尚不具备开工条件的,以开工条件具备的时间为开工日期;因承包人原因导致开工时间推迟的,以开工通知载明的时间为开工日期。(二)承包人经发包人同意已经实际进场施工的,以实际进场施工时间为开工日期。(三)发包人或者监理人未发出开工通知,亦无相关证据证明实际开工日期的,应当综合考虑开工报告、合同、施工许可证、竣工验收报告或者竣工验收备案表等载明的时间,并结合是否具备开工条件的事实,认定开工日期。

案例适用

038 同一施工许可证适用多幢独立建筑,部分建筑开工是否视为全部开工

案件名称:四川省宜宾中山房地产综合开发有限公司(以下简称中山公司)与宜宾市城乡规划局规划许可行政补偿案

审理法院:四川省高级人民法院

案　　号:(2018)川行申527号

中山公司观点:在62号规划许可证及29号施工许可证中d幢、e幢、f幢系属同一建设项目、同一建设工程,f幢的按期开工建设,已使62号规划许可证不可能失效。

宜宾市城乡规划局观点:同一许可证上加载了三幢独立建筑物,如果f幢开工建设等同于d幢、e幢也开工建设,必将给房地产开发商打开一条违法通道,即开发商均可以对一宗土地上的建筑物先行建设一小部分,将大部分建筑留待三年、五年甚至十年后再行按原参数建设。

裁判观点:根据《四川省〈中华人民共和国城市规划法〉实施办法》(已失效)第29条第2款"建设工程规划许可证办理后六个月内未开工,又未办理延期手续的,建设工程规划许可证自行失效"及《建筑法》第9条之规定,法律法规已明确了规划许可和施工许可的有效期限。宜宾市城乡规划局颁发给中山公司的62号规划许可证及29号施工许可证载

明了有效期限。在上述两证的有效期限内，中山公司对d幢、e幢建筑既未如期开工建设，又未向发证机关申请延期，该两证已依法失效或废止。宜宾市城乡规划局对f幢验收合格，不构成对62号规划许可证及29号施工许可证效力的追认。

039　实际开工日期能否通过领取施工许可证之日起三个月内必须开工进行推算

案件名称：新疆天悦房地产开发有限公司（以下简称天悦公司）与新疆天北万佳建设工程有限责任公司（以下简称天北公司）建设工程施工合同纠纷案

审理法院：新疆维吾尔自治区塔城地区中级人民法院

案　　号：（2019）新42民终1161号

裁判观点：天悦公司持有的合同有计划开工和计划竣工时间，而天北公司的合同没有具体时间，双方对开工日期发生争议，双方对实际开工时间亦未能提供证据，按照天悦公司2016年4月27日取得建设工程施工许可证及合同约定正负零完成后支付合同暂控总价的25%即天悦公司首次付款时间为2016年6月24日的事实，根据《建筑法》第9条的规定，天北公司应当在自天悦公司取得建设工程施工许可证之日起三个月内开工，双方确认涉案工程2016年年底竣工，天北公司的施工期限未超过合同实际施工工期总日历天数365天的约定，因此原审不予支持天悦公司逾期施工的主张并无不当。

第十条　【施工中止】在建的建筑工程因故中止施工的，建设单位应当自中止施工之日起一个月内，向发证机关报告，并按照规定做好建筑工程的维护管理工作。

建筑工程恢复施工时，应当向发证机关报告；中止施工满一年的工程恢复施工前，建设单位应当报发证机关核验施工许可证。

条文理解

本条是关于施工中止的规定，该规定有两个方面的考虑：其一是为了加强建设行政主管部门对建筑工程的监督管理，即建设单位在建筑工程中止施工和恢复施工时，都应当向发证机关报告。中止施工满一年的，还应当报发证机关核验施工许可证。其二是明确建筑工程中止期间的维护管理的责任主体，即由建设单位做好建筑工程中止施工期间的维护管理工作。

依据《建筑工程施工许可管理办法》第 9 条的规定，建设单位向发证机关报告的内容包括中止施工的时间、原因、在施部位、维修管理措施等。另外，依据《房屋建筑和市政基础设施工程施工安全监督工作规程》第 12 条和第 13 条的规定，中止施工时，建设单位还应当向监督机构申请办理中止施工安全监督手续。恢复施工时，还应当向监督机构申请办理恢复施工安全监督手续，并提交经建设、监理、施工单位项目负责人签字并加盖单位公章的复工条件验收报告。

实务中，工程安全事故如果发生在中止施工期间，依据本条的规定，建设单位为工程维护管理的责任主体，需要承担相应的管理不当的责任。工程安全事故如果发生在施工期间，依据本法第 39 条和第 41 条的规定，安全管理的责任主体为施工单位，则由施工单位来承担相应的管理不当的责任。如果是暂时停止施工的，依据《建设工程安全生产管理条例》第 28 条的规定，施工现场暂时停止施工的，施工单位应当做好现场防护，所需费用由责任方承担，或者按照合同约定执行，责任主体为施工单位。所以，建筑工程在不同的状况下，其管理的责任主体可能不同，应注意区分辨别。另外，工程安全事故可能涉及的建设单位、设计单位、监理单位及施工单位等各个建筑活动主体，各自在其职责范围内依法承担相应的责任。

规定集成

《施工现场安全防护用具及机械设备使用监督管理规定》(1998 年 9 月 4 日初次实施)

第 9 条　施工现场新安装或者停工 6 个月以上又重新使用的塔式起重机、龙门架(井字架)、整体提升脚手架等,在使用前必须组织由本企业的安全、施工等技术管理人员参加的检验,经检验合格后方可使用。不能自行检验的,可以委托当地建筑安全监督管理机构进行检验。

《建筑工程施工许可管理办法》(2014 年 10 月 25 日初次实施,2018 年 9 月 28 日修正)

第 9 条　在建的建筑工程因故中止施工的,建设单位应当自中止施工之日起一个月内向发证机关报告,报告内容包括中止施工的时间、原因、在施部位、维修管理措施等,并按照规定做好建筑工程的维护管理工作。建筑工程恢复施工时,应当向发证机关报告;中止施工满一年的工程恢复施工前,建设单位应当报发证机关核验施工许可证。

《房屋建筑和市政基础设施工程施工安全监督工作规程》(2014 年 10 月 28 日初次实施)

第 12 条　工程项目因故中止施工的,建设单位应当向监督机构申请办理中止施工安全监督手续,并提交中止施工的时间、原因、在施部位及安全保障措施等资料。监督机构收到建设单位提交的资料后,经查验符合要求的,应当在 5 个工作日内向建设单位发放《中止施工安全监督告知书》。监督机构对工程项目中止施工期间不实施施工安全监督。

第 13 条　中止施工的工程项目恢复施工,建设单位应当向监督机构申请办理恢复施工安全监督手续,并提交经建设、监理、施工单位项目负责人签字并加盖单位公章的复工条件验收报告。监督机构收到建设单位提交的复工条件验收报告后,经查验符合复工条件的,应当在 5 个工作日内向建设单位发放《恢复施工安全监督告知书》,对工程项目恢复实施施工安全监督。

案例适用

040　中止施工期间出现人身伤亡事故，责任主体是建设单位还是施工单位

案件名称：上诉人楚雄市预盛房地产开发有限公司（以下简称预盛公司）与被上诉人许某1、彭某1生命权纠纷案

终审法院：云南省楚雄彝族自治州中级人民法院

案　　号：（2020）云23民终889号

一审裁判观点：死者许某2、许某3发生溺亡事故的现场，属于预盛公司（建设单位）享有建设用地使用权范围的烂尾建筑工程场地。《建筑法》第10条规定，建设单位对在建建筑工程因故中止施工期间的管理责任，应当包括对具有人身危险性的烂尾工程场地侵权的结果注意义务和结果回避义务。本案中，根据查明的法律事实，预盛公司对涉险基坑未采取有效防护措施，管理缺位，对事故的发生构成原因力，应承担相应事故责任。

二审裁判观点：《建筑法》第10条规定：……预盛公司系涉案的基坑水塘所属的建设单位，在诉讼中，其提交了与中天银都公司签订的建设工程施工合同，合同对施工单位是否负责安全防护措施并未作明确约定，并且，合同对开工时间及竣工时间均未作约定，在诉讼中，上诉人认可案发时建设项目工程处于中止施工的状态，根据上述法条的规定，上诉人负有对在建建筑工程因故中止施工期间的管理责任，应当包括对具有人身危险性的工程场地侵权的注意义务。涉案工程场地无人看管，基坑水塘南侧未设置围栏，导致许某2、许某3发生溺亡事故，预盛公司作为侵权责任人应承担相应的赔偿责任。

第十一条　【开工报告】按照国务院有关规定批准开工报告的建筑工程,因故不能按期开工或者中止施工的,应当及时向批准机关报告情况。因故不能按期开工超过六个月的,应当重新办理开工报告的批准手续。

条文理解

本条是关于开工报告的规定,开工的方式有两种,一是申请领取施工许可证,二是按照国务院规定的权限和程序批准开工报告。本条就是关于在批准开工报告的情形下,不能按期开工或者中止施工的规定,属于对本法第9条和第10条的补充。批准开工报告和施工许可证一样,都载明相关的开工期限,建设单位应当按照载明的期限开工。这里需要注意的是,在申请领取施工许可证开工的情形下,既不开工又不申请延期或者超过延期时限的,施工许可证自行废止。而本条规定的建筑工程,不能按期开工超过六个月的,则重新办理开工报告的批准手续。其他方面,和本法第9条、第10条的规定相差不大,在此不再赘述。

第二节　从业资格

第十二条　【从业条件】从事建筑活动的建筑施工企业、勘察单位、设计单位和工程监理单位,应当具备下列条件:

(一)有符合国家规定的注册资本;

(二)有与其从事的建筑活动相适应的具有法定执业资格的专业技术人员;

(三)有从事相关建筑活动所应有的技术装备;
(四)法律、行政法规规定的其他条件。

条文理解

本条是关于从业条件的规定,包括注册资本、专业技术人员及技术装备等方面,相对于《公司法》第23条和第76条规定的设立公司中关于人数、注册资本、公司章程、公司名称、组织机构、公司住所等方面要求更高,原因在于建筑活动属于高危行业,涉及公共安全。

关于建筑施工企业的从业条件。依据《建筑业企业资质标准》的规定,施工企业资质分为施工总承包、专业承包和施工劳务三个序列。施工总承包分为特级、一级、二级、三级4个等级,以等级最低的三级资质为例,其资质标准为:(1)企业资产方面,要求净资产在800万元以上。(2)企业主要人员方面,要求:①建筑工程、机电工程专业注册建造师合计不少于5人,其中建筑工程专业注册建造师不少于4人。②技术负责人具有5年以上从事工程施工技术管理工作经历,且具有结构专业中级以上职称或建筑工程专业注册建造师执业资格;建筑工程相关专业中级以上职称人员不少于6人,且结构、给排水、电气等专业齐全。③持有岗位证书的施工现场管理人员不少于15人,且施工员、质量员、安全员、机械员、造价员、劳务员等人员齐全。④经考核或培训合格的中级工以上技术工人不少于30人。⑤技术负责人(或注册建造师)主持完成过本类别资质二级以上标准要求的工程业绩不少于2项。专业承包分为一级、二级、三级3个等级,设有36个类别,以其中的地基基础工程专业承包为例,等级最低的三级资质标准为:(1)企业资产方面,要求净资产在400万元以上。(2)企业主要人员方面,要求:①注册建造师不少于3人。②技术负责人具有5年以上从事工程施工技术管理工作经历,且具有工程序列中级以上职称或注册建造师或注册岩土工程师执业资格;结构、岩土、机械等专业中级以上职称人员不少于8人,且专业齐全。③持有岗位证书的施工现场管理人员不少于10人,且施工员、质量员、安全员、机械员、造价员等人员齐全。④经考核或培训合格的桩机操作工、电工、焊工等技术工人不少于15人。⑤技术负责人(或注册建造师)主持完成过本类别资质二级以上标准要求的工程业绩不少于2项。施工劳务不分类别和等级,其资质标准为:(1)企业资产方面,要求:①净资产在200万元以上。②具有固定的经营场所。(2)企业主要人员方面,要求:①技术负责人具有工程序列中级以上职称或高级工以上资格。②持有岗位证书的施工现场管理人员不少于5人,且施工员、质量员、安全员、劳务员等人员齐全。③经考核或培训合格的技术工人不少于50人。

关于勘察单位的从业条件。依据《工程勘察资质标准》的规定,工程勘察资质分为工程勘察综合资质、工程勘察专业资质、工程勘察劳务资质三个类别。工程勘察综合资质是指包括全部工程勘察专业资质的工程勘察资质。工程勘察专业资质包括甲级、乙级和丙级,以其中等级最低的丙级为例,其资质标准为:(1)资历和信誉方面:①符合企业法人条件。②社会信誉良好,净资产不少于80万元人民币。(2)技术条件方面:①专业配备齐全、合理。主要专业技术人员数量不少于“工程勘察行业主要专业技术人员配备表”规定的人数。②企业主要技术负责人或总工程师应当具有大专以上学历、10年以上工程勘察经历;作为项目负责人主持过本专业工程勘察类型的项目不少于2项,其中,乙级以上项目不少于1项;具备注册土木工程师(岩土)执业资格或中级以上专业技术职称。③在“工程勘察行业主要专业技术人员配备表”规定的人员中,主导专业非注册人员作为专业技术负责人主持过所申请工程勘察类型的项目不少于2项。(3)技术装备及管理水平方面:①有与工程勘察项目相应的能满足要求的技术装备,满足“工程勘察主要技术装备配备表”规定的要求。②有满足工作需要的固定工作场所。③有较完善的质量、安全管理体系和技术、经营、设备物资、人事、财务、档案等管理制度。

工程勘察劳务资质包括工程钻探和凿井，其中，工程钻探的资质标准为：(1)资历和信誉方面：①符合企业法人条件。②社会信誉良好，净资产不少于50万元人民币。(2)技术条件方面：①企业主要技术负责人具有5年以上从事工程管理工作经历，并具有初级以上专业技术职称或高级工以上职业资格。②具有经考核或培训合格的钻工、描述员、测量员、安全员等技术工人，工种齐全且不少于12人。(3)技术装备及管理水平方面：①有必要的技术装备，满足"工程勘察主要技术装备配备表"规定的要求。②有满足工作需要的固定工作场所。③质量、安全管理体系和技术、经营、设备物资、人事、财务、档案等管理制度健全。凿井的资质标准为：(1)资历和信誉方面：①符合企业法人条件。②社会信誉良好，实缴注册资本不少于50万元人民币。(2)技术条件方面：①企业主要技术负责人具有5年以上从事工程管理工作经历，并具有初级以上专业技术职称或高级工以上职业资格。②具有经考核或培训合格的钻工、电焊工、电工、安全员等技术工人，工种齐全且不少于13人。(3)技术装备及管理水平方面：①有必要的技术装备，满足"工程勘察主要技术装备配备表"规定的要求。②有满足工作需要的固定工作场所。③质量、安全管理体系和技术、经营、设备物资、人事、财务、档案等管理制度健全。

关于设计单位的从业条件。依据《工程设计资质标准》(部分失效)的规定，工程设计资质包括综合资质、行业资质、专业资质、专项资质四种。工程设计综合资质是指涵盖21个行业的设计资质，工程设计行业资质是指涵盖某个行业资质标准中的全部设计类型的设计资质，工程设计专业资质是指某个行业资质标准中的某一个专业的设计资质。工程设计专项资质是指为适应和满足行业发展的需求，对已形成产业的专项技术独立进行设计以及设计、施工一体化而设立的资质。以工程设计专业资质丁级(限建筑工程设计)为例，其资质标准为：(1)资历和信誉方面：①具有独立企业法人资格。②社会信誉良好，注册资本不少于5万元人民币。(2)技术条件方面：企业专业技术人员总数不少于5人。其中,二级以上注册建筑师或注册结构工程师不少于1人;具有建筑工程类专业学历、2年以上设计经历的专业技术人员不少于2人;具有3年以上设计经历,参与过至少2项工程设计的专业技术人员不少于2人。(3)技术装备及管理水平方面:①有必要的技术装备及固定的工作场所。②有较完善的技术、财务、档案等管理制度。

规定集成

《建设工程安全生产管理条例》(2004年2月1日初次实施)

第20条　施工单位从事建设工程的新建、扩建、改建和拆除等活动,应当具备国家规定的注册资本、专业技术人员、技术装备和安全生产等条件,依法取得相应等级的资质证书,并在其资质等级许可的范围内承揽工程。

《公司法》(2006年1月1日版,1994年7月1日初次实施,2018年10月26日修正)

第23条　设立有限责任公司,应当具备下列条件:(一)股东符合法定人数;(二)有符合公司章程规定的全体股东认缴的出资额;(三)股东共同制定公司章程;(四)有公司名称,建立符合有限责任公司要求的组织机构;(五)有公司住所。

第26条　有限责任公司的注册资本为在公司登记机关登记的全体股东认缴的出资额。法律、行政法规以及国务院决定对有限责任公司注册资本实缴、注册资本最低限额另有规定的,从其规定。

第76条　设立股份有限公司,应当具备下列条件:(一)发起人符合法定人数;(二)有符合公司章程规定的全体发起人认购的股本总额或者募集的实收股本总额;(三)股份发行、筹办事项符合法律规定;(四)发起人制订公司章程,采用募集方式设立的经创立大会通过;(五)有公司名称,建立符合股份有限公司要求的组织机构;(六)有公司住所。

第80条　股份有限公司采取发起设立方式设立的,注册资本为在公司登记机关登记的全体发起人认购的股本总额。在发起人认购的股份缴足前,不得向他人募集股份。股份有限公司采取募集方式设立的,注册资本为在公司登记机关登记的实收股本总额。法律、行政法规以及国务院决定对股份有限公司注册资本实缴、注册资本最低限额另有规定的，从其规定。

《工程监理企业资质管理规定》(2007 年 8 月 1 日初次实施,2018 年 12 月 22 日修正)

第 3 条　从事建设工程监理活动的企业，应当按照本规定取得工程监理企业资质，并在工程监理企业资质证书(以下简称资质证书)许可的范围内从事工程监理活动。

《建设工程勘察设计资质管理规定》(2007 年 9 月 1 日初次实施,2016 年 9 月 13 日修正)

第 3 条　建设工程勘察、设计企业应当按照其拥有的注册资本、专业技术人员、技术装备和勘察设计业绩等条件申请资质，经审查合格，取得建设工程勘察、设计资质证书后，方可在资质等级许可的范围内从事建设工程勘察、设计活动。取得资质证书的建设工程勘察、设计企业可以从事相应的建设工程勘察、设计咨询和技术服务。

《建筑业企业资质管理规定》(2015 年 3 月 1 日初次实施,2016 年 9 月 13 日修正)

第 3 条　企业应当按照其拥有的资产、主要人员、已完成的工程业绩和技术装备等条件申请建筑业企业资质，经审查合格，取得建筑业企业资质证书后，方可在资质许可的范围内从事建筑施工活动。

《市场主体登记管理条例》(2022 年 3 月 1 日初次实施)

第 8 条　市场主体的一般登记事项包括:(一)名称;(二)主体类型;(三)经营范围;(四)住所或者主要经营场所;(五)注册资本或者出资额;(六)法定代表人、执行事务合伙人或者负责人姓名。除前款规定外，还应当根据市场主体类型登记下列事项:(一)有限责任公司股东、股份有限公司发起人、非公司企业法人出资人的姓名或者名称;(二)个人独资企业的投资人姓名及居所;(三)合伙企业的合伙人名称或者姓名、住所、承担责任方式;(四)个体工商户的经营者姓名、住所、经营场所;(五)法律、行政法规规定的其他事项。

第十三条 【资质等级】从事建筑活动的建筑施工企业、勘察单位、设计单位和工程监理单位,按照其拥有的注册资本、专业技术人员、技术装备和已完成的建筑工程业绩等资质条件,划分为不同的资质等级,经资质审查合格,取得相应等级的资质证书后,方可在其资质等级许可的范围内从事建筑活动。

条文理解

本条是关于资质等级的规定,划分条件包括注册资本、专业技术人员、技术装备和已完成的建筑工程业绩等。专业技术人员包括建造师、施工员、质量员、安全员、机械员、造价员、桩机操作工、电工、焊工、起重信号司索工、起重机械安装拆卸工等。技术装备包括混凝土搅拌设备、混凝土输送泵、切割设备、制孔设备、漆膜测厚仪、固结仪、三轴仪、渗透仪、四联直剪仪、压力试验机、岩石三轴仪、载荷试验设备、旁压设备、静力触探设备、扁铲、电法仪、面波仪、地震仪、工程检测仪、声波测井仪、探地雷达、桩基动测仪、地下管线探测仪、全站仪、岩土工程设计软件、抽水试验设备、钻机等。

关于施工企业的资质等级。依据《建筑业企业资质标准》的规定,施工企业资质分为施工总承包、专业承包和施工劳务三个序列。其中施工总承包序列设有12个类别,一般分为特级、一级、二级、三级4个等级。12个类别分别是建筑工程、公路工程、铁路工程、港口与航道工程、水利水电工程、电力工程、矿山工程、冶金工程、石油化工工程、市政公用工程、通信工程、机电工程。专业承包序列设有36个类别,一般分为一级、二级、三级3个等级。36个专业承包类别分别为地基基础工程、起重设备安装工程、预拌混凝土、电子与智能化工程、消防设施工程、防水防腐保温工程、桥梁工程、隧道工程、钢结构工程、模板脚手架、建筑装修装饰工程、建筑机电安装工程、建筑幕墙工程、古建筑工程、城市及道路照明工程、公路路面工程、公路路基工程、公路交通工程、铁路电务工程、铁路铺轨架梁工程、铁路电气化工程、机场场道工程、民航空管工程及机场弱电系统工程、机场目视助航工程、港口与海岸工程、航道工程、通航建筑物工程、港航设备安装及水上交管工程、水工金属结构制作与安装工程、水利水电机电安装工程、河湖整治工程、输变电工程、核工程、海洋石油工程、环保工程、特种工程。施工劳务序列不分类别和等级。

关于勘察单位的资质等级。依据《工程勘察资质标准》(已被修改)的规定,勘察单位资质分为工程勘察综合资质、工程勘察专业资质、工程勘察劳务资质三个类别。工程勘察综合资质是指包括全部工程勘察专业资质的工程勘察资质。工程勘察专业资质包括岩土工程专业资质、水文地质勘察专业资质和工程测量专业资质。其中,岩土工程专业资质包括岩土工程勘察、岩土工程设计、岩土工程物探测试检测监测等岩土工程(分项)专业资质。工程勘察劳务资质包括工程钻探和凿井。

关于设计单位的资质等级。依据《工程设计资质标准》(部分失效)的规定,设计单位资质分为工程设计综合资质、工程设计行业资质、工程设计专业资质、工程设计专项资质四个序列。工程设计综合资质是指涵盖21个行业的设计资质,只设甲级。工程设计行业资质是指涵盖某个行业资质标准中的全部设计类型的设计资质,设甲、乙两个级别。根据行业需要,建筑、市政公用、水利、电力(限送变电)、农林和公路行业可设立工程设计丙级资质。21个行业的设计资质包括:(1)煤炭;(2)化工石化医药,含石化、化工、医药;(3)石油天然气(海洋石油);(4)电力,含火电、水电、核电、新能源;(5)冶金,含冶金、有色、黄金;(6)军工,含航天、航空、兵器、船舶;(7)机械;(8)商物粮,含商业、物资、粮食;(9)核工业;(10)电子通信广电,含电子、通信、广播电影电视;(11)轻纺,含轻工、纺织;(12)建材;(13)铁道;(14)公路;(15)水运;(16)民航;(17)市政;(18)海洋;(19)水利;(20)农林,含农业、林业;(21)建筑,含建筑、人防。工程设计专业资质是指某个行业资质标准中的某一个专业的设计资质，设甲、乙两个级别，建筑工程设计专业资质设丁级。工程设计专项资质是指为适应和满足行业发展的需求，对已形成产业的专项技术独立进行设计以及设计、施工一体化而设立的资质。

关于工程监理单位的资质等级。依据《工程监理企业资质标准》的规定，工程监理单位资质分为综合资质、专业资质和事务所资质。其中，综合资质只设甲级。专业资质原则上分为甲、乙、丙三个级别，除房屋建筑、水利水电、公路和市政公用四个专业工程类别设丙级资质外，其他专业工程类别不设丙级资质。专业资质划分为 14 个专业工程类别，分别为房屋建筑工程、冶炼工程、矿山工程、化工石油工程、水利水电工程、电力工程、农林工程、铁路工程、公路工程、港口与航道工程、航天航空工程、通信工程、市政公用工程、机电安装工程。事务所资质不分级别。

另外，工程质量检测单位、工程造价咨询企业、工程项目招标代理机构等，也有资质要求。如工程造价咨询企业资质等级分为甲级、乙级。中央投资项目招标代理资格分为甲级、乙级和预备级。各资质等级许可的业务范围在各资质标准的附表有详细的规定。

规定集成

《工程建设项目实施阶段程序管理暂行规定》(1995 年 7 月 29 日初次实施)

第 10 条第 1 款　承包工程建设项目的建筑业企业必须持有资质证书，并在资质许可的业务范围内承揽工程。在中国境内承包工程的外国企业的资质管理，按照建设部第 32 号令《在中国境内承包工程的外国企业资质管理暂行办法》的有关规定执行。

《建设工程质量管理条例》(2000 年 1 月 30 日初次实施，2019 年 4 月 23 日修订)

第 18 条第 1 款　从事建设工程勘察、设计的单位应当依法取得相应等级的资质证书，并在其资质等级许可的范围内承揽工程。

第 25 条第 1 款　施工单位应当依法取得相应等级的资质证书，并在其资质等级许可的范围内承揽工程。

第 34 条　工程监理单位应当依法取得相应等级的资质证书，并在其资质等级许可的范围内承担工程监理业务。禁止工程监理单位超越本单位资质等级许可的范围或者以其他工程监理单位的名义承担工程监理业务。禁止工程监理单位允许其他单位或者个人以本单位的名义承担工程监理业务。工程监理单位不得转让工程监理业务。

《建设工程勘察设计管理条例》（2000 年 9 月 25 日初次实施，2017 年 10 月 7 日修订）

第 8 条第 1 款　建设工程勘察、设计单位应当在其资质等级许可的范围内承揽建设工程勘察、设计业务。

第 21 条　承包方必须在建设工程勘察、设计资质证书规定的资质等级和业务范围内承揽建设工程的勘察、设计业务。

《超限高层建筑工程抗震设防管理规定》（2002 年 9 月 1 日初次实施）

第 12 条　超限高层建筑工程的勘察、设计、施工、监理，应当由具备甲级（一级及以上）资质的勘察、设计、施工和工程监理单位承担，其中建筑设计和结构设计应当分别由具有高层建筑设计经验的一级注册建筑师和一级注册结构工程师承担。

《国务院关于取消第一批行政审批项目的决定》（国发〔2002〕24 号）（2002 年 11 月 1 日初次实施）

附件“国务院决定取消的第一批行政审批项目目录”，序号：33，项目名称：建筑装饰资质审查，设定依据：《建筑部印发〈关于加强建筑装饰设计市场管理的意见〉和〈建筑装饰设计资质分级标准〉的通知》（建设〔2001〕9 号）。

《关于外国企业在中华人民共和国境内从事建设工程设计活动的管理暂行规定》（2004 年 6 月 10 日初次实施）

第 4 条　外国企业承担中华人民共和国境内建设工程设计，必须选择至少一家持有建设行政主管部门颁发的建设工程设计资质的中方设计企业（以下简称中方设计企业）进行中外合作设计（以下简称合作设计），且在所选择的中方设计企业资质许可的范围内承接设计业务。

第 13 条　香港、澳门特别行政区和台湾地区的设计机构在中国内地从事建设工程设计活动参照本规定执行。

《关于工程勘察、设计、施工、监理企业及招标代理机构资质申请及年检有关问题的通知》(2005年8月9日初次实施)

第2条　自2005年起,建设部不再开展对工程勘察、设计、施工、监理企业及招标代理机构的资质年检工作……

第3条　2004年7月1日《行政许可法》施行后,我部资质审查对资质年检工作已不作要求……任何单位、部门不得以企业未进行年检为由,限制企业在其资质许可范围内从事正常的生产经营活动。

《建设工程质量检测管理办法》(2005年11月1日初次实施,2015年5月4日修正)

第4条　检测机构是具有独立法人资格的中介机构。检测机构从事本办法附件一规定的质量检测业务,应当依据本办法取得相应的资质证书。检测机构资质按照其承担的检测业务内容分为专项检测机构资质和见证取样检测机构资质。检测机构资质标准由附件二规定……

《工程造价咨询企业管理办法》(2006年7月1日初次实施,2020年2月19日修正)

第4条　工程造价咨询企业应当依法取得工程造价咨询企业资质,并在其资质等级许可的范围内从事工程造价咨询活动。

第8条　工程造价咨询企业资质等级分为甲级、乙级。

第9条　甲级工程造价咨询企业资质标准如下:(一)已取得乙级工程造价咨询企业资质证书满3年;(二)技术负责人已取得一级造价工程师注册证书,并具有工程或工程经济类高级专业技术职称,且从事工程造价专业工作15年以上;(三)专职从事工程造价专业工作的人员(以下简称专职专业人员)不少于12人,其中,具有工程(或工程经济类)中级以上专业技术职称或者取得二级造价工程师注册证书的人员合计不少于10人;取得一级造价工程师注册证书的人员不少于6人,其他人员具有从事工程造价专业工作的经历;(四)企业与专职专业人员签订劳动合同,且专职专业人员符合国家规定的职业年龄(出资人除外);(五)企业近3年工程造价咨询营业收入累计不低于人民币500万元;(六)企业为本单位专职专业人员办理的社会基本养老保险手续齐全;(七)在申请核定资质等级之日前3年内无本办法第二十五条禁止的行为。

第10条　乙级工程造价咨询企业资质标准如下:(一)技术负责人已取得一级造价工程师注册证书,并具有工程或工程经济类高级专业技术职称,且从事工程造价专业工作10年以上;(二)专职专业人员不少于6人,其中,具有工程(或工程经济类)中级以上专业技术职称或者取得二级造价工程师注册证书的人员合计不少于4人;取得一级造价工程师注册证书的人员不少于3人,其他人员具有从事工程造价专业工作的经历;(三)企业与专职专业人员签订劳动合同,且专职专业人员符合国家规定的职业年龄(出资人除外);(四)企业为本单位专职专业人员办理的社会基本养老保险手续齐全;(五)暂定期内工程造价咨询营业收入累计不低于人民币50万元;(六)申请核定资质等级之日前无本办法第二十五条禁止的行为。

第19条　工程造价咨询企业依法从事工程造价咨询活动,不受行政区域限制。甲级工程造价咨询企业可以从事各类建设项目的工程造价咨询业务。乙级工程造价咨询企业可以从事工程造价2亿元人民币以下各类建设项目的工程造价咨询业务。

《工程设计资质标准》(2007年3月29日初次实施)总则部分

第2条　本标准分为四个序列:1.工程设计综合资质。工程设计综合资质是指涵盖21个行业的设计资质。2.工程设计行业资质。工程设计行业资质是指涵盖某个行业资质标准中的全部设计类型的设计资质。3.工程设计专业资质。工程设计专业资质是指某个行业资质标准中的某一个专业的设计资质。4.工程设计专项资质。工程设计专项资质是指为适应和满足行业发展的需求,对已形成产业的专项技术独立进行设计以及设计、施工一体化而设立的资质。

第3条　工程设计综合资质只设甲级,工程设计行业资质和工程设计专业资质设甲、乙两个级别;根据行业需要,建筑、市政公用、水利、电力(限送变电)、农林和公路行业可设立工程设计丙级资质,建筑工程设计专业资质丁级。建筑行业根据需要设立建筑工程设计事务所资质。工程设计专项资质可根据行业需要设置等级。

附件1:工程设计行业划分表:(一)煤炭;(二)化工石化医药含石化、化工、医药;(三)石油天然气(海洋石油);(四)电力含火电、水电、核电、新能源;(五)冶金含冶金、有色、黄金;(六)军工含航天、航空、兵器、船舶;(七)机械;(八)商物粮含商业、物资、粮食;(九)核工业;(十)电子通信广电含电子、通信、广播电影电视;(十一)轻纺含轻工、纺织;(十二)建材;(十三)铁道;(十四)公路;(十五)水运;(十六)民航;(十七)市政;(十八)海洋;(十九)水利;(二十)农林含农业、林业;(二十一)建筑含建筑、人防。

《工程监理企业资质管理规定实施意见》(2007年7月31日初次实施)

第2条　新设立的企业申请工程监理企业资质,应先取得《企业法人营业执照》或《合伙企业营业执照》,办理完相应的执业人员注册手续后,方可申请资质。取得《企业法人营业执照》的企业,只可申请综合资质和专业资质,取得《合伙企业营业执照》的企业,只可申请事务所资质。

第3条　新设立的企业申请工程监理企业资质和已获得工程监理企业资质的企业申请增加其他专业资质,应从专业乙级、丙级资质或事务所资质开始申请,不需要提供业绩证明材料。申请房屋建筑、水利水电、公路和市政公用工程专业资质的企业,也可以直接申请专业乙级资质。

第5条　具有甲级设计资质或一级及以上施工总承包资质的企业可以直接申请与主营业务相对应的专业工程类别甲级工程监理企业资质。具有甲级设计资质或一级及以上施工总承包资质的企业申请主营业务以外的专业工程类别监理企业资质的,应从专业乙级及以下资质开始申请。主营业务是指企业在具有的甲级设计资质或一级及以上施工总承包资质中主要从事的工程类别业务。

《工程监理企业资质管理规定》(2007年8月1日初次实施,2018年12月22日修正)

第3条　从事建设工程监理活动的企业,应当按照本规定取得工程监理企业资质,并在工程监理企业资质证书(以下简称资质证书)许可的范围内从事工程监理活动。

第6条　工程监理企业资质分为综合资质、专业资质和事务所资质。其中,专业资质按照工程性质和技术特点划分为若干工程类别。综合资质、事务所资质不分级别。专业资质分为甲级、乙级;其中,房屋建筑、水利水电、公路和市政公用专业资质可设立丙级。

第8条　工程监理企业资质相应许可的业务范围如下:(一)综合资质:可以承担所有专业工程类别建设工程项目的工程监理业务。(二)专业资质:1. 专业甲级资质:可承担相应专业工程类别建设工程项目的工程监理业务(见附表2)。2. 专业乙级资质:可承担相应专业工程类别二级以下(含二级)建设工程项目的工程监理业务(见附表2)。3. 专业丙级资质:可承担相应专业工程类别三级建设工程项目的工程监理业务(见附表2)。(三)事务所资质:可承担三级建设工程项目的工程监理业务(见附表2),但是,国家规定必须实行强制监理的工程除外。工程监理企业可以开展相应类别建设工程的项目管理、技术咨询等业务。

《建设工程勘察设计资质管理规定实施意见》(2007年8月21日初次实施)

第1条　资质申请条件,第3项,工程设计综合资质涵盖所有工程设计行业、专业和专项资质。凡具有工程设计综合资质的企业不需单独申请工程设计行业、专业或专项资质证书。工程设计行业资质涵盖该行业资质标准中的全部设计类型的设计资质。凡具有工程设计某行业资质的企业不需单独申请该行业内的各专业资质证书。第4项,具备建筑工程行业或专业设计资质的企业,可承担相应范围相应等级的建筑装饰工程设计、建筑幕墙工程设计、轻型钢结构工程设计、建筑智能化系统设计、照明工程设计和消防设施工程设计等专项工程设计业务,不需单独申请以上专项工程设计资质。

《建设工程勘察设计资质管理规定》(2007年9月1日初次实施,2016年9月13日修正)

第3条　从事建设工程勘察、工程设计活动的企业,应当按照其拥有的注册资本、专业技术人员、技术装备和勘察设计业绩等条件申请资质,经审查合格,取得建设工程勘察、工程设计资质证书后,方可在资质许可的范围内从事建设工程勘察、工程设计活动。

第5条　工程勘察资质分为工程勘察综合资质、工程勘察专业资质、工程勘察劳务资质。工程勘察综合资质只设甲级;工程勘察专业资质设甲级、乙级,根据工程性质和技术特点,部分专业可以设丙级;工程勘察劳务资质不分等级。取得工程勘察综合资质的企业,可以承接各专业(海洋工程勘察除外)、各等级工程勘察业务;取得工程勘察专业资质的企业,可以承接相应等级相应专业的工程勘察业务;取得工程勘察劳务资质的企业,可以承接岩土工程治理、工程钻探、凿井等工程勘察劳务业务。

第6条　工程设计资质分为工程设计综合资质、工程设计行业资质、工程设计专业资质和工程设计专项资质。工程设计综合资质只设甲级;工程设计行业资质、工程设计专业资质、工程设计专项资质设甲级、乙级。根据工程性质和技术特点,个别行业、专业、专项资质可以设丙级,建筑工程专业资质可以设丁级。取得工程设计综合资质的企业,可以承接各行业、各等级的建设工程设计业务;取得工程设计行业资质的企业,可以承接相应行业相应等级的工程设计业务及本行业范围内同级别的相应专业、专项(设计施工一体化资质除外)工程设计业务;取得工程设计专业资质的企业,可以承接本专业相应等级的专业工程设计业务及同级别的相应专项工程设计业务(设计施工一体化资质除外);取得工程设计专项资质的企业,可以承接本专项相应等级的专项工程设计业务。

《住房城乡建设部关于进一步加强建筑市场监管工作的意见》(2011年6月24日初次实施)

第7条　加大市场清出力度,严肃查处违法违规行为

第23项　加强资质资格动态监管。要严格资质资格的审批,适度提高准入标准,调控各类企业数量规模。各级住房城乡建设主管部门要明确职责、严格把关,认真核实企业的工程业绩,严厉打击资质资格申报过程中弄虚作假行为。要认真落实《关于加强建筑市场资质资格动态监管完善企业和人员准入清出制度的指导意见》,对企业取得资质后是否符合资质标准进行动态核查,依法清理一批不再符合资质资格条件的企业和个人,逐步扭转建筑市场供大于求的局面……

《中央投资项目招标代理资格管理办法》(2012年4月2日初次实施,已失效)

第2条　凡在中华人民共和国境内从事中央投资项目招标代理业务的招标代理机构,应按照本办法进行资格认定和管理。采用委托招标方式的中央投资项目,应委托具备相应资格的中央投资项目招标代理机构办理相关招标事宜。

第7条　中央投资项目招标代理资格分为甲级、乙级和预备级。甲级招标

代理机构可以从事所有中央投资项目的招标代理业务。乙级招标代理机构可以从事总投资5亿元人民币及以下中央投资项目的招标代理业务。预备级招标代理机构可以从事总投资2亿元人民币及以下中央投资项目的招标代理业务。

《住房城乡建设部关于进一步加强房屋建筑和市政工程项目招标投标监督管理工作的指导意见》(2012年4月18日初次实施)

第5条 ……从事工程建设项目招标代理业务的机构,应当依法取得国务院住房城乡建设主管部门或者省级人民政府住房城乡建设主管部门认定的工程建设项目招标代理机构资格,并在其资格许可的范围内从事相应的工程建设项目招标代理业务……

《工程勘察资质标准》(2013年1月21日初次实施)总则部分

第3条 工程勘察资质分为三个类别:1.工程勘察综合资质,工程勘察综合资质是指包括全部工程勘察专业资质的工程勘察资质。2.工程勘察专业资质,工程勘察专业资质包括:岩土工程专业资质、水文地质勘察专业资质和工程测量专业资质;其中,岩土工程专业资质包括:岩土工程勘察、岩土工程设计、岩土工程物探测试检测监测等岩土工程(分项)专业资质。3.工程勘察劳务资质,工程勘察劳务资质包括:工程钻探和凿井。

第4条 工程勘察综合资质只设甲级。岩土工程、岩土工程设计、岩土工程物探测试检测监测专业资质设甲、乙两个级别;岩土工程勘察、水文地质勘察、工程测量专业资质设甲、乙、丙三个级别。工程勘察劳务资质不分等级。

《工程勘察资质标准实施办法》(2013年6月7日初次实施)

第2条 申请工程勘察综合资质,须具有岩土工程专业甲级资质,及水文地质勘察专业甲级资质或工程测量专业甲级资质。工程勘察综合资质涵盖所有专业类别,取得工程勘察综合资质的企业,不需单独申请工程勘察专业资质。岩土工程专业资质涵盖岩土工程勘察、岩土工程设计、岩土工程物探测试检测监测三类岩土工程(分项)专业资质,取得岩土工程专业资质的企业,不需单独申请同级别及以下级别岩土工程(分项)专业资质。

第14条 具有工程勘察综合资质、专业资质企业从事工程钻探、凿井业务时,须取得相应工程勘察劳务资质。

第16条　工程勘察企业从事地基与基础施工业务时,需取得相应施工资质。

《住房城乡建设部关于房屋建筑工程推广应用减隔震技术的若干意见(暂行)》(2014年2月21日初次实施)

第5条　承担减隔震工程设计任务的单位,应具备甲级建筑工程设计资质……

《住房城乡建设部关于推进建筑业发展和改革的若干意见》(2014年7月1日初次实施)

第2条　建立统一开放的建筑市场体系,第4项,推进行政审批制度改革。坚持淡化工程建设企业资质、强化个人执业资格的改革方向,探索从主要依靠资质管理等行政手段实施市场准入,逐步转变为充分发挥社会信用、工程担保、保险等市场机制的作用,实现市场优胜劣汰。加快研究修订工程建设企业资质标准和管理规定,取消部分资质类别设置,合并业务范围相近的企业资质,合理设置资质标准条件,注重对企业、人员信用状况、质量安全等指标的考核,强化资质审批后的动态监管;简政放权,推进审批权限下放,健全完善工程建设企业资质和个人执业资格审查制度;改进审批方式,推进电子化审查,加大公开公示力度。

《建筑业企业资质标准》(2015年1月1日初次实施)

总则部分第1条　资质分类:建筑业企业资质分为施工总承包、专业承包和施工劳务三个序列。其中施工总承包序列设有12个类别,一般分为4个等级(特级、一级、二级、三级);专业承包序列设有36个类别,一般分为3个等级(一级、二级、三级);施工劳务序列不分类别和等级……

标准部分,第一部分,施工总承包序列资质标准:施工总承包序列设有12个类别,分别是:建筑工程施工总承包、公路工程施工总承包、铁路工程施工总承包、港口与航道工程施工总承包、水利水电工程施工总承包、电力工程施工总承包、矿山工程施工总承包、冶金工程施工总承包、石油化工工程施工总承包、市政公用工程施工总承包、通信工程施工总承包、机电工程施工总承包。第二部分,专业承包序列资质标准:专业承包序列设有36个类别,分别是:地基基础工程专业承包、起重设备安装工程专业承包、预拌混凝土专业承包、电子与智能化工程专业承包、消防设施工程专业承包、防水防腐保温工程专业承包、桥梁工程专业承包资质、隧道工程专业承包、钢结构工程专业承包、模板脚手架专业承包、建筑装修装饰工程专业承包、建筑机电安装工程专业承包、建筑幕墙工程专业承包、古建筑工程专业承包、城市及道路照明工程专业承包、公路路面工程专业承包、公路路基工程专业承包、公路交通工程专业承包、铁路电务工程专业承包、铁路铺轨架梁工程专业承包、铁路电气化工程专业承包、机场场道工程专业承包、民航空管工程及机场弱电系统工程专业承包、机场目视助航工程专业承包、港口与海岸工程专业承包、航道工程专业承包、通航建筑物工程专业承包、港航设备安装及水上交管工程专业承包、水工金属结构制作与安装工程专业承包、水利水电机电安装工程专业承包、河湖整治工程专业承包、输变电工程专业承包、核工程专业承包、海洋石油工程专业承包、环保工程专业承包、特种工程专业承包。第三部分,施工劳务序列资质标准:施工劳务序列不分类别和等级。

《建筑业企业资质管理规定》(2015年3月1日初次实施,2016年9月13日修正)

第3条 企业应当按照其拥有的资产、主要人员、已完成的工程业绩和技术装备等条件申请建筑业企业资质,经审查合格,取得建筑业企业资质证书后,方可在资质许可的范围内从事建筑施工活动。

第5条 建筑业企业资质分为施工总承包资质、专业承包资质、施工劳务资质三个序列。施工总承包资质、专业承包资质按照工程性质和技术特点分别划分为若干资质类别,各资质类别按照规定的条件划分为若干资质等级。施工劳务资质不分类别与等级。

《国务院关于优化建设工程防雷许可的决定》(2016年6月28日初次实施)

第2条 清理规范防雷单位资质许可,取消气象部门对防雷专业工程设计、施工单位资质许可;新建、改建、扩建建设工程防雷的设计、施工,可由取得相应建设、公路、水路、铁路、民航、水利、电力、核电、通信等专业工程设计、施工资质的单位承担。同时,规范防雷检测行为,降低防雷装置检测单位准入门槛,全面开放防雷装置检测市场,允许企事业单位申请防雷检测资质,鼓励社会组织和个人参与防雷技术服务,促进防雷减灾服务市场健康发展。

《国务院办公厅关于促进建筑业持续健康发展的意见》(2017 年 2 月 21 日初次实施)

第 2 条　深化建筑业简政放权改革,第 1 项,优化资质资格管理。进一步简化工程建设企业资质类别和等级设置,减少不必要的资质认定。选择部分地区开展试点,对信用良好、具有相关专业技术能力、能够提供足额担保的企业,在其资质类别内放宽承揽业务范围限制……有序发展个人执业事务所,推动建立个人执业保险制度。大力推行"互联网 + 政务服务",实行"一站式"网上审批,进一步提高建筑领域行政审批效率。

《房屋建筑和市政基础设施项目工程总承包管理办法》(2020 年 3 月 1 日初次实施)

第 12 条　鼓励设计单位申请取得施工资质,已取得工程设计综合资质、行业甲级资质、建筑工程专业甲级资质的单位,可以直接申请相应类别施工总承包一级资质。鼓励施工单位申请取得工程设计资质,具有一级及以上施工总承包资质的单位可以直接申请相应类别的工程设计甲级资质。完成的相应规模工程总承包业绩可以作为设计、施工业绩申报。

案例适用

041　超越资质等级签订的施工合同的效力如何

案件名称:耒阳市城市和农村建设投资有限公司等与衡阳市岳峰园林工程有限公司(以下简称岳峰公司)建设工程施工合同纠纷案

终审法院:湖南省高级人民法院

案　　号:(2018)湘民终 727 号

一审裁判观点:岳峰公司为城市园林绿化企业三级资质,可承揽工程造价在 500 万元以下的园林绿化工程,涉案工程款经审计达 139,130,551.06 元,岳峰公司明显超越其资质等级签订建设施工合同,该分包合同应认定为无效合同。

二审裁判观点:岳峰公司是城市园林绿化企业三级资质,只能承揽工程造价在500万元以下的园林绿化工程,而涉案绿化工程审计金额高达1.39亿元,远远超出其资质承揽范围,故一审认定岳峰公司超越资质等级签订建设施工合同,分包合同无效并无不当。

042 资质挂靠单位与被挂靠单位签订的合同效力如何

案件名称:钟某与四川恒亿达建设工程有限公司(以下简称恒亿达建司)等挂靠合同纠纷案

审理法院:四川省高级人民法院

案　　号:(2015)川民申字第1311号

裁判观点:根据《建筑法》第12条等规定,钟某作为自然人,不具有承包建筑工程的资质,钟某挂靠有资质的建筑施工企业资中县建司(现恒亿达建司)承包工程,其与资中县建司签订的《工程项目管理合同》违反了上述法律的强制性规定,应为无效合同。

043 借用施工单位资质与发包单位签订的合同效力如何

案件名称:湖南北山房地产开发有限公司(以下简称北山房产公司)与湖南北山建设集团股份有限公司(以下简称北山建设公司)建设工程施工合同纠纷案

终审法院:湖南省高级人民法院

案　　号:(2018)湘民终800号

一审裁判观点:没有资质的实际施工人借用有资质的建筑施工企业名义的……建设工程施工合同认定无效。本案中,北山建设公司与卢某就本案诉争所涉工程项目签订的项目施工管理责任书及卢某向北山房产公司交纳履约保证金等行为,可以认定卢某系本案诉争所涉工程项目的实际施工人,卢某作为没有资质的实际施工人借用北山建设公司名义向北山房产公司承包本案诉争所涉工程项目,违反了《建筑法》的强制性规定,北山建设公司与北山房产公司就本案诉争所涉工程的《芒果雅苑二期土建、安装工程建设工程施工合同》应当被认定为无效合同。

二审裁判观点：北山建设公司虽在施工合同及竣工验收资料上加盖公司印章，北山建设公司授予卢某2014年度优秀项目经理称号，但北山建设公司并未组织施工，工程施工实际由卢某组织资金、设施设备和人员完成。卢某与北山建设公司未建立劳动合同关系，未被北山建设公司注册为项目经理，卢某该施工行为，实际是无建筑施工资质个人，借用有建筑施工资质企业的名义承包工程，应认定无效，一审判决认定双方施工合同无效正确。

044　转包合同无效是否影响原施工合同的效力

案件名称：河南现代建设集团有限公司（以下简称现代公司）、周口富邦置业有限公司（以下简称富邦公司）与马某、河南省新景建筑劳务有限公司（以下简称新景公司）建设工程施工合同纠纷案

审理法院：河南省高级人民法院

案　　号：（2019）豫民终1736号

裁判观点：所谓借用资质，是指没有资质的实际施工人使用有资质的建筑施工企业名义承揽工程的违法承包行为。认定一项工程是否存在借用资质，应重点从实际施工人前期是否直接联系发包人，是否直接参与招投标和建设工程施工合同的订立来进行审查。本案的《建设工程施工合同》是现代公司与富邦公司签订的，现代公司只是在承包了涉案工程以后，将涉案工程转让给马某及新景公司进行实际施工。一审判决认定马某、新景公司与现代公司之间存在借用资质的法律关系缺乏证据证明。现代公司与富邦公司签订的《建设工程施工合同》及补充协议是双方当事人的真实意思表示，且不违反法律规定，应属有效合同。马某、新景公司与现代公司之间法律关系的性质和效力并不能影响富邦公司与现代公司之间所签订的《建设工程施工合同》及补充协议的法律效力。

045 企业资质标准规定的投资额是以合同暂定价计算，还是以结算价计算

案件名称：四川九天建设工程有限公司(以下简称九天公司)与朝阳兰凌水泥有限公司承揽合同纠纷案

审理法院：辽宁省高级人民法院

案　　号：(2015)辽民二终字第450号

裁判观点：《建筑法》第13条规定：……根据该法规定，建设部等部门联合印发了《建筑业企业资质等级标准》(建建〔2001〕82号，已失效)，其中在第18条关于机电设备安装专业承包企业资质等级标准的“承包工程范围”项下规定：“二级企业：可承担投资额1500万元及以下的一般工业和公共、民用建设项目的设备、线路、管道的安装，10千伏及以下变配电站工程，非标准钢构件的制作、安装。”因此，九天公司应承揽1500万元及以下的相关工程。但是，第一，本案的合同约定的工程价款为“暂定1700万元”，可以认定超出的200万元的部分无效。第二，衡量工程价款是否超出资质等级的限额，宜以工程竣工后的实际结算数额确定。现因本案双方当事人在合同履行过程中已通过解除合同的方式终止履行合同，致工程总价款数额最终是否超过企业资质相应的承包限额不能确定，认定合同无效依据不足。第三，因终止履行合同，根据双方当事人于2013年7月20日共同形成的开工至2012年11月30日止工程量款汇总表，确认工程款为5,162,771元，实际结算工程价款不可能超过1500万元，认定合同无效法律依据不足。

046 营业执照能否代替资质证书

案件名称：宁夏三友环保设备制造有限公司(以下简称宁夏三友公司)与上海三友宝发环保工程技术有限公司(以下简称上海三友公司)合同纠纷案

审理法院：宁夏回族自治区高级人民法院

案　　号：(2015)宁民商终字第31号

裁判观点：依据《建筑法》第13条，《建筑业企业资质管理规定》第9条“下列建筑企业资质的许可，由国务院建设主管部门实施：施工总承包序列特级资质、一级资质……”、第14条“首次申请或者增项申请建筑业企业资质，应当提交以下材料：……（二）企业法人营业执照副本……”的规定，施工企业取得相应等级的资质证书后，方可从事建筑活动，营业执照为申请相关资质所需材料，营业执照并不能代替资质证书，中化二建集团有限公司具备相应施工资质，太钢公司将工程分包给中化二建集团有限公司，符合法律法规和总承包合同约定，而宁夏三友公司、上海三友公司仅有营业执照而没有施工资质证书，如太钢公司将EPC总承包项目施工工程分包给宁夏三友公司、上海三友公司违反法律规定。

047　自然人合作承建工程的协议是否违反资质管理规定

案件名称：郭某与李某等建设工程内部承包合同纠纷案

审理法院：重庆市高级人民法院

案　　号：（2013）渝高法民终字第00265号

裁判观点：虽然郭某称其与李某签订的《合作协议书》系合伙协议，并非建设工程施工合同，应适用《合同法》（已失效），不能适用《建筑法》。但……郭某与李某均为个人，无建筑施工资质，却在《合作协议书》中约定合作承建忠县职教中心迁建工程，违反了《建筑法》的规定，故一审法院认定郭某与李某签订的《合作协议书》属无效合同，并无不当。

048　从事室内装饰装修施工是否需要资质

案件名称：中信国安建工集团有限公司（原名四川省晟茂建设有限公司，以下简称四川晟茂公司）与北京品象装饰有限公司（以下简称北京品象公司）建设工程设计合同纠纷案

终审法院：四川省高级人民法院

案　　号：（2018）川民再382号

一审裁判观点：四川晟茂公司承建工程包括装修工程，根据国务院

颁布的《建设工程质量管理条例》第2条第2款的规定,“建设工程”是指土木工程、建筑工程、线路管道和设备安装工程及装修工程。由此可见,装修工程即建设工程,为建设工程需要而作出的设计则是建设工程设计,因此,北京品象公司为四川晟茂公司承建的装修工程做施工设计属于建设工程设计的范围。北京品象公司进行的设计规模达6万余平方米,其设计内容除了初步方案和扩初设计外,还包括施工图的设计,该装修设计并非一般的家装承揽合同。此外,原四川晟茂公司在《室内设计合同》中约定可能产生设计图出图费用,在履行合同过程中,双方也多次商谈相关设计资质问题,协商寻找到有施工设计资质的公司代北京品象公司将设计成果进行转化后使用。综上,四川晟茂公司签订的《室内设计合同》属于建设工程设计合同,根据《建筑法》第13条和《建设工程质量管理条例》第18条的规定,从事建设工程的设计单位应当依法取得相应等级的资质证书,并在其资质登记许可范围内承揽工程,禁止设计单位超越其资质等级许可范围或者以其他设计单位的名义承揽工程。北京品象公司未取得建设行政主管部门颁发的资质等级证书,其承揽面积达6万余平方米的建设工程的设计业务已经违反法律法规强制性规定,故《室内设计合同》为无效合同。

二审裁判观点:本案中,双方当事人签订的《室内设计合同》约定北京品象公司为四川晟茂公司提供室内精装修设计,内容包括初步方案设计、扩初设计、施工设计、设计协调。从整个合同的内容来看,该合同是一项室内装修工程设计合同,亦属于《建筑法》第13条所规定的需要取得资质等级的工程设计活动。因北京品象公司无相应资质,故案涉合同应属无效,一审判决对此认定正确,予以确认。

再审裁判观点:四川晟茂公司提出《建设工程质量管理条例》第2条第2款、第18条对作为“建设工程”的装修工程资质问题作出了明确规定,但上述规定仅属于行业管理性强制规定,并非效力性强制性规定。现行《建筑法》(2011年4月22日修正)第2条第2款亦对“建筑活动”

概念规定“本法所称建筑活动，是指各类房屋建筑及其附属设施的建造和与其配套的线路、管道、设备的安装活动”。故本案合同标的“室内精装修设计”不属于建筑法所规定的建筑活动，不应当因资质等级问题导致合同无效。根据《国务院关于取消第一批行政审批项目的决定》（国发〔2002〕24 号），自 2002 年 11 月 1 日起，室内装饰行业企业已取消资质审查，本案合同签订履行时，北京品象公司承揽四川晟茂公司交付的设计工作已无需室内设计资质。四川晟茂公司在签订合同时亦明知北京品象公司没有室内设计资质而仍与之签订合同。综上，四川晟茂公司以北京品象公司无室内设计资质为由主张设计成果无效于法无据，其关于本案合同无效的理由不能成立。

第十四条 【资格证书】从事建筑活动的专业技术人员，应当依法取得相应的执业资格证书，并在执业资格证书许可的范围内从事建筑活动。

条文理解

本条是关于资格证书的规定，依据《建筑业企业资质标准》的规定，施工单位的专业技术人员包括注册建造师，注册岩土工程师，结构专业职称人员，持有岗位证书的施工员、质量员、安全员、机械员、造价员、劳务员，结构、岩土、机械、测量等专业职称人员，经考核或培训合格的起重信号司索工、建筑起重机械安装拆卸工、桩机操作工、电工、焊工、防水工、油漆工、抹灰工、模板工、架子工、木工、砌筑工、镶贴工、油漆工、石作业工、水电工等技术工人。

依据《工程勘察资质标准》（已被修改）的规定，勘察单位的专业技术人员包括注册土木工程师（岩土）、专业技术职称人员、钻工、描述员、测量员、安全员等。依据《工程设计资质标准》（部分失效）的规定，设计单位的专业技术人员包括注册建筑师、注册结构工程师(结构、土木等专业)、注册造价工程师、注册监理工程师等。

注册人员是指参加国家统一考试或考核认定,取得执业资格证书,并按照规定注册,取得相应注册执业证书的人员,其应在执业资格证书许可的范围内从事建筑活动。下面着重介绍注册建造师、注册土木工程师(岩土)、注册建筑师、注册结构工程师、注册监理工程师。

关于注册建造师。依据《注册建造师管理规定》第3条、第5条和第21条及《注册建造师执业管理办法(试行)》第5条的规定,其执业范围按照《注册建造师执业工程规模标准》执行,其为担任施工单位项目负责人及从事相关活动的专业技术人员,不得同时在两个及两个以上的建设工程项目上担任施工单位项目负责人。分为一级注册建造师和二级注册建造师,一级注册建造师可担任大、中、小型工程施工项目负责人,二级注册建造师可以承担中、小型工程施工项目负责人。

关于注册土木工程师(岩土)。依据《注册土木工程师(岩土)执业资格制度暂行规定》第19条的规定,其执业范围包括岩土工程勘察,岩土工程设计,岩土工程咨询与监理,岩土工程治理、检测与监测,环境岩土工程和与岩土工程有关的水文地质工程业务及国务院有关部门规定的其他业务。

关于注册建筑师。依据《注册建筑师条例》第2条、第20条、第22条及《注册建筑师条例实施细则》第20条的规定,其执业范围包括建筑设计、建筑设计技术咨询、建筑物调查与鉴定、对本人主持设计的项目进行施工指导和监督及国务院建设行政主管部门规定的其他业务。分为一级注册建筑师和二级注册建筑师,一级注册建筑师执业范围不受建筑规模和工程复杂程度的限制,二级注册建筑师的执业范围不得超越国家规定的建筑规模和工程复杂程度。

关于注册结构工程师。依据《注册结构工程师执业资格制度暂行规定》第3条和第18条的规定,其执业范围包括结构工程设计,结构工程设计技术咨询，建筑物、构筑物、工程设施等调查和鉴定，对本人主持设计的项目进行施工指导和监督及建设部和国务院有关部门规定的其他业务。分为一级注册结构工程师和二级注册结构工程师，一级注册结构工程师的执业范围不受工程规模及工程复杂程度的限制。

关于注册监理工程师。依据《注册监理工程师管理规定》第6条和第18条的规定，其依据其所学专业、工作经历、工程业绩，按照《工程监理企业资质管理规定》划分的工程类别，按专业注册。每人最多可以申请两个专业注册。可以从事工程监理、工程经济与技术咨询、工程招标与采购咨询、工程项目管理服务以及国务院有关部门规定的其他业务。

规定集成

《工程建设项目实施阶段程序管理暂行规定》(1995年7月29日初次实施)

第10条第2款　建筑业企业项目经理必须持有资质证书，并在资质许可的业务范围内履行项目经理职责。项目经理的资质管理，按照建设部建建〔1995〕1号文《建筑施工企业项目经理资质管理办法》的规定执行。

《注册建筑师条例》(1995年9月23日初次实施，2019年4月23日修订)

第2条　本条例所称注册建筑师，是指依法取得注册建筑师证书并从事房屋建筑设计及相关业务的人员。注册建筑师分为一级注册建筑师和二级注册建筑师。

第20条　注册建筑师的执业范围：(一)建筑设计；(二)建筑设计技术咨询；(三)建筑物调查与鉴定；(四)对本人主持设计的项目进行施工指导和监督；(五)国务院建设行政主管部门规定的其他业务。

第22条　一级注册建筑师的执业范围不受建筑规模和工程复杂程度的限制。二级注册建筑师的执业范围不得超越国家规定的建筑规模和工程复杂程度。

《注册结构工程师执业资格制度暂行规定》(1997年9月1日初次实施)

第3条　本规定所称注册结构工程师，是指取得中华人民共和国注册结构工程师执业资格证书和注册证书，从事房屋结构、桥梁结构及塔架结构等工程设计及相关业务的专业技术人员。注册结构工程师分为一级注册结构工程师和二级注册结构工程师。

第 18 条　注册结构工程师的执业范围：(一)结构工程设计；(二)结构工程设计技术咨询；(三)建筑物、构筑物、工程设施等调查和鉴定；(四)对本人主持设计的项目进行施工指导和监督；(五)建设部和国务院有关部门规定的其他业务。一级注册结构工程师的执业范围不受工程规模及工程复杂程度的限制。

《注册结构工程师执业及管理工作有关问题的暂行规定》(1998 年 11 月 23 日初次实施)

第 2 条　设计单位资质和内部质量管理,第 3 项,注册结构工程师执业是指在设计单位法人领导下,行使岗位技术职责,按照《注册结构工程师执业资格制度暂行规定》的有关要求,从事建筑工程结构设计等工作。注册结构工程师有资格做结构专业负责人或以结构为主的工业项目的工程项目负责人(设计总负责人),具有在相关的设计文件上的签字权,承担岗位责任并应享有相应的待遇。第 5 项,具有甲、乙级资质的设计单位,结构审定人和结构专业总工程师(技术负责人)必须由注册结构工程师担任。

第 4 条　注册结构工程师执业,第 1 项,注册结构工程师的执业范围不得超越其所在设计单位的业务范围。注册结构工程师的执业范围与其所在设计单位的业务范围不符时,个人执业范围应服从设计单位的业务范围。

《注册土木工程师(岩土)执业资格制度暂行规定》(2002 年 4 月 8 日初次实施)

第 3 条　本规定所称注册土木工程师(岩土),是指取得《中华人民共和国注册土木工程师(岩土)执业资格证书》和《中华人民共和国注册土木工程师(岩土)执业资格注册证书》,从事岩土工程工作的专业技术人员。

第 19 条　注册土木工程师(岩土)的执业范围：(一)岩土工程勘察；(二)岩土工程设计；(三)岩土工程咨询与监理；(四)岩土工程治理、检测与监测；(五)环境岩土工程和与岩土工程有关的水文地质工程业务；(六)国务院有关部门规定的其他业务。

第 20 条　注册土木工程师(岩土)必须加入一个具有工程勘察或工程设计资质的单位方能执业。

《建设工程勘察设计管理条例》(2000 年 9 月 25 日初次实施,2017 年 10 月 7 日修订)

第 9 条　国家对从事建设工程勘察、设计活动的专业技术人员,实行执业资格注册管理制度。未经注册的建设工程勘察、设计人员,不得以注册执业人员的名义从事建设工程勘察、设计活动。

《注册监理工程师管理规定》(2006 年 4 月 1 日初次实施,2016 年 9 月 13 日修正)

第 3 条　本规定所称注册监理工程师,是指经考试取得中华人民共和国监理工程师资格证书(以下简称资格证书),并按照本规定注册,取得中华人民共和国注册监理工程师注册执业证书(以下简称注册证书)和执业印章,从事工程监理及相关业务活动的专业技术人员。未取得注册证书和执业印章的人员,不得以注册监理工程师的名义从事工程监理及相关业务活动。

第 6 条　注册监理工程师依据其所学专业、工作经历、工程业绩,按照《工程监理企业资质管理规定》划分的工程类别,按专业注册。每人最多可以申请两个专业注册。

第 18 条　注册监理工程师可以从事工程监理、工程经济与技术咨询、工程招标与采购咨询、工程项目管理服务以及国务院有关部门规定的其他业务。

《最高人民法院关于如何认定工程造价从业人员是否同时在两个单位执业问题的答复》(2006 年 6 月 26 日初次实施)

……由建设行政主管部门审批的工程造价咨询单位,又经司法行政主管部门核准登记注册为司法鉴定机构,其工程造价从业人员同时具有两个《执业许可证》的问题,是由当地行政主管部门对工程造价鉴定实行双重执业准入管理而引发的,应当视为一个单位两块牌子,不能因为工程造价咨询单位经过双重登记就认定在其单位注册从业的工程造价人员系同时在两个单位违规执业。对于从事工程造价咨询业务的单位和鉴定人员的执业资质认定以及对工程造价成果性文件的程序审查,应当以工程造价行政许可主管部门的审批、注册管理和相关法律规定为据。

《注册建造师管理规定》(2007 年 3 月 1 日初次实施,2016 年 9 月 13 日修正)

第 3 条　本规定所称注册建造师,是指通过考核认定或考试合格取得中华人民共和国建造师资格证书(以下简称资格证书),并按照本规定注册,取得中华人民共和国建造师注册证书(以下简称注册证书)和执业印章,担任施工单位项目负责人及从事相关活动的专业技术人员。未取得注册证书和执业印章的,不得担任大中型建设工程项目的施工单位项目负责人,不得以注册建造师的名义从事相关活动。

第 5 条　注册建造师实行注册执业管理制度,注册建造师分为一级注册建造师和二级注册建造师。取得资格证书的人员,经过注册方能以注册建造师的名义执业。

第 21 条　注册建造师的具体执业范围按照《注册建造师执业工程规模标准》执行。注册建造师不得同时在两个及两个以上的建设工程项目上担任施工单位项目负责人。注册建造师可以从事建设工程项目总承包管理或施工管理,建设工程项目管理服务,建设工程技术经济咨询,以及法律、行政法规和国务院住房城乡建设主管部门规定的其他业务。

《注册造价工程师管理办法》(2007 年 3 月 1 日初次实施,2020 年 2 月 19 日修正)

第 3 条　本办法所称注册造价工程师,是指通过全国造价工程师执业资格统一考试或者资格认定、资格互认,取得中华人民共和国造价工程师执业资格(以下简称执业资格),并按照本办法注册,取得中华人民共和国造价工程师注册执业证书(以下简称执业证书)和执业印章,从事工程造价活动的专业人员。未取得注册证书和执业印章的人员,不得以注册造价工程师的名义从事工程造价活动。

第 15 条　注册造价工程师执业范围包括:(一)建设项目建议书、可行性研究投资估算的编制和审核,项目经济评价,工程概、预、结算、竣工结(决)算的编制和审核;(二)工程量清单、标底(或者控制价)、投标报价的编制和审核,工程合同价款的签订及变更、调整、工程款支付与工程索赔费用的计算;(三)建设项目管理过程中设计方案的优化、限额设计等工程造价分析与控制,工程保险理赔的核查;(四)工程经济纠纷的鉴定。

《注册建造师执业管理办法(试行)》(2008 年 2 月 26 日初次实施)

第 4 条　注册建造师应当在其注册证书所注明的专业范围内从事建设工程

施工管理活动，具体执业按照本办法附件《注册建造师执业工程范围》执行。未列入或新增工程范围由国务院建设主管部门会同国务院有关部门另行规定。

第5条　大中型工程施工项目负责人必须由本专业注册建造师担任。一级注册建造师可担任大、中、小型工程施工项目负责人，二级注册建造师可以承担中、小型工程施工项目负责人。各专业大、中、小型工程分类标准按《关于印发〈注册建造师执业工程规模标准〉（试行）的通知》（建市〔2007〕171号）执行。

《注册建筑师条例实施细则》（2008年3月15日初次实施）

第3条　注册建筑师，是指经考试、特许、考核认定取得中华人民共和国注册建筑师执业资格证书（以下简称执业资格证书），或者经资格互认方式取得建筑师互认资格证书（以下简称互认资格证书），并按照本细则注册，取得中华人民共和国注册建筑师注册证书（以下简称注册证书）和中华人民共和国注册建筑师执业印章（以下简称执业印章），从事建筑设计及相关业务活动的专业技术人员。未取得注册证书和执业印章的人员，不得以注册建筑师的名义从事建筑设计及相关业务活动。

第28条　注册建筑师的执业范围具体为：（一）建筑设计；（二）建筑设计技术咨询；（三）建筑物调查与鉴定；（四）对本人主持设计的项目进行施工指导和监督；（五）国务院建设主管部门规定的其他业务。本条第一款所称建筑设计技术咨询包括建筑工程技术咨询，建筑工程招标、采购咨询，建筑工程项目管理，建筑工程设计文件及施工图审查，工程质量评估，以及国务院建设主管部门规定的其他建筑技术咨询业务。

第29条　一级注册建筑师的执业范围不受工程项目规模和工程复杂程度的限制。二级注册建筑师的执业范围只限于承担工程设计资质标准中建设项目设计规模划分表中规定的小型规模的项目。注册建筑师的执业范围不得超越其聘用单位的业务范围。注册建筑师的执业范围与其聘用单位的业务范围不符时，个人执业范围服从聘用单位的业务范围。

《建筑施工特种作业人员管理规定》（2008年6月1日初次实施）

第3条　建筑施工特种作业包括：（一）建筑电工；（二）建筑架子工；（三）建

筑起重信号司索工;(四)建筑起重机械司机;(五)建筑起重机械安装拆卸工;(六)高处作业吊篮安装拆卸工;(七)经省级以上人民政府建设主管部门认定的其他特种作业。

第4条　建筑施工特种作业人员必须经建设主管部门考核合格,取得建筑施工特种作业人员操作资格证书(以下简称"资格证书"),方可上岗从事相应作业。

第15条　持有资格证书的人员,应当受聘于建筑施工企业或者建筑起重机械出租单位(以下简称用人单位),方可从事相应的特种作业。

《建筑起重机械安全监督管理规定》(2008年6月1日初次实施)

第25条第1款、第2款　建筑起重机械安装拆卸工、起重信号工、起重司机、司索工等特种作业人员应当经建设主管部门考核合格,并取得特种作业操作资格证书后,方可上岗作业。省、自治区、直辖市人民政府建设主管部门负责组织实施建筑施工企业特种作业人员的考核。

《住房城乡建设部关于房屋建筑工程推广应用减隔震技术的若干意见(暂行)》(2014年2月21日初次实施)

第6点　从事减隔震工程设计的技术人员,应积极参加相关技术培训活动,严格执行国家有关工程建设强制性标准。项目结构专业设计负责人应具备一级注册结构工程师执业资格。

《建筑施工项目经理质量安全责任十项规定(试行)》(2014年8月25日初次实施)

第1条　建筑施工项目经理(以下简称项目经理)必须按规定取得相应执业资格和安全生产考核合格证书;合同约定的项目经理必须在岗履职,不得违反规定同时在两个及两个以上的工程项目担任项目经理。

《建筑工程勘察单位项目负责人质量安全责任七项规定(试行)》(2015年3月6日初次实施)

第1段　……勘察项目负责人应当由具备勘察质量安全管理能力的专业技术人员担任。甲、乙级岩土工程勘察的项目负责人应由注册土木工程师(岩土)担任……

《建筑工程设计单位项目负责人质量安全责任七项规定(试行)》(2015年3月6日初次实施)

第1段 ……设计项目负责人应当由取得相应的工程建设类注册执业资格(主导专业未实行注册执业制度的除外),并具备设计质量管理能力的人员担任。承担民用房屋建筑工程的设计项目负责人原则上由注册建筑师担任……

案例适用

049 个体工匠承接建房是否需要执业资格证书

案件名称:邓某1、邓某2、邓某3与谢某、吴某等提供劳务者受害责任纠纷案

审理法院:湖南省衡阳市中级人民法院

案　　号:(2021)湘04民终2059号

裁判观点:《建设部关于加强村镇建设工程质量安全管理的若干意见》第3条规定,"对于建制镇、集镇规划区内的所有公共建筑工程、居民自建两层(不含两层)以上,以及其他建设工程投资额在30万元以上或者建筑面积在300平方米以上的所有村镇建设工程、村庄建设规划范围内的学校、幼儿园、卫生院等公共建筑(以下称限额以上工程),应严格按照国家有关法律、法规和工程建设强制性标准实施监督管理",第23条第2款规定,"在村庄、集镇规划区内从事建筑施工的个体工匠,除承担房屋修缮外,须按有关规定办理施工资质审批手续"。《建筑法》第14条规定:……即依照现行的建筑法律法规,对两层以上住宅的建设,必须要由有建筑施工企业资质的施工单位承建,个体工匠须有施工资质审批手续和执业资格证书。

050 个体工匠承接房屋内外墙粉刷是否需要执业资格证书

案件名称:唐某1、唐某2、唐某3、唐某4、唐某5、唐某6与唐某7、唐某8提供劳务者受害责任纠纷案

终审法院:湖南省衡阳市中级人民法院

案　　号：(2021)湘04民终1596号

一审裁判观点：《建设部关于加强村镇建设工程质量安全管理的若干意见》第3条规定，"对于建制镇、集镇规划区内的所有公共建筑工程、居民自建两层(不含两层)以上，以及其他建设工程投资额在30万元以上或者建筑面积在300平方米以上的所有村镇建设工程、村庄建设规划范围内的学校、幼儿园、卫生院等公共建筑(以下称限额以上工程)，应严格按照国家有关法律、法规和工程建设强制性标准实施监督管理"。第23条第2款规定，"在村庄、集镇规划区内从事建筑施工的个体工匠，除承担房屋修缮外，须按有关规定办理施工资质审批手续"。即依照现行的建筑法律法规，对两层以上住宅的建设，必须要由有建筑施工企业资质的施工队承建，个体工匠须有施工资质审批手续。唐某7明知唐某2、唐某3、唐某4、唐某5、唐某6无建筑资质和施工资质审批手续，将所建三层房屋内外墙粉刷部分交由唐某2、唐某3、唐某4、唐某5、唐某6承揽，存在选任过错。

二审裁判观点：涉案建筑房屋为三层，依照《建设部关于加强村镇建设工程质量安全管理的若干意见》第3条、第23条第2款以及《建筑法》第14条之规定，建筑工程承揽人应当具备建筑施工资质和执业资格证书，唐某7、唐某8将其所建三层房屋内外墙粉刷部分交由没有施工资质和执业资格的唐某2、唐某3、唐某4、唐某5、唐某6完成，存在选任过错，应当承担相应的赔偿责任。

051　电工安装电线是否需要执业资格证书

案件名称：上海顶威母线桥架有限公司(以下简称顶威公司)与刘某等健康权纠纷案

审理法院：上海市第一中级人民法院

案　　号：(2021)沪01民终2469号

一审裁判观点：顶威公司安排刘某负责涉案项目中母线安装工作，包括高空墙顶电锤打眼、安装高低压柜、安装母线槽、断电通电、封堵等事项，按照《电气安全管理规程》，从事母线安装工作应当由具备专业电工技术等级标准的人员完成。另据《建筑法》第2条的规定，建筑活动是指各类房屋建筑及其附属设施的建造和与其配套的线路、管道、设备的安装活动。从业人员应当依法取得相应的执业资格证书。刘某进行的安装活动是建筑活动中的电力设备安装，依法应当取得相应的执业资格证书，并在执业资格证书许可的范围内从事安装活动。

二审裁判观点：根据《建筑法》第2条以及《电气安全管理规程》第8条之规定，建筑活动是指各类房屋建筑及其附属设施的建造和与其配套的线路、管道、设备的安装活动。从业人员应当依法取得相应的执业资格证书。电气工作人员应定期进行安全技术培训、考核。各级电工必须达到机械工业部颁发的各专业电工技术等级标准和相应的安全技术水平，凭操作证操作。严禁无证操作或酒后操作。本案中，刘某从事母线安装工作，主要包括安装高低压柜、安装母线槽、断电通电，属于建筑活动中的电力设备安装活动，刘某应当达到相应的电工技术等级标准和相应的安全技术水平，具备相应的职业资格证书。

第三章

建筑工程发包与承包

第一节　一般规定

第十五条　【工程合同】建筑工程的发包单位与承包单位应当依法订立书面合同,明确双方的权利和义务。

发包单位和承包单位应当全面履行合同约定的义务。不按照合同约定履行义务的,依法承担违约责任。

条文理解

本条是关于工程合同的规定,主要包括工程合同的订立和违约责任的承担两个方面。依据《民法典》第788条、第794条和第795条的规定,建设工程合同包括工程勘察、设计、施工合同,都应当采用书面形式。勘察、设计合同的内容一般包括提交有关基础资料和概预算等文件的期限、质量要求、费用以及其他协作条件等条款。施工合同的内容一般包括工程范围、建设工期、中间交工工程的开工和竣工时间、工程质量、工程造价、技术资料交付时间、材料和设备供应责任、拨款和结算、竣工验收、质量保修范围和质量保证期、相互协作等条款。依据《招标投标法》第46条第1款的规定,招标人和中标人应当自中标通知书发出之日起三十日内,按照招标文件和中标人的投标文件订立书面合同。招标人和中标人不得再行订立背离合同实质性内容的其他协议。

关于违约责任的承担,包括发包人违约责任的承担和承包人违约责任的承担两个方面。第一,发包人违约责任的承担方面。依据《民法典》第803条、第804条和第805条的规定,发包人未按照约定的时间和要求提供原材料、设备、场地、资金、技术资料的,承包人可以顺延工程日期,并有权请求赔偿停工、窝工等损失。因发包人的原因致使工程中途停建、缓建的,发包人应当采取措施弥补或者减少损失,赔偿承包人因此造成的停工、窝工、倒运、机械设备调迁、材料和构件积压等损失和实际费用。因发包人变更计划,提供的资料不准确,或者未按照期限提供必需的勘察、设计工作条件而造成勘察、设计的返工、停工或者修改设计,发包人应当按照勘察人、设计人实际消耗的工作量增付费用。第二,承包人违约责任的承担方面。依据《民法典》第800条和第801条的规定,勘察、设计的质量不符合要求或者未按照期限提交勘察、设计文件拖延工期,造成发包人损失的,勘察人、设计人应当继续完善勘察、设计,减收或者免收勘察、设计费并赔偿损失。因施工人的原因致使建设工程质量不符合约定的,发包人有权请求施工人在合理期限内无偿修理或者返工、改建。经过修理或者返工、改建后,造成逾期交付的,施工人应当承担违约责任。

规定集成

《工程建设项目实施阶段程序管理暂行规定》(1995年7月29日初次实施)

第8条　建设单位和承包单位必须签订工程建设项目承包(施工)合同。总承包企业将承包的工程建设项目分包给其他单位时,应当签订分包合同。分包合同与总承包合同的约定应当一致;不一致的,以总承包合同为准。工程建设项目施工合同的签订,应参照使用国家工商行政管理局、建设部制订的《建设工程施工合同》(GF-91-0201)示范文本,并严格执行建建〔1993〕78号文《建设工程施工合同管理办法》的规定。

《招标投标法》(2000年1月1日初次实施,2017年12月27日修正)

第46条第1款　招标人和中标人应当自中标通知书发出之日起三十日内,按照招标文件和中标人的投标文件订立书面合同。招标人和中标人不得再行订立背离合同实质性内容的其他协议。

《房屋建筑和市政基础设施工程施工招标投标管理办法》(2001 年 6 月 1 日初次实施,2019 年 3 月 13 日修正)

第 46 条第 1 款　招标人和中标人应当自中标通知书发出之日起 30 日内,按照招标文件和中标人的投标文件订立书面合同;招标人和中标人不得再行订立背离合同实质性内容的其他协议。

《评标委员会和评标方法暂行规定》(2001 年 7 月 5 日初次实施,2013 年 3 月 11 日修正)

第 51 条　招标人应当与中标人按照招标文件和中标人的投标文件订立书面合同。招标人与中标人不得再行订立背离合同实质性内容的其他协议。

《建设工程价款结算暂行办法》(2004 年 10 月 20 日初次实施)

第 22 条　发包人与中标的承包人不按照招标文件和中标的承包人的投标文件订立合同的,或者发包人、中标的承包人背离合同实质性内容另行订立协议,造成工程价款结算纠纷的,另行订立的协议无效……

《关于进一步强化住宅工程质量管理和责任的通知》(2010 年 5 月 4 日初次实施)

第 2 条　加强住宅工程质量管理,严格执行法定基本制度,第 9 项,加强合同管理。住宅工程的工程总承包、施工总承包、专业承包、劳务分包以及勘察、设计、施工、监理、项目管理等都要依法订立书面合同。各类合同都应有明确的承包范围、质量要求以及违约责任等内容。对于违反合同的单位,要依法追究违约责任。发生合同争议时,合同各方应积极协商解决,协商不成的,要及时通过仲裁或诉讼妥善解决,维护合法权益。各地要加强合同备案管理制度,及时掌握合同履约情况,减少合同争议的发生。对因合同争议而引发群体性事件或突发性事件,损害房屋所有人、使用人以及施工作业人员合法权益,以及存在转包、挂靠、违法分包、签订阴阳合同等违法违规行为的单位,要依法进行处罚,并追究单位法定代表人的责任。第 14 项,加强工期和造价管理。合理工期和造价是保证住宅工程质量的重要前提。建设单位要从保证住宅工程安全和质量的角度出发,科学确定住宅工程合理工期以及勘察、设计和施工等各阶段的合理时间;要在住宅工程合同中明确合理工期要求,并严格约定工期调整的前提和条件。建设、勘察、设计和施工等单位要严格执行住宅工程合同,任何单位和个人不得任意压缩合理工期,不得不顾客观规律随意调整工期。建设单位要严格执行国家有关工程造价计价办法和计价标准,不得任意降低住宅工程质量标准,不得要求承包方以低于成本的价格竞标。勘察、设计、施工和监理等单位要严格执行国家有关收费标准,坚持质量第一,严禁恶意压价竞争。对违反国家有关规定,任意压缩合理工期或降低工程造价造成工程质量事故的有关单位和个人,要依法追究法律责任。

《住房城乡建设部关于进一步加强建筑市场监管工作的意见》(2011 年 6 月 24 日初次实施)

第 3 条　加强合同管理,规范合同履约行为,第 7 项,规范合同订立。建设工程合同双方要在合同中明确约定承包范围、质量安全要求、工期、价款及支付方式、变更要求、验收与结算以及合同争议的解决方式等内容,避免因双方责任、权利、义务约定不明确造成合同纠纷。建设单位不得任意压低造价和压缩工期。合同双方要依据国家和建设项目所在地的有关规定,合理确定工程预付款、进度款的数额和支付方式,工程变更的调整方式,工程量清单错漏项的认定方式,人工及材料价格大幅变化所致风险的承担方式,竣工结算款的支付期限等。各地造价管理机构要依据市场实际价格情况及时发布建设工程造价信息,指导和推进合同双方规范工程计价行为。第 9 项,落实合同履约责任。合同双方应当按照合同约定,全面履行各自义务和责任,协商处理合同履行中出现的问题和争议。建设单位要及时跟踪工程质量安全、工程进展等情况,按时支付工程预付款、安全防护费、进度款和办理竣工结算,并督促承包单位落实质量安全防护措施。建设单位未按合同约定支付工程款,致使承包单位无法施工的,由建设单位承担工期延误的责任,并按照合同约定向承包单位赔偿经济损失。承包单位要按照合同约定认真履行工程质量安全、工期等义务,按时支付劳务费和办理竣工结算。

《招标投标法实施条例》(2012 年 2 月 1 日初次实施,2019 年 3 月 2 日修订)

第 57 条第 1 款　招标人和中标人应当依照招标投标法和本条例的规定签订书面合同,合同的标的、价款、质量、履行期限等主要条款应当与招标文件和中标人的投标文件的内容一致。招标人和中标人不得再行订立背离合同实质性内容的其他协议。

《工程建设项目施工招标投标办法》(2003年5月1日初次实施,2013年3月11日修正)

第62条第1款　招标人和中标人应当在投标有效期内并在自中标通知书发出之日起三十日内,按照招标文件和中标人的投标文件订立书面合同。招标人和中标人不得再行订立背离合同实质性内容的其他协议。

《建筑工程施工发包与承包计价管理办法》(2014年2月1日初次实施)

第12条第1款　招标人与中标人应当根据中标价订立合同。不实行招标投标的工程由发承包双方协商订立合同。

《国务院办公厅关于促进建筑业持续健康发展的意见》(2017年2月21日初次实施)

第5条　优化建筑市场环境,第9项,加强承包履约管理:引导承包企业以银行保函或担保公司保函的形式,向建设单位提供履约担保。对采用常规通用技术标准的政府投资工程,在原则上实行最低价中标的同时,有效发挥履约担保的作用,防止恶意低价中标,确保工程投资不超预算。严厉查处转包和违法分包等行为。完善工程量清单计价体系和工程造价信息发布机制,形成统一的工程造价计价规则,合理确定和有效控制工程造价。

《最高人民法院关于审理建设工程施工合同纠纷案件适用法律问题的解释(一)》(2021年1月1日初次实施)

第2条　招标人和中标人另行签订的建设工程施工合同约定的工程范围、建设工期、工程质量、工程价款等实质性内容,与中标合同不一致,一方当事人请求按照中标合同确定权利义务的,人民法院应予支持。招标人和中标人在中标合同之外就明显高于市场价格购买承建房产、无偿建设住房配套设施、让利、向建设单位捐赠财物等另行签订合同,变相降低工程价款,一方当事人以该合同背离中标合同实质性内容为由请求确认无效的,人民法院应予支持。

第12条　因承包人的原因造成建设工程质量不符合约定,承包人拒绝修理、返工或者改建,发包人请求减少支付工程价款的,人民法院应予支持。

第13条　发包人具有下列情形之一,造成建设工程质量缺陷,应当承担过错责任:(一)提供的设计有缺陷;(二)提供或者指定购买的建筑材料、建筑构配件、设备不符合强制性标准;(三)直接指定分包人分包专业工程。承包人有过错的,也应当承担相应的过错责任。

《民法典》(2021年1月1日初次实施)

第788条　建设工程合同是承包人进行工程建设,发包人支付价款的合同。建设工程合同包括工程勘察、设计、施工合同。

第789条　建设工程合同应当采用书面形式。

第794条　勘察、设计合同的内容一般包括提交有关基础资料和概预算等文件的期限、质量要求、费用以及其他协作条件等条款。

第795条　施工合同的内容一般包括工程范围、建设工期、中间交工工程的开工和竣工时间、工程质量、工程造价、技术资料交付时间、材料和设备供应责任、拨款和结算、竣工验收、质量保修范围和质量保证期、相互协作等条款。

第800条　勘察、设计的质量不符合要求或者未按照期限提交勘察、设计文件拖延工期,造成发包人损失的,勘察人、设计人应当继续完善勘察、设计,减收或者免收勘察、设计费并赔偿损失。

第801条　因施工人的原因致使建设工程质量不符合约定的,发包人有权请求施工人在合理期限内无偿修理或者返工、改建。经过修理或者返工、改建后,造成逾期交付的,施工人应当承担违约责任。

第803条　发包人未按照约定的时间和要求提供原材料、设备、场地、资金、技术资料的,承包人可以顺延工程日期,并有权请求赔偿停工、窝工等损失。

第804条　因发包人的原因致使工程中途停建、缓建的,发包人应当采取措施弥补或者减少损失,赔偿承包人因此造成的停工、窝工、倒运、机械设备调迁、材料和构件积压等损失和实际费用。

第805条　因发包人变更计划,提供的资料不准确,或者未按照期限提供必需的勘察、设计工作条件而造成勘察、设计的返工、停工或者修改设计,发包人应当按照勘察人、设计人实际消耗的工作量增付费用。

第十六条 【招标原则】建筑工程发包与承包的招标投标活动，应当遵循公开、公正、平等竞争的原则，择优选择承包单位。

建筑工程的招标投标，本法没有规定的，适用有关招标投标法律的规定。

条文理解

本条是关于招标原则的规定，要求遵循公开、公正、平等竞争的原则，择优选择承包单位。依据《招标投标法》第22条和第43条的规定，招标人不得向他人透露已获取招标文件的潜在投标人的名称、数量以及可能影响公平竞争的有关招标投标的其他情况。招标人设有标底的，标底必须保密。在确定中标人前，招标人不得与投标人就投标价格、投标方案等实质性内容进行谈判。依据《招标投标法实施条例》第32条的规定，招标人不得以不合理的条件限制、排斥潜在投标人或者投标人。招标人有下列行为之一的，属于以不合理条件限制、排斥潜在投标人或者投标人：(1)就同一招标项目向潜在投标人或者投标人提供有差别的项目信息；(2)设定的资格、技术、商务条件与招标项目的具体特点和实际需要不相适应或者与合同履行无关；(3)依法必须进行招标的项目以特定行政区域或者特定行业的业绩、奖项作为加分条件或者中标条件；(4)对潜在投标人或者投标人采取不同的资格审查或者评标标准；(5)限定或者指定特定的专利、商标、品牌、原产地或者供应商；(6)依法必须进行招标的项目非法限定潜在投标人或者投标人的所有制形式或者组织形式；(7)以其他不合理条件限制、排斥潜在投标人或者投标人。

依据《招标投标法》第33条的规定，投标人不得以低于成本的报价竞标，也不得以他人名义投标或者以其他方式弄虚作假，骗取中标。依据《招标投标法实施条例》第39条和第40条的规定，禁止投标人相互串通投标。有下列情形之一的，属于投标人相互串通投标：(1)投标人之间协商投标报价等投标文件的实质性内容;(2)投标人之间约定中标人;(3)投标人之间约定部分投标人放弃投标或者中标;(4)属于同一集团、协会、商会等组织成员的投标人按照该组织要求协同投标;(5)投标人之间为谋取中标或者排斥特定投标人而采取的其他联合行动。有下列情形之一的,视为投标人相互串通投标:(1)不同投标人的投标文件由同一单位或者个人编制;(2)不同投标人委托同一单位或者个人办理投标事宜;(3)不同投标人的投标文件载明的项目管理成员为同一人;(4)不同投标人的投标文件异常一致或者投标报价呈规律性差异;(5)不同投标人的投标文件相互混装;(6)不同投标人的投标保证金从同一单位或者个人的账户转出。

规定集成

《招标投标法》(2000 年 1 月 1 日初次实施,2017 年 12 月 27 日修正)

第 5 条　招标投标活动应当遵循公开、公平、公正和诚实信用的原则。

第 22 条　招标人不得向他人透露已获取招标文件的潜在投标人的名称、数量以及可能影响公平竞争的有关招标投标的其他情况。招标人设有标底的,标底必须保密。

第 32 条　投标人不得相互串通投标报价,不得排挤其他投标人的公平竞争,损害招标人或者其他投标人的合法权益。投标人不得与招标人串通投标,损害国家利益、社会公共利益或者他人的合法权益。禁止投标人以向招标人或者评标委员会成员行贿的手段谋取中标。

第 33 条　投标人不得以低于成本的报价竞标,也不得以他人名义投标或者以其他方式弄虚作假,骗取中标。

第 43 条　在确定中标人前,招标人不得与投标人就投标价格、投标方案等实质性内容进行谈判。

第 44 条　评标委员会成员应当客观、公正地履行职务,遵守职业道德,对所提出的评审意见承担个人责任。评标委员会成员不得私下接触投标人,不得收受投标人的财物或者其他好处。评标委员会成员和参与评标的有关工作人员不得透露对投标文件的评审和比较、中标候选人的推荐情况以及与评标有关的其他情况。

《房屋建筑和市政基础设施工程施工招标投标管理办法》(2001 年 6 月 1 日初次实施,2019 年 3 月 13 日修正)

第 4 条　任何单位和个人不得违反法律、行政法规规定,限制或者排斥本地区、本系统以外的法人或者其他组织参加投标,不得以任何方式非法干涉施工招标投标活动。

第 6 条　工程施工招标由招标人依法组织实施。招标人不得以不合理条件限制或者排斥潜在投标人,不得对潜在投标人实行歧视待遇,不得对潜在投标人提出与招标工程实际要求不符的过高的资质等级要求和其他要求。

第 30 条　投标人不得相互串通投标,不得排挤其他投标人的公平竞争,损害招标人或者其他投标人的合法权益。投标人不得与招标人串通投标,损害国家利益、社会公共利益或者他人的合法权益。禁止投标人以向招标人或者评标委员会成员行贿的手段谋取中标。

第 31 条　投标人不得以低于其企业成本的报价竞标,不得以他人名义投标或者以其他方式弄虚作假,骗取中标。

《评标委员会和评标方法暂行规定》(2001 年 7 月 5 日初次实施,2013 年 3 月 11 日修正)

第 13 条　评标委员会成员应当客观、公正地履行职责,遵守职业道德,对所提出的评审意见承担个人责任。评标委员会成员不得与任何投标人或者与招标结果有利害关系的人进行私下接触,不得收受投标人、中介人、其他利害关系人的财物或者其他好处,不得向招标人征询其确定中标人的意向,不得接受任何单位或者个人明示或者暗示提出的倾向或者排斥特定投标人的要求,不得有其他不客观、不公正履行职务的行为。

《工程建设项目招标投标活动投诉处理办法》(2004 年 8 月 1 日初次实施,2013 年 3 月 11 日修正)

第 8 条　投诉人不得以投诉为名排挤竞争对手,不得进行虚假、恶意投诉,阻碍招标投标活动的正常进行。

《工程建设项目货物招标投标办法》(2005 年 3 月 1 日初次实施,2013 年 3 月 11 日修正)

第 25 条第 2 款　招标文件中规定的各项技术规格均不得要求或标明某一特定的专利技术、商标、名称、设计、原产地或供应者等,不得含有倾向或者排斥潜在投标人的其他内容。如果必须引用某一供应者的技术规格才能准确或清楚地说明拟招标货物的技术规格时,则应当在参照后面加上“或相当于”的字样。

《住房城乡建设部关于进一步加强建筑市场监管工作的意见》(2011 年 6 月 24 日初次实施)

第 1 条　落实建设单位责任,严格依法发包工程,第 2 项,禁止设置不合理的招标条件。建设单位要严格依法进行工程招标,不得设置不合理条款排斥或限制潜在投标人,不得将所有制形式、企业注册地、过高资质等级要求、特定地域业绩及奖项等设置为招标条件,严禁政府投资项目使用带资承包方式进行建设。

《招标投标法实施条例》(2012 年 2 月 1 日初次实施,2019 年 3 月 2 日修订)

第 24 条　招标人对招标项目划分标段的,应当遵守招标投标法的有关规定,不得利用划分标段限制或者排斥潜在投标人。依法必须进行招标的项目的招标人不得利用划分标段规避招标。

第 32 条　招标人不得以不合理的条件限制、排斥潜在投标人或者投标人。招标人有下列行为之一的,属于以不合理条件限制、排斥潜在投标人或者投标人:(一)就同一招标项目向潜在投标人或者投标人提供有差别的项目信息;(二)设定的资格、技术、商务条件与招标项目的具体特点和实际需要不相适应或者与合同履行无关;(三)依法必须进行招标的项目以特定行政区域或者特定行业的业绩、奖项作为加分条件或者中标条件;(四)对潜在投标人或者投标人采取不同的资格审查或者评标标准;(五)限定或者指定特定的专利、商标、品牌、原产地或者供应商;(六)依法必须进行招标的项目非法限定潜在投标人或者投标人的所有制形式或者组织形式;(七)以其他不合理条件限制、排斥潜在投标人或者投标人。

第 33 条　投标人参加依法必须进行招标的项目的投标,不受地区或者部门的限制,任何单位和个人不得非法干涉。

第 34 条第 1 款、第 2 款　与招标人存在利害关系可能影响招标公正性的法人、其他组织或者个人，不得参加投标。单位负责人为同一人或者存在控股、管理关系的不同单位，不得参加同一标段投标或者未划分标段的同一招标项目投标。

第 39 条　禁止投标人相互串通投标。有下列情形之一的，属于投标人相互串通投标：(一) 投标人之间协商投标报价等投标文件的实质性内容；(二) 投标人之间约定中标人；(三) 投标人之间约定部分投标人放弃投标或者中标；(四) 属于同一集团、协会、商会等组织成员的投标人按照该组织要求协同投标；(五) 投标人之间为谋取中标或者排斥特定投标人而采取的其他联合行动。

第 40 条　有下列情形之一的，视为投标人相互串通投标：(一) 不同投标人的投标文件由同一单位或者个人编制；(二) 不同投标人委托同一单位或者个人办理投标事宜；(三) 不同投标人的投标文件载明的项目管理成员为同一人；(四) 不同投标人的投标文件异常一致或者投标报价呈规律性差异；(五) 不同投标人的投标文件相互混装；(六) 不同投标人的投标保证金从同一单位或者个人的账户转出。

第 41 条　禁止招标人与投标人串通投标。有下列情形之一的，属于招标人与投标人串通投标：(一) 招标人在开标前开启投标文件并将有关信息泄露给其他投标人；(二) 招标人直接或者间接向投标人泄露标底、评标委员会成员等信息；(三) 招标人明示或者暗示投标人压低或者抬高投标报价；(四) 招标人授意投标人撤换、修改投标文件；(五) 招标人明示或者暗示投标人为特定投标人中标提供方便；(六) 招标人与投标人为谋求特定投标人中标而采取的其他串通行为。

第 49 条　评标委员会成员应当依照招标投标法和本条例的规定，按照招标文件规定的评标标准和方法，客观、公正地对投标文件提出评审意见。招标文件没有规定的评标标准和方法不得作为评标的依据。评标委员会成员不得私下接触投标人，不得收受投标人给予的财物或者其他好处，不得向招标人征询确定中标人的意向，不得接受任何单位或者个人明示或者暗示提出的倾向或者排斥特定投标人的要求，不得有其他不客观、不公正履行职务的行为。

《住房城乡建设部关于进一步加强房屋建筑和市政工程项目招标投标监督管理工作的指导意见》(2012年4月18日初次实施)

第6条　加强招标公告管理,加大招标投标过程公开公示力度。公开透明是从源头预防和遏制腐败的治本之策,是实现招标投标"公开、公平、公正"的重要途径。各地住房城乡建设主管部门应当加强招标公告管理,房屋市政工程项目招标人应当通过有形市场发布资格预审公告或者招标公告。有形市场应当建立与法定招标公告发布媒介的有效链接。资格预审公告或招标公告内容应当真实合法,不得设定与招标项目的具体特点和实际需要不相适应的不合理条件限制和排斥潜在投标人……

《住房城乡建设部关于做好建筑企业跨省承揽业务监督管理工作的通知》(2013年3月15日初次实施)

第1条　各级住房城乡建设行政主管部门应当严格执行国家相关法律、法规,给予外地建筑企业与本地建筑企业同等待遇,严禁设置地方壁垒。不得对外地企业设立审批性备案和借用备案名义收取费用;不得强制要求外地企业在本地注册独立子公司、分公司;不得强行扣押外地备案企业和人员的相关证照资料;不得要求企业注册所在地住房城乡建设主管部门或其上级主管部门出具相关证明等。

第5条　省(区、市)住房城乡建设主管部门应当加强对本地区各级主管部门跨省备案管理工作的指导和监督,对在市场准入、招标投标等方面设立不合理条件排斥或限制外地企业承揽业务的,上级主管部门应当予以制止,并责令其限期改正,逾期仍未改正的,上级主管部门应当予以通报批评。

《工程建设项目施工招标投标办法》(2013年5月1日初次实施,2013年3月11日修正)

第4条　工程施工招标投标活动应当遵循公开、公平、公正和诚实信用的原则。

第5条第2款　施工招标投标活动不受地区或者部门的限制。

第46条　下列行为均属投标人串通投标报价:(一)投标人之间相互约定抬高或压低投标报价;(二)投标人之间相互约定,在招标项目中分别以高、中、低价位报价；（三）投标人之间先进行内部竞价，内定中标人，然后再参加投标；（四）投标人之间其他串通投标报价的行为。

第47条　下列行为均属招标人与投标人串通投标：（一）招标人在开标前开启投标文件并将有关信息泄露给其他投标人，或者授意投标人撤换、修改投标文件；（二）招标人向投标人泄露标底、评标委员会成员等信息；（三）招标人明示或者暗示投标人压低或抬高投标报价；（四）招标人明示或者暗示投标人为特定投标人中标提供方便；（五）招标人与投标人为谋求特定中标人中标而采取的其他串通行为。

《住房城乡建设部关于推进建筑业发展和改革的若干意见》（2014年7月1日初次实施）

第2条　建立统一开放的建筑市场体系，第3项，进一步开放建筑市场。各地要严格执行国家相关法律法规，废除不利于全国建筑市场统一开放、妨碍企业公平竞争的各种规定和做法。全面清理涉及工程建设企业的各类保证金、押金等，对于没有法律法规依据的一律取消。积极推行银行保函和诚信担保。规范备案管理，不得设置任何排斥、限制外地企业进入本地区的准入条件，不得强制外地企业参加培训或在当地成立子公司等。各地有关跨省承揽业务的具体管理要求，应当向社会公开。各地要加强外地企业准入后的监督管理，建立跨省承揽业务企业的违法违规行为处理督办、协调机制，严厉查处围标串标、转包、挂靠、违法分包等违法违规行为及质量安全事故，对于情节严重的，予以清出本地建筑市场，并在全国建筑市场监管与诚信信息发布平台曝光。

《民法典》（2021年1月1日初次实施）

第790条　建设工程的招标投标活动，应当依照有关法律的规定公开、公平、公正进行。

案例适用

052　“先定后招”的合同效力如何

案件名称：温泉公司与永新华公司建设工程施工合同纠纷案

审理法院：山东省青岛市中级人民法院

案　　号：（2020）鲁02民初952号

裁判观点：2013年6月26日，永新华公司与温泉公司签订《建设工程施工总承包合同》。2013年12月经过招投标，温泉公司于2013年12月12日中标，双方又于该日签订《青岛市建设工程施工合同》备案。根据《招标投标法》第32条第2款"投标人不得与招标人串通投标，损害国家利益、社会公共利益或者他人的合法权益"及《建筑法》第16条第1款的规定，永新华公司与温泉公司所签订的上述两份合同，明显违反了上述法律规定，双方的行为是一种"先定后招"的违法行为，故双方所签订的两份合同均属无效合同。

053　"标前承诺"的协议效力如何

案件名称：广元邦泰置业有限公司（以下简称邦泰公司）与绵阳市同立建筑工程有限公司（以下简称同立公司）建设工程施工合同纠纷案

审理法院：四川省广元市中级人民法院

案　　号：（2016）川08民初9号

裁判观点：同立公司于2014年2月向邦泰公司出具"标前承诺"并缴纳保证金，作出同意接受补充条款约束的意思表示，而且中标通知书发出之前，监理公司已通知同立公司进场施工，足以说明邦泰公司、同立公司在招标启动前已进行充分磋商谈判，招标投标仅为表象，施工人在投标前即已通过招标之外的方式确定，事后中标并非公平有效的招投标结果，故双方所签《备案合同》并非当事人的真实意思表示，该合同应属无效。双方当事人所签订的补充条款，虽系双方当事人的真实意思表示，但并非依照法律法规的规定采用招标投标程序形成，不具备合法形式要件，亦属无效。

054　促进中标的居间服务合同效力如何

案件名称：杨某与江苏省矿业工程集团有限公司矿建分公司、江苏省矿业工程集团有限公司居间合同纠纷案

审理法院：江苏省高级人民法院

案　　号：(2018)苏民申449号

裁判观点：《招标投标法》第38条规定，任何单位和个人不得非法干预、影响评标的过程和结果。根据一审、二审法院查明的事实，本案所涉工程是通过招投标程序确定的中标单位。根据《招标投标法》的规定，招投标程序是指通过招标、投标、开标、评标和中标等一系列公开活动确定中标人的过程，同时法律也严禁在确定中标人前，招标人与投标人之间就投标价格、投标方案等实质性内容进行谈判。因此，在经过招投标订立建设工程施工合同的过程中，进行所谓促进合同订立的居间活动的行为，实质上是对招投标程序的违反，是与《招标投标法》的强制性规定相违背的行为。因此，就本案而言，无论案涉中介合同签订于何时，也无论任某的盖章行为是否构成表见代理，因该中介合同的内容违反了《招标投标法》的强制性规定，故该中介合同应当被认定为无效合同。

055　提供招标内部信息和协调招标活动的协议效力如何

案件名称：刘某与四川川北数码港建设股份有限公司广州分公司居间合同纠纷案

审理法院：广东省广州市中级人民法院

案　　号：(2018)粤01民终3794号

裁判观点：《招标投标法》第5条明确规定，招投标活动应当遵循公开、公平、公正和诚实信用的原则。……从协议约定内容来看，实质是甲方承诺提供内部信息和内部协调，保证乙方获得约定工程项目的施工合同。罗某在本案诉讼中亦陈述所涉项目是其所在公司开发的项目，其通过游说帮助下浮点数等帮助刘某公司中标……实质并非约定向后者提供中介服务，而是就承包施工项目提供内部信息和内部协调，目的是帮助刘某以不正当竞争手段承揽工程，该目的有违建筑工程和招投标管理的公序良俗，应当认定为无效。

第十七条　【受贿行贿】发包单位及其工作人员在建筑工程发包中不得收受贿赂、回扣或者索取其他好处。

承包单位及其工作人员不得利用向发包单位及其工作人员行贿、提供回扣或者给予其他好处等不正当手段承揽工程。

条文理解

本条是关于受贿行贿的规定，包括禁止发包单位受贿和禁止承包单位行贿两个方面。参照《反不正当竞争法》第2条的规定，在工程发包与承包过程中，发包单位与承包单位应当遵循平等竞争的原则，不得扰乱市场竞争秩序，损害社会公共利益和他人的合法权益。发包单位受贿和承包单位行贿不仅为本法所禁止，严重的还涉嫌刑事犯罪。

实务中，本条规定的情形通常以"介绍费""信息费""公关费""业务费"等形式出现，极其容易与中介服务混淆。中介服务是中介人向委托人报告订立合同的机会或者提供订立合同的媒介服务，委托人支付报酬的关系，约定的报酬属于合法利益，应受法律保护。而本条规定的好处属于非法利益，不受法律保护。另外，依据《最高人民法院关于审理建设工程施工合同纠纷案件适用法律问题的解释(一)》第2条的规定，招标人和中标人在中标合同之外就明显高于市场价格购买承建房产、无偿建设住房配套设施、让利、向建设单位捐赠财物等另行签订合同，变相降低工程价款的行为也属于本条规定的情形，若一方当事人以该合同背离中标合同实质性内容为由请求确认无效的，人民法院应予支持。

规定集成

《最高人民法院关于给承包单位介绍工程索要信息费如何处理问题的复函》

(1990年11月19日初次实施)

山西省高级人民法院……据报告述称：胡拴毛介绍五台县陈家庄乡建安公

司四队梁宝堂与黄寨村委建筑队签订转包建筑工程合同，因向承包方索要信息费被拒绝而提起诉讼。经研究并征求有关部门的意见，我们认为：1987 年 2 月 10 日城乡建设环境保护部、国家工商行政管理局所颁发的《关于加强建筑市场管理的暂行规定》第七条已明确规定："承发包工程必须严格遵守国家政策、法规，严禁行贿受贿、索承回扣、弄虚作假。不准任何单位或个人私自介绍工程收取工程'介绍费'。"胡拴毛向梁宝堂索要"信息费"的行为违反了上述规定，其诉讼请求应予驳回。同时，根据《民法通则》第六十一条第二款和第一百三十四条第三款的规定，胡拴毛已经取得的部分"信息费"可予以收缴。

《反不正当竞争法》(2018 年 1 月 1 日版 ,1993 年 12 月 1 日初次实施,2019 年 4 月 23 日修正)

第 2 条第 1 款、第 2 款　经营者在生产经营活动中，应当遵循自愿、平等、公平、诚信的原则，遵守法律和商业道德。本法所称的不正当竞争行为，是指经营者在生产经营活动中，违反本法规定，扰乱市场竞争秩序，损害其他经营者或者消费者的合法权益的行为。

第 7 条　经营者不得采用财物或者其他手段贿赂下列单位或者个人，以谋取交易机会或者竞争优势：(一)交易相对方的工作人员；(二)受交易相对方委托办理相关事务的单位或者个人；(三)利用职权或者影响力影响交易的单位或者个人……

《最高人民法院关于审理建设工程施工合同纠纷案件适用法律问题的解释(一)》(2021 年 1 月 1 日初次实施)

第 2 条第 2 款　招标人和中标人在中标合同之外就明显高于市场价格购买承建房产、无偿建设住房配套设施、让利、向建设单位捐赠财物等另行签订合同，变相降低工程价款，一方当事人以该合同背离中标合同实质性内容为由请求确认无效的，人民法院应予支持。

案例适用

056　承揽工程支付的前期公关费用、业务费等是否受法律保护

案件名称：陈某与江苏盛大建设工程有限公司(以下简称盛大公

司)居间合同纠纷案

审理法院:江苏省高级人民法院

案　　号:(2015)苏审二商申字第00090号

一审裁判观点:《合同法》(已失效)虽然允许居间人在通过向委托人报告订立合同的机会或者提供订立合同的媒介服务后,有权向委托人收取相应的报酬,但根据《建筑法》第17条的规定,本案中,双方居间协议明确约定的是盛大公司应向陈某支付前期公关费用及业务费,而不是正常居间活动的报酬。从协议中对公关费用和业务费的文字表述和实质内容来看,就是通过支付回扣和好处费等不正当竞争手段,达到揽得工程和项目的目的,扰乱正常的建筑市场秩序,该行为为《建筑法》所明令禁止。况且陈某又系国家公安机关工作人员,具有公务员身份,而《公务员法》对公务员从事营利性经营活动也明令予以禁止,即排除了国家机关工作人员个人从事营利性经营活动的权利。故陈某作为具有国家工作人员身份的公务员对外以个人名义与盛大公司签订的案涉居间协议因违反上述法律禁止性规定而无效。鉴于陈某在盛大公司获得该工程项目时付出了一定的劳动,相应会产生一定的车旅费用,因此对盛大公司已经支付的费用,不作处理。但对陈某按照居间协议再要求盛大公司支付居间报酬(实为回扣和公关费用)、利息及催款费用的诉讼请求,不予支持。

再审裁判观点:综合分析两份协议书的内容以及当事人的陈述,本案二审判决认定协议书约定的"前期公关费用及业务费"并不等同于居间报酬,有相应依据。在陈某已收取100万元的情况下,其并无证据证明为案涉工程实际支出的费用和其有权取得的报酬超过100万元,故其要求盛大公司再支付250万元的诉讼请求,不应予以支持。

057　承揽工程提供回扣的约定是否受法律保护

案件名称:沭阳县信安房地产有限公司(以下简称信安公司)与沭阳县城关建筑安装工程有限公司(以下简称城关公司)建设工程施工合同纠纷案

审理法院：最高人民法院

案　　号：(2014)民申字第653号

裁判观点：根据《建筑法》第17条的规定，从城关公司的承诺看，其承诺"按承包范围内的工程总价7%及房屋销售、附属工程所得利润按50%提取付给周某同志"，无论其承诺的对象是周某个人还是信安公司，该承诺的利益均不受法律保护。综合承诺的作出、履行的事实、相关当事人在公安机关侦查周某涉嫌公司企业人员受贿案中的陈述，信安公司主张其与周某之间系委托合同法律关系，证据并不充分，故应当承担不利的法律后果。而且，信安公司所主张的利益在性质上亦违反法律的强制性规定。因此，信安公司主张城关公司向其支付对周某所承诺的款项缺乏事实和法律依据，不能成立。

058　收取工程介绍费是否构成不当得利

案件名称：张某、王某不当得利纠纷案

审理法院：河北省保定市中级人民法院

案　　号：(2020)冀06民终6389号

一审裁判观点：本案中，原告主张12万元系借款，但未能提交相关的证据证实双方存在民间借贷的合意，原告亦认可其在被告王某持有的韩某签字的《二次结构工程承包合同》中签字，证明该工程确经被告王某中间介绍，合同已订立完成，且原告向被告转账日期与合同签订日期吻合，故被告收取原告钱款并非无理无据，对原告主张被告返还12万元的诉讼请求不予支持。

二审裁判观点：王某系衡水志臻安平中学工程项目经理，建设该学校部分建筑的主体工程，后衡水志臻安平中学代表韩某将6号学生宿舍楼的二次结构工程包给王某施工，王某又经赵某介绍将该工程转包给张某，2018年6月19日衡水志臻安平中学与张某签订《二次结构工程承包合同》，2018年6月19日张某向王某转账50,000元，次日，经张某……向王某转账70,000元，王某认可收到上述120,000元。根据《建筑法》

第17条第1款的规定，王某作为发包方的项目经理，收取中介费（或好处费）违反了上述法律规定，其取得案涉款项没有合法根据，构成不当得利，应予返还。

059 为承揽工程进行行贿的款项如何处理

案件名称：朱某、张某不当得利纠纷案

审理法院：河南省郑州市中级人民法院

案　　号：（2019）豫01民终21102号

裁判观点：在朱某帮张某承揽工程中，双方商议有好处费，并就费用标准为中标价8%的比例基本达成一致意见，故其向朱某的转款既不是借款，也不是没有任何事实依据的不当得利。朱某收取张某的款项以后，因帮助张某承揽该工程向有关人员行贿40万元，已经被刑事判决书予以认定。有关法律、规章明令禁止在承包工程中行贿受贿，不准任何单位和个人收取工程“介绍费”。本案双方商定的好处费属于“介绍费”的范畴，属于非法性质，应由有关部门进行处理，不属于人民法院的受案范围，故对张某的起诉应予驳回。

第十八条　【工程造价】建筑工程造价应当按照国家有关规定，由发包单位与承包单位在合同中约定。公开招标发包的，其造价的约定，须遵守招标投标法律的规定。

发包单位应当按照合同的约定，及时拨付工程款项。

条文理解

本条是关于工程造价的规定，依据《建设工程施工发包与承包价格管理暂行规定》第5条的规定，工程造价由成本（直接成本、间接成本）、利润（酬金）和税金构成，包括合同价款、追加合同价款和其他款项。合同价款指按合同条款约定完成全部工程内容的价款。追加合同价款指

在施工过程因设计变更、索赔等增加的合同价款以及按合同条款约定的计算方法计算的材料价差。其他款项指在合同价款之外应支付的款项。依据《建设工程价款结算暂行办法》第8条的规定，工程价款可选用下列方式约定:(1)固定总价，合同工期较短且工程合同总价较低的工程。(2)固定单价，双方在合同中约定综合单价包含的风险范围和风险费用的计算方法，在约定的风险范围内综合单价不再调整。风险范围以外的综合单价调整方法，应当在合同中约定。(3)可调价格，包括可调综合单价和措施费等，双方应在合同中约定综合单价和措施费的调整方法。

关于工程款项支付。依据《建设工程价款结算暂行办法》第3条、第12条、第13条和第14条的规定，工程款支付包括工程款预付、进度款结算、竣工价款结算等。预付款一般是签订合同后的1个月内或不迟于约定的开工日期前的7天内支付，包工包料工程原则上预付比例不低于合同金额的10%，不高于合同金额的30%。对重大工程项目，按年度工程计划逐年预付。没有签订合同或不具备施工条件不得支付预付款，防止以预付为名转移资金。进度款结算包括按月结算和分段结算两种方式，承包人应当按照合同约定的方法和时间，向发包人提交已完工程量的报告。发包人接到报告后14天内核实已完工程量，并在核实前1天通知承包人，承包人应提供条件并派人参加核实，承包人收到通知后不参加核实，以发包人核实的工程量作为工程价款支付的依据。发包人收到承包人报告后14天内未核实完工程量，从第15天起，承包人报告的工程量即视为被确认，作为工程价款支付的依据。双方合同另有约定的，按合同执行。根据确定的工程计量结果，承包人向发包人提出支付工程进度款申请，14天内，发包人应按不低于工程价款的60%，不高于工程价款的90%向承包人支付工程进度款。竣工结算是指工程完工后，双方按照约定的合同价款及合同价款调整内容以及索赔事项进行的结算，分为单位工程竣工结算、单项工程竣工结算和建设项目竣工总结算三种方式。发包人收到承包人递交的竣工结算报告及完整的结算资料后，按规定的期限进行核实，给予确认或者提出修改意见。发包人根据确认的竣工结算报告向承包人支付工程竣工结算价款。

规定集成

《建设工程施工发包与承包价格管理暂行规定》(1999 年 1 月 6 日初次实施)

第 3 条　本规定所称工程价格系指按国家有关规定由甲乙双方在施工合同中约定的工程造价。

第 5 条　工程价格的构成。工程价格由成本(直接成本、间接成本)、利润(酬金)和税金构成。工程价格包括：合同价款、追加合同价款和其他款项。合同价款系指按合同条款约定的完成全部工程内容的价款。追加合同价款系指在施工过程因设计变更、索赔等增加的合同价款以及按合同条款约定的计算方法计算的材料价差。其他款项系指在合同价款之外甲方应支付的款项。

第 6 条　工程价格的定价方式。(一)实行招投标的工程应当通过工程所在地招标投标监督管理机构采用招投标的方式定价。(二)对于不宜采用招投标的工程，可采用审定施工图预算为基础，甲乙双方商定加工程变更增减价的方式定价。(三)一般现有房屋装修工程可采用以综合单价为基础商定。

第 7 条　工程价格的分类。(一)固定价格。工程价格在实施期间不因价格变化而调整。在工程价格中应考虑价格风险因素并在合同中明确固定价格包括的范围。(二)可调价格。工程价格在实施期间可随价格变化而调整，调整的范围和方法应在合同条款中约定。(三)工程成本加酬金确定的价格。工程成本按现行计价依据以合同约定的办法计算，酬金按工程成本乘以通过竞争确定的费率计算，从而确定工程竣工结算价。

第 14 条　工程预付款。坚持实施预付款制度。甲方应按施工合同条款的约定时间和数额，及时向乙方支付工程预付款，开工后按合同条款约定的扣款办法陆续扣回。甲方如不按协议支付工程预付款，则按合同条款约定的办法处理。

第 15 条　工程进度款支付。工程进度款应根据甲乙双方在合同条款约定的时间、方式和经甲方代表确认的已完工程量、构成合同价款相应的单价及有关计处依据计算、支付工程款。甲方如不按合同约定支付工程款，则按合同条款的约定承担相应的责任。

第17条　做好工程变更对工程造价增减的调整工作。对于施工过程不可避免的设计变更、现场洽商变更等连同变更价款的计算。应建立保证有关资料完整、及时、合理的制度。变更价款可按下列方法计算:(一)中标价或审定的施工图预算中已有与变更工程相同的单价,应按已有的单价计算;(二)中标价或审定的施工图预算中没有与变更工程相同的单价时,应按定额相类似项目确定变更价格;(三)中标价或审定的施工图预算或定额分项没有适用和类似的单价时,应由乙方编制一次性补充定额单价送甲方代表审定并报当地工程造价管理机构备案。乙方提出和甲方确认变更价款的时间按合同条款约定,如双方对变更价款不能达成协议则按合同条款约定的办法处理。

《招标投标法》(2000年1月1日初次实施,2017年12月27日修正)

第33条　投标人不得以低于成本的报价竞标,也不得以他人名义投标或者以其他方式弄虚作假,骗取中标。

《最高人民法院关于建设工程承包合同案件中双方当事人已确认的工程决算价款与审计部门审计的工程决算价款不一致时如何适用法律问题的电话答复意见》(2001年4月2日初次实施)

……经研究认为,审计是国家对建设单位的一种行政监督,不影响建设单位与承建单位的合同效力。建设工程承包合同案件应以当事人的约定作为法院判决的依据。只有在合同明确约定以审计结论作为结算依据或者合同约定不明确、合同约定无效的情况下,才能将审计结论作为判决的依据。

《建设领域农民工工资支付管理暂行办法》(2004年9月6日初次实施)

第7条　企业应将工资直接发放给农民工本人,严禁发放给"包工头"或其他不具备用工主体资格的组织和个人。企业可委托银行发放农民工工资。

第10条　业主或工程总承包企业未按合同约定与建设工程承包企业结清工程款,致使建设工程承包企业拖欠农民工工资的,由业主或工程总承包企业先行垫付农民工被拖欠的工资,先行垫付的工资数额以未结清的工程款为限。

第11条　企业因被拖欠工程款导致拖欠农民工工资的,企业追回的被拖欠工程款,应优先用于支付拖欠的农民工工资。

《建设工程价款结算暂行办法》(2004年10月20日初次实施)

第3条　本办法所称建设工程价款结算(以下简称"工程价款结算"),是指对建设工程的发承包合同价款进行约定和依据合同约定进行工程预付款、工程进度款、工程竣工价款结算的活动。

第8条　发、承包人在签订合同时对于工程价款的约定,可选用下列一种约定方式:(一)固定总价。合同工期较短且工程合同总价较低的工程,可以采用固定总价合同方式。(二)固定单价。双方在合同中约定综合单价包含的风险范围和风险费用的计算方法,在约定的风险范围内综合单价不再调整。风险范围以外的综合单价调整方法,应当在合同中约定。(三)可调价格。可调价格包括可调综合单价和措施费等,双方应在合同中约定综合单价和措施费的调整方法,调整因素包括:1.法律、行政法规和国家有关政策变化影响合同价款;2.工程造价管理机构的价格调整;3.经批准的设计变更;4.发包人更改经审定批准的的施工组织设计(修正错误除外)造成费用增加;5.双方约定的其他因素。

第11条　工程价款结算应按合同约定办理,合同未作约定或约定不明的,发、承包双方应依照下列规定与文件协商处理:(一)国家有关法律、法规和规章制度;(二)国务院建设行政主管部门、省、自治区、直辖市或有关部门发布的工程造价计价标准、计价办法等有关规定;(三)建设项目的合同、补充协议、变更签证和现场签证,以及经发、承包人认可的其他有效文件;(四)其他可依据的材料。

第12条　工程预付款结算应符合下列规定:(一)包工包料工程的预付款按合同约定拨付,原则上预付比例不低于合同金额的10%,不高于合同金额的30%,对重大工程项目,按年度工程计划逐年预付。计价执行《建设工程工程量清单计价规范》(GB 50500—2003)的工程,实体性消耗和非实体性消耗部分应在合同中分别约定预付款比例。(二)在具备施工条件的前提下,发包人应在双方签订合同后的一个月内或不迟于约定的开工日期前的7天内预付工程款,发包人不按约定预付,承包人应在预付时间到期后10天内向发包人发出要求预付的通知,发包人收到通知后仍不按要求预付,承包人可在发出通知14天后停止施工,发包人应从约定应付之日起向承包人支付应付款的利息(利率按同期银行贷款利率计),并承担违约责任。(三)预付的工程款必须在合同中约定抵扣方式,并在工程进度款中进行抵扣。(四)凡是没有签订合同或不具备施工条件的工程，发包人不得预付工程款，不得以预付款为名转移资金。

第 13 条　工程进度款结算与支付应当符合下列规定：(一)工程进度款结算方式：1. 按月结算与支付。即实行按月支付进度款，竣工后清算的办法。合同工期在两个年度以上的工程，在年终进行工程盘点，办理年度结算。2. 分段结算与支付。即当年开工、当年不能竣工的工程按照工程形象进度，划分不同阶段支付工程进度款。具体划分在合同中明确。(二)工程量计算：1. 承包人应当按照合同约定的方法和时间，向发包人提交已完工程量的报告。发包人接到报告后 14 天内核实已完工程量，并在核实前 1 天通知承包人，承包人应提供条件并派人参加核实，承包人收到通知后不参加核实，以发包人核实的工程量作为工程价款支付的依据。发包人不按约定时间通知承包人，致使承包人未能参加核实，核实结果无效。2. 发包人收到承包人报告后 14 天内未核实完工程量，从第 15 天起，承包人报告的工程量即视为被确认，作为工程价款支付的依据，双方合同另有约定的，按合同执行。3. 对承包人超出设计图纸(含设计变更)范围和因承包人原因造成返工的工程量，发包人不予计量。(三)工程进度款支付：1. 根据确定的工程计量结果，承包人向发包人提出支付工程进度款申请，14 天内，发包人应按不低于工程价款的 60%，不高于工程价款的 90% 向承包人支付工程进度款。按约定时间发包人应扣回的预付款，与工程进度款同期结算抵扣。2. 发包人超过约定的支付时间不支付工程进度款，承包人应及时向发包人发出要求付款的通知，发包人收到承包人通知后仍不能按要求付款，可与承包人协商签订延期付款协议，经承包人同意后可延期支付，协议应明确延期支付的时间和从工程计量结果确认后第 15 天起计算应付款的利息(利率按同期银行贷款利率计)。3. 发包人不按合同约定支付工程进度款，双方又未达成延期付款协议，导致施工无法进行，承包人可停止施工，由发包人承担违约责任。

第 14 条　工程完工后，双方应按照约定的合同价款及合同价款调整内容以及索赔事项，进行工程竣工结算。(一)工程竣工结算方式：工程竣工结算分为单位工程竣工结算、单项工程竣工结算和建设项目竣工总结算。(二)工程竣工结算编审：1. 单位工程竣工结算由承包人编制，发包人审查；实行总承包的工程，由具体承包人编制，在总包人审查的基础上，发包人审查。2. 单项工程竣工结算或建设项目竣工总结算由总(承)包人编制，发包人可直接进行审查，也可以委托具有相应资质的工程造价咨询机构进行审查。政府投资项目,由同级财政部门审查。单项工程竣工结算或建设项目竣工总结算经发、承包人签字盖章后有效。承包人应在合同约定期限内完成项目竣工结算编制工作,未在规定期限内完成的并且提不出正当理由延期的,责任自负。(三)工程竣工结算审查期限:单项工程竣工后,承包人应在提交竣工验收报告的同时,向发包人递交竣工结算报告及完整的结算资料,发包人应按以下规定时限进行核对(审查)并提出审查意见。工程竣工结算报告金额审查时间:1.500万元以下:从接到竣工结算报告和完整的竣工结算资料之日起20天;2.500万元~2000万元:从接到竣工结算报告和完整的竣工结算资料之日起30天;3.2000万元~5000万元:从接到竣工结算报告和完整的竣工结算资料之日起45天;4.5000万元以上:从接到竣工结算报告和完整的竣工结算资料之日起60天。建设项目竣工总结算在最后一个单项工程竣工结算审查确认后15天内汇总,送发包人后30天内审查完成。(四)工程竣工价款结算:发包人收到承包人递交的竣工结算报告及完整的结算资料后,应按本办法规定的期限(合同约定有期限的,从其约定)进行核实,给予确认或者提出修改意见。发包人根据确认的竣工结算报告向承包人支付工程竣工结算价款,保留5%左右的质量保证(保修)金,待工程交付使用一年质保期到期后清算(合同另有约定的,从其约定),质保期内如有返修,发生费用应在质量保证(保修)金内扣除。(五)索赔价款结算:发承包人未能按合同约定履行自己的各项义务或发生错误,给另一方造成经济损失的,由受损方按合同约定提出索赔,索赔金额按合同约定支付。(六)合同以外零星项目工程价款结算:发包人要求承包人完成合同以外零星项目,承包人应在接受发包人要求的7天内就用工数量和单价、机械台班数量和单价、使用材料和金额等向发包人提出施工签证,发包人签证后施工,如发包人未签证,承包人施工后发生争议的,责任由承包人自负。

第21条　工程竣工后,发、承包双方应及时办清工程竣工结算,否则,工程不得交付使用,有关部门不予办理权属登记。

《最高人民法院关于装修装饰工程款是否享有合同法第二百八十六条规定的优先受偿权的函复》(2004年12月8日初次实施)

……装修装饰工程属于建设工程,可以适用《中华人民共和国合同法》第二百八十六条关于优先受偿权的规定，但装修装饰工程的发包人不是该建筑的所有权人或者承包人与该建筑物的所有权人之间没有合同关系的除外。享有优先权的承包人只能在建筑物因装修装饰而增加价值的范围内优先受偿。

《建筑工程安全防护、文明施工措施费用及使用管理规定》(2005年9月1日初次实施)

第7条第1款、第2款　建设单位与施工单位应当在施工合同中明确安全防护、文明施工措施项目总费用，以及费用预付、支付计划，使用要求、调整方式等条款。建设单位与施工单位在施工合同中对安全防护、文明施工措施费用预付、支付计划未作约定或约定不明的，合同工期在一年以内的，建设单位预付安全防护、文明施工措施项目费用不得低于该费用总额的50%；合同工期在一年以上的(含一年)，预付安全防护、文明施工措施费用不得低于该费用总额的30%，其余费用应当按照施工进度支付。

第9条　建设单位应当按照本规定及合同约定及时向施工单位支付安全防护、文明施工措施费，并督促施工企业落实安全防护、文明施工措施。

《关于严禁政府投资项目使用带资承包方式进行建设的通知》(2006年1月4日初次实施)

第1条　政府投资项目一律不得以建筑业企业带资承包的方式进行建设，不得将建筑业企业带资承包作为招投标条件；严禁将此类内容写入工程承包合同及补充条款，同时要对政府投资项目实行告知性合同备案制度。政府投资项目是指使用各类政府投资资金，包括预算内资金、各类专项建设基金、国际金融组织和外国政府贷款的国家主权外债资金建设的项目。党政机关(包括党的机关、人大机关、行政机关、政协机关、审判机关、检察机关，以及工会、共青团、妇联等人民团体)及财政拨款的事业单位自筹资金建设的项目，视同政府投资项目适用本通知，采用BOT、BOOT、BOO方式建设的政府投资项目可不适用本通知。带资承包是指建设单位未全额支付工程预付款或未按工程进度按月支付工程款……

《最高人民法院关于人民法院在审理建设工程施工合同纠纷案件中如何认定财政评审中心出具的审核结论问题的答复》(2008年5月16日初次实施)

……财政部门对财政投资的评定审核是国家对建设单位基本建设资金的监

督管理,不影响建设单位与承建单位的合同效力及履行。但是,建设合同中明确约定以财政投资的审核结论作为结算依据的,审核结论应当作为结算的依据。

《建筑安装工程费用项目组成》(2013 年 7 月 1 日初次实施)

第 1 条 《费用组成》调整的主要内容:第 1 项,建筑安装工程费用项目按费用构成要素组成划分为人工费、材料费、施工机具使用费、企业管理费、利润、规费和税金(见附件 1)。第 2 项,为指导工程造价专业人员计算建筑安装工程造价,将建筑安装工程费用按工程造价形成顺序划分为分部分项工程费、措施项目费、其他项目费、规费和税金(见附件 2)。

《建筑工程施工发包与承包计价管理办法》(2014 年 2 月 1 日初次实施)

第 2 条第 3 款 本办法所称工程发承包计价包括编制工程量清单、最高投标限价、招标标底、投标报价,进行工程结算,以及签订和调整合同价款等活动。

第 6 条第 1 款、第 2 款 全部使用国有资金投资或者以国有资金投资为主的建筑工程(以下简称国有资金投资的建筑工程),应当采用工程量清单计价;非国有资金投资的建筑工程,鼓励采用工程量清单计价。国有资金投资的建筑工程招标的,应当设有最高投标限价;非国有资金投资的建筑工程招标的,可以设有最高投标限价或者招标标底。

第 12 条第 2 款 合同价款的有关事项由发承包双方约定,一般包括合同价款约定方式,预付工程款、工程进度款、工程竣工价款的支付和结算方式,以及合同价款的调整情形等。

第 13 条 发承包双方在确定合同价款时,应当考虑市场环境和生产要素价格变化对合同价款的影响。实行工程量清单计价的建筑工程,鼓励发承包双方采用单价方式确定合同价款。建设规模较小、技术难度较低、工期较短的建筑工程,发承包双方可以采用总价方式确定合同价款。紧急抢险、救灾以及施工技术特别复杂的建筑工程,发承包双方可以采用成本加酬金方式确定合同价款。

第 14 条 发承包双方应当在合同中约定,发生下列情形时合同价款的调整方法:(一)法律、法规、规章或者国家有关政策变化影响合同价款的;(二)工程造价管理机构发布价格调整信息的;(三)经批准变更设计的;(四)发包方更改经审定批准的施工组织设计造成费用增加的;(五)双方约定的其他因素。

第 15 条　发承包双方应当根据国务院住房城乡建设主管部门和省、自治区、直辖市人民政府住房城乡建设主管部门的规定，结合工程款、建设工期等情况在合同中约定预付工程款的具体事宜。预付工程款按照合同价款或者年度工程计划额度的一定比例确定和支付，并在工程进度款中予以抵扣。

第 17 条　发承包双方应当按照合同约定，定期或者按照工程进度分段进行工程款结算和支付。

第 18 条　工程完工后，应当按照下列规定进行竣工结算：（一）承包方应当在工程完工后的约定期限内提交竣工结算文件。（二）国有资金投资建筑工程的发包方，应当委托具有相应资质的工程造价咨询企业对竣工结算文件进行审核，并在收到竣工结算文件后的约定期限内向承包方提出由工程造价咨询企业出具的竣工结算文件审核意见；逾期未答复的，按照合同约定处理，合同没有约定的，竣工结算文件视为已被认可。非国有资金投资的建筑工程发包方，应当在收到竣工结算文件后的约定期限内予以答复，逾期未答复的，按照合同约定处理，合同没有约定的，竣工结算文件视为已被认可；发包方对竣工结算文件有异议的，应当在答复期内向承包方提出，并可以在提出异议之日起的约定期限内与承包方协商；发包方在协商期内未与承包方协商或者经协商未能与承包方达成协议的，应当委托工程造价咨询企业进行竣工结算审核，并在协商期满后的约定期限内向承包方提出由工程造价咨询企业出具的竣工结算文件审核意见。（三）承包方对发包方提出的工程造价咨询企业竣工结算审核意见有异议的，在接到该审核意见后一个月内，可以向有关工程造价管理机构或者有关行业组织申请调解，调解不成的，可以依法申请仲裁或者向人民法院提起诉讼。发承包双方在合同中对本条第（一）项、第（二）项的期限没有明确约定的，应当按照国家有关规定执行；国家没有规定的，可认为其约定期限均为 28 日。

《建设工程定额管理办法》（2015 年 12 月 25 日初次实施）

第 3 条　本办法所称定额是指在正常施工条件下完成规定计量单位的合格建筑安装工程所消耗的人工、材料、施工机具台班、工期天数及相关费率等的数量基准。定额是国有资金投资工程编制投资估算、设计概算和最高投标限价的依据，对其他工程仅供参考。

《国务院办公厅关于促进建筑业持续健康发展的意见》(2017 年 2 月 21 日初次实施)

第 5 条　优化建筑市场环境，第 10 项，规范工程价款结算。审计机关应依法加强对以政府投资为主的公共工程建设项目的审计监督，建设单位不得将未完成审计作为延期工程结算、拖欠工程款的理由。未完成竣工结算的项目，有关部门不予办理产权登记。对长期拖欠工程款的单位不得批准新项目开工。严格执行工程预付款制度，及时按合同约定足额向承包单位支付预付款。通过工程款支付担保等经济、法律手段约束建设单位履约行为，预防拖欠工程款。

《建设工程质量保证金管理办法》(2017 年 7 月 1 日初次实施)

第 11 条　发包人在接到承包人返还保证金申请后，应于 14 天内会同承包人按照合同约定的内容进行核实。如无异议，发包人应当按照约定将保证金返还给承包人。对返还期限没有约定或者约定不明确的，发包人应当在核实后 14 天内将保证金返还承包人，逾期未返还的，依法承担违约责任。发包人在接到承包人返还保证金申请后 14 天内不予答复，经催告后 14 天内仍不予答复，视同认可承包人的返还保证金申请。

《民法典》(2021 年 1 月 1 日初次实施)

第 793 条　建设工程施工合同无效，但是建设工程经验收合格的，可以参照合同关于工程价款的约定折价补偿承包人。建设工程施工合同无效，且建设工程经验收不合格的，按照以下情形处理：(一)修复后的建设工程经验收合格的，发包人可以请求承包人承担修复费用；(二)修复后的建设工程经验收不合格的，承包人无权请求参照合同关于工程价款的约定折价补偿。发包人对因建设工程不合格造成的损失有过错的，应当承担相应的责任。

第 807 条　发包人未按照约定支付价款的，承包人可以催告发包人在合理期限内支付价款。发包人逾期不支付的，除根据建设工程的性质不宜折价、拍卖外，承包人可以与发包人协议将该工程折价，也可以请求人民法院将该工程依法拍卖。建设工程的价款就该工程折价或者拍卖的价款优先受偿。

《最高人民法院关于审理建设工程施工合同纠纷案件适用法律问题的解释（一）》(2021年1月1日初次实施)

第19条　当事人对建设工程的计价标准或者计价方法有约定的，按照约定结算工程价款。因设计变更导致建设工程的工程量或者质量标准发生变化，当事人对该部分工程价款不能协商一致的，可以参照签订建设工程施工合同时当地建设行政主管部门发布的计价方法或者计价标准结算工程价款。建设工程施工合同有效，但建设工程经竣工验收不合格的，依照民法典第五百七十七条规定处理。

第21条　当事人约定，发包人收到竣工结算文件后，在约定期限内不予答复，视为认可竣工结算文件的，按照约定处理。承包人请求按照竣工结算文件结算工程价款的，人民法院应予支持。

第22条　当事人签订的建设工程施工合同与招标文件、投标文件、中标通知书载明的工程范围、建设工期、工程质量、工程价款不一致，一方当事人请求将招标文件、投标文件、中标通知书作为结算工程价款的依据的，人民法院应予支持。

第23条　发包人将依法不属于必须招标的建设工程进行招标后，与承包人另行订立的建设工程施工合同背离中标合同的实质性内容，当事人请求以中标合同作为结算建设工程价款依据的，人民法院应予支持，但发包人与承包人因客观情况发生了在招标投标时难以预见的变化而另行订立建设工程施工合同的除外。

第24条　当事人就同一建设工程订立的数份建设工程施工合同均无效，但建设工程质量合格，一方当事人请求参照实际履行的合同关于工程价款的约定折价补偿承包人的，人民法院应予支持。实际履行的合同难以确定，当事人请求参照最后签订的合同关于工程价款的约定折价补偿承包人的，人民法院应予支持。

案例适用

060　建设工程定额标准是强制性规范还是任意性规范

案件名称：湖北贝诺生态农业发展有限责任公司与湖北远大建设工

程有限公司宜昌分公司建设工程施工合同纠纷案

审理法院：湖北省宜昌市中级人民法院

案　　号：(2013)鄂宜昌中民二初字第00042号

裁判观点：《建筑工程施工发包与承包计价管理办法》第3条第1款规定："建设工程施工发包与承包价在政府宏观调控下，由市场竞争形成。"建设工程定额标准由各地建设主管部门综合本地建筑市场建安成本确定，是政府指导价，属于任意性规范，非强制性规范，国家允许合同当事人订立与定额标准不一致的工程结算价格。发包单位和承包单位如果在合同中约定了工程的计价方法，只要当事人没有违反法律法规的强制性规定，均应从其约定。

061　工程量清单计价方式中约定漏项、错误等，综合单价和工程量不再调整是否有效

案件名称：扬州鑫泰房屋开发有限公司(以下简称鑫泰开发公司)与扬州开发区建筑安装工程有限公司建设工程施工合同纠纷案

审理法院：江苏省高级人民法院

案　　号：(2016)苏民终1151号

二审裁判观点：鑫泰开发公司上诉认为根据合同第23.2条C款的约定，按照图纸和施工规范的要求，结合现场实际，发现清单项目中漏项、错误、特征及工作内容描述不准确等，在投标答疑时未提出要求补正，中标后不再调整其综合单价和工程量，该合同条款虽然与《建设工程工程量清单计价规范》的强制性条款相冲突，但计价规范并非国家法律、行政法规强制性规范，且本工程并非国有资金建设项目，因此，合同第23.2条C款仍然有效。根据该条款约定，以上增加、遗漏的工程量及清单描述不明确导致的差价不应计入工程价款。二审法院认为，根据《建筑法》第18条的规定，本案工程采用工程量清单计价方式通过招投标签订合同作为计算工程造价的依据，《建设工程工程量清单计价规范》系国家建设主管部门对工程量清单计价方式的规范文件，根据其中强制性条文

第3.1.2条的规定，采用工程量清单方式招标，工程量清单必须作为招标文件的组成部分，其准确性和完整性由招标人负责。本案建设工程施工合同第23.2条C款约定如工程量清单存在漏项、错误、特征及工作内容描述不准确则由××承担不利后果的约定与该强制性条款相冲突，故不应作为双方的结算依据，一审鉴定机构对上述因工程量清单漏项、错误及描述不准确引发的争议按照实际发生情况进行调整的处理方式符合工程量清单计价规范的强制性规定，一审法院对相关鉴定意见予以采信并无不当。

062　固定单价合同因设计变更导致工程量变化如何结算

案件名称：武汉中生建工集团有限公司阳新分公司（以下简称中生阳新分公司）、湖北雍和置业发展有限公司（以下简称雍和置业公司）建设工程合同纠纷案

审理法院：湖北省黄石市中级人民法院

案　　号：（2018）鄂02民终1032号

裁判观点：本案雍和置业公司与中生阳新分公司签订的《建设工程承包合同》约定的工程计价方式为固定单价，即本栋楼按图纸的总建筑面积（按国家规定计算总面积），并根据当地市场价每平方米造价为1220元。2001年建设部发布的《建筑工程施工发包与承包计价管理办法》第12条规定，"合同价可以采用以下方式：（一）固定价。合同总价或者单价在合同约定的风险范围内不可调整……"因此，发包单位与承包单位如果在承包合同中约定了工程的计价标准或计价方法，则从其约定。《最高人民法院关于审理建设工程施工合同纠纷案件适用法律问题的解释》（已失效）第16条第2款规定，"因设计变更导致建设工程的工程量或者质量标准发生变化，当事人对该部分工程价款不能协商一致的，可以参照签订建设工程施工合同时当地建设行政主管部门发布的计价方法或者计价标准结算工程款"。由于本案是因设计变更引起工程量减少，可以参照该规定通过工程造价鉴定来确定工程款，即工程造价鉴定机构通过对减少部分工程量的造价核定计算出工程款，然后在合同

约定的价款中减去减少的工程款,由此得出的价款额就是发包人应给付承包人的工程款,而不是对全部工程造价进行鉴定。

063　背离中标合同实质内容的其他协议能否作为结算依据

案件名称:南通海洲建设集团有限公司(以下简称海洲建设集团)与新疆克孜勒苏柯尔克孜自治州文化体育广播影视局(以下简称克州广电局)建设工程施工合同纠纷案

终审法院:新疆维吾尔自治区高级人民法院

案　　号:(2016)新民终538号

一审裁判观点:海洲建设集团与克州广电局在"四馆一中心"建筑工程项目签订《建筑工程施工合同》短短20日后,即于2013年6月21日又签订《补充协议》,约定"招标文件及投标文件中一切包含本工程价款的内容,均不作为结算依据"。将中标合同签订的工程造价由61,200,461元增至1.1亿元,并重新约定了付款方式和违约责任。该补充协议内容违反了《招标投标法》第46条第1款"招标人和中标人应当自中标通知书发出之日起三十日内,按照招标文件和中标人的投标文件订立书面合同。招标人和中标人不得再行订立背离合同实质性内容的其他协议"和《招标投标法实施条例》第57条第1款"招标人和中标人应当依照招标投标法和本条例的规定签订书面合同,合同的标的、价款、质量、履行期限等主要条款应当与招标文件和中标人的投标文件的内容一致。招标人和中标人不得再行订立背离合同实质性内容的其他协议"的规定。克州广电局抗辩主张《补充协议》无效,于法有据,予以支持。

二审裁判观点:通过招投标,上诉人海洲建设集团中标了被上诉人克州广电局的"四馆一中心"建筑工程项目,双方签订了《建设工程施工合同》,合同约定的标的、价款等主要条款与招投标文件的内容一致。该合同签订之后,上诉人与被上诉人又签订了《补充协议》,明确约定了招投标文件中一切包含工程价款的内容,均不作为结算依据,并对《建设工程施工合同》中的工程造价、付款方式和违约责任进行了重新约定。

《补充协议》的内容明显背离了中标后双方签订《建设工程施工合同》的实质性内容，违反了《招标投标法》第46条的规定，原审法院认定《补充协议》无效于法有据，二审法院予以维持。

064 招标工程约定结算后总价款下浮是否受法律保护

案件名称：信阳金博建设有限公司与信阳盛祥晟实业有限公司（以下简称盛祥晟公司）建设工程施工合同纠纷案

审理法院：河南省信阳市中级人民法院

案　　号：（2016）豫15民终2566号

裁判观点：关于工程款是否应当按决算后总价款下浮5%的问题，双方签订的《建设工程施工合同》虽有该项约定，但《招标投标法》第46条第1款规定：……按照招标文件和中标人的投标文件订立书面合同，招标人和中标人不得再行订立背离合同实质性内容的其他协议。《最高人民法院关于审理建设工程施工合同纠纷案件适用法律问题的解释》（已失效）第21条规定："当事人就同一建设工程另行订立的建设工程施工合同与经过备案的中标合同实质性内容不一致的，应当以备案的中标合同作为结算工程价款的依据。"因本案工程系通过招投标取得的，依据上述法律规定，双方签订的《建设工程施工合同》约定的工程款按决算后总价款下浮5%违反法律规定，同时法律规定代征代缴税费、国家规定建筑工程造价按地区的定额和市场信息计算的工程款、非竞争费用（安全文明施工费、文明补贴费用、农民工工资）等不允许下浮。综合以上分析，盛祥晟公司认为本案所涉工程的决算价款应下浮5%的上诉理由于法相悖，依据不足。

065 招标发包中让利条款能否作为结算依据

案件名称：临沂市正泰建筑工程有限公司与山东宏宸房地产开发有限公司（以下简称宏宸公司）建设工程施工合同纠纷案

终审法院：山东省高级人民法院

案　　号：（2016）鲁民终2140号

一审裁判观点：关于补充协议中让利承诺的约定，因违反了《招标投标法》的禁止性规定,不能作为结算工程价款的依据。宏宸公司主张应按照补充协议中关于造价让利的约定计算工程款的抗辩理由,无法律依据,不予支持。

二审裁判观点:虽然双方在两份补充协议中约定工程结算总造价让利6%,但投标文件及中标通知书中均没有关于让利的约定,补充协议中的让利条款实际上改变了中标文件对工程价款的约定,构成了对中标文件内容实质性改变,违反了《建筑法》第18条以及《招标投标法》第46条关于"招标人和中标人不得再行订立背离合同实质性内容的其他协议"的规定,应属无效。一审没有适用让利条款,适用法律正确。

066 审计结果是否影响双方结算的效力

案件名称:江夏水电工程公司与中恒建设集团有限公司(以下简称中恒公司)建设工程施工合同纠纷案

审理法院:江西省南昌市中级人民法院

案　　号:(2019)赣01民终225号

一审裁判观点:《建筑法》第18条规定:……根据审计法的规定,国家审计机关对工程建设单位进行审计是一种行政监督行为,中央军委审计署杭州审计中心对该工程进行审计亦是一种内部监督行为。本案中武警水电二总队与中恒公司之间关于工程款的结算,属于平等民事主体之间的民事法律关系,审计人与被审计人之间因中央军委审计发生的法律关系与本案当事人之间的民事法律关系性质不同,即无论案涉工程是否须经中央军委审计部门审计,均不能认为中央军委审计部门的审计结论,可以成为确定本案当事人之间结算的当然依据。本案当事人之间应以双方的约定为结算依据。

二审裁判观点:中央军委审计署杭州审计中心作出的工程造价核查结果认定表是一种内部监督行为,是军队审计机构履行审计监督职能,因军队审计发生的法律关系与本案当事人之间的民事法律关系性质不同,在双方达成结算并已履行完毕的情况下,该审计结果不影响双方结算的效力。

第二节 发　包

第十九条 【招标发包】建筑工程依法实行招标发包，对不适于招标发包的可以直接发包。

条文理解

本条是关于招标发包的规定，依据《招标投标法》第3条的规定，下列工程建设项目包括项目的勘察、设计、施工、监理以及与工程建设有关的重要设备、材料等的采购，必须进行招标：(1)大型基础设施、公用事业等关系社会公共利益、公众安全的项目；(2)全部或者部分使用国有资金投资或者国家融资的项目；(3)使用国际组织或者外国政府贷款、援助资金的项目。依据《必须招标的工程项目规定》第5条的规定，勘察、设计、施工、监理以及与工程建设有关的重要设备、材料等的采购达到下列标准之一的，必须招标：(1)施工单项合同估算价在400万元人民币以上；(2)重要设备、材料等货物的采购，单项合同估算价在200万元人民币以上；(3)勘察、设计、监理等服务的采购，单项合同估算价在100万元人民币以上。同一项目中可以合并进行的勘察、设计、施工、监理以及与工程建设有关的重要设备、材料等的采购，合同估算价合计达到前款规定标准的，必须招标。

招标包括公开招标和邀请招标，公开招标是指招标人以招标公告的方式邀请不特定单位投标，邀请招标是指招标人以投标邀请书的方式邀请特定的单位投标。依据《招标投标法实施条例》第8条第1款的规定，国有资金占控股或者主导地位的依法必须进行招标的项目，应当公开招标；但有下列情形之一的，可以邀请招标：(1)技术复杂、有特殊要求或者受自然环境限制，只有少量潜在投标人可供选择；(2)采用公开招标方式的费用占项目合同金额的比例过大,即在技术、要求、费用或投标人数量方面特殊的情况下,必须实行公开招标发包的工程项目可以采用邀请招标的方式。

依据《招标投标法实施条例》第 9 条、《工程建设项目申报材料增加招标内容和核准招标事项暂行规定》第 5 条的规定,属于下列情形之一的,可以不进行招标,即可以直接发包:(1) 涉及国家安全、国家秘密、抢险救灾或者属于利用扶贫资金实行以工代赈、需要使用农民工等特殊情况,不适宜进行招标;(2) 建设项目的勘察、设计,采用不可替代的专利或专有技术,或者其建筑艺术造型有特殊要求。(3) 承包商、供应商或者服务提供者少于三家,不能形成有效竞争。(4) 采购人依法能够自行建设、生产或者提供。(5) 已通过招标方式选定的特许经营项目投资人依法能够自行建设、生产或者提供。(6) 需要向原中标人采购工程、货物或者服务,否则将影响施工或者配套要求。(7) 国家规定的其他特殊情形。

规定集成

《工程建设项目实施阶段程序管理暂行规定》(1995 年 7 月 29 日初次实施)

第 7 条　工程建设项目施工,除某些不适宜招标的特殊工程建设项目外,均须实行招标投标。施工招标可采取公开招标、邀请招标、议标的方式。工程建设项目的施工招标投标,按建设部第 23 号令《工程建设施工招标投标管理办法》的规定执行。

《国家重点建设项目管理办法》(1996 年 6 月 14 日初次实施,2011 年 1 月 8 日修订)

第 2 条　本办法所称国家重点建设项目,是指从下列国家大中型基本建设项目中确定的对国民经济和社会发展有重大影响的骨干项目:(一) 基础设施、基础产业和支柱产业中的大型项目;(二) 高科技并能带动行业技术进步的项目;(三) 跨地区并对全国经济发展或者区域经济发展有重大影响的项目;(四) 对社会发展有重大影响的项目;(五)其他骨干项目。

第13条第1款　国家重点建设项目主体工程的设计、施工、监理、设备采购,由建设项目法人依法公开进行招标,择优选定中标单位;但是,按照规定经批准可以议标、邀请招标的除外。

《招标投标法》(2000年1月1日初次实施,2017年12月27日修正)

第3条　在中华人民共和国境内进行下列工程建设项目包括项目的勘察、设计、施工、监理以及与工程建设有关的重要设备、材料等的采购,必须进行招标:(一)大型基础设施、公用事业等关系社会公共利益、公众安全的项目;(二)全部或者部分使用国有资金投资或者国家融资的项目;(三)使用国际组织或者外国政府贷款、援助资金的项目。前款所列项目的具体范围和规模标准,由国务院发展计划部门会同国务院有关部门制订,报国务院批准。法律或者国务院对必须进行招标的其他项目的范围有规定的,依照其规定。

第10条　招标分为公开招标和邀请招标。公开招标,是指招标人以招标公告的方式邀请不特定的法人或者其他组织投标。邀请招标,是指招标人以投标邀请书的方式邀请特定的法人或者其他组织投标。

第66条　涉及国家安全、国家秘密、抢险救灾或者属于利用扶贫资金实行以工代赈、需要使用农民工等特殊情况,不适宜进行招标的项目,按照国家有关规定可以不进行招标。

《建设工程勘察设计管理条例》(2000年9月25日初次实施,2017年10月7日修订)

第16条　下列建设工程的勘察、设计,经有关主管部门批准,可以直接发包:(一)采用特定的专利或者专有技术的;(二)建筑艺术造型有特殊要求的;(三)国务院规定的其他建设工程的勘察、设计。

《房屋建筑和市政基础设施工程施工招标投标管理办法》(2001年6月1日初次实施,2019年3月13日修正)

第8条　工程施工招标分为公开招标和邀请招标。依法必须进行施工招标的工程,全部使用国有资金投资或者国有资金投资占控股或者主导地位的,应当公开招标,但经国家计委或者省、自治区、直辖市人民政府依法批准可以进行邀请招标的重点建设项目除外;其他工程可以实行邀请招标。

第9条 工程有下列情形之一的,经县级以上地方人民政府建设行政主管部门批准,可以不进行施工招标:(一)停建或者缓建后恢复建设的单位工程,且承包人未发生变更的;(二)施工企业自建自用的工程,且该施工企业资质等级符合工程要求的;(三)在建工程追加的附属小型工程或者主体加层工程,且承包人未发生变更的;(四)法律、法规、规章规定的其他情形。

《工程建设项目申报材料增加招标内容和核准招标事项暂行规定》(2001年6月18日初次实施)

第5条 属于下列情况之一的,建设项目可以不进行招标。但在报送可行性研究报告或者资金申请报告、项目申请报告中须提出不招标申请,并说明不招标原因:(一)涉及国家安全、国家秘密、抢险救灾或者属于利用扶贫资金实行以工代赈、需要使用农民工等特殊情况,不适宜进行招标;(二)建设项目的勘察、设计,采用不可替代的专利或者专有技术,或者其建筑艺术造型有特殊要求。(三)承包商、供应商或者服务提供者少于三家,不能形成有效竞争。(四)采购人依法能够自行建设、生产或者提供。(五)已通过招标方式选定的特许经营项目投资人依法能够自行建设、生产或者提供。(六)需要向原中标人采购工程、货物或者服务,否则将影响施工或者配套要求。(七)国家规定的其他特殊情形。

《工程建设项目勘察设计招标投标办法》(2003年8月1日初次实施,2013年3月11日修正)

第4条 按照国家规定需要履行项目审批、核准手续的依法必须进行招标的项目,有下列情形之一的,经项目审批、核准部门审批、核准,项目的勘察设计可以不进行招标:(一)涉及国家安全、国家秘密、抢险救灾或者属于利用扶贫资金实行以工代赈、需要使用农民工等特殊情况,不适宜进行招标;(二)主要工艺、技术采用不可替代的专利或者专有技术,或者其建筑艺术造型有特殊要求;(三)采购人依法能够自行勘察、设计;(四)已通过招标方式选定的特许经营项目投资人依法能够自行勘察、设计;(五)技术复杂或专业性强,能够满足条件的勘察设计单位少于三家,不能形成有效竞争;(六)已建成项目需要改、扩建或者技术改造,由其他单位进行设计影响项目功能配套性;(七)国家规定其他特殊情形。

第 10 条　工程建设项目勘察设计招标分为公开招标和邀请招标。国有资金投资占控股或者主导地位的工程建设项目，以及国务院发展和改革部门确定的国家重点项目和省、自治区、直辖市人民政府确定的地方重点项目，除符合本办法第十一条规定条件并依法获得批准外，应当公开招标。

第 11 条　依法必须进行公开招标的项目，在下列情况下可以进行邀请招标：（一）技术复杂、有特殊要求或者受自然环境限制，只有少量潜在投标人可供选择；（二）采用公开招标方式的费用占项目合同金额的比例过大。有前款第二项所列情形，属于按照国家有关规定需要履行项目审批、核准手续的项目，由项目审批、核准部门在审批、核准项目时作出认定；其他项目由招标人申请有关行政监督部门作出认定。招标人采用邀请招标方式的，应保证有三个以上具备承担招标项目勘察设计的能力，并具有相应资质的特定法人或者其他组织参加投标。

《工程建设项目货物招标投标办法》(2005 年 3 月 1 日初次实施，2013 年 3 月 11 日修正)

第 10 条　货物招标分为公开招标和邀请招标。

第 11 条　依法应当公开招标的项目，有下列情形之一的，可以邀请招标：（一）技术复杂、有特殊要求或者受自然环境限制，只有少量潜在投标人可供选择；（二）采用公开招标方式的费用占项目合同金额的比例过大；（三）涉及国家安全、国家秘密或者抢险救灾，适宜招标但不宜公开招标。有前款第二项所列情形，属于按照国家有关规定需要履行项目审批、核准手续的依法必须进行招标的项目，由项目审批、核准部门认定；其他项目由招标人申请有关行政监督部门作出认定。

《关于严禁政府投资项目使用带资承包方式进行建设的通知》(2006 年 1 月 4 日初次实施)

第 1 条第 2 款　政府投资项目是指使用各类政府投资资金，包括预算内资金、各类专项建设基金、国际金融组织和外国政府贷款的国家主权外债资金建设的项目。党政机关（包括党的机关、人大机关、行政机关、政协机关、审判机关、检察机关,以及工会、共青团、妇联等人民团体)及财政拨款的事业单位自筹资金建设的项目,视同政府投资项目适用本通知,采用 BOT、BOOT、BOO 方式建设的政府投资项目可不适用本通知。

《建筑工程方案设计招标投标管理办法》(2008 年 5 月 1 日初次实施)

第 4 条　按照国家规定需要政府审批的建筑工程项目,有下列情形之一的,经有关部门批准,可以不进行招标:(一)涉及国家安全、国家秘密的;(二)涉及抢险救灾的;(三)主要工艺、技术采用特定专利、专有技术,或者建筑艺术造型有特殊要求的;(四)技术复杂或专业性强,能够满足条件的设计机构少于三家,不能形成有效竞争的;(五)项目的改、扩建或者技术改造,由其他设计机构设计影响项目功能配套性的;(六)法律、法规规定可以不进行设计招标的其他情形。

第 9 条　建筑工程方案设计招标方式分为公开招标和邀请招标。全部使用国有资金投资或者国有资金投资占控股或者主导地位的建筑工程项目,以及国务院发展和改革部门确定的国家重点项目和省、自治区、直辖市人民政府确定的地方重点项目,除符合本办法第四条及第十条规定条件并依法获得批准外,应当公开招标。

第 10 条　依法必须进行公开招标的建筑工程项目,在下列情形下可以进行邀请招标:(一)项目的技术性、专业性强,或者环境资源条件特殊,符合条件的潜在投标人数量有限的;(二)如采用公开招标,所需费用占建筑工程项目总投资额比例过大的;(三)受自然因素限制,如采用公开招标,影响建筑工程项目实施时机的;(四)法律、法规规定不宜公开招标的。招标人采用邀请招标的方式,应保证有三个以上具备承担招标项目设计能力,并具有相应资质的机构参加投标。

《招标投标法实施条例》(2012 年 2 月 1 日初次实施,2019 年 3 月 2 日修订)

第 8 条第 1 款　国有资金占控股或者主导地位的依法必须进行招标的项目,应当公开招标;但有下列情形之一的,可以邀请招标:(一)技术复杂、有特殊要求或者受自然环境限制,只有少量潜在投标人可供选择;(二)采用公开招标方式的费用占项目合同金额的比例过大。

第 9 条　除招标投标法第六十六条规定的可以不进行招标的特殊情况外,有下列情形之一的,可以不进行招标:(一)需要采用不可替代的专利或者专有技术；（二）采购人依法能够自行建设、生产或者提供；（三）已通过招标方式选定的特许经营项目投资人依法能够自行建设、生产或者提供；（四）需要向原中标人采购工程、货物或者服务，否则将影响施工或者功能配套要求；（五）国家规定的其他特殊情形。招标人为适用前款规定弄虚作假的，属于招标投标法第四条规定的规避招标。

《工程建设项目施工招标投标办法》（2013 年 5 月 1 日初次实施，2013 年 3 月 11 日修正）

第 9 条　工程施工招标分为公开招标和邀请招标。

第 11 条　依法必须进行公开招标的项目，有下列情形之一的，可以邀请招标：（一）项目技术复杂或有特殊要求，或者受自然地域环境限制，只有少量潜在投标人可供选择；（二）涉及国家安全、国家秘密或者抢险救灾，适宜招标但不宜公开招标；（三）采用公开招标方式的费用占项目合同金额的比例过大。有前款第二项所列情形，属于本办法第十条规定的项目，由项目审批、核准部门在审批、核准项目时作出认定；其他项目由招标人申请有关行政监督部门作出认定。全部使用国有资金投资或者国有资金投资占控股或者主导地位的并需要审批的工程建设项目的邀请招标，应当经项目审批部门批准，但项目审批部门只审批立项的，由有关行政监督部门批准。

第 12 条　依法必须进行施工招标的工程建设项目有下列情形之一的，可以不进行施工招标：（一）涉及国家安全、国家秘密、抢险救灾或者属于利用扶贫资金实行以工代赈需要使用农民工等特殊情况，不适宜进行招标；（二）施工主要技术采用不可替代的专利或者专有技术；（三）已通过招标方式选定的特许经营项目投资人依法能够自行建设；（四）采购人依法能够自行建设；（五）在建工程追加的附属小型工程或者主体加层工程，原中标人仍具备承包能力，并且其他人承担将影响施工或者功能配套要求；（六）国家规定的其他情形。

《国务院办公厅关于促进建筑业持续健康发展的意见》（2017 年 2 月 21 日初次实施）

第 2 条　深化建筑业简政放权改革，第 2 项，完善招标投标制度，加快修订《工程建设项目招标范围和规模标准规定》，缩小并严格界定必须进行招标的工程建设项目范围，放宽有关规模标准，防止工程建设项目实行招标“一刀切”。在民间投资的房屋建筑工程中，探索由建设单位自主决定发包方式。将依法必须招标的工程建设项目纳入统一的公共资源交易平台，遵循公平、公正、公开和诚信的原则，规范招标投标行为。进一步简化招标投标程序，尽快实现招标投标交易全过程电子化，推行网上异地评标。对依法通过竞争性谈判或单一来源方式确定供应商的政府采购工程建设项目，符合相应条件的应当颁发施工许可证。

《建筑工程设计招标投标管理办法》(2017年5月1日初次实施)

第4条　建筑工程设计招标范围和规模标准按照国家有关规定执行，有下列情形之一的，可以不进行招标：(一)采用不可替代的专利或者专有技术的；(二)对建筑艺术造型有特殊要求，并经有关主管部门批准的；(三)建设单位依法能够自行设计的；(四)建筑工程项目的改建、扩建或者技术改造，需要由原设计单位设计，否则将影响功能配套要求的；(五)国家规定的其他特殊情形。

第5条　建筑工程设计招标应当依法进行公开招标或者邀请招标。

第6条　建筑工程设计招标可以采用设计方案招标或者设计团队招标，招标人可以根据项目特点和实际需要选择。设计方案招标，是指主要通过对投标人提交的设计方案进行评审确定中标人。设计团队招标，是指主要通过对投标人拟派设计团队的综合能力进行评审确定中标人。

《必须招标的工程项目规定》(2018年6月1日初次实施)

第2条　全部或者部分使用国有资金投资或者国家融资的项目包括：(一)使用预算资金200万元人民币以上，并且该资金占投资额10%以上的项目；(二)使用国有企业事业单位资金，并且该资金占控股或者主导地位的项目。

第3条　使用国际组织或者外国政府贷款、援助资金的项目包括：(一)使用世界银行、亚洲开发银行等国际组织贷款、援助资金的项目；(二)使用外国政府及其机构贷款、援助资金的项目。

第4条　不属于本规定第二条、第三条规定情形的大型基础设施、公用事业等关系社会公共利益、公众安全的项目，必须招标的具体范围由国务院发展改革部门会同国务院有关部门按照确有必要、严格限定的原则制订，报国务院批准。

第5条　本规定第二条至第四条规定范围内的项目，其勘察、设计、施工、监理以及与工程建设有关的重要设备、材料等的采购达到下列标准之一的，必须招标：（一）施工单项合同估算价在400万元人民币以上；（二）重要设备、材料等货物的采购，单项合同估算价在200万元人民币以上；（三）勘察、设计、监理等服务的采购，单项合同估算价在100万元人民币以上。同一项目中可以合并进行的勘察、设计、施工、监理以及与工程建设有关的重要设备、材料等的采购，合同估算价合计达到前款规定标准的，必须招标。

案例适用

067 商品住宅工程何种规模必须进行招标发包

案件名称：四川宁泰建筑有限公司（以下简称宁泰公司）与四川省金佛房地产开发有限公司（以下简称金佛公司）建设工程施工合同纠纷案

审理法院：四川省高级人民法院

案　　号：（2009）川民终字第597号

裁判观点：根据《招标投标法》第3条第1款“在中华人民共和国境内进行下列工程建设项目，包括项目的勘察、设计、施工、监理以及与工程建设有关的重要设备、材料等的采购，必须进行招标：（一）大型基础设施、公用事业等关系社会公共利益、公众安全的项目……”、第2款“前款所列项目的具体范围和规模标准，由国务院发展计划部门会同国务院有关部门制订，报国务院批准”的规定，《国家发展计划委员会工程建设项目招标范围和规模标准规定》第3条“关系社会公共利益、公众安全的公用事业项目的范围包括：……（五）商品住宅，包括经济适用住房……”、第7条“本规定第二条至第六条规定范围内的各类工程建设项目，包括项目的勘察、设计、施工、监理以及工程建设有关的重要设备、材料等的采购，达到下列标准之一的，必须进行招标：（一）施工单项合同估算价在200万元人民币以上的……”的规定，双方当事人于2002年11月30日签订《建设工程施工合同》，约定由宁泰公司承建金佛公司开发的金佛花园第5号，平昌县建设局于2003年4月23日核发的5号楼建筑工程施工许可证载明的合同价格为180万元，且建设行政主管部门至今并未认定该项目系应当招标而未招标的项目，故宁泰公司以5号楼的建筑施工许可证载明的合同价格、工程结算造价超过200万元为由，认为涉案工程系应当招标而未招标的理由不能成立。

068 应招标发包而未招标发包的施工合同效力如何

案件名称：龙井百万吨电缆制造有限公司（以下简称百万吨电缆公司）与延吉市万源房地产开发有限公司（以下简称万源公司）建设工程施工合同纠纷案

审理法院：吉林省延边朝鲜族自治州中级人民法院

案　　号：（2018）吉24民初71号

裁判观点：《招标投标法》第3条第3款规定，法律或者国务院对必须进行招标的其他项目的范围有规定的，依照其规定。《工程建设项目招标范围和规模标准》（已失效）第3条规定："关系社会公共利益、公众安全的公用事业项目的范围包括：（一）供水、供电、供气、供热等市政工程项目；（二）科技、教育、文化等项目；（三）体育、旅游等项目；（四）卫生、社会福利等项目；（五）商品住宅，包括经济适用住房；（六）其他公用事业项目。"第7条规定："本规定第二条至第六条规定范围内的各类工程建设项目，包括项目的勘察、设计、施工、监理以及与工程建设有关的重要设备、材料等的采购，达到下列标准之一的，必须进行招标：（一）施工单项合同估算价在200万元人民币以上的；（二）重要设备、材料等货物的采购，单项合同估算价在100万元人民币以上的；（三）勘察、设计、监理等服务的采购，单项合同估算价在50万元人民币以上的；（四）单项合同估算价低于第（一）、（二）、（三）项规定的标准，但项目总投资额在3000万元人民币以上的。"涉案工程合同估算金额已超过1000万元，按照上述法律、行政法规的规定，属于必须招投标的范围。未经招投标的合同无效，故百万吨电缆公司与万源公司签订的《建设工程施工合同》

无效。

第二十条 【招标程序】建筑工程实行公开招标的，发包单位应当依照法定程序和方式，发布招标公告，提供载有招标工程的主要技术要求、主要的合同条款、评标的标准和方法以及开标、评标、定标的程序等内容的招标文件。

开标应当在招标文件规定的时间、地点公开进行。开标后应当按照招标文件规定的评标标准和程序对标书进行评价、比较，在具备相应资质条件的投标者中，择优选定中标者。

条文理解

本条是关于招标程序的规定，第 1 款是关于招标公告的发布和招标文件的内容等方面的规定，第 2 款是关于开标的时间和地点及评标要求等方面的规定。依据《招标公告发布暂行办法》第 4 条和第 6 条的规定，建筑工程实行公开招标的，招标公告必须在指定媒介发布，应当载明招标人的名称和地址、招标项目的性质、数量、实施地点和时间、投标截止日期以及获取招标文件的办法等事项。招标人或其委托的招标代理机构应当保证招标公告内容的真实、准确和完整。任何单位和个人不得非法限制招标公告的发布地点和发布范围。

依据《招标投标法》第 19 条的规定，招标人应当根据招标项目的特点和需要编制招标文件。招标文件应当包括招标项目的技术要求、对投标人资格审查的标准、投标报价要求和评标标准等所有实质性要求和条件以及拟签订合同的主要条款。国家对招标项目的技术、标准有规定的，招标人应当按照其规定在招标文件中提出相应要求。招标项目需要划分标段、确定工期的，招标人应当合理划分标段、确定工期，并在招标文件中载明。依据《招标投标法实施条例》第 15 条的规定，招标人采用资格预审办法对潜在投标人进行资格审查的,应当发布资格预审公告、编制资格预审文件。

依据《招标投标法》第34条的规定,开标应当在招标文件确定的提交投标文件截止时间的同一时间公开进行,开标地点应当为招标文件中预先确定的地点。依据《招标投标法实施条例》第49条的规定,评标委员会应当按照招标文件规定的评标标准和方法,客观、公正地对投标文件提出评审意见,招标文件没有规定的评标标准和方法不得作为评标的依据。依据《评标委员会和评标方法暂行规定》第29条和第46条的规定,评标方法包括经评审的最低投标价法、综合评估法或者法律、行政法规允许的其他评标方法。中标人的投标应当符合下列条件之一:(1)能够最大限度满足招标文件中规定的各项综合评价标准;(2)能够满足招标文件的实质性要求,并且经评审的投标价格最低;但是投标价格低于成本的除外。

实务中,常见招投标双方经过招投标流程后,私下签订与招标文件实质内容不一致的补充协议,后引发争议。按照《最高人民法院关于审理建设工程施工合同纠纷案件适用法律问题的解释(一)》第2条等相关规定,招标人和中标人另行签订的建设工程施工合同约定的工程范围、建设工期、工程质量、工程价款等实质性内容,与中标合同不一致,一方当事人请求按照中标合同确定权利义务的,人民法院应予支持。

规定集成

《招标投标法》(2000年1月1日初次实施,2017年12月27日修正)

第16条　招标人采用公开招标方式的,应当发布招标公告。依法必须进行招标的项目的招标公告,应当通过国家指定的报刊、信息网络或者其他媒介发布。招标公告应当载明招标人的名称和地址、招标项目的性质、数量、实施地点和时间以及获取招标文件的办法等事项。

第19条　招标人应当根据招标项目的特点和需要编制招标文件。招标文件应当包括招标项目的技术要求、对投标人资格审查的标准、投标报价要求和评标标准等所有实质性要求和条件以及拟签订合同的主要条款。国家对招标项目的技术、标准有规定的,招标人应当按照其规定在招标文件中提出相应要求。招标项目需要划分标段、确定工期的,招标人应当合理划分标段、确定工期,并在招标文件中载明。

第 34 条　开标应当在招标文件确定的提交投标文件截止时间的同一时间公开进行;开标地点应当为招标文件中预先确定的地点。

第 40 条　评标委员会应当按照招标文件确定的评标标准和方法,对投标文件进行评审和比较;设有标底的,应当参考标底。评标委员会完成评标后,应当向招标人提出书面评标报告,并推荐合格的中标候选人。招标人根据评标委员会提出的书面评标报告和推荐的中标候选人确定中标人。招标人也可以授权评标委员会直接确定中标人。国务院对特定招标项目的评标有特别规定的,从其规定。

第 41 条　中标人的投标应当符合下列条件之一:(一)能够最大限度地满足招标文件中规定的各项综合评价标准;(二)能够满足招标文件的实质性要求,并且经评审的投标价格最低;但是投标价格低于成本的除外。

《建设工程勘察设计管理条例》(2000 年 9 月 25 日初次实施,2017 年 10 月 7 日修订)

第 14 条　建设工程勘察、设计方案评标,应当以投标人的业绩、信誉和勘察、设计人员的能力以及勘察、设计方案的优劣为依据,进行综合评定。

第 15 条　建设工程勘察、设计的招标人应当在评标委员会推荐的候选方案中确定中标方案。但是,建设工程勘察、设计的招标人认为评标委员会推荐的候选方案不能最大限度满足招标文件规定的要求的,应当依法重新招标。

《房屋建筑和市政基础设施工程施工招标投标管理办法》(2001 年 6 月 1 日初次实施,2019 年 3 月 13 日修正)

第 13 条　依法必须进行施工公开招标的工程项目,应当在国家或者地方指定的报刊、信息网络或者其他媒介上发布招标公告,并同时在中国工程建设和建筑业信息网上发布招标公告。招标公告应当载明招标人的名称和地址,招标工程的性质、规模、地点以及获取招标文件的办法等事项。

第 15 条第 2 款　资格预审文件一般应当包括资格预审申请书格式、申请人须知,以及需要投标申请人提供的企业资质、业绩、技术装备、财务状况和拟派出的项目经理与主要技术人员的简历、业绩等证明材料。

第 17 条　招标人应当根据招标工程的特点和需要,自行或者委托工程招标代理机构编制招标文件。招标文件应当包括下列内容:(一)投标须知,包括工程概况,招标范围,资格审查条件,工程资金来源或者落实情况,标段划分,工期要求,质量标准,现场踏勘和答疑安排,投标文件编制、提交、修改、撤回的要求,投标报价要求,投标有效期,开标的时间和地点,评标的方法和标准等;(二)招标工程的技术要求和设计文件;(三)采用工程量清单招标的,应当提供工程量清单;(四)投标函的格式及附录;(五)拟签订合同的主要条款;(六)要求投标人提交的其他材料。

第 32 条　开标应当在招标文件确定的提交投标文件截止时间的同一时间公开进行;开标地点应当为招标文件中预先确定的地点。

第 34 条　在开标时,投标文件出现下列情形之一的,应当作为无效投标文件,不得进入评标:(一)投标文件未按照招标文件的要求予以密封的;(二)投标文件中的投标函未加盖投标人的企业及企业法定代表人印章的,或者企业法定代表人委托代理人没有合法、有效的委托书(原件)及委托代理人印章的;(三)投标文件的关键内容字迹模糊、无法辨认的;(四)投标人未按照招标文件的要求提供投标保函或者投标保证金的;(五)组成联合体投标的,投标文件未附联合体各方共同投标协议的。

第 37 条　评标委员会应当按照招标文件确定的评标标准和方法,对投标文件进行评审和比较,并对评标结果签字确认;设有标底的,应当参考标底。

第 40 条　评标可以采用综合评估法、经评审的最低投标标价法或者法律法规允许的其他评标方法。采用综合评估法的,应当对投标文件提出的工程质量、施工工期、投标价格、施工组织设计或者施工方案、投标人及项目经理业绩等,能否最大限度地满足招标文件中规定的各项要求和评价标准进行评审和比较。以评分方式进行评估的,对于各种评比奖项不得额外计分。采用经评审的最低投标价法的,应当在投标文件能够满足招标文件实质性要求的投标人中,评审出投标价格最低的投标人,但投标价格低于其企业成本的除外。

《评标委员会和评标方法暂行规定》(2001 年 7 月 5 日初次实施,2013 年 3 月 11 日修正)

第 15 条 评标委员会成员应当编制供评标使用的相应表格,认真研究招标文件,至少应了解和熟悉以下内容:(一)招标的目标;(二)招标项目的范围和性质;(三)招标文件中规定的主要技术要求、标准和商务条款;(四)招标文件规定的评标标准、评标方法和在评标过程中考虑的相关因素。

第 17 条 评标委员会应当根据招标文件规定的评标标准和方法,对投标文件进行系统地评审和比较。招标文件中没有规定的标准和方法不得作为评标的依据。招标文件中规定的评标标准和评标方法应当合理,不得含有倾向或者排斥潜在投标人的内容,不得妨碍或者限制投标人之间的竞争。

第 21 条 在评标过程中,评标委员会发现投标人的报价明显低于其他投标报价或者在设有标底时明显低于标底,使得其投标报价可能低于其个别成本的,应当要求该投标人作出书面说明并提供相关证明材料。投标人不能合理说明或者不能提供相关证明材料的,由评标委员会认定该投标人以低于成本报价竞标,应当否决其投标。

第 28 条 经初步评审合格的投标文件,评标委员会应当根据招标文件确定的评标标准和方法,对其技术部分和商务部分作进一步评审、比较。

第 29 条 评标方法包括经评审的最低投标价法、综合评估法或者法律、行政法规允许的其他评标方法。

第 46 条 中标人的投标应当符合下列条件之一:(一)能够最大限度满足招标文件中规定的各项综合评价标准;(二)能够满足招标文件的实质性要求,并且经评审的投标价格最低;但是投标价格低于成本的除外。

《工程建设项目勘察设计招标投标办法》(2003 年 8 月 1 日初次实施,2013 年 3 月 11 日修正)

第 15 条第 1 款、第 2 款 招标人应当根据招标项目的特点和需要编制招标文件。勘察设计招标文件应当包括下列内容:(一)投标须知;(二)投标文件格式及主要合同条款;(三)项目说明书,包括资金来源情况;(四)勘察设计范围,对勘察设计进度、阶段和深度要求;(五)勘察设计基础资料;(六)勘察设计费用支付方式,对未中标人是否给予补偿及补偿标准;(七)投标报价要求;(八)对投标人资格审查的标准;(九)评标标准和方法;(十)投标有效期。

第33条　勘察设计评标一般采取综合评估法进行。评标委员会应当按照招标文件确定的评标标准和方法,结合经批准的项目建议书、可行性研究报告或者上阶段设计批复文件,对投标人的业绩、信誉和勘察设计人员的能力以及勘察设计方案的优劣进行综合评定。招标文件中没有规定的标准和方法,不得作为评标的依据。

第36条　投标文件有下列情况之一的,评标委员会应当否决其投标:(一)未经投标单位盖章和单位负责人签字;(二)投标报价不符合国家颁布的勘察设计取费标准,或者低于成本,或者高于招标文件设定的最高投标限价;(三)未响应招标文件的实质性要求和条件。

第37条　投标人有下列情况之一的,评标委员会应当否决其投标:(一)不符合国家或者招标文件规定的资格条件;(二)与其他投标人或者与招标人串通投标;(三)以他人名义投标,或者以其他方式弄虚作假;(四)以向招标人或者评标委员会成员行贿的手段谋取中标;(五)以联合体形式投标,未提交共同投标协议;(六)提交两个以上不同的投标文件或者投标报价,但招标文件要求提交备选投标的除外。

《工程建设项目货物招标投标办法》(2005年3月1日初次实施,2013年3月11日修正)

第12条　采用公开招标方式的,招标人应当发布资格预审公告或者招标公告。依法必须进行货物招标的资格预审公告或者招标公告,应当在国家指定的报刊或者信息网络上发布。采用邀请招标方式的,招标人应当向三家以上具备货物供应的能力、资信良好的特定的法人或者其他组织发出投标邀请书。

第13条　招标公告或者投标邀请书应当载明下列内容:(一)招标人的名称和地址;(二)招标货物的名称、数量、技术规格、资金来源;(三)交货的地点和时间;(四)获取招标文件或者资格预审文件的地点和时间;(五)对招标文件或者资格预审文件收取的费用;(六)提交资格预审申请书或者投标文件的地点和截止日期;(七)对投标人的资格要求。

第18条　资格预审文件一般包括下列内容:(一)资格预审公告;(二)申请人须知;(三)资格要求;(四)其他业绩要求;(五)资格审查标准和方法;(六)资格预审结果的通知方式。

第21条　招标文件一般包括下列内容:(一)招标公告或者投标邀请书;(二)投标人须知;(三)投标文件格式;(四)技术规格、参数及其他要求;(五)评标标准和方法;(六)合同主要条款。招标人应当在招标文件中规定实质性要求和条件,说明不满足其中任何一项实质性要求和条件的投标将被拒绝,并用醒目的方式标明;没有标明的要求和条件在评标时不得作为实质性要求和条件。对于非实质性要求和条件,应规定允许偏差的最大范围、最高项数,以及对这些偏差进行调整的方法。国家对招标货物的技术、标准、质量等有规定的,招标人应当按照其规定在招标文件中提出相应要求。

第26条　招标文件应当明确规定评标时包含价格在内的所有评标因素,以及据此进行评估的方法。在评标过程中,不得改变招标文件中规定的评标标准、方法和中标条件。

第40条第1款　开标应当在招标文件确定的提交投标文件截止时间的同一时间公开进行;开标地点应当为招标文件中确定的地点。

第41条第2款　有下列情形之一的,评标委员会应当否决其投标:(一)投标文件未经投标单位盖章和单位负责人签字;(二)投标联合体没有提交共同投标协议;(三)投标人不符合国家或者招标文件规定的资格条件;(四)同一投标人提交两个以上不同的投标文件或者投标报价,但招标文件要求提交备选投标的除外;(五)投标标价低于成本或者高于招标文件设定的最高投标限价;(六)投标文件没有对招标文件的实质性要求和条件作出响应;(七)投标人有串通投标、弄虚作假、行贿等违法行为。

第44条　技术简单或技术规格、性能、制作工艺要求统一的货物,一般采用经评审的最低投标价法进行评标。技术复杂或技术规格、性能、制作工艺要求难以统一的货物,一般采用综合评估法进行评标。

《建筑工程安全防护、文明施工措施费用及使用管理规定》(2005 年 9 月 1 日初次实施)

第 6 条　依法进行工程招投标的项目,招标方或具有资质的中介机构编制招标文件时,应当按照有关规定并结合工程实际单独列出安全防护、文明施工措施项目清单。投标方应当根据现行标准规范,结合工程特点、工期进度和作业环境要求,在施工组织设计文件中制定相应的安全防护、文明施工措施,并按照招标文件要求结合自身的施工技术水平、管理水平对工程安全防护、文明施工措施项目单独报价。投标方安全防护、文明施工措施的报价,不得低于依据工程所在地工程造价管理机构测定费率计算所需费用总额的 90% 。

《关于加强房屋建筑和市政基础设施工程项目施工招标投标行政监督工作的若干意见》(2005 年 10 月 10 日初次实施)

第 2 条　完善资格审查制度。资格审查分为资格预审和资格后审,一般使用合格制的资格审查方式。在工程项目的施工招标中,除技术特别复杂或者具有特殊专业技术要求的以外,提倡实行资格后审。实行资格预审的,提倡招标人邀请所有资格预审合格的潜在投标人(以下简称合格申请人)参加投标。依法必须公开招标的工程项目的施工招标实行资格预审,并且采用经评审的最低投标价法评标的,招标人必须邀请所有合格申请人参加投标,不得对投标人的数量进行限制。依法必须公开招标的工程项目的施工招标实行资格预审,并且采用综合评估法评标的,当合格申请人数量过多时,一般采用随机抽签的方法,特殊情况也可以采用评分排名的方法选择规定数量的合格申请人参加投标。其中,工程投资额 1000 万元以上的工程项目,邀请的合格申请人应当不少于 9 个;工程投资额 1000 万元以下的工程项目,邀请的合格申请人应当不少于 7 个。实行资格后审的,招标文件应当设置专门的章节,明确合格投标人的条件、资格后审的评审标准和评审方法。实行资格预审的,资格预审文件应当明确合格申请人的条件、资格预审的评审标准和评审方法、合格申请人过多时将采用的选择方法和拟邀请参加投标的合格申请人数量等内容。资格预审文件一经发出,不得擅自更改。确需更改的,应当将更改的内容通知所有已经获取资格预审文件的潜在投标人……

第 3 条　深化对评标专家和评标活动的管理……评标工作应当在建设工程交易中心进行，有条件的地方应当建立评标监控系统。评标时间在 1 天以上的，应当采取必要的隔离措施，隔断评委与外界，尤其是与投标人的联系。提倡采用电子招标、电子投标和计算机辅助评标等现代化的手段，提高招标投标的效率和评标结果的准确性、公正性。

第 5 条　探索实行科学、公正、合理的评标方法……对于具有通用技术和性能标准的一般工程，当采用经评审的不低于成本的最低投标价法时，提倡对技术部分采用合格制评审的方法。对可能低于成本的投标，评标委员会不仅要审查投标报价是否存在漏项或者缺项，是否符合招标文件规定的要求，还应当从技术和经济相结合的角度，对工程内容是否完整，施工方法是否正确，施工组织和技术措施是否合理、可行，单价和费用的组成、工料机消耗及费用、利润的确定是否合理，主要材料的规格、型号、价格是否合理，有无具有说服力的证明材料等方面进行重点评审。在充分发挥招标投标机制实现社会资源合理分配的同时，要防止恶意的、不理性的"低价抢标"行为，维护正当的竞争秩序。……所有的评标标准和方法必须在招标文件中详细载明，招标文件未载明评标的具体标准和方法的，或者评标委员会使用与招标文件规定不一致的评标标准和方法的，评标结果无效，应当依法重新评标或者重新招标……

《建筑工程方案设计招标投标管理办法》(2008 年 5 月 1 日初次实施)

第 13 条　公开招标的项目，招标人应当在指定的媒介发布招标公告。大型公共建筑工程的招标公告应当按照有关规定在指定的全国性媒介发布。

第 14 条第 2 款　招标公告或投标邀请函的主要内容应当包括：工程概况、招标方式、招标类型、招标内容及范围、投标人承担设计任务范围、对投标人资质、经验及业绩的要求、投标人报名要求、招标文件工本费收费标准、投标报名时间、提交资格预审申请文件的截止时间、投标截止时间等。

第 17 条第 1 款　招标人应当根据建筑工程特点和需要编制招标文件。招标文件包括以下方面内容：(一)投标须知；(二)投标技术文件要求；(三)投标商务文件要求；(四)评标、定标标准及方法说明；(五)设计合同授予及投标补偿费用说明。

第28条　评标委员会必须严格按照招标文件确定的评标标准和评标办法进行评审。评委应遵循公平、公正、客观、科学、独立、实事求是的评标原则。评审标准主要包括以下方面：(一)对方案设计符合有关技术规范及标准规定的要求进行分析、评价；(二)对方案设计水平、设计质量高低、对招标目标的响应度进行综合评审；(三)对方案社会效益、经济效益及环境效益的高低进行分析、评价；(四)对方案结构设计的安全性、合理性进行分析、评价；(五)对方案投资估算的合理性进行分析、评价；(六)对方案规划及经济技术指标的准确度进行比较、分析；(七)对保证设计质量、配合工程实施，提供优质服务的措施进行分析、评价；(八)对招标文件规定废标或被否决的投标文件进行评判。评标方法主要包括记名投票法、排序法和百分制综合评估法等，招标人可根据项目实际情况确定评标方法……

第31条　投标文件有下列情形之一的，经评标委员会评审后按废标处理或被否决：(一)投标文件中的投标函无投标人公章(有效签署)、投标人的法定代表人有效签章及未有相应资格的注册建筑师有效签章的；或者投标人的法定代表人授权委托人没有经有效签章的合法、有效授权委托书原件的；(二)以联合体形式投标，未向招标人提交共同签署的联合体协议书的；(三)投标联合体通过资格预审后在组成上发生变化的；(四)投标文件中标明的投标人与资格预审的申请人在名称和组织结构上存在实质性差别的；(五)未按招标文件规定的格式填写，内容不全，未响应招标文件的实质性要求和条件的，经评标委员会评审未通过的；(六)违反编制投标文件的相关规定，可能对评标工作产生实质性影响的；(七)与其他投标人串通投标，或者与招标人串通投标的；(八)以他人名义投标，或者以其他方式弄虚作假的；(九)未按招标文件的要求提交投标保证金的；(十)投标文件中承诺的投标有效期短于招标文件规定的；(十一)在投标过程中有商业贿赂行为的；(十二)其他违反招标文件规定实质性条款要求的。评标委员会对投标文件确认为废标的，应当由三分之二以上评委签字确认。

《建筑施工企业安全生产许可证动态监管暂行办法》(2008年6月30日初次实施)

第2条　建设单位或其委托的工程招标代理机构在编制资格预审文件和招

标文件时，应当明确要求建筑施工企业提供安全生产许可证，以及企业主要负责人、拟担任该项目负责人和专职安全生产管理人员（以下简称“三类人员”）相应的安全生产考核合格证书。

《招标投标法实施条例》（2012 年 2 月 1 日初次实施，2019 年 3 月 2 日修订）

第 15 条　公开招标的项目，应当依照招标投标法和本条例的规定发布招标公告、编制招标文件。招标人采用资格预审办法对潜在投标人进行资格审查的，应当发布资格预审公告、编制资格预审文件。依法必须进行招标的项目的资格预审公告和招标公告，应当在国务院发展改革部门依法指定的媒介发布。在不同媒介发布的同一招标项目的资格预审公告或者招标公告的内容应当一致。指定媒介发布依法必须进行招标的项目的境内资格预审公告、招标公告，不得收取费用。编制依法必须进行招标的项目的资格预审文件和招标文件，应当使用国务院发展改革部门会同有关行政监督部门制定的标准文本。

第 44 条　招标人应当按照招标文件规定的时间、地点开标。投标人少于 3 个的，不得开标；招标人应当重新招标。投标人对开标有异议的，应当在开标现场提出，招标人应当当场作出答复，并制作记录。

第 49 条　评标委员会成员应当依照招标投标法和本条例的规定，按照招标文件规定的评标标准和方法，客观、公正地对投标文件提出评审意见。招标文件没有规定的评标标准和方法不得作为评标的依据。评标委员会成员不得私下接触投标人，不得收受投标人给予的财物或者其他好处，不得向招标人征询确定中标人的意向，不得接受任何单位或者个人明示或者暗示提出的倾向或者排斥特定投标人的要求，不得有其他不客观、不公正履行职务的行为。

《关于进一步促进工程勘察设计行业改革与发展的若干意见》（2013 年 2 月 6 日初次实施）

第 2 条　优化行业发展环境，第 6 项，改进工程勘察设计招投标制度。针对勘察设计行业特点完善招投标制度，研究推行不同的招标方式，大中型建筑设计项目采用概念性方案设计招标、实施性方案设计招标等形式，大中型工业设计项目采用工艺方案比选、初步设计招标等形式。工程勘察设计招标应重点评估投标人的能力、业绩、信誉以及方案的优劣，不得以压低勘察设计费、增加工作量、缩短勘察设计周期作为中标条件。

《工程建设项目施工招标投标办法》(2003年5月1日初次实施,2013年3月11日修正)

第13条　采用公开招标方式的,招标人应当发布招标公告,邀请不特定的法人或者其他组织投标。依法必须进行施工招标项目的招标公告,应当在国家指定的报刊和信息网络上发布。采用邀请招标方式的,招标人应当向三家以上具备承担施工招标项目的能力、资信良好的特定的法人或者其他组织发出投标邀请书。

第14条　招标公告或者投标邀请书应当至少载明下列内容:(一)招标人的名称和地址;(二)招标项目的内容、规模、资金来源;(三)招标项目的实施地点和工期;(四)获取招标文件或者资格预审文件的地点和时间;(五)对招标文件或者资格预审文件收取的费用;(六)对投标人的资质等级的要求。

第50条第2款　有下列情形之一的,评标委员会应当否决其投标:(一)投标文件未经投标单位盖章和单位负责人签字;(二)投标联合体没有提交共同投标协议;(三)投标人不符合国家或者招标文件规定的资格条件;(四)同一投标人提交两个以上不同的投标文件或者投标报价,但招标文件要求提交备选投标的除外;(五)投标报价低于成本或者高于招标文件设定的最高投标限价;(六)投标文件没有对招标文件的实质性要求和条件作出响应;(七)投标人有串通投标、弄虚作假、行贿等违法行为。

《建筑工程施工发包与承包计价管理办法》(2014年2月1日初次实施)

第10条　投标报价不得低于工程成本,不得高于最高投标限价。投标报价应当依据工程量清单、工程计价有关规定、企业定额和市场价格信息等编制。

第11条　投标报价低于工程成本或者高于最高投标限价总价的,评标委员会应当否决投标人的投标。对是否低于工程成本报价的异议,评标委员会可以参照国务院住房城乡建设主管部门和省、自治区、直辖市人民政府住房城乡建设主管部门发布的有关规定进行评审。

《建筑工程设计招标投标管理办法》(2017年5月1日初次实施)

第7条　公开招标的,招标人应当发布招标公告。邀请招标的,招标人应当向3个以上潜在投标人发出投标邀请书。招标公告或者投标邀请书应当载明招标人名称和地址、招标项目的基本要求、投标人的资质要求以及获取招标文件的办法等事项。

第10条　招标文件应当满足设计方案招标或者设计团队招标的不同需求，主要包括以下内容：(一)项目基本情况；(二)城乡规划和城市设计对项目的基本要求；(三)项目工程经济技术要求；(四)项目有关基础资料；(五)招标内容；(六)招标文件答疑、现场踏勘安排；(七)投标文件编制要求；(八)评标标准和方法；(九)投标文件送达地点和截止时间；(十)开标时间和地点；(十一)拟签订合同的主要条款；(十二)设计费或者计费方法；(十三)未中标方案补偿办法。

第17条　有下列情形之一的，评标委员会应当否决其投标：(一)投标文件未按招标文件要求经投标人盖章和单位负责人签字；(二)投标联合体没有提交共同投标协议；(三)投标人不符合国家或者招标文件规定的资格条件；(四)同一投标人提交两个以上不同的投标文件或者投标报价，但招标文件要求提交备选投标的除外；(五)投标文件没有对招标文件的实质性要求和条件作出响应；(六)投标人有串通投标、弄虚作假、行贿等违法行为；(七)法律法规规定的其他应当否决投标的情形。

第18条　评标委员会应当按照招标文件确定的评标标准和方法，对投标文件进行评审。采用设计方案招标的，评标委员会应当在符合城乡规划、城市设计以及安全、绿色、节能、环保要求的前提下，重点对功能、技术、经济和美观等进行评审。采用设计团队招标的，评标委员会应当对投标人拟从事项目设计的人员构成、人员业绩、人员从业经历、项目解读、设计构思、投标人信用情况和业绩等进行评审。

《建设工程质量保证金管理办法》(2017年7月1日初次实施)

第3条　发包人应当在招标文件中明确保证金预留、返还等内容，并与承包人在合同条款中对涉及保证金的下列事项进行约定：(一)保证金预留、返还方式；(二)保证金预留比例、期限；(三)保证金是否计付利息，如计付利息，利息的计算方式；(四)缺陷责任期的期限及计算方式；(五)保证金预留、返还及工程维修质量、费用等争议的处理程序；(六)缺陷责任期内出现缺陷的索赔方式；

（七）逾期返还保证金的违约金支付办法及违约责任。

案例适用

069　招标文件的主要合同条款与补充协议的条款不一致时如何适用

案件名称：陕西建工集团第七建筑工程有限公司与渭南市林业局建设工程施工合同纠纷案

审理法院：陕西省渭南市中级人民法院

案　　号：（2011）渭中法民二初字第00010号

裁判观点："陕西三河湿地自然保护区综合大楼及渭南市林业局住宅综合楼"工程经过招投标程序由原告陕西建工集团第七建筑工程有限公司承建。《招标投标法》第19条第1款规定："招标人应当根据招标项目的特点和需要编制招标文件。招标文件应当包括招标项目的技术要求、对投标人资格审查的标准、投标报价要求和评标标准等所有实质性要求和条件以及拟签订合同的主要条款。"被告所制定的招标文件中载有合同的主要条款，原告在投标文件中明确承诺"我司完全同意并接受招标文件及合同条款的各项内容和要求，并认真履行合同规定的义务"，但双方此后签订的建设工程施工合同中的补充条款"工程价款的调整范围及调整办法"背离了招标文件中的合同主要条款的内容，对合同内的单价进行调整。《招标投标法》第59条规定，"招标人与中标人不按照招标文件和中标人的投标文件订立合同的，或者招标人、中标人订立背离合同实质性内容的协议的，责令改正……"故建设工程施工合同补充条款约定的内容与招标文件中所载的主要条款内容不一致的部分应属无效，合同价款及调整应按招标文件所载的主要条款内容执行。

第二十一条　【招标监督】建筑工程招标的开标、评标、定标由建设单位依法组织实施，并接受有关行政主管部门的监督。

条文理解

本条是关于招标监督的规定,依据《招标投标法》第35条、第36条、第37条、第40条及第41条的规定,开标由建设单位组织,所有投标人参加,开标过程应记录并存档备查。评标由建设单位组建的评标委员会负责,评标委员会由建设单位的代表和有关技术、经济等方面的专家组成,其成员名单在中标结果确定前保密。评标委员会按照招标文件确定的评标标准和方法,对投标文件进行评审和比较。设有标底的,参考标底。评标委员会完成评标后,向建设单位提供书面评标报告,并推荐合格的中标候选人。建设单位根据评标报告和中标候选人确定中标人,也可以授权评标委员会直接确定中标人。国务院对特定招标项目的评标有特别规定的,从其规定。中标人的投标应当符合下列条件之一:(1)能够最大限度地满足招标文件中规定的各项综合评价标准;(2)能够满足招标文件的实质性要求,并且经评审的投标价格最低;但是投标价格低于成本的除外。

依据《招标投标法实施条例》第4条的规定,发展改革部门指导和协调招标投标工作,财政部门依法对实行招标投标的政府采购工程建设项目的政府采购政策执行情况实施监督,监察机关依法对与招标投标活动有关的监察对象实施监察。依据《关于国务院有关部门实施招标投标活动行政监督的职责分工的意见》第3条的规定,对于招投标过程(包括招标、投标、开标、评标、中标)中泄露保密资料、泄露标底、串通招标、串通投标、歧视排斥投标等违法活动的监督执法,按现行的职责分工,分别由有关行政主管部门负责并受理投标人和其他利害关系人的投诉。按照这一原则,工业(含内贸)、水利、交通、铁道、民航、信息产业等行业和产业项目的招投标活动的监督执法,分别由经贸、水利、交通、铁道、民航、信息产业等行政主管部门负责;各类房屋建筑及其附属设施的建造和与其配套的线路、管道、设备的安装项目和市政工程项目的招投标活动的监督执法，由建设行政主管部门负责；进口机电设备采购项目的招投标活动的监督执法，由外经贸行政主管部门负责。

规定集成

《招标投标法》(2000 年 1 月 1 日初次实施，2017 年 12 月 27 日修正)

第 7 条　招标投标活动及其当事人应当接受依法实施的监督。有关行政监督部门依法对招标投标活动实施监督，依法查处招标投标活动中的违法行为。对招标投标活动的行政监督及有关部门的具体职权划分，由国务院规定。

第 35 条　开标由招标人主持，邀请所有投标人参加。

第 36 条　开标时，由投标人或者其推选的代表检查投标文件的密封情况，也可以由招标人委托的公证机构检查并公证；经确认无误后，由工作人员当众拆封，宣读投标人名称、投标价格和投标文件的其他主要内容。招标人在招标文件要求提交投标文件的截止时间前收到的所有投标文件，开标时都应当当众予以拆封、宣读。开标过程应当记录，并存档备查。

第 37 条　评标由招标人依法组建的评标委员会负责。依法必须进行招标的项目，其评标委员会由招标人的代表和有关技术、经济等方面的专家组成，成员人数为五人以上单数，其中技术、经济等方面的专家不得少于成员总数的三分之二。前款专家应当从事相关领域工作满八年并具有高级职称或者具有同等专业水平，由招标人从国务院有关部门或者省、自治区、直辖市人民政府有关部门提供的专家名册或者招标代理机构的专家库内的相关专业的专家名单中确定；一般招标项目可以采取随机抽取方式，特殊招标项目可以由招标人直接确定。与投标人有利害关系的人不得进入相关项目的评标委员会；已经进入的应当更换。评标委员会成员的名单在中标结果确定前应当保密。

第 40 条　评标委员会应当按照招标文件确定的评标标准和方法，对投标文件进行评审和比较；设有标底的，应当参考标底。评标委员会完成评标后，应当向招标人提出书面评标报告，并推荐合格的中标候选人。招标人根据评标委员会提出的书面评标报告和推荐的中标候选人确定中标人。招标人也可以授权评标委员会直接确定中标人。国务院对特定招标项目的评标有特别规定的，从其规定。

第 41 条　中标人的投标应当符合下列条件之一：(一)能够最大限度地满足招标文件中规定的各项综合评价标准；(二)能够满足招标文件的实质性要求，并且经评审的投标价格最低；但是投标价格低于成本的除外。

第 47 条　依法必须进行招标的项目，招标人应当自确定中标人之日起十五日内，向有关行政监督部门提交招标投标情况的书面报告。

《关于国务院有关部门实施招标投标活动行政监督的职责分工的意见》(2000 年 5 月 3 日初次实施)

第 1 条　国家发展计划委员会指导和协调全国招投标工作，会同有关行政主管部门拟定《招标投标法》配套法规、综合性政策和必须进行招标的项目的具体范围、规模标准以及不适宜进行招标的项目，报国务院批准；指定发布招标公告的报刊、信息网络或其他媒介。有关行政主管部门根据《招标投标法》和国家有关法规、政策，可联合或分别制定具体实施办法。

第 3 条　对于招投标过程(包括招标、投标、开标、评标、中标)中泄露保密资料、泄露标底、串通招标、串通投标、歧视排斥投标等违法活动的监督执法，按现行的职责分工，分别由有关行政主管部门负责并受理投标人和其他利害关系人的投诉。按照这一原则，工业(含内贸)、水利、交通、铁道、民航、信息产业等行业和产业项目的招投标活动的监督执法，分别由经贸、水利、交通、铁道、民航、信息产业等行政主管部门负责；各类房屋建筑及其附属设施的建造和与其配套的线路、管道、设备的安装项目和市政工程项目的招投标活动的监督执法，由建设行政主管部门负责；进口机电设备采购项目的招投标活动的监督执法，由外经贸行政主管部门负责。有关行政主管部门须将监督过程中发现的问题，及时通知项目审批部门，项目审批部门根据情况依法暂停项目执行或者暂停资金拨付。

《房屋建筑和市政基础设施工程施工招标投标管理办法》(2001 年 6 月 1 日初次实施，2019 年 3 月 13 日修正)

第 5 条　施工招标投标活动及其当事人应当依法接受监督。建设行政主管部门依法对施工招标投标活动实施监督，查处施工招标投标活动中的违法行为。

第 33 条　开标由招标人主持，邀请所有投标人参加。开标应当按照下列规定进行;由投标人或者其推选的代表检查投标文件的密封情况,也可以由招标人委托的公证机构进行检查并公证。经确认无误后,由有关工作人员当众拆封,宣读投标人名称、投标价格和投标文件的其他主要内容。招标人在招标文件要求提交投标文件的截止时间前收到的所有投标文件,开标时都应当当众予以拆封、宣读。开标过程应当记录,并存档备查。

第 35 条　评标由招标人依法组建的评标委员会负责。依法必须进行施工招标的工程,其评标委员会由招标人的代表和有关技术、经济等方面的专家组成,成员人数为 5 人以上单数,其中招标人、招标代理机构以外的技术、经济等方面专家不得少于成员总数的三分之二。评标委员会的专家成员,应当由招标人从建设行政主管部门及其他有关政府部门确定的专家名册或者工程招标代理机构的专家库内相关专业的专家名单中确定。确定专家成员一般应当采取随机抽取的方式。与投标人有利害关系的人不得进入相关工程的评标委员会。评标委员会成员的名单在中标结果确定前应当保密。

第 41 条　评标委员会完成评标后,应当向招标人提出书面评标报告,阐明评标委员会对各投标文件的评审和比较意见,并按照招标文件中规定的评标方法,推荐不超过 3 名有排序的合格的中标候选人。招标人根据评标委员会提出的书面评标报告和推荐的中标候选人确定中标人。使用国有资金投资或者国家融资的工程项目,招标人应当按照中标候选人的排序确定中标人。当确定中标的中标候选人放弃中标或者因不可抗力提出不能履行合同的,招标人可以依序确定其他中标候选人为中标人。招标人也可以授权评标委员会直接确定中标人。

《工程建设项目勘察设计招标投标办法》(2003 年 8 月 1 日初次实施,2013 年 3 月 11 日修正)

第 6 条　各级发展改革、工业和信息化、住房城乡建设、交通运输、铁道、水利、商务、广电、民航等部门依照《国务院办公厅印发国务院有关部门实施招标投标活动行政监督的职责分工意见的通知》(国办发〔2000〕34 号)和各地规定的职责分工,对工程建设项目勘察设计招标投标活动实施监督,依法查处招标投标活动中的违法行为。

第 31 条　开标应当在招标文件确定的提交投标文件截止时间的同一时间公开进行；除不可抗力原因外，招标人不得以任何理由拖延开标，或者拒绝开标。投标人对开标有异议的，应当在开标现场提出，招标人应当当场作出答复，并制作记录。

第 32 条　评标工作由评标委员会负责。评标委员会的组成方式及要求，按《中华人民共和国招标投标法》、《中华人民共和国招标投标法实施条例》及《评标委员会和评标方法暂行规定》(国家计委等七部委联合令第 12 号)的有关规定执行。

第 39 条　评标委员会推荐的中标候选人应当限定在一至三人，并标明排列顺序。能够最大限度地满足招标文件中规定的各项综合评价标准的投标人，应当推荐为中标候选人。

第 40 条　国有资金占控股或者主导地位的依法必须招标的项目，招标人应当确定排名第一的中标候选人为中标人。排名第一的中标候选人放弃中标、因不可抗力提出不能履行合同，不按照招标文件要求提交履约保证金，或者被查实存在影响中标结果的违法行为等情形，不符合中标条件的，招标人可以按照评标委员会提出的中标候选人名单排序依次确定其他中标候选人为中标人。依次确定其他中标候选人与招标人预期差距较大，或者对招标人明显不利的，招标人可以重新招标。招标人可以授权评标委员会直接确定中标人。国务院对中标人的确定另有规定的，从其规定。

《工程建设项目招标投标活动投诉处理办法》(2004 年 8 月 1 日初次实施，2013 年 3 月 11 日修正)

第 4 条　各级发展改革、工业和信息化、城乡住房建设、水利、交通运输、铁道、商务、民航等招标投标活动行政监督部门，依照《国务院办公厅印发国务院有关部门实施招标投标活动行政监督的职责分工的意见的通知》(国办发〔2000〕34 号)和地方各级人民政府规定的职责分工，受理投诉并依法做出处理决定。对国家重大建设项目(含工业项目)招标投标活动的投诉，由国家发展改革委受理并依法做出处理决定。对国家重大建设项目招标投标活动的投诉，有关行业行政监督部门已经收到的，应当通报国家发展改革委，国家发展改革委不再受理。

《工程建设项目货物招标投标办法》(2005 年 3 月 1 日初次实施,2013 年 3 月 11 日修正)

第 47 条　评标委员会在书面评标报告中推荐的中标候选人应当限定在一至三人,并标明排列顺序。招标人应当接受评标委员会推荐的中标候选人,不得在评标委员会推荐的中标候选人之外确定中标人。依法必须进行招标的项目,招标人应当自收到评标报告之日起三日内公示中标候选人,公示期不得少于三日。

第 48 条　国有资金占控股或者主导地位的依法必须进行招标的项目,招标人应当确定排名第一的中标候选人为中标人。排名第一的中标候选人放弃中标、因不可抗力提出不能履行合同、不按照招标文件要求提交履约保证金,或者被查实存在影响中标结果的违法行为等情形,不符合中标条件的,招标人可以按照评标委员会提出的中标候选人名单排序依次确定其他中标候选人为中标人。依次确定其他中标候选人与招标人预期差距较大,或者对招标人明显不利的,招标人可以重新招标。招标人可以授权评标委员会直接确定中标人。国务院对中标人的确定另有规定的,从其规定。

《关于进一步强化住宅工程质量管理和责任的通知》(2010 年 5 月 4 日初次实施)

第 2 条　加强住宅工程质量管理,严格执行法定基本制度,第 8 项,加强工程招标投标管理,住宅工程要依法执行招标投标制度。严禁围标、串标,严禁招标代理机构串通招标人或投标人操纵招标投标。要加强评标专家管理,建立培训、考核、评价制度,规范评标专家行为,健全评标专家退出机制;要完善评标方法和标准,坚决制止不经评审的最低价中标的做法。对存在围标、串标的企业以及不正确履行职责的招标代理机构、评标专家要依法进行处罚;对情节严重的,要依法降低资质等级、吊销资质证书、取消评标专家资格并追究其他法律责任。

《招标投标法实施条例》(2012 年 2 月 1 日初次实施,2019 年 3 月 2 日修订)

第 4 条　国务院发展改革部门指导和协调全国招标投标工作,对国家重大建设项目的工程招标投标活动实施监督检查。国务院工业和信息化、住房城乡建设、交通运输、铁道、水利、商务等部门，按照规定的职责分工对有关招标投标活动实施监督。县级以上地方人民政府发展改革部门指导和协调本行政区域的招标投标工作。县级以上地方人民政府有关部门按照规定的职责分工，对招标投标活动实施监督，依法查处招标投标活动中的违法行为。县级以上地方人民政府对其所属部门有关招标投标活动的监督职责分工另有规定的，从其规定。财政部门依法对实行招标投标的政府采购工程建设项目的政府采购政策执行情况实施监督。监察机关依法对与招标投标活动有关的监察对象实施监察。

第 11 条　国务院住房城乡建设、商务、发展改革、工业和信息化等部门，按照规定的职责分工对招标代理机构依法实施监督管理。

《工程建设项目施工招标投标办法》(2003 年 5 月 1 日初次实施，2013 年 3 月 11 日修正)

第 57 条　评标委员会推荐的中标候选人应当限定在一至三人，并标明排列顺序。招标人应当接受评标委员会推荐的中标候选人，不得在评标委员会推荐的中标候选人之外确定中标人。

第 58 条　国有资金占控股或者主导地位的依法必须进行招标的项目，招标人应当确定排名第一的中标候选人为中标人。排名第一的中标候选人放弃中标、因不可抗力提出不能履行合同、不按照招标文件的要求提交履约保证金，或者被查实存在影响中标结果的违法行为等情形，不符合中标条件的，招标人可以按照评标委员会提出的中标候选人名单排序依次确定其他中标候选人为中标人。依次确定其他中标候选人与招标人预期差距较大，或者对招标人明显不利的，招标人可以重新招标。招标人可以授权评标委员会直接确定中标人。国务院对中标人的确定另有规定的，从其规定。

《住房城乡建设部关于推进建筑业发展和改革的若干意见》(2014 年 7 月 1 日初次实施)

第 2 条　建立统一开放的建筑市场体系，第 5 项，改革招标投标监管方式。调整非国有资金投资项目发包方式，试行非国有资金投资项目建设单位自主决定是否进行招标发包，是否进入有形市场开展工程交易活动，并由建设单位对选择的设计、施工等单位承担相应的责任。建设单位应当依法将工程发包给具有相应资质的承包单位,依法办理施工许可、质量安全监督等手续,确保工程建设实施活动规范有序。各地要重点加强国有资金投资项目招标投标监管,严格控制招标人设置明显高于招标项目实际需要和脱离市场实际的不合理条件,严禁以各种形式排斥或限制潜在投标人投标。要加快推进电子招标投标,进一步完善专家评标制度,加大社会监督力度,健全中标候选人公示制度,促进招标投标活动公开透明。鼓励有条件的地区探索开展标后评估。勘察、设计、监理等工程服务的招标,不得以费用作为唯一的中标条件。

案例适用

070 约定由施工单位组织实施招投标活动的协议效力如何

案件名称:浙江东阳建工集团有限公司(以下简称东阳公司)与宁夏康力集团房地产开发有限公司(以下简称康力公司)建设工程施工合同纠纷案

审理法院:宁夏回族自治区高级人民法院

案　　号:(2013)宁民终字第123号

裁判观点:根据《建筑法》第21条的规定,双方当事人均认可涉案工程为必须招标的工程,根据以上法律、法规的规定,在涉案工程未经过招标投标的情形下,康力公司和东阳公司就签订了涉及工程承包范围、工程造价计算依据和取费标准、工程款支付、履约保证金、竣工验收结算、工程工期、工程分包、双方权利义务等实质性内容的《框架协议》,并将应由建设方承担的组织招标投标的法定义务转移给了施工方,违反了国家法律的禁止性规定,故涉案《框架协议》应为无效协议。

第二十二条　【发包对象】建筑工程实行招标发包的,发包单位应当将建筑工程发包给依法中标的承包单位。建筑工程实行直接发包的,发包单位应当将建筑工程发包给具有相应资质条件的承包单位。

条文理解

本条是关于发包对象的规定,责任主体是发包单位,与本法第26条关于承包单位应当在其资质等级许可的业务范围内承揽工程的规定相互对应,不同的是本法第26条规定的责任主体是承包单位。本法第13条亦规定,承包单位取得相应等级的资质证书后,方可在其资质等级许可的范围内从事建筑活动。

依据《招标投标法》第19条的规定,招标文件包括对投标人资格审查的标准,即发包人在招标发包时,就已经审查承包单位的资质条件。只有符合资质条件的,才能成为中标人。而直接发包的建筑工程,依据本条的规定,发包单位应审查承包单位的资质条件,禁止将工程发包给不符合资质条件的的单位或者个人。

依据《最高人民法院关于审理建设工程施工合同纠纷案件适用法律问题的解释(一)》第1条的规定,建设工程施工合同具有下列情形之一的,应当认定无效:(1)承包人未取得建筑业企业资质或者超越资质等级的;(2)没有资质的实际施工人借用有资质的建筑施工企业名义的。故承包单位具有相应资质条件是合同生效的前提,发包单位应将工程发包给具有相应资质条件的承包单位。

规定集成

《招标投标法》(2000年1月1日初次实施,2017年12月27日修正)

第45条　中标人确定后,招标人应当向中标人发出中标通知书,并同时将中标结果通知所有未中标的投标人。中标通知书对招标人和中标人具有法律效力。中标通知书发出后,招标人改变中标结果的,或者中标人放弃中标项目的,应当依法承担法律责任。

第46条　招标人和中标人应当自中标通知书发出之日起三十日内,按照招标文件和中标人的投标文件订立书面合同。招标人和中标人不得再行订立背离合同实质性内容的其他协议。招标文件要求中标人提交履约保证金的，中标人应当提交。

《建设工程质量管理条例》(2000 年 1 月 30 日初次实施，2019 年 4 月 23 日修订)

第 7 条　建设单位应当将工程发包给具有相应资质等级的单位。建设单位不得将建设工程肢解发包。

《建设工程勘察设计管理条例》(2000 年 9 月 25 日初次实施，2017 年 10 月 7 日修订)

第 17 条　发包方不得将建设工程勘察、设计业务发包给不具有相应勘察、设计资质等级的建设工程勘察、设计单位。

《房屋建筑和市政基础设施工程施工招标投标管理办法》(2001 年 6 月 1 日初次实施，2019 年 3 月 13 日修正)

第 15 条　招标人可以根据招标工程的需要，对投标申请人进行资格预审，也可以委托工程招标代理机构对投标申请人进行资格预审。实行资格预审的招标工程，招标人应当在招标公告或者投标邀请书中载明资格预审的条件和获取资格预审文件的办法。资格预审文件一般应当包括资格预审申请书格式、申请人须知，以及需要投标申请人提供的企业资质、业绩、技术装备、财务状况和拟派出的项目经理与主要技术人员的简历、业绩等证明材料。

第 46 条第 1 款　招标人和中标人应当自中标通知书发出之日起 30 日内，按照招标文件和中标人的投标文件订立书面合同；招标人和中标人不得再行订立背离合同实质性内容的其他协议。第 3 款，招标人无正当理由不与中标人签订合同，给中标人造成损失的，招标人应当给予赔偿。

《工程建设项目勘察设计招标投标办法》(2003 年 8 月 1 日初次实施，2013 年 3 月 11 日修正)

第 13 条　进行资格预审的，招标人只向资格预审合格的潜在投标人发售招标文件，并同时向资格预审不合格的潜在投标人告知资格预审结果。

第 42 条第 1 款　招标人和中标人应当在投标有效期内并在自中标通知书发出之日起三十日内，按照招标文件和中标人的投标文件订立书面合同。

《建设领域农民工工资支付管理暂行办法》(2004 年 9 月 6 日初次实施)

第 12 条　工程总承包企业不得将工程违反规定发包、分包给不具备用工主体资格的组织或个人,否则应承担清偿拖欠工资连带责任。

《工程建设项目货物招标投标办法》(2005 年 3 月 1 日初次实施,2013 年 3 月 11 日修正)

第 15 条　招标人可以根据招标货物的特点和需要,对潜在投标人或者投标人进行资格审查;国家对潜在投标人或者投标人的资格条件有规定的,依照其规定。

第 16 条　资格审查分为资格预审和资格后审。资格预审,是指招标人出售招标文件或者发出投标邀请书前对潜在投标人进行的资格审查。资格预审一般适用于潜在投标人较多或者大型、技术复杂货物的招标。资格后审,是指在开标后对投标人进行的资格审查。资格后审一般在评标过程中的初步评审开始时进行。

第 18 条　资格预审文件一般包括下列内容:(一)资格预审公告;(二)申请人须知;(三)资格要求;(四)其他业绩要求;(五)资格审查标准和方法;(六)资格预审结果的通知方式。

第 20 条　经资格预审后,招标人应当向资格预审合格的潜在投标人发出资格预审合格通知书,告知获取招标文件的时间、地点和方法,并同时向资格预审不合格的潜在投标人告知资格预审结果。依法必须招标的项目通过资格预审的申请人不足三个的,招标人在分析招标失败的原因并采取相应措施后,应当重新招标。对资格后审不合格的投标人,评标委员会应当否决其投标。

《关于确立劳动关系有关事项的通知》(2005 年 5 月 25 日初次实施)

第 4 条　建筑施工、矿山企业等用人单位将工程(业务)或经营权发包给不具备用工主体资格的组织或自然人,对该组织或自然人招用的劳动者,由具备用工主体资格的发包方承担用工主体责任。

《招标投标法实施条例》(2012 年 2 月 1 日初次实施,2019 年 3 月 2 日修订)

第 57 条第 1 款　招标人和中标人应当依照招标投标法和本条例的规定签订书面合同,合同的标的、价款、质量、履行期限等主要条款应当与招标文件和中标人的投标文件的内容一致。招标人和中标人不得再行订立背离合同实质性内容的其他协议。

《工程建设项目施工招标投标办法》(2003年5月1日初次实施,2013年3月11日修正)

第16条　招标人可以根据招标项目本身的特点和需要,要求潜在投标人或者投标人提供满足其资格要求的文件,对潜在投标人或者投标人进行资格审查;国家对潜在投标人或者投标人的资格条件有规定的,依照其规定。

第17条　资格审查分为资格预审和资格后审。资格预审,是指在投标前对潜在投标人进行的资格审查。资格后审,是指在开标后对投标人进行的资格审查。进行资格预审的,一般不再进行资格后审,但招标文件另有规定的除外。

第20条第1款　资格审查应主要审查潜在投标人或者投标人是否符合下列条件:(一)具有独立订立合同的权利;(二)具有履行合同的能力,包括专业、技术资格和能力,资金、设备和其他物质设施状况,管理能力,经验、信誉和相应的从业人员;(三)没有处于被责令停业,投标资格被取消,财产被接管、冻结,破产状态;(四)在最近三年内没有骗取中标和严重违约及重大工程质量问题;(五)国家规定的其他资格条件。

第62条第1款　招标人和中标人应当在投标有效期内并在自中标通知书发出之日起三十日内,按照招标文件和中标人的投标文件订立书面合同。招标人和中标人不得再行订立背离合同实质性内容的其他协议。

《最高人民法院关于审理工伤保险行政案件若干问题的规定》(2014年9月1日初次实施)

第3条　社会保险行政部门认定下列单位为承担工伤保险责任单位的,人民法院应予支持:……(四)用工单位违反法律、法规规定将承包业务转包给不具备用工主体资格的组织或者自然人,该组织或者自然人聘用的职工从事承包业务时因工伤亡的,用工单位为承担工伤保险责任的单位……

《最高人民法院关于审理建设工程施工合同纠纷案件适用法律问题的解释(一)》(2021年1月1日初次实施)

第1条第1款　建设工程施工合同具有下列情形之一的,应当依据民法典

第一百五十三条第一款的规定，认定无效：（一）承包人未取得建筑业企业资质或者超越资质等级的；（二）没有资质的实际施工人借用有资质的建筑施工企业名义的；（三）建设工程必须进行招标而未招标或者中标无效的。

第4条　承包人超越资质等级许可的业务范围签订建设工程施工合同，在建设工程竣工前取得相应资质等级，当事人请求按照无效合同处理的，人民法院不予支持。

第22条　当事人签订的建设工程施工合同与招标文件、投标文件、中标通知书载明的工程范围、建设工期、工程质量、工程价款不一致，一方当事人请求将招标文件、投标文件、中标通知书作为结算工程价款的依据的，人民法院应予支持。

案例适用

071　建设单位将工程发包给施工劳务资质的单位效力如何

案件名称：内蒙古云泉药业有限公司（以下简称云泉公司）与大连顺杰建筑劳务有限公司（以下简称顺杰公司）建设工程施工合同纠纷案

审理法院：内蒙古自治区高级人民法院

案　　号：（2019）内民申56号

裁判观点：《建筑法》第26条规定："承包建筑工程的单位应当持有依法取得的资质证书，并在其资质等级许可的业务范围内承揽工程。禁止建筑施工企业超越本企业资质等级许可的业务范围或者以任何形式用其他建筑施工企业的名义承揽工程。禁止建筑施工企业以任何形式允许其他单位或者个人使用本企业的资质证书、营业执照，以本企业的名义承揽工程。"而《住房城乡建设部建筑业企业资质管理规定》第5条第1款规定："建筑业企业资质分为施工总承包资质、专业承包资质、施工劳务资质三个序列。"《房屋建筑和市政基础设施工程施工分包管理办法》第4条规定："本办法所称施工分包，是指建筑业企业将其所承包的房屋建筑和市政基础设施工程中的专业工程或者劳务作业发包给其他建筑业企业完成的活动。”第5条第1款规定：“房屋建筑和市政基础设施工程施工分包分为专业工程分包和劳务作业分包。”根据上述法律及部门规章的规定，国家允许发包单位将建筑工程发包给具有施工总承包资质条件的承包单位，也允许工程总承包人将其承包的劳务作业发包给具有施工劳务资质的建筑业劳务企业完成，但未允许发包单位将建筑工程直接发包给具有施工劳务资质的建筑业劳务企业完成和将建筑工程肢解发包。云泉公司以劳务承包的形式将案涉工程直接发包给顺杰公司承包施工的行为违反法律的强制性规定，二审判决认定双方所签合同应为无效合同并无不当，有法律依据。

072　将工程发包给个人是否需要对该个人的雇员承担工伤保险责任

案件名称：常德市人力资源和社会保障局、石门大汉城镇建设有限公司（以下简称大汉城建公司）劳动和社会保障行政管理再审案

审理法院：湖南省高级人民法院

案　　号：（2020）湘行再12号

裁判观点：《建筑法》第24条第1款规定：“提倡对建筑工程实行总承包，禁止将建筑工程肢解发包。”原劳动和社会保障部发布的《关于确立劳动关系有关事项的通知》（劳社部发〔2005〕12号）第4条规定：“建筑施工、矿山企业等用人单位将工程（业务）或经营权发包给不具备用工主体资格的组织或自然人，对该组织或自然人招用的劳动者，由具备用工主体资格的发包方承担用工主体责任。”《最高人民法院关于审理工伤保险行政案件若干问题的规定》第3条第1款第4项规定：“用工单位违反法律、法规规定将承包业务转包给不具备用工主体资格的组织或者自然人，该组织或者自然人聘用的职工从事承包业务时因工伤亡的，用工单位为承担工伤保险责任的单位。”本案中，涉案桩基工程本应由总承包单位依法进行分包，但是大汉城建公司在签订总承包合同前，就将该工程分包给肖某，大汉城建公司的上述行为属于违法分包。大汉城建

公司实际上行使了作为施工企业的总承包人的权利。大汉城建公司将涉案桩基工程违法分包给不具备用工主体资格的自然人肖某,蔡某作为肖某聘用的职工,在从事涉案桩基工程施工时发生工伤事故,大汉城建公司应当作为承担工伤保险责任的用人单位。

073 将工程发包给个人是否需要对该个人拖欠的雇员工资承担连带支付责任

案件名称:金某、江苏德龙镍业有限公司(以下简称德龙公司)与刘某、吴某等劳务合同纠纷案

审理法院:江苏省盐城市中级人民法院

案　　号:(2020)苏09民终2458号

一审裁判观点:根据《建筑法》第22条以及建设部、劳社部于2004年9月10日颁布的《建设领域农民工工资支付管理暂行办法》第12条的规定,工程总承包企业不得将工程违反规定发包、分包给不具备用工主体资格的组织或者个人,否则应承担清偿拖欠工资连带责任。德龙公司在明知建筑合同中存在伟宏公司的印章,却未经核实,而将工程款直接向金某支付。现经鉴定,案涉合同中的印章与实际的不符,应视为德龙公司将工程直接发包给不具备施工资质的自然人金某,其行为已违反法律禁止性规定,应对涉案工资的支付承担连带责任。

二审裁判观点:德龙公司系案涉工程的发包人,经公安机关鉴定查明其与伟宏公司的建设工程合同中伟宏公司的印章、财务专用章均同伟宏公司真实印章不符,德龙公司尚未与金某就工程款进行结算,不能证明其已经付清工程款,亦在施工过程中按照金某的申请多次支付工人工资,故一审法院判决德龙公司对金某的上述付款义务承担连带责任并无不当。

第二十三条　【指定发包】政府及其所属部门不得滥用行政权力,限定发包单位将招标发包的建筑工程发包给指定的承包单位。

条文理解

本条是关于指定发包的规定,依据本法第16条的规定,建筑工程的招标投标活动,应当遵循公开、公正、平等竞争的原则,择优选择承包单位。依据《招标投标法》第6条的规定,招标投标活动不受地区或者部门的限制,任何单位和个人不得违法限制或者排斥本地区、本系统以外的法人或者其他组织参加投标,不得以任何方式非法干涉招标投标活动。建筑工程的发包活动,依法由招标人负责。如果政府及其所属部门滥用行政权力限定发包单位将工程发包给指定的承包单位,则招标发包的相关规定形同虚设,建筑工程的质量与安全很难保障,指定发包是国家明令禁止的行为。

规定集成

《招标投标法》(2000年1月1日初次实施,2017年12月27日修正)

第5条　招标投标活动应当遵循公开、公平、公正和诚实信用的原则。

第6条　依法必须进行招标的项目,其招标投标活动不受地区或者部门的限制。任何单位和个人不得违法限制或者排斥本地区、本系统以外的法人或者其他组织参加投标,不得以任何方式非法干涉招标投标活动。

第14条　招标代理机构与行政机关和其他国家机关不得存在隶属关系或者其他利益关系。

《房屋建筑和市政基础设施工程施工招标投标管理办法》(2001年6月1日初次实施,2019年3月13日修正)

第4条　任何单位和个人不得违反法律、行政法规规定,限制或者排斥本地区、本系统以外的法人或者其他组织参加投标,不得以任何方式非法干涉施工招标投标活动。

《工程建设项目勘察设计招标投标办法》(2003 年 8 月 1 日初次实施,2013 年 3 月 11 日修正)

第 5 条　勘察设计招标工作由招标人负责。任何单位和个人不得以任何方式非法干涉招标投标活动。

《工程建设项目货物招标投标办法》(2005 年 3 月 1 日初次实施,2013 年 3 月 11 日修正)

第 4 条　工程建设项目货物招标投标活动应当遵循公开、公平、公正和诚实信用的原则。货物招标投标活动不受地区或者部门的限制。

《招标投标法实施条例》(2012 年 2 月 1 日初次实施,2019 年 3 月 2 日修订)

第 6 条　禁止国家工作人员以任何方式非法干涉招标投标活动。

《工程建设项目施工招标投标办法》(2003 年 5 月 1 日初次实施,2013 年 3 月 11 日修正)

第 5 条　工程施工招标投标活动,依法由招标人负责。任何单位和个人不得以任何方式非法干涉工程施工招标投标活动。施工招标投标活动不受地区或者部门的限制。

第二十四条　【肢解发包】提倡对建筑工程实行总承包,禁止将建筑工程肢解发包。

建筑工程的发包单位可以将建筑工程的勘察、设计、施工、设备采购一并发包给一个工程总承包单位,也可以将建筑工程勘察、设计、施工、设备采购的一项或者多项发包给一个工程总承包单位;但是,不得将应当由一个承包单位完成的建筑工程肢解成若干部分发包给几个承包单位。

条文理解

本条是关于肢解发包的规定，提倡对建筑工程实行工程总承包，禁止将建筑工程肢解发包。依据《住房城乡建设部关于进一步推进工程总承包发展的若干意见》第1条第2项的规定，工程总承包是指从事工程总承包的企业按照与建设单位签订的合同，对工程项目的设计、采购、施工等实行全过程的承包，并对工程的质量、安全、工期和造价等全面负责的承包方式。工程总承包一般采用设计—采购—施工总承包(EPC/交钥匙)或者设计—施工(D-B)总承包模式。建设单位也可以根据项目特点和实际需要，按照风险合理分担原则和承包工作内容采用其他工程总承包模式。依据《关于培育发展工程总承包和工程项目管理企业的指导意见》第2条的规定，其他工程总承包模式包括设计—采购总承包(E-P)、采购—施工总承包(P-C)等。

依据《建设工程质量管理条例》第78条的规定，肢解发包是指建设单位将应当由一个承包单位完成的建设工程分解成若干部分发包给不同的承包单位的行为。依据《住房城乡建设部关于进一步加强建筑市场监管工作的意见》第1条第3项的规定，建设单位将施工总承包单位资质范围内的工程发包给两个及以上单位的，视为肢解发包。依据《建筑业企业资质标准》总则部分第1条的规定，建筑业企业资质分为施工总承包、专业承包和施工劳务三个序列。其中施工总承包序列设有12个类别，分别是：建筑工程施工总承包、公路工程施工总承包、铁路工程施工总承包、港口与航道工程施工总承包、水利水电工程施工总承包、电力工程施工总承包、矿山工程施工总承包、冶金工程施工总承包、石油化工工程施工总承包、市政公用工程施工总承包、通信工程施工总承包、机电工程施工总承包。肢解发包属于明令禁止的行为，肢解发包合同无效。

规定集成

《建设工程质量管理条例》(2000 年 1 月 30 日初次实施,2019 年 4 月 23 日修订)

第 7 条第 2 款　建设单位不得将建设工程肢解发包。

第 78 条第 1 款　本条例所称肢解发包,是指建设单位将应当由一个承包单位完成的建设工程分解成若干部分发包给不同的承包单位的行为。

《关于培育发展工程总承包和工程项目管理企业的指导意见》(2003 年 2 月 13 日初次实施)

第 1 条　推行工程总承包和工程项目管理的重要性和必要性:工程总承包和工程项目管理是国际通行的工程建设项目组织实施方式。积极推行工程总承包和工程项目管理,是深化我国工程建设项目组织实施方式改革,提高工程建设管理水平,保证工程质量和投资效益,规范建筑市场秩序的重要措施;是勘察、设计、施工、监理企业调整经营结构,增强综合实力,加快与国际工程承包和管理方式接轨,适应社会主义市场经济发展和加入世界贸易组织后新形势的必然要求;是贯彻党的十六大关于"走出去"的发展战略,积极开拓国际承包市场,带动我国技术、机电设备及工程材料的出口,促进劳务输出,提高我国企业国际竞争力的有效途径……

第 2 条　工程总承包的基本概念和主要方式:(一)工程总承包是指从事工程总承包的企业(以下简称工程总承包企业)受业主委托,按照合同约定对工程项目的勘察、设计、采购、施工、试运行(竣工验收)等实行全过程或若干阶段的承包。(二)工程总承包企业按照合同约定对工程项目的质量、工期、造价等向业主负责。工程总承包企业可依法将所承包工程中的部分工作发包给具有相应资质的分包企业;分包企业按照分包合同的约定对总承包企业负责。(三)工程总承包的具体方式、工作内容和责任等,由业主与工程总承包企业在合同中约定。工程总承包主要有如下方式:1. 设计采购施工(EPC)/交钥匙总承包,设计采购施工总承包是指工程总承包企业按照合同约定,承担工程项目的设计、采购、施工、试运行服务等工作,并对承包工程的质量、安全、工期、造价全面负责。交钥匙总承包是设计采购施工总承包业务和责任的延伸,最终是向业主提交一个满足使用功能、具备使用条件的工程项目。2. 设计—施工总承包（D－B），设计—施工总承包是指工程总承包企业按照合同约定，承担工程项目设计和施工，并对承包工程的质量、安全、工期、造价全面负责。根据工程项目的不同规模、类型和业主要求，工程总承包还可采用设计—采购总承包（E－P）、采购—施工总承包（P－C）等方式。

《工程建设项目勘察设计招标投标办法》（2003 年 8 月 1 日初次实施，2013 年 3 月 11 日修正）

第 8 条　依法必须招标的工程建设项目，招标人可以对项目的勘察、设计、施工以及与工程建设有关的重要设备、材料的采购，实行总承包招标。

《关于工程总承包市场准入问题的复函》（2003 年 11 月 21 日初次实施）

……重申如下：按照我部《关于培育发展工程总承包和工程项目管理企业的指导意见》（建市〔2003〕30 号）的规定，《工程总承包资格证书》废止之后，对从事工程总承包业务的企业不专门设立工程总承包资质。具有工程勘察、设计或施工总承包资质的企业可以在其资质等级许可的工程项目范围内开展工程总承包业务。因此，工程设计企业可以在其工程设计资质证书许可的工程项目范围内开展工程总承包业务，但工程的施工应由具有相应施工承包资质的企业承担。

《建设领域农民工工资支付管理暂行办法》（2004 年 9 月 10 日初次实施）

第 9 条　工程总承包企业应对劳务分包企业工资支付进行监督，督促其依法支付农民工工资。

第 10 条　业主或工程总承包企业未按合同约定与建设工程承包企业结清工程款，致使建设工程承包企业拖欠农民工工资的，由业主或工程总承包企业先行垫付农民工被拖欠的工资，先行垫付的工资数额以未结清的工程款为限。

第 12 条　工程总承包企业不得将工程违反规定发包、分包给不具备用工主体资格的组织或个人，否则应承担清偿拖欠工资连带责任。

《建筑工程安全防护、文明施工措施费用及使用管理规定》（2005 年 9 月 1 日初次实施）

第 11 条第 2 款　工程总承包单位对建筑工程安全防护、文明施工措施费用的使用负总责。总承包单位应当按照本规定及合同约定及时向分包单位支付安全防护、文明施工措施费用。总承包单位不按本规定和合同约定支付费用,造成分包单位不能及时落实安全防护措施导致发生事故的,由总承包单位负主要责任。

《建筑起重机械安全监督管理规定》(2008 年 6 月 1 日初次实施)

第 11 条第 2 款　实行施工总承包的,施工总承包单位应当与安装单位签订建筑起重机械安装、拆卸工程安全协议书。

第 16 条第 2 款　实行施工总承包的,由施工总承包单位组织验收。

第 21 条　施工总承包单位应当履行下列安全职责:(一)向安装单位提供拟安装设备位置的基础施工资料,确保建筑起重机械进场安装、拆卸所需的施工条件;(二)审核建筑起重机械的特种设备制造许可证、产品合格证、制造监督检验证明、备案证明等文件;(三)审核安装单位、使用单位的资质证书、安全生产许可证和特种作业人员的特种作业操作资格证书;(四)审核安装单位制定的建筑起重机械安装、拆卸工程专项施工方案和生产安全事故应急救援预案;(五)审核使用单位制定的建筑起重机械生产安全事故应急救援预案;(六)指定专职安全生产管理人员监督检查建筑起重机械安装、拆卸、使用情况;(七)施工现场有多台塔式起重机作业时,应当组织制定并实施防止塔式起重机相互碰撞的安全措施。

《建筑施工企业安全生产许可证动态监管暂行办法》(2008 年 6 月 30 日初次实施)

第 4 条　建设工程实行施工总承包的,建筑施工总承包企业应当依法将工程分包给具有安全生产许可证的专业承包企业或劳务分包企业,并加强对分包企业安全生产条件的监督检查。

《住房城乡建设部关于进一步加强建筑市场监管工作的意见》(2011 年 6 月 24 日初次实施)

第 1 条　落实建设单位责任,严格依法发包工程,第 3 项,禁止肢解发包工程。建设单位要将工程发包给具备相应资质条件的承包单位,不得将应当由一个承包单位完成的建设工程肢解成若干部分发包给不同的承包单位。建设单位将施工总承包单位资质范围内的工程发包给两个及以上单位的,视为肢解发包,有关部门要依法进行查处。建设单位直接向施工总承包单位的分包单位支付分包工程款,或者要求承包单位将已经承包的部分建设工程分包给指定单位的,有关部门应当依法进行查处。

《招标投标法实施条例》(2012年2月1日初次实施,2019年3月2日修订)

第29条　招标人可以依法对工程以及与工程建设有关的货物、服务全部或者部分实行总承包招标……

《住房城乡建设部关于推进建筑业发展和改革的若干意见》(2014年7月1日初次实施)

第4条　促进建筑业发展方式转变,第19项,加大工程总承包推行力度。倡导工程建设项目采用工程总承包模式,鼓励有实力的工程设计和施工企业开展工程总承包业务。推动建立适合工程总承包发展的招标投标和工程建设管理机制,调整现行招标投标、施工许可、现场执法检查、竣工验收备案等环节管理制度,为推行工程总承包创造政策环境。工程总承包合同中涵盖的设计、施工业务可以不再通过公开招标方式确定分包单位。

《建筑业企业资质标准》(2015年1月1日初次实施)

总则部分第1条　资质分类:建筑业企业资质分为施工总承包、专业承包和施工劳务三个序列。其中施工总承包序列设有12个类别……

标准部分,第一部分,施工总承包序列资质标准:施工总承包序列设有12个类别,分别是:建筑工程施工总承包、公路工程施工总承包、铁路工程施工总承包、港口与航道工程施工总承包、水利水电工程施工总承包、电力工程施工总承包、矿山工程施工总承包、冶金工程施工总承包、石油化工工程施工总承包、市政公用工程施工总承包、通信工程施工总承包、机电工程施工总承包。

《建设单位项目负责人质量安全责任八项规定(试行)》(2015年3月6日初次实施)

第1条　建设单位项目负责人应当依法组织发包,不得将工程发包给个人或不具有相应资质等级的单位;不得将一个单位工程的施工分解成若干部分发包给不同的施工总承包或专业承包单位;不得将施工合同范围内的单位工程或分部分项工程又另行发包……

《住房城乡建设部关于进一步推进工程总承包发展的若干意见》(2016 年 5 月 20 日初次实施)

第 1 条　大力推进工程总承包。第 1 项,充分认识推进工程总承包的意义。工程总承包是国际通行的建设项目组织实施方式。大力推进工程总承包,有利于提升项目可行性研究和初步设计深度,实现设计、采购、施工等各阶段工作的深度融合,提高工程建设水平;有利于发挥工程总承包企业的技术和管理优势,促进企业做优做强,推动产业转型升级,服务于"一带一路"战略实施。第 2 项,工程总承包的主要模式。工程总承包是指从事工程总承包的企业按照与建设单位签订的合同,对工程项目的设计、采购、施工等实行全过程的承包,并对工程的质量、安全、工期和造价等全面负责的承包方式。工程总承包一般采用设计—采购—施工总承包或者设计—施工总承包模式。建设单位也可以根据项目特点和实际需要,按照风险合理分担原则和承包工作内容采用其他工程总承包模式。第 3 项,优先采用工程总承包模式。建设单位在选择建设项目组织实施方式时,应当本着质量可靠、效率优先的原则,优先采用工程总承包模式。政府投资项目和装配式建筑应当积极采用工程总承包模式。

第 2 条　完善工程总承包管理制度,第 9 项,工程总承包项目的分包。工程总承包企业可以在其资质证书许可的工程项目范围内自行实施设计和施工,也可以根据合同约定或者经建设单位同意,直接将工程项目的设计或者施工业务择优分包给具有相应资质的企业。仅具有设计资质的企业承接工程总承包项目时,应当将工程总承包项目中的施工业务依法分包给具有相应施工资质的企业。仅具有施工资质的企业承接工程总承包项目时,应当将工程总承包项目中的设计业务依法分包给具有相应设计资质的企业。第 10 项,工程总承包项目严禁转包和违法分包。工程总承包企业应当加强对分包的管理,不得将工程总承包项目转包,也不得将工程总承包项目中设计和施工业务一并或者分别分包给其他单位。工程总承包企业自行实施设计的,不得将工程总承包项目工程主体部分的设计业务分包给其他单位。工程总承包企业自行实施施工的,不得将工程总承包项目工程主体结构的施工业务分包给其他单位。

《国务院办公厅关于促进建筑业持续健康发展的意见》(2017 年 2 月 24 日初次实施)

第 3 条　完善工程建设组织模式,第 3 项,加快推行工程总承包。装配式建筑原则上应采用工程总承包模式。政府投资工程应完善建设管理模式,带头推行工程总承包。加快完善工程总承包相关的招标投标、施工许可、竣工验收等制度规定。按照总承包负总责的原则,落实工程总承包单位在工程质量安全、进度控制、成本管理等方面的责任。除以暂估价形式包括在工程总承包范围内且依法必须进行招标的项目外,工程总承包单位可以直接发包总承包合同中涵盖的其他专业业务。

《建设工程质量保证金管理办法》(2017 年 7 月 1 日初次实施)

第 13 条　建设工程实行工程总承包的,总承包单位与分包单位有关保证金的权利与义务的约定,参照本办法关于发包人与承包人相应权利与义务的约定执行。

《建筑工程施工发包与承包违法行为认定查处管理办法》(2019 年 1 月 1 日初次实施)

第 6 条　存在下列情形之一的,属于违法发包:……(五)建设单位将一个单位工程的施工分解成若干部分发包给不同的施工总承包或专业承包单位的。

《房屋建筑和市政基础设施项目工程总承包管理办法》(2020 年 3 月 1 日初次实施)

第 3 条　本办法所称工程总承包,是指承包单位按照与建设单位签订的合同,对工程设计、采购、施工或者设计、施工等阶段实行总承包,并对工程的质量、安全、工期和造价等全面负责的工程建设组织实施方式。

第 6 条第 2 款　建设内容明确、技术方案成熟的项目,适宜采用工程总承包方式。

第 10 条　工程总承包单位应当同时具有与工程规模相适应的工程设计资质和施工资质,或者由具有相应资质的设计单位和施工单位组成联合体。工程总承包单位应当具有相应的项目管理体系和项目管理能力、财务和风险承担能力,以及与发包工程相类似的设计、施工或者工程总承包业绩。设计单位和施工单位组成联合体的,应当根据项目的特点和复杂程度,合理确定牵头单位,并在联合体协议中明确联合体成员单位的责任和权利。联合体各方应当共同与建设单位签订工程总承包合同,就工程总承包项目承担连带责任。

《民法典》(2021 年 1 月 1 日初次实施)

第 791 条第 1 款　发包人可以与总承包人订立建设工程合同,也可以分别与勘察人、设计人、施工人订立勘察、设计、施工承包合同。发包人不得将应当由一个承包人完成的建设工程支解成若干部分发包给数个承包人。

案例适用

074　建设单位直接与专业承包单位签订发包合同是否构成肢解发包

案件名称:江苏苏南建设集团有限公司(以下简称苏南公司)、安庆新城悦盛房地产发展有限公司(以下简称新城公司)建设工程施工合同纠纷案

终审法院:最高人民法院

案　　号:(2019)最高法民终 589 号

一审裁判观点:案涉工程由新城公司招标,苏南公司参与投标,并于 2015 年 2 月 12 日被确定为中标单位。2015 年 3 月 3 日,双方根据中标结果签订案涉《桩基工程施工合同》,同时亦未见有其他违反法律和行政法规效力性强制性规范的情形,因此该合同合法有效。

二审裁判观点:案涉工程项目的建筑工程施工许可证载明施工单位为宜兴建工公司与中建一局第五公司,并未显示苏南公司是施工单位,上述施工单位分别与新城公司签订建设工程施工合同。新城公司亦认可案涉安庆新城吾悦广场项目的总承包人是上述施工单位,苏南公司所做的案涉桩基工程包含在上述施工单位的总承包范围内,桩基工程是新城公司的指定分包。而且,安庆市住建委作出建设罚字〔2016〕第 004 号行政处罚决定书,认定新城公司在与施工总承包单位签订总承包合同之外,将桩基部分分包给其他施工单位,并与桩基部分的施工单位签订了

分包合同，该行为违反《建筑法》第24条第1款“提倡对建筑工程实行总承包，禁止将建筑工程肢解发包”、《建设工程质量管理条例》第7条第2款“建设单位不得将建设工程肢解发包”的规定，对新城公司肢解发包行为进行处罚。新城公司将案涉工程的桩基项目肢解发包，违反了法律和行政法规强制性规定，所以案涉《桩基工程施工合同》应为无效。一审判决认定《桩基工程施工合同》有效，应属不当，二审法院予以纠正。

075　建设单位将桩基工程从施工总承包中剥离出来单独签订合同是否构成肢解发包

案件名称：温州建设集团有限公司与江西中柏房地产开发有限公司建设工程施工合同纠纷案

终审法院：江西省高级人民法院

案　　号：(2017)赣民终530号

一审裁判观点：《建筑法》第24条第1款规定，“禁止将建筑工程肢解发包”，桩基工程与地面主体工程是一个整体，本案中原、被告双方就桩基工程单独签订的合同，违反了法律的强制性规定，且桩基合同是在未进行招投标的情形下签订的，故两份《桩基合同》亦无效。

二审裁判观点：建设工程的施工属于一个独立的环节，而桩基工程则属于建设工程施工中的一部分，应与施工这一整体进行招标。本案上诉人与被上诉人将桩基工程从该建设工程的施工中肢解出来单独签订合同，既违反了《建筑法》，也违反了《招标投标法》，一审法院认定桩基合同无效并无不当。

076　建设单位将外墙涂料工程从施工总承包中剥离出来单独签订合同是否构成肢解发包

案件名称：合肥市宝能房地产开发有限公司（以下简称宝能公司）与中徽博大建设工程有限公司（以下简称中博公司）建设工程施工合同纠纷案

审理法院：安徽省合肥市中级人民法院

案　　号：(2019)皖01民终9411号

裁判观点：宝能公司作为建设单位将外墙涂料分项工程从中铁建公司的总承包范围中剥离，另行发包，交由中博公司施工，该行为明显属于肢解发包。《建设工程质量管理条例》第7条第2款规定，"建设单位不得将建设工程肢解发包"。《建筑法》等法律法规把肢解发包的行为，与违反资质承包工程、违法分包等作为同一性质违法行为规定，法律用语也一致，体现了将禁止肢解发包作为效力性强制性规定的立法本意。因此肢解发包违反了法律法规效力性强制性规定。一审认定《合肥宝能城二期住宅项目外墙涂料工程施工合同》无效，处理正确。

077　建设单位直接与劳务承包单位签订施工合同是否构成肢解发包

案件名称：甘肃川力劳务有限公司（以下简称川力劳务公司）与临洮航龙置业有限公司（以下简称航龙置业公司）建设工程施工合同纠纷案

审理法院：甘肃省高级人民法院

案　　号：(2021)甘民终54号

裁判观点：航龙置业公司作为建设工程的发包单位与川力劳务公司签订劳务合同，约定由航龙置业公司提供建筑材料，由川力劳务公司负责施工，合同主要内容为建设工程施工，故应当认定本案涉案合同性质为建设工程施工合同关系。《最高人民法院关于审理建设工程施工合同纠纷案件适用法律问题的解释》（已失效）第1条规定："建设工程施工合同具有下列情形之一的，应当根据合同法第五十二条第（五）项的规定，认定无效：（一）承包人未取得建筑施工企业资质或者超越资质等级的……"本案中，川力劳务公司仅有劳务施工资质，只能分包由总承包单位或专业承包单位分包的劳务施工，其无直接承包建设工程的相应资质。同时，《建筑法》第24条第2款规定，建筑工程发包单位不得将应当由一个承包单位完成的建筑工程肢解成若干部分发包给几个承包单位。

基于上述理由本案涉案合同应当认定为无效合同。

078 建设单位将同一建设项目分开发包是否构成肢解发包

案件名称：和记黄埔地产（西安）有限公司（以下简称和记黄埔西安公司）与中国建筑一局（集团）有限公司建设工程施工合同纠纷案

审理法院：陕西省高级人民法院

案　　号：（2011）陕民一初字第00004号

裁判观点：《建筑法》第24条规定，禁止将建筑工程肢解发包。本案工程的备案施工合同、施工许可证、竣工备案表等证据均明确载明工程项目建设范围为GXIII－（1）－8地块地下工程及1#～8#、15#、16#楼建安工程，因此，商务合同约定的北区地上和地下室结构工程同属一个行政审批的建设项目，和记黄埔西安公司作为发包人将同一建设项目肢解为地上与地下两个部分进行发包所形成的商务合同，明显违反上述《建筑法》的强制性规定。

079 如何理解肢解发包的责任主体和时间截点

案件名称：湖南省第六工程有限公司（以下简称湖南六公司）与济源市五星置业有限公司（以下简称五星置业公司）建设工程施工合同纠纷案

审理法院：河南省高级人民法院

案　　号：（2015）豫法民二终字第140号

裁判观点：《建筑法》第24条规定：……从上述条款的文义理解，可以得出肢解工程应该发生在建设施工合同的签订阶段或者在施工过程的前期，肢解工程的违约方应为发包方而非承包人。而本案五星置业公司将湖南六公司剩余工程转包给他人的原因，是湖南六公司在施工过程中，没有按照《建设工程施工合同》和工程备忘录约定的时间竣工，一再延误工期，责任在施工方湖南六公司。因此，五星置业公司为减少因工期延误所造成损失将工程转包给他人的行为是一种合理减损行为，而非对工程进行肢解的行为。

第二十五条 【指定采购】按照合同约定，建筑材料、建筑构配件和设备由工程承包单位采购的，发包单位不得指定承包单位购入用于工程的建筑材料、建筑构配件和设备或者指定生产厂、供应商。

条文理解

本条是关于指定采购的规定，依据《建设部、国家工商行政管理局关于禁止在工程建设中垄断市场和肢解发包工程的通知》第3条的规定，建筑材料、建筑构配件和设备应主要由承包单位负责采购，发包单位需要自己定货采购的，要在合同中明确其责任和要求。对可能影响工程质量和使用功能的劣质材料、设备，承包单位有权拒绝使用。若发包单位强行要求承包单位使用的，由其承担由此造成的工程质量和安全责任。依据《建设工程质量管理条例》第14条的规定，发包单位不得明示或者暗示施工单位使用不合格的建筑材料、建筑构配件和设备。

参照《建设工程施工合同(示范文本)》第二部分通用合同条款第8.1条的规定，发包人自行供应材料、工程设备的，应在签订合同时在专用合同条款的附件《发包人供应材料设备一览表》中明确材料、工程设备的品种、规格、型号、数量、单价、质量等级和送达地点。依据《最高人民法院关于审理建设工程施工合同纠纷案件适用法律问题的解释(一)》第13条的规定，发包人提供或者指定购买的建筑材料、建筑构配件、设备不符合强制性标准，造成建设工程质量缺陷，应当承担过错责任。

实务中，发包单位指定采购建筑材料、构配件和设备的，承包单位起诉要求赔偿建筑成本增加的损失会得到法院的支持。另外，有观点认为如果发包单位仅是限定建筑材料、构配件和设备的品牌范围，但没有指定单一品牌，且没有排斥替代品的选用的情形下，不构成本条规定的指定采购的情形，属于发包单位对质量方面的合理要求。

规定集成

《建设部、国家工商行政管理局关于禁止在工程建设中垄断市场和肢解发包工程的通知》(1996 年 4 月 22 日初次实施)

第 3 条 工程建设的材料、设备,应主要由承包单位负责采购,并明确责任,择优选购,加强检查验收,切实保证材料、设备的质量。建设单位需要自己定货采购的,要在合同中明确其责任和要求。对可能影响工程质量和使用功能的劣质材料、设备,承包单位有权拒绝使用;若建设单位强行要求承包单位使用的,由建设单位承担由此造成的工程质量和安全责任。任何单位和个人,均不得强行要求承包单位购买其指定厂家生产的材料、设备。

《建设工程质量管理条例》(2000 年 1 月 30 日初次实施,2019 年 4 月 23 日修订)

第 14 条 按照合同约定,由建设单位采购建筑材料、建筑构配件和设备的,建设单位应当保证建筑材料、建筑构配件和设备符合设计文件和合同要求。建设单位不得明示或者暗示施工单位使用不合格的建筑材料、建筑构配件和设备。

《建设工程安全生产管理条例》(2004 年 2 月 1 日初次实施)

第 9 条 建设单位不得明示或者暗示施工单位购买、租赁、使用不符合安全施工要求的安全防护用具、机械设备、施工机具及配件、消防设施和器材。

《住房城乡建设部关于进一步加强建筑市场监管工作的意见》(2011 年 6 月 24 日初次实施)

第 1 条 落实建设单位责任,严格依法发包工程,第 4 项,禁止建设单位指定工程分包单位。承包单位对其承包范围内的部分专业工程依法进行分包时,建设单位不得指定分包单位,不得要求承包单位购入其指定的建筑材料、构配件和设备,不得采用与总承包单位、分包单位签订“三方协议”的方式变相指定分包单位。

《建设工程施工合同(示范文本)》(GF-2017-0201)(2017 年 10 月 1 日初次实施)

第二部分通用合同条款,第 8.1 条,发包人供应材料与工程设备:发包人自行供应材料、工程设备的，应在签订合同时在专用合同条款的附件《发包人供应材料设备一览表》中明确材料、工程设备的品种、规格、型号、数量、单价、质量等级和送达地点。承包人应提前30天通过监理人以书面形式通知发包人供应材料与工程设备进场。承包人按照第7.2.2项〔施工进度计划的修订〕约定修订施工进度计划时，需同时提交经修订后的发包人供应材料与工程设备的进场计划。第8.2条，承包人采购材料与工程设备：承包人负责采购材料、工程设备的，应按照设计和有关标准要求采购，并提供产品合格证明及出厂证明，对材料、工程设备质量负责。合同约定由承包人采购的材料、工程设备，发包人不得指定生产厂家或供应商，发包人违反本款约定指定生产厂家或供应商的，承包人有权拒绝，并由发包人承担相应责任。第8.3条，材料与工程设备的接收与拒收：第8.3.1条，发包人应按《发包人供应材料设备一览表》约定的内容提供材料和工程设备，并向承包人提供产品合格证明及出厂证明，对其质量负责。发包人应提前24小时以书面形式通知承包人、监理人材料和工程设备到货时间，承包人负责材料和工程设备的清点、检验和接收。发包人提供的材料和工程设备的规格、数量或质量不符合合同约定的，或因发包人原因导致交货日期延误或交货地点变更等情况的，按照第16.1款〔发包人违约〕约定办理。第8.3.2条，承包人采购的材料和工程设备，应保证产品质量合格，承包人应在材料和工程设备到货前24小时通知监理人检验。承包人进行永久设备、材料的制造和生产的，应符合相关质量标准，并向监理人提交材料的样本以及有关资料，并应在使用该材料或工程设备之前获得监理人同意。承包人采购的材料和工程设备不符合设计或有关标准要求时，承包人应在监理人要求的合理期限内将不符合设计或有关标准要求的材料、工程设备运出施工现场，并重新采购符合要求的材料、工程设备，由此增加的费用和(或)延误的工期，由承包人承担。

《最高人民法院关于审理建设工程施工合同纠纷案件适用法律问题的解释(一)》(2021年1月1日初次实施)

第13条　发包人具有下列情形之一，造成建设工程质量缺陷，应当承担过错责任：(一)提供的设计有缺陷；(二)提供或者指定购买的建筑材料、建筑构配件、设备不符合强制性标准；(三)直接指定分包人分包专业工程。承包人有过错的，也应当承担相应的过错责任。

案例适用

080　发包单位违法指定建筑材料的品牌、价格等如何承担责任

案件名称：商丘市腾科建设有限公司（以下简称腾科公司）与华润雪花啤酒（哈尔滨）有限公司（以下简称华润公司）建设工程施工合同纠纷案

终审法院：黑龙江省哈尔滨市中级人民法院

案　　号：（2019）黑01民终1517号

一审裁判观点：根据《建筑法》第25条的规定，华润公司这种指定建筑材料品牌、价格的行为必然导致建筑成本的增加，这种行为的法律后果应由华润公司承担。故根据补充鉴定说明，华润公司应支付腾科公司下列款项……中标材料差价1,451,415.23元……中标价以外增加项目63,770.51元。

二审裁判观点：《建筑法》第25条为对发包单位指定行为的禁止性规定，而且没有明确具体禁止的时间节点，应是涵盖整个建设工程的全过程。华润公司主张该规定禁止的只是合同签约后、实际履行之中的指定行为，与上述法律规定的立法精神不符。案涉工程承包形式为包工包料，属于建筑材料及建筑配件和设备由工程承包单位腾科公司自主采购的情形，根据前述法律规定，发包单位华润公司不得指定承包单位腾科公司购入用于工程的建筑材料、建筑构件和设备或者指定生产厂、供应商。但华润公司在招标和签约过程中，即对材料品牌、价格等进行一定范围的限定，而在合同履行中又对建筑材料及建筑构件进行明确指定，其指定行为的性质不因招投标及其与腾科公司签约而发生改变。因华润公司的违法指定行为，导致建筑成本增加，一审法院判定其承担相应法律后果，并无不当。

081　发包单位限定建筑材料的品牌范围是否属于指定采购

案件名称：深圳市创益科技发展有限公司（以下简称创益公司）与深圳市美净技术发展有限公司（以下简称美净公司）建设工程施工合同纠纷案

终审法院：广东省深圳市中级人民法院

案　　号：（2014）深中法房终字第809号

一审裁判观点：《创益产业园B型厂房二楼净化工程合同》约定，如承包人对指定品牌有异议或拟采购的材料、设备不在已确定的品牌目录中的，须选择同等档次或以上的品牌，且必须向发包人申报，并提供样品及相关文件资料，经创益公司书面批准后方能进行采购。美净公司确认因无法提供合同约定的品牌货物，为赶工期，才出现了美净公司进场的设备、材料不符合合同约定品牌的现象。深圳市质量技术监督评鉴事务所出具的创益产业园B型厂房二楼净化工程质量鉴定报告显示：涉案的彩钢板品牌与合同约定品牌不符。原审法院认为，美净公司在使用材料品牌上违反合同的约定。

二审裁判观点：《创益产业园B型厂房二楼净化工程合同》对于材料品牌作出了明确约定，如承包人对指定品牌有异议或拟采购的材料、设备不在已确定的品牌目录中的，须选择同等档次或以上的品牌，且必须向发包人申报，并提供样品及相关文件资料，经创益公司书面批准后方能进行采购。创益公司作为发包人，有权对工程质量作出要求和约定，其在合同中并未指定单一品牌，亦未排斥替代品的选用，其对品牌范围的限定并未违反相关法律规定。

第三节 承 包

第二十六条 【资质挂靠】承包建筑工程的单位应当持有依法取得的资质证书，并在其资质等级许可的业务范围内承揽工程。

禁止建筑施工企业超越本企业资质等级许可的业务范围或者以任何形式用其他建筑施工企业的名义承揽工程。禁止建筑施工企业以任何形式允许其他单位或者个人使用本企业的资质证书、营业执照，以本企业的名义承揽工程。

条文理解

本条是关于资质挂靠的规定，属于对本法第13条关于建筑活动主体应在取得相应等级的资质证书后，方可在其资质等级许可的范围内从事建筑活动的规定的细化，立法本意都是要求承包单位应在其资质等级许可的业务范围内承揽工程。

关于超越企业资质等级许可的业务范围承揽工程的情形，依据《最高人民法院关于审理建设工程施工合同纠纷案件适用法律问题的解释（一）》第1条的规定，承包人超越资质等级签订的建设工程施工合同应当认定无效。依据该解释第4条的规定，承包人超越资质等级许可的业务范围签订建设工程施工合同，在建设工程竣工前取得相应资质等级，当事人请求按照无效合同处理的，人民法院不予支持，此点与借用其他建筑施工企业的名义承揽工程的情形不同。在借用其他建筑施工企业的名义承揽工程的情形下，建设工程在竣工前取得相应资质等级也不能改变合同的效力，应注意区分。

关于用其他建筑施工企业的名义承揽工程的情形，依据《建筑工程施工发包与承包违法行为认定查处管理办法》第9条和第10条的规定，没有资质的单位或个人借用其他施工单位的资质承揽工程的，及有资质的施工单位相互借用资质承揽工程的，包括资质等级低的借用资质等级高的，资质等级高的借用资质等级低的，相同资质等级相互借用的，属于挂靠行为。依据《最高人民法院关于审理建设工程施工合同纠纷案件适用法律问题的解释(一)》第1条的规定，建设工程施工合同具有下列情形之一的，应当认定无效：(1)承包人未取得建筑业企业资质或者超越资质等级的；(2)没有资质的实际施工人借用有资质的建筑施工企业名义的。

关于允许其他单位或者个人使用本企业的资质证书、营业执照，以本企业的名义承揽工程的情形，依据《房屋建筑和市政基础设施工程施工分包管理办法》第15条的规定，分包工程发包人没有将其承包的工程进行分包，在施工现场所设项目管理机构的项目负责人、技术负责人、项目核算负责人、质量管理人员、安全管理人员不是工程承包人本单位人员的，视同允许他人以本企业名义承揽工程。

规定集成

《建设工程质量管理条例》(2000年1月30日初次实施，2019年4月23日修订)

第18条第1款、第2款　从事建设工程勘察、设计的单位应当依法取得相应等级的资质证书，并在其资质等级许可的范围内承揽工程。禁止勘察、设计单位超越其资质等级许可的范围或者以其他勘察、设计单位的名义承揽工程。禁止勘察、设计单位允许其他单位或者个人以本单位的名义承揽工程。

第25条第1款、第2款　施工单位应当依法取得相应等级的资质证书，并在其资质等级许可的范围内承揽工程。禁止施工单位超越本单位资质等级许可的业务范围或者以其他施工单位的名义承揽工程。禁止施工单位允许其他单位或者个人以本单位的名义承揽工程。

《建设工程勘察设计管理条例》(2000年9月25日初次实施，2017年10月7日修订)

第8条　建设工程勘察、设计单位应当在其资质等级许可的范围内承揽建设工程勘察、设计业务。禁止建设工程勘察、设计单位超越其资质等级许可的范围或者以其他建设工程勘察、设计单位的名义承揽建设工程勘察、设计业务。禁止建设工程勘察、设计单位允许其他单位或者个人以本单位的名义承揽建设工程勘察、设计业务。

第 21 条　承包方必须在建设工程勘察、设计资质证书规定的资质等级和业务范围内承揽建设工程的勘察、设计业务。

《房屋建筑和市政基础设施工程施工分包管理办法》(2004 年 4 月 1 日初次实施,2019 年 3 月 13 日修正)

第 15 条　禁止转让、出借企业资质证书或者以其他方式允许他人以本企业名义承揽工程。分包工程发包人没有将其承包的工程进行分包,在施工现场所设项目管理机构的项目负责人、技术负责人、项目核算负责人、质量管理人员、安全管理人员不是工程承包人本单位人员的,视同允许他人以本企业名义承揽工程。

《建筑工程施工发包与承包违法行为认定查处管理办法》(2019 年 1 月 1 日初次实施)

第 8 条第 1 款　存在下列情形之一的,应当认定为转包,但有证据证明属于挂靠或者其他违法行为的除外:……(三)施工总承包单位或专业承包单位未派驻项目负责人、技术负责人、质量管理负责人、安全管理负责人等主要管理人员,或派驻的项目负责人、技术负责人、质量管理负责人、安全管理负责人中一人及以上与施工单位没有订立劳动合同且没有建立劳动工资和社会养老保险关系,或派驻的项目负责人未对该工程的施工活动进行组织管理,又不能进行合理解释并提供相应证明的;(四)合同约定由承包单位负责采购的主要建筑材料、构配件及工程设备或租赁的施工机械设备,由其他单位或个人采购、租赁,或施工单位不能提供有关采购、租赁合同及发票等证明,又不能进行合理解释并提供相应证明的;(五)专业作业承包人承包的范围是承包单位承包的全部工程,专业作业承包人计取的是除上缴给承包单位"管理费"之外的全部工程价款的;(六)承包单位通过采取合作、联营、个人承包等形式或名义,直接或变相将其承包的全部工程转给其他单位或个人施工的;(七)专业工程的发包单位不是该工程的施工总承包或专业承包单位的，但建设单位依约作为发包单位的除外；（八）专业作业的发包单位不是该工程承包单位的；（九）施工合同主体之间没有工程款收付关系，或者承包单位收到款项后又将款项转拨给其他单位和个人，又不能进行合理解释并提供材料证明的。

第 9 条　本办法所称挂靠，是指单位或个人以其他有资质的施工单位的名义承揽工程的行为。前款所称承揽工程，包括参与投标、订立合同、办理有关施工手续、从事施工等活动。

第 10 条　存在下列情形之一的，属于挂靠：（一）没有资质的单位或个人借用其他施工单位的资质承揽工程的；（二）有资质的施工单位相互借用资质承揽工程的，包括资质等级低的借用资质等级高的，资质等级高的借用资质等级低的，相同资质等级相互借用的；（三）本办法第八条第一款第（三）至（九）项规定的情形，有证据证明属于挂靠的。

《最高人民法院关于审理建设工程施工合同纠纷案件适用法律问题的解释（一）》（2021 年 1 月 1 日初次实施）

第 1 条　建设工程施工合同具有下列情形之一的，应当依据民法典第一百五十三条第一款的规定，认定无效：（一）承包人未取得建筑业企业资质或者超越资质等级的；（二）没有资质的实际施工人借用有资质的建筑施工企业名义的；（三）建设工程必须进行招标而未招标或者中标无效的。承包人因转包、违法分包建设工程与他人签订的建设工程施工合同，应当依据民法典第一百五十三条第一款及第七百九十一条第二款、第三款的规定，认定无效。

第 4 条　承包人超越资质等级许可的业务范围签订建设工程施工合同，在建设工程竣工前取得相应资质等级，当事人请求按照无效合同处理的，人民法院不予支持。

第 7 条　缺乏资质的单位或者个人借用有资质的建筑施工企业名义签订建设工程施工合同，发包人请求出借方与借用方对建设工程质量不合格等因出借资质造成的损失承担连带赔偿责任的，人民法院应予支持。

案例适用

082　如何判断资质挂靠行为

案件名称:浙江荣佳建筑工程有限公司(以下简称荣佳公司)与青海汇鑫食品有限公司(以下简称汇鑫公司)等建设工程施工合同纠纷案

审理法院:最高人民法院

案　　号:(2019)最高法民终1363号

裁判观点:首先,2013年4月李某以荣佳公司的名义组织队伍进场施工,2013年5月李某与荣佳公司签订《内包协议》,约定李某按照荣佳公司与建设单位签订的施工合同内容承建案涉工程。而此时,案涉工程尚未招标,案涉《建设工程施工合同》于2014年2月方才通过招标方式签订,即在案涉《建设工程施工合同》签订前,李某已经实质性介入案涉工程。其次,根据《内包协议》的约定,案涉工程由李某独立核算、自负盈亏,且无论亏损与否,均须向荣佳公司交纳工程结算价2%的管理费并自行承担相关税费,即荣佳公司仅以自己名义与汇鑫公司签订《建设工程施工合同》,相应的合同权利义务均由李某享有和承担,荣佳公司获取固定的管理费收益。最后,荣佳公司未提交相反证据证明其对案涉工程进行了资金、设备和人力的投入以及对案涉工程进行了施工管理。而根据李某与汇鑫公司的一致陈述,案涉工程系由李某投入资金、组织人员和机器设备实际施工建设,与《内包协议》的约定相符。因此,李某与荣佳公司之间符合没有资质的个人借用其他施工单位的资质承揽工程的特征,李某系案涉工程的实际施工人。根据《建筑法》第26条之规定,一审判决认定案涉《建设工程施工合同》无效,于法有据。荣佳公司主张李某系其工作人员,与其存在聘用关系,其行为代表荣佳公司,但其未提交聘用合同或劳动合同、社保关系证明等证据加以证明;荣佳公司也主张其与李某存在合作关系,其主张因证据不足不能成立。

083 资质挂靠方与被挂靠方之间的合同效力如何

案件名称：沈阳国通通信工程有限公司（以下简称国通公司）与大庆市奇跃通信工程有限公司（以下简称奇跃公司）建设工程施工合同纠纷案

审理法院：黑龙江省高级人民法院

案　　号：（2020）黑民终210号

裁判观点：奇跃公司因不具备承揽案涉工程的资质与国通公司达成合意，约定奇跃公司借用国通公司的资质承揽案涉16项工程，国通公司提取15%的销售款，实质系出借企业施工资质的合同关系，该约定因违反《建筑法》《建设工程质量管理条例》等法律、行政法规的强制性规定而无效。因双方借用施工资质承揽案涉16项工程的合同无效，其中按照15%的比例收取费用的约定也无效，且国通公司自认未参与案涉工程的施工活动，其关于提取15%款项的主张缺乏法律依据，法院不予支持。

084 缺乏建筑资质签订合同是否违反法律规定

案件名称：浙江省建工集团有限责任公司温州分公司（以下简称建工温州分公司）与张某1、徐某等建设工程施工合同纠纷案

终审法院：浙江省高级人民法院

案　　号：（2008）浙民一终字第238号

一审裁判观点：《建筑法》第5条规定：……第26条规定：承包建筑工程的单位应当持有依法取得的资质证书，并在其资质等级许可的范围内承揽工程。禁止建筑施工企业超越本企业资质等级许可的业务范围或者以任何形式用其他建筑施工企业的名义承揽工程。禁止建筑施工企业以任何形式允许其他单位或者个人使用本企业的资质证书、营业执照，以本企业的名义承揽工程。第28条规定：禁止承包单位将其承包的全部建筑工程转包给他人，禁止承包单位将其承包的全部建筑工程肢解以后以分包的名义分别转包给他人。本案中，张某1、王某、张某2、陈某在不具备法定条件的情况下个人合伙承包工程，因此不论是张某1主张

的系徐某决定将案涉工程交由张某2负责施工承建，还是徐某、建工温州分公司主张的挂靠关系，均与上述禁止性法律规定相悖，应当认定本案张某1与徐某、建工温州分公司围绕“龙港新美洲扶贫代建项目”的转包或挂靠关系均无效。

二审裁判观点：建工温州分公司和张某1之间的民事法律关系，由于张某1不具备相应的建筑资质，建工温州分公司对此明知，故不论双方间系挂靠还是转包关系，双方围绕案涉工程的民事法律关系均应认定为无效。

085　资质被挂靠方是否需要承担挂靠方拖欠的农民工工资的支付责任

案件名称：黑龙江省二建建筑工程有限责任公司（以下简称省二建公司）与易某劳务合同纠纷案

审理法院：黑龙江省高级人民法院

案　　号：（2020）黑民申1257号

裁判观点：任某借用省二建公司名义对案涉工程进行实际施工，省二建公司与任某之间存在挂靠关系，违反法律禁止性规定。作为有建筑用工资质的省二建公司对任某借用其资质进行施工是明知且认可的，对任某借用其名义对外雇用劳务用工也应当有所预知。根据《保障农民工工资支付条例》第36条第2款的规定：“施工单位允许其他单位和个人以施工单位的名义对外承揽建设工程，导致拖欠农民工工资的，由施工单位清偿。”故原审法院判决省二建公司就任某拖欠易某的人工费承担连带责任并无不当，省二建公司的再审主张不能成立。

086　资质被挂靠方在何种情形下需要对挂靠方拖欠的工程款承担连带责任

案件名称：新疆瑞泉水利建筑工程有限公司（以下简称瑞泉公司）与张某、伊犁高广房地产开发有限公司等建设工程施工合同纠纷案

终审法院：新疆维吾尔自治区高级人民法院伊犁哈萨克自治州分院

案　　号:(2020)新40民终1345号

一审裁判观点:涂某与瑞泉公司就涉案工程因借用资质形成挂靠关系,涂某作为没有资质的实际施工人借用瑞泉公司资质承揽工程,该行为违反了《建筑法》第26条的禁止性规定。实际施工人挂靠建筑施工企业承包工程,在施工过程中对外分包工程,权利人同时向实际承包人和挂靠人主张权利的,由实际承包人承担工程款的给付责任,被挂靠人承担连带责任,故瑞泉公司对工程款应承担连带责任。

二审裁判观点:瑞泉公司认可将涉案工程即察布查尔县锡广源小区E区1号楼、2号楼工程承包给了涂某,但其不认可涂某将其中部分工程又分包给了张某。由于涂某本案庭审中认可所欠工程款就是其从瑞泉公司承包的工程的工程款,而涂某与瑞泉公司是挂靠关系,并担任瑞泉公司的项目经理,涂某的自认行为,应当是张某请求支付工程款的有利证据,此时,张某已完成了自己的举证责任。瑞泉公司认为张某与涂某另有工程,不仅要有证据证明该两人另有工程分包关系,还要有证据证明涉案工程其已与涂某结算完毕,方能抗辩张某向其主张工程款。现瑞泉公司并未完成上述两项举证责任,尤其是未有证据证实自己已经将涉案工程款支付完毕,应当承担连带偿还责任,瑞泉公司该上诉理由不成立,法院不予支持。

087　资质被挂靠方在何种情形下不需要对挂靠方拖欠的工程款承担连带责任

案件名称:战某、日照市海晨装饰工程有限公司(以下简称海晨装饰公司)建设工程施工合同纠纷案

审理法院:山东省高级人民法院

案　　号:(2020)鲁民申4231号

裁判观点:战某是依据口头协议从别某处承揽了案涉工程,战某和别某也均表示战某对于别某借用海晨装饰公司资质承揽案涉工程并不知情,战某与海晨装饰公司之间并无直接合同关系,其在施工中直接从

别某处支取款项,即别某系以自己的名义将工程转包给战某,战某未举证证明其有理由相信别某是在履行与海晨装饰公司的施工合同义务有关的职务行为或别某的上述行为构成了代表海晨装饰公司的表见代理行为。连带责任是法律直接规定的责任形态,责任主体之间承担连带责任须有明确的法律依据,不能随意突破合同相对性原则,二审认定海晨装饰公司不承担连带付款责任并无不当。

第二十七条 【联合承包】大型建筑工程或者结构复杂的建筑工程,可以由两个以上的承包单位联合共同承包。共同承包的各方对承包合同的履行承担连带责任。

两个以上不同资质等级的单位实行联合共同承包的,应当按照资质等级低的单位的业务许可范围承揽工程。

条文理解

本条是关于联合承包的规定,依据《招标投标法》第31条的规定,联合体承包的,联合体各方均应当具备承担招标项目的相应能力。国家有关规定或者招标文件对投标人资格条件有规定的,联合体各方均应当具备规定的相应资格条件。由同一专业的单位组成的联合体,按照资质等级较低的单位确定资质等级。联合体各方应当签订共同投标协议,明确约定各方拟承担的工作和责任,并将共同投标协议连同投标文件一并提交招标人。联合体中标的,联合体各方应当共同与招标人签订合同,就中标项目向招标人承担连带责任。

参照《民法典》第786条关于共同承揽人对定作人承担连带责任的规定,承包单位联合共同承包建筑工程的,应对承包合同的履行承担连带责任。关于两个以上不同资质等级的单位实行联合共同承包的,应当按照资质等级低的单位的业务许可范围承揽工程,其目的是防止名为联合体承包，实为挂靠、转包等违法情形的发生。另外，按照本条规定，共同承包的各方对承包合同的履行承担连带责任，共同承包的各方属于必须共同进行诉讼的当事人。依据《最高人民法院关于适用〈中华人民共和国民事诉讼法〉的解释》第73条的规定，必须共同进行诉讼的当事人没有参加诉讼的，人民法院应当依照《民事诉讼法》第135条的规定，通知其参加，即联合体承包案件中，联合体各方应共同参加诉讼。

规定集成

《招标投标法》(2000年1月1日初次实施，2017年12月27日修正)

第31条　两个以上法人或者其他组织可以组成一个联合体，以一个投标人的身份共同投标。联合体各方均应当具备承担招标项目的相应能力；国家有关规定或者招标文件对投标人资格条件有规定的，联合体各方均应当具备规定的相应资格条件。由同一专业的单位组成的联合体，按照资质等级较低的单位确定资质等级。联合体各方应当签订共同投标协议，明确约定各方拟承担的工作和责任，并将共同投标协议连同投标文件一并提交招标人。联合体中标的，联合体各方应当共同与招标人签订合同，就中标项目向招标人承担连带责任。招标人不得强制投标人组成联合体共同投标，不得限制投标人之间的竞争。

《房屋建筑和市政基础设施工程施工招标投标管理办法》(2001年6月1日初次实施，2019年3月13日修正)

第29条　两个以上施工企业可以组成一个联合体，签订共同投标协议，以一个投标人的身份共同投标。联合体各方均应当具备承担招标工程的相应资质条件。相同专业的施工企业组成的联合体，按照资质等级低的施工企业的业务许可范围承揽工程。招标人不得强制投标人组成联合体共同投标，不得限制投标人之间的竞争。

《工程建设项目勘察设计招标投标办法》(2003年8月1日初次实施，2013年3月11日修正)

第27条　以联合体形式投标的，联合体各方应签订共同投标协议，连同投标文件一并提交招标人。联合体各方不得再单独以自己名义,或者参加另外的联合体投同一个标。招标人接受联合体投标并进行资格预审的,联合体应当在提交资格预审申请文件前组成。资格预审后联合体增减、更换成员的,其投标无效。

第 28 条　联合体中标的,应指定牵头人或代表,授权其代表所有联合体成员与招标人签订合同,负责整个合同实施阶段的协调工作。但是,需要向招标人提交由所有联合体成员法定代表人签署的授权委托书。

《工程建设项目货物招标投标办法》(2005 年 3 月 1 日初次实施,2013 年 3 月 11 日修正)

第 38 条　两个以上法人或者其他组织可以组成一个联合体,以一个投标人的身份共同投标。联合体各方签订共同投标协议后,不得再以自己名义单独投标,也不得组成或参加其他联合体在同一项目中投标;否则相关投标均无效。联合体中标的,应当指定牵头人或代表,授权其代表所有联合体成员与招标人签订合同,负责整个合同实施阶段的协调工作。但是,需要向招标人提交由所有联合体成员法定代表人签署的授权委托书。

第 39 条　招标人接受联合体投标并进行资格预审的,联合体应当在提交资格预审申请文件前组成。资格预审后联合体增减、更换成员的,其投标无效。招标人不得强制资格预审合格的投标人组成联合体。

《招标投标法实施条例》(2012 年 2 月 1 日初次实施,2019 年 3 月 2 日修订)

第 37 条　招标人应当在资格预审公告、招标公告或者投标邀请书中载明是否接受联合体投标。招标人接受联合体投标并进行资格预审的,联合体应当在提交资格预审申请文件前组成。资格预审后联合体增减、更换成员的,其投标无效。联合体各方在同一招标项目中以自己名义单独投标或者参加其他联合体投标的,相关投标均无效。

《工程建设项目施工招标投标办法》(2003 年 5 月 1 日初次实施,2013 年 3 月 11 日修正)

第 42 条　两个以上法人或者其他组织可以组成一个联合体,以一个投标人的身份共同投标。联合体各方签订共同投标协议后,不得再以自己名义单独投标,也不得组成新的联合体或参加其他联合体在同一项目中投标。

《房屋建筑和市政基础设施项目工程总承包管理办法》(2020 年 3 月 1 日初次实施)

第 10 条　工程总承包单位应当同时具有与工程规模相适应的工程设计资质和施工资质,或者由具有相应资质的设计单位和施工单位组成联合体。工程总承包单位应当具有相应的项目管理体系和项目管理能力、财务和风险承担能力,以及与发包工程相类似的设计、施工或者工程总承包业绩。设计单位和施工单位组成联合体的,应当根据项目的特点和复杂程度,合理确定牵头单位,并在联合体协议中明确联合体成员单位的责任和权利。联合体各方应当共同与建设单位签订工程总承包合同,就工程总承包项目承担连带责任。

《民法典》(2021 年 1 月 1 日初次实施)

第 786 条　共同承揽人对定作人承担连带责任,但是当事人另有约定的除外。

第 973 条　合伙人对合伙债务承担连带责任。清偿合伙债务超过自己应当承担份额的合伙人,有权向其他合伙人追偿。

案例适用

088　联合体一方无资质与发包方所签订的合同效力如何

案件名称:吉林国贸房地产开发有限责任公司、寰域设计咨询(上海)有限公司(以下简称寰域公司)与龙邦装潢股份有限公司(以下简称龙邦公司)装饰装修合同纠纷案

审理法院:吉林省吉林市中级人民法院

案　　号:(2014)吉中民一初字第 8 号

裁判观点:寰域公司作为设计公司不具备建筑装修设计资质,违反了法律、行政法规的强制性规定,而且建筑装饰工程还涉及了公共安全,应当认定涉案设计合同无效。且从涉案设计合同来看,寰域公司、龙邦公司共同承包设计,寰域公司与龙邦公司主张双方是合作关系,寰域公

司承担设计任务,龙邦公司提供技术咨询,收取技术咨询费,实际上是寰域公司借用龙邦公司的资质对外承揽建筑装饰工程设计,或者说双方是合作的联营体。根据《建筑法》第27条第2款的规定,即使是寰域公司、龙邦公司所称的合作关系,涉案设计合同也是无效合同,因为合作联营是以低资质作为合作联营体的资质,即这个合作联营体不具备任何资质。综上,本案双方签订的建筑装饰工程设计合同因违反了法律、行政法规的强制性规定,应确认为无效合同,自始没有法律约束力。

089　联合体各方是否应共同参加诉讼

案件名称:深圳市朗飞实验室建设有限公司与沈阳市食品药品检验所建设工程施工合同纠纷案

审理法院:辽宁省沈阳市中级人民法院

案　　号:(2019)辽01民终8456号

裁判观点:《建筑法》第27条第1款已明确规定,"共同承包的各方对承包合同的履行承担连带责任",因此,在规范的联合体承包模式下,如因承包合同产生纠纷,联合体各方应当共同作为原告或被告。依照《最高人民法院关于适用〈中华人民共和国民事诉讼法〉的解释》第73条的规定,"必须共同进行诉讼的当事人没有参加诉讼的,人民法院应当依照民事诉讼法第一百三十二条的规定,通知其参加;当事人也可以向人民法院申请追加……"故本案应撤销原裁定,指令原审法院审理本案,追加中宇公司为本案的当事人。

第二十八条　【禁止转包】禁止承包单位将其承包的全部建筑工程转包给他人,禁止承包单位将其承包的全部建筑工程肢解以后以分包的名义分别转包给他人。

条文理解

本条是关于禁止转包的规定,依据《建筑工程施工发包与承包违法行为认定查处管理办法》第7条的规定,转包是指承包单位承包工程后,不履行合同约定的责任和义务,将其承包的全部工程或者将其承包的全部工程肢解后以分包的名义分别转给其他单位或个人施工的行为。注意转包与合法分包的区别,依据本法第29条的规定,总承包单位在合同有约定或经建设单位认可的前提下,可以将承包工程中非主体的部分工程发包给具有相应资质条件的分包单位。另外,依据《最高人民法院关于审理建设工程施工合同纠纷案件适用法律问题的解释(一)》第1条的规定,承包人因转包建设工程与他人签订的建设工程施工合同为无效的合同。

依据《建筑工程施工发包与承包违法行为认定查处管理办法》第8条的规定,存在下列情形之一的,应当认定为转包,但有证据证明属于挂靠或者其他违法行为的除外:(1)承包单位将其承包的全部工程转给其他单位(包括母公司承接建筑工程后将所承接工程交由具有独立法人资格的子公司施工的情形)或个人施工的;(2)承包单位将其承包的全部工程肢解以后,以分包的名义分别转给其他单位或个人施工的;(3)施工总承包单位或专业承包单位未派驻项目负责人、技术负责人、质量管理负责人、安全管理负责人等主要管理人员,或派驻的项目负责人、技术负责人、质量管理负责人、安全管理负责人中一人及以上与施工单位没有订立劳动合同且没有建立劳动工资和社会养老保险关系,或派驻的项目负责人未对该工程的施工活动进行组织管理,又不能进行合理解释并提供相应证明的;(4)合同约定由承包单位负责采购的主要建筑材料、构配件及工程设备或租赁的施工机械设备,由其他单位或个人采购、租赁,或施工单位不能提供有关采购、租赁合同及发票等证明,又不能进行合理解释并提供相应证明的;(5)专业作业承包人承包的范围是承包单位承包的全部工程，专业作业承包人计取的是除上缴给承包单位“管理费”之外的全部工程价款的；(6)承包单位通过采取合作、联营、个人承包等形式或名义，直接或变相将其承包的全部工程转给其他单位或个人施工的；(7)专业工程的发包单位不是该工程的施工总承包或专业承包单位的，但建设单位依约作为发包单位的除外；(8)专业作业的发包单位不是该工程承包单位的；(9)施工合同主体之间没有工程款收付关系，或者承包单位收到款项后又将款项转拨给其他单位和个人，又不能进行合理解释并提供材料证明的。两个以上的单位组成联合体承包工程，在联合体分工协议中约定或者在项目实际实施过程中，联合体一方不进行施工也未对施工活动进行组织管理的，并且向联合体其他方收取管理费或者其他类似费用的，视为联合体一方将承包的工程转包给联合体其他方。

规定集成

《招标投标法》(2000年1月1日初次实施，2017年12月27日修正)

第48条　中标人应当按照合同约定履行义务，完成中标项目。中标人不得向他人转让中标项目，也不得将中标项目肢解后分别向他人转让。中标人按照合同约定或者经招标人同意，可以将中标项目的部分非主体、非关键性工作分包给他人完成。接受分包的人应当具备相应的资格条件，并不得再次分包。中标人应当就分包项目向招标人负责，接受分包的人就分包项目承担连带责任。

《建设工程质量管理条例》(2000年1月30日初次实施，2019年4月23日修订)

第18条第3款　勘察、设计单位不得转包或者违法分包所承揽的工程。

第25条第3款　施工单位不得转包或者违法分包工程。

第78条第3款　本条例所称转包，是指承包单位承包建设工程后，不履行合同约定的责任和义务，将其承包的全部建设工程转给他人或者将其承包的全部建设工程肢解以后以分包的名义分别转给其他单位承包的行为。

《房屋建筑和市政基础设施工程施工分包管理办法》(2004 年 4 月 1 日初次实施,2019 年 3 月 13 日修正)

第 13 条　禁止将承包的工程进行转包。不履行合同约定,将其承包的全部工程发包给他人,或者将其承包的全部工程肢解后以分包的名义分别发包给他人的,属于转包行为。违反本办法第十二条规定,分包工程发包人将工程分包后,未在施工现场设立项目管理机构和派驻相应人员,并未对该工程的施工活动进行组织管理的,视同转包行为。

《住房城乡建设部关于进一步加强建筑市场监管工作的意见》(2011 年 6 月 24 日初次实施)

第 2 条　落实建设单位责任,严格依法发包工程,第 5 项,禁止转包工程。承包单位要严格履行合同约定的责任和义务,不得转包工程。工程勘察、设计、施工单位不履行合同约定的责任和义务,将其承包的全部建设工程转给他人或者以分包名义分别转给他人的;分包工程的发包单位未在施工现场设立项目管理机构、派驻项目经理及配备项目管理人员的,视为转包工程,有关部门要依法进行查处。实行施工总承包的工程,施工总承包单位与施工总承包范围内分包工程的发包单位是两个独立法人单位的;主体工程使用的主要建筑材料或设备由分包单位购买或租赁的,有关部门应当依法进行查处。

《招标投标法实施条例》(2012 年 2 月 1 日初次实施,2019 年 3 月 2 日修订)

第 59 条　中标人应当按照合同约定履行义务,完成中标项目。中标人不得向他人转让中标项目,也不得将中标项目肢解后分别向他人转让。中标人按照合同约定或者经招标人同意,可以将中标项目的部分非主体、非关键性工作分包给他人完成。接受分包的人应当具备相应的资格条件,并不得再次分包。中标人应当就分包项目向招标人负责,接受分包的人就分包项目承担连带责任。

《建筑工程施工发包与承包违法行为认定查处管理办法》(2019 年 1 月 1 日初次实施)

第 7 条　本办法所称转包,是指承包单位承包工程后,不履行合同约定的责任和义务,将其承包的全部工程或者将其承包的全部工程肢解后以分包的名义分别转给其他单位或个人施工的行为。

第8条　存在下列情形之一的，应当认定为转包，但有证据证明属于挂靠或者其他违法行为的除外：（一）承包单位将其承包的全部工程转给其他单位（包括母公司承接建筑工程后将所承接工程交由具有独立法人资格的子公司施工的情形）或个人施工的；（二）承包单位将其承包的全部工程肢解以后，以分包的名义分别转给其他单位或个人施工的；（三）施工总承包单位或专业承包单位未派驻项目负责人、技术负责人、质量管理负责人、安全管理负责人等主要管理人员，或派驻的项目负责人、技术负责人、质量管理负责人、安全管理负责人中一人及以上与施工单位没有订立劳动合同且没有建立劳动工资和社会养老保险关系，或派驻的项目负责人未对该工程的施工活动进行组织管理，又不能进行合理解释并提供相应证明的；（四）合同约定由承包单位负责采购的主要建筑材料、构配件及工程设备或租赁的施工机械设备，由其他单位或个人采购、租赁，或施工单位不能提供有关采购、租赁合同及发票等证明，又不能进行合理解释并提供相应证明的；（五）专业作业承包人承包的范围是承包单位承包的全部工程，专业作业承包人计取的是除上缴给承包单位"管理费"之外的全部工程价款的；（六）承包单位通过采取合作、联营、个人承包等形式或名义，直接或变相将其承包的全部工程转给其他单位或个人施工的；（七）专业工程的发包单位不是该工程的施工总承包或专业承包单位的，但建设单位依约作为发包单位的除外；（八）专业作业的发包单位不是该工程承包单位的；（九）施工合同主体之间没有工程款收付关系，或者承包单位收到款项后又将款项转拨给其他单位和个人，又不能进行合理解释并提供材料证明的。两个以上的单位组成联合体承包工程，在联合体分工协议中约定或者在项目实际实施过程中，联合体一方不进行施工也未对施工活动进行组织管理的，并且向联合体其他方收取管理费或者其他类似费用的，视为联合体一方将承包的工程转包给联合体其他方。

《最高人民法院关于审理建设工程施工合同纠纷案件适用法律问题的解释（一）》（2021年1月1日初次实施）

第1条　建设工程施工合同具有下列情形之一的，应当依据民法典第一百五十三条第一款的规定，认定无效：……承包人因转包、违法分包建设工程与他人签订的建设工程施工合同，应当依据民法典第一百五十三条第一款及第七百九十一条第二款、第三款的规定,认定无效。

《民法典》(2021 年 1 月 1 日初次实施)

第 791 条第 2 款　总承包人或者勘察、设计、施工承包人经发包人同意,可以将自己承包的部分工作交由第三人完成。第三人就其完成的工作成果与总承包人或者勘察、设计、施工承包人向发包人承担连带责任。承包人不得将其承包的全部建设工程转包给第三人或者将其承包的全部建设工程支解以后以分包的名义分别转包给第三人。

案例适用

090　转包合同与内部承包合同如何区别

案件名称:新疆维泰开发建设(集团)股份有限公司(以下简称维泰公司)与罗某建设工程施工合同纠纷案

审理法院:最高人民法院

案　　号:(2021)最高法民申 142 号

裁判观点:内部承包区别于转包合同的关键在于,双方是否存在劳动合同关系。维泰公司将其承包的案涉工程以签订责任书的形式全部交由罗某施工,在维泰公司不能证明其与罗某存在劳动合同关系的情况下,原判决将责任书认定为转包合同,并无不当。责任书因违反《建筑法》第 28 条的规定,故原判决认定责任书无效正确。

091　工程转包中,转让方是否需要支付受让方拖欠的工人工资

案件名称:聆海建筑装饰工程有限公司(以下简称聆海公司)与徐某劳务合同纠纷案

审理法院:河南省高级人民法院

案　　号:(2020)豫民再 362 号

裁判观点:根据《建筑法》第 28 条的规定,承包单位应当对其承包的工程自行组织施工,禁止将工程转或分包给不具备用工主体的自然人或单位。本案中,聆海公司在承包了广鹰公司发包的平顶山市碧桂园 8 号

楼、9号楼、10号楼的装修工程后，本应当就承揽的工程由其公司员工组织实施，但聆海公司又将其转包给不具有施工资质和用工主体资格的郭某个人施工，双方签订的《工程劳务分包合同》违反法律的禁止性规定，该合同无效，构成违法转包。聆海公司存在违法转包的情形，应当对违法转包后发生的欠付农民工劳动报酬的后果承担相应的责任。聆海公司违法转包的行为，是郭某雇用农民工施工并拖欠劳动报酬的原因之一，聆海公司对拖欠农民工劳动报酬后果的发生，存在违法转包和工资发放监管不力的过错情形，应当对郭某未支付的农民工工资承担偿付责任。

第二十九条　【工程分包】 建筑工程总承包单位可以将承包工程中的部分工程发包给具有相应资质条件的分包单位；但是，除总承包合同中约定的分包外，必须经建设单位认可。施工总承包的，建筑工程主体结构的施工必须由总承包单位自行完成。

建筑工程总承包单位按照总承包合同的约定对建设单位负责；分包单位按照分包合同的约定对总承包单位负责。总承包单位和分包单位就分包工程对建设单位承担连带责任。

禁止总承包单位将工程分包给不具备相应资质条件的单位。禁止分包单位将其承包的工程再分包。

条文理解

本条是关于工程分包的规定，依据《住房城乡建设部关于进一步推进工程总承包发展的若干意见》第2条的规定，在工程总承包中，总承包单位可以根据合同约定或者经建设单位同意，直接将工程的设计或者施工业务分包给具有相应资质的单位。仅具有设计资质的工程总承包单位，应将工程总承包项目中的施工业务分包给施工单位。仅具有施工资质的工程总承包单位，应将设计业务依法分包给设计单位。工程总承包企业对工程总承包项目的质量和安全全面负责。工程总承包企业按照合同约定对建设单位负责,分包企业按照分包合同的约定对工程总承包企业负责。工程分包不能免除工程总承包企业的合同义务和法律责任,工程总承包企业和分包企业就分包工程对建设单位承担连带责任。

依据《房屋建筑和市政基础设施工程施工分包管理办法》第9条和第16条的规定,在施工总承包中,专业工程分包除在施工总承包合同中有约定外,必须经建设单位认可。专业分包工程承包人必须自行完成所承包的工程。劳务作业分包由劳务作业发包人与劳务作业承包人通过劳务合同约定。劳务作业承包人必须自行完成所承包的任务。分包工程承包人应当按照分包合同的约定对其承包的工程向分包工程发包人负责。分包工程发包人和分包工程承包人就分包工程对建设单位承担连带责任。其中,"建筑工程主体结构的施工必须由总承包单位自行完成"的规定适用于施工总承包中,不适用于工程总承包。

依据《建筑工程施工发包与承包违法行为认定查处管理办法》第12条的规定,存在下列情形之一的,属于违法分包:(1)承包单位将其承包的工程分包给个人的;(2)施工总承包单位或专业承包单位将工程分包给不具备相应资质单位的;(3)施工总承包单位将施工总承包合同范围内工程主体结构的施工分包给其他单位的,钢结构工程除外;(4)专业分包单位将其承包的专业工程中非劳务作业部分再分包的;(5)专业作业承包人将其承包的劳务再分包的;(6)专业作业承包人除计取劳务作业费用外,还计取主要建筑材料款和大中型施工机械设备、主要周转材料费用的。另外注意,劳务作业分包中,不适用"除总承包合同中约定的分包外,必须经建设单位认可"的规定,《最高人民法院关于审理建设工程施工合同纠纷案件适用法律问题的解释(一)》第5条也有相关规定,即具有劳务作业法定资质的承包人与总承包人、分包人签订的劳务分包合同,当事人请求确认无效的,人民法院依法不予支持。

依据《最高人民法院关于审理建设工程施工合同纠纷案件适用法律

问题的解释(一)》第1条的规定,承包人因违法分包建设工程与他人签订的建设工程施工合同的效力,应当依据《民法典》第153条第1款及第791条第2款、第3款的规定,认定无效。《民法典》第791条第2款、第3款规定,承包人不得将其承包的全部建设工程支解以后以分包的名义分别转包给第三人,禁止承包人将工程分包给不具备相应资质条件的单位,禁止分包单位将其承包的工程再分包,建设工程主体结构的施工必须由承包人自行完成,即在违法分包的情形中,肢解分包、缺乏资质的分包及分包单位再分包这三个方面,分包合同为无效合同,而缺乏合同约定及建设单位认可的分包行为,虽然也是违法分包行为,但分包合同并不必然无效。

规定集成

《建设工程质量管理条例》(2000年1月30日初次实施,2019年4月23日修订)

第25条第3款　施工单位不得转包或者违法分包工程。

第27条　总承包单位依法将建设工程分包给其他单位的,分包单位应当按照分包合同的约定对其分包工程的质量向总承包单位负责,总承包单位与分包单位对分包工程的质量承担连带责任。

第78条第2款　本条例所称违法分包,是指下列行为:(一)总承包单位将建设工程分包给不具备相应资质条件的单位的;(二)建设工程总承包合同中未有约定,又未经建设单位认可,承包单位将其承包的部分建设工程交由其他单位完成的;(三)施工总承包单位将建设工程主体结构的施工分包给其他单位的;(四)分包单位将其承包的建设工程再分包的。

《房屋建筑和市政基础设施工程施工分包管理办法》(2004年4月1日初次实施,2019年3月13日修正)

第4条　本办法所称施工分包,是指建筑业企业将其所承包的房屋建筑和市政基础设施工程中的专业工程或者劳务作业发包给其他建筑业企业完成的活动。

第5条第1~3款　房屋建筑和市政基础设施工程施工分包分为专业工程分包和劳务作业分包。本办法所称专业工程分包，是指施工总承包企业（以下简称专业分包工程发包人）将其所承包工程中的专业工程发包给具有相应资质的其他建筑业企业（以下简称专业分包工程承包人）完成的活动。本办法所称劳务作业分包，是指施工总承包企业或者专业承包企业（以下简称劳务作业发包人）将其承包工程中的劳务作业发包给劳务分包企业（以下简称劳务作业承包人）完成的活动。

第8条　分包工程承包人必须具有相应的资质，并在其资质等级许可的范围内承揽业务。严禁个人承揽分包工程业务。

第9条　专业工程分包除在施工总承包合同中有约定外，必须经建设单位认可。专业分包工程承包人必须自行完成所承包的工程。劳务作业分包由劳务作业发包人与劳务作业承包人通过劳务合同约定。劳务作业承包人必须自行完成所承包的任务。

第14条　禁止将承包的工程进行违法分包。下列行为，属于违法分包：（一）分包工程发包人将专业工程或者劳务作业分包给不具备相应资质条件的分包工程承包人的；（二）施工总承包合同中未有约定，又未经建设单位认可，分包工程发包人将承包工程中的部分专业工程分包给他人的。

第16条　分包工程承包人应当按照分包合同的约定对其承包的工程向分包工程发包人负责。分包工程发包人和分包工程承包人就分包工程对建设单位承担连带责任。

《工程建设项目货物招标投标办法》（2005年3月1日初次实施，2013年3月11日修正）

第23条　招标人允许中标人对非主体货物进行分包的，应当在招标文件中载明。主要设备、材料或者供货合同的主要部分不得要求或者允许分包。除招标文件要求不得改变标准货物的供应商外，中标人经招标人同意改变标准货物的供应商的，不应视为转包和违法分包。

《关于严格实施建筑施工企业安全生产许可证制度的若干补充规定》(2006 年 1 月 25 日初次实施)

第 7 条　施工总承包企业不得将工程分包给不具有安全生产许可证的建筑施工企业。工程监理单位应依法严格审查施工总承包企业分包工程情况和分包单位安全生产许可证具备情况。对于未取得安全生产许可证擅自进行施工活动的分包企业,依照《建筑施工企业安全生产许可证管理规定》第二十四条予以处罚。

《住房城乡建设部关于进一步加强建筑市场监管工作的意见》(2011 年 6 月 24 日初次实施)

第 1 条　落实建设单位责任,严格依法发包工程,第 6 项,禁止违法分包工程。承包单位要严格按照法律法规的规定进行工程分包。承包单位不得将承接工程的主体工程进行分包,分包单位不得将分包工程再分包。承包单位存在下列情形之一的视为违法分包,有关部门要依法进行查处:1. 承包单位将建设工程分包给不具备相应资质条件的单位或个人的;2. 承包合同中没有约定,又未经建设单位书面认可,承包单位将其承包的部分建设工程交由其他单位完成的;3. 劳务企业将承包的劳务作业再分包的;4. 法律法规规定的其他情形……

《工程建设项目施工招标投标办法》(2003 年 5 月 1 日初次实施,2013 年 3 月 11 日修正)

第 67 条　对于不具备分包条件或者不符合分包规定的,招标人有权在签订合同或者中标人提出分包要求时予以拒绝。发现中标人转包或违法分包时,可要求其改正;拒不改正的,可终止合同,并报请有关行政监督部门查处。监理人员和有关行政部门发现中标人违反合同约定进行转包或违法分包的,应当要求中标人改正,或者告知招标人要求其改正;对于拒不改正的,应当报请有关行政监督部门查处。

《住房城乡建设部关于进一步推进工程总承包发展的若干意见》(2016 年 5 月 20 日初次实施)

第 2 条　完善工程总承包管理制度,第 9 项,工程总承包项目的分包。工程总承包企业可以在其资质证书许可的工程项目范围内自行实施设计和施工,也可以根据合同约定或者经建设单位同意,直接将工程项目的设计或者施工业务择优分包给具有相应资质的企业。仅具有设计资质的企业承接工程总承包项目时,应当将工程总承包项目中的施工业务依法分包给具有相应施工资质的企业。仅具有施工资质的企业承接工程总承包项目时,应当将工程总承包项目中的设计业务依法分包给具有相应设计资质的企业。第 11 项,工程总承包企业的义务和责任。工程总承包企业应当加强对工程总承包项目的管理,根据合同约定和项目特点,制定项目管理计划和项目实施计划,建立工程管理与协调制度,加强设计、采购与施工的协调,完善和优化设计,改进施工方案,合理调配设计、采购和施工力量,实现对工程总承包项目的有效控制。工程总承包企业对工程总承包项目的质量和安全全面负责。工程总承包企业按照合同约定对建设单位负责,分包企业按照分包合同的约定对工程总承包企业负责。工程分包不能免除工程总承包企业的合同义务和法律责任,工程总承包企业和分包企业就分包工程对建设单位承担连带责任。

《建筑工程施工发包与承包违法行为认定查处管理办法》(2019 年 1 月 1 日初次实施)

第 11 条　本办法所称违法分包,是指承包单位承包工程后违反法律法规规定,把单位工程或分部分项工程分包给其他单位或个人施工的行为。

第 12 条　存在下列情形之一的,属于违法分包:(一)承包单位将其承包的工程分包给个人的;(二)施工总承包单位或专业承包单位将工程分包给不具备相应资质单位的;(三)施工总承包单位将施工总承包合同范围内工程主体结构的施工分包给其他单位的,钢结构工程除外;(四)专业分包单位将其承包的专业工程中非劳务作业部分再分包的;(五)专业作业承包人将其承包的劳务再分包的;(六)专业作业承包人除计取劳务作业费用外,还计取主要建筑材料款和大中型施工机械设备、主要周转材料费用的。

《房屋建筑和市政基础设施项目工程总承包管理办法》(2020 年 3 月 1 日初次实施)

第 9 条第 2 款　建设单位可以在招标文件中提出对履约担保的要求,依法要求投标文件载明拟分包的内容;对于设有最高投标限价的,应当明确最高投标限价或者最高投标限价的计算方法。

第 22 条第 2 款　工程总承包单位应当对其承包的全部建设工程质量负责，分包单位对其分包工程的质量负责，分包不免除工程总承包单位对其承包的全部建设工程所负的质量责任。

第 23 条第 2 款　工程总承包单位对承包范围内工程的安全生产负总责。分包单位应当服从工程总承包单位的安全生产管理，分包单位不服从管理导致生产安全事故的，由分包单位承担主要责任，分包不免除工程总承包单位的安全责任。

《最高人民法院关于审理建设工程施工合同纠纷案件适用法律问题的解释（一）》（2021 年 1 月 1 日初次实施）

第 1 条　建设工程施工合同具有下列情形之一的，应当依据民法典第一百五十三条第一款的规定，认定无效：……承包人因转包、违法分包建设工程与他人签订的建设工程施工合同，应当依据民法典第一百五十三条第一款及第七百九十一条第二款、第三款的规定，认定无效。

第 5 条　具有劳务作业法定资质的承包人与总承包人、分包人签订的劳务分包合同，当事人请求确认无效的，人民法院依法不予支持。

《民法典》（2021 年 1 月 1 日初次实施）

第 791 条第 2 款、第 3 款　总承包人或者勘察、设计、施工承包人经发包人同意，可以将自己承包的部分工作交由第三人完成。第三人就其完成的工作成果与总承包人或者勘察、设计、施工承包人向发包人承担连带责任。承包人不得将其承包的全部建设工程转包给第三人或者将其承包的全部建设工程支解以后以分包的名义分别转包给第三人。禁止承包人将工程分包给不具备相应资质条件的单位。禁止分包单位将其承包的工程再分包。建设工程主体结构的施工必须由承包人自行完成。

案例适用

092　既没有合同约定，也未经建设单位认可的分包合同效力如何

案件名称：新疆盛淮工程建设有限公司（以下简称盛淮公司）、华鸿

建设集团有限公司(以下简称华鸿公司)建设工程施工合同纠纷案

审理法院:新疆维吾尔自治区高级人民法院

案　　号:(2021)新民申1808号

裁判观点:《建筑法》第29条第1款属于行业管理性规定,不属于效力性强制性条款,未经发包人同意的分包情形并不当然无效。首先,建设工程资质要求、禁止工程再分包、禁止将主体结构分包具有保障工程质量、维护社会公共利益的必要性和效力强制性,违反上述规定所签订的分包合同应当无效,而未经发包人同意的分包行为在违法性质上与上述情形具有明显不同,在分包内容不属于工程主体结构、分包人具有相应资质的情况下,未经发包人同意进行分包,对工程质量和社会公共利益并不当然产生不利影响。其次,根据合同相对性原则,以分包合同当事人之外的发包人的同意与否,作为界定分包合同有效无效的依据,突破了合同相对性原则,缺乏法理依据。具体到本案中,案涉《建设工程专业分包合同》约定的工程不属于建筑工程的主体结构,盛淮公司亦具有相应施工资质,且案外人新疆寰球工程公司与华鸿公司签订的《建设工程施工合同》未禁止华鸿公司分包,不违反法律、行政法规的强制性规定,故原审法院认定案涉《建设工程专业分包合同》有效并按照合同约定将管理费从工程价款中予以扣除,并无不当。

093　专业工程分包和劳务作业分包如何区分

案件名称:湖南永红建筑劳务有限公司(以下简称永红公司)、湖南桔洲建设集团有限公司(以下简称桔洲公司)建设工程分包合同纠纷案

审理法院:湖南省高级人民法院

案　　号:(2019)湘民终1701号

裁判观点:建设工程分包合同的主要法律特征是承包方将其承包的部分工程交给第三方完成,第三方就其施工交付的工程获得工程价款。原建设部颁布的《房屋建筑和市政基础设施工程施工分包管理办法》将劳务作业分包定义为施工总承包企业或者专业承包企业将其承包工程

中的劳务作业发包给劳务分包企业完成的活动。原建设部颁布的《建筑业劳务分包企业资质标准》规定,木工、砌工、抹灰、油漆等十三种作业类别属于劳务作业范围。上述行政主管部门规章内容表明,劳务分包合同的主要内容指向的是工程施工中具有较强专业技术性的劳务作业,其对象是计件或者计时的施工劳务,主要指人工费用以及劳务施工的相应管理费用。本案中,永红公司与桔洲公司醴陵名都天下城二期项目部签订的《劳务合同书》约定将案涉项目土建部分工程以包工包周转材料的形式承包给永红公司,双方明确约定承包范围:桔洲公司提供长沙中盛建筑勘察设计有限公司设计的"名都—天下城"3#、5#、6#、7#栋商住楼及地下室施工图所有内容和甲方要求,清包工从基础至竣工验收范围内所有土建部分工程内容;以已经过图审的施工图为依据及建设单位发包合同承包范围内的所有土建分部内容;模板、木方、架管、扣件、顶托等全部周转材料为永红公司承包范围,桔洲公司只提供钢材、碎、水泥、砖、石、止水钢板、沙浆王、石灰、胶水、抹灰用钢丝网材料;其他辅助材料全部由永红公司负责。上述合同约定的工程内容和工程承包范围明显不符合劳务分包合同的法律特征,永红公司不具备建筑企业施工资质,其承接案涉工程属于违法承揽工程。一审认定永红公司不具备相应资质承揽工程违反法律禁止性规定,合同无效,适用法律正确。

094 违法分包如何认定?各自效力如何

案件名称:宁波市海曙恒泰建筑构件安装有限公司(以下简称恒泰公司)与上海随唐建筑工程有限公司(以下简称随唐公司)等建设工程分包合同纠纷案

审理法院:浙江省高级人民法院

案　　号:(2019)浙民再455号

裁判观点:关于案涉《建筑工程分包协议书(铝合金门窗)》《铝合金门窗工程补充协议》的效力问题。《建设工程质量管理条例》第78条第2款规定:本条例所称违法分包,是指下列行为:(1)总承包单位将建设工程分包给不具备相应资质条件的单位的;(2)建设工程总承包合同中未有约定,又未经建设单位认可,承包单位将其承包的部分建设工程交由其他单位完成的;(3)施工总承包单位将建设工程主体结构的施工分包给其他单位的;(4)分包单位将其承包的建设工程再分包的。根据原审查明事实以及已生效的关联案件民事判决认定事实,本案当事人之间的法律关系如下:鸿运公司是1#~4#厂房工程的发包人,中康公司是总承包人,中康公司将3#、4#厂房工程分包给随唐公司,随唐公司将3#、4#厂房铝合金门窗工程分包给恒泰公司。根据上述法律、行政法规的规定,中康公司将3#、4#厂房工程分包给随唐公司,未经鸿运公司认可,属于违法分包行为,随唐公司将3#、4#厂房铝合金门窗工程分包给恒泰公司,属于违法再分包行为。故2016年12月4日随唐公司与恒泰公司签订的《建筑工程分包协议书(铝合金门窗)》,2017年7月24日随唐公司、恒泰公司、中康公司签订的《铝合金门窗工程补充协议》,虽是各方当事人的真实意思表示,但违反法律、行政法规的强制性规定,均应认定无效。

第四章

建筑工程监理

第三十条 【监理制度】国家推行建筑工程监理制度。

国务院可以规定实行强制监理的建筑工程的范围。

条文理解

本条是关于监理制度的规定,依据《建设工程监理规范》第2.0.2条的规定,工程监理是指工程监理单位受建设单位委托,根据法律法规、工程建设标准、勘察设计文件及合同,在施工阶段对建设工程质量、进度、造价进行控制,对合同、信息进行管理,对工程建设相关方的关系进行协调,并履行建设工程安全生产管理法定职责的服务活动。

依据《建设工程监理范围和规模标准规定》第2条至第7条的规定,下列建设工程必须实行监理:(1)国家重点建设工程;(2)大中型公用事业工程;(3)成片开发建设的住宅小区工程;(4)利用外国政府或者国际组织贷款、援助资金的工程;(5)国家规定必须实行监理的其他工程。其中,国家重点建设工程,是指依据《国家重点建设项目管理办法》所确定的对国民经济和社会发展有重大影响的骨干项目。《国家重点建设项目管理办法》第2条规定,国家重点建设项目是指从下列国家大中型基本建设项目中确定的对国民经济和社会发展有重大影响的骨干项目:(1)基础设施、基础产业和支柱产业中的大型项目;(2)高科技并能带动行业技术进步的项目;(3)跨地区并对全国经济发展或者区域经济发展有重大影响的项目;(4)对社会发展有重大影响的项目;(5)其他骨干项目。大中型公用事业工程,是指项目总投资额在3000万元以上的下列工程项目:(1)供水、供电、供气、供热等市政工程项目;(2)科技、教育、文化等项目;(3)体育、旅游、商业等项目;(4)卫生、社会福利等项目;

(5)其他公用事业项目。成片开发建设的住宅小区工程,建筑面积在5万平方米以上的住宅建设工程必须实行监理;5万平方米以下的住宅建设工程,可以实行监理,具体范围和规模标准,由省、自治区、直辖市人民政府建设行政主管部门规定。为了保证住宅质量,对高层住宅及地基、结构复杂的多层住宅应当实行监理。利用外国政府或者国际组织贷款、援助资金的工程范围包括:(1)使用世界银行、亚洲开发银行等国际组织贷款资金的项目;(2)使用国外政府及其机构贷款资金的项目;(3)使用国际组织或者国外政府援助资金的项目。国家规定必须实行监理的其他工程是指:(1)项目总投资额在3000万元以上关系社会公共利益、公众安全的下列基础设施项目:①煤炭、石油、化工、天然气、电力、新能源等项目;②铁路、公路、管道、水运、民航以及其他交通运输业等项目;③邮政、电信枢纽、通信、信息网络等项目;④防洪、灌溉、排涝、发电、引(供)水、滩涂治理、水资源保护、水土保持等水利建设项目;⑤道路、桥梁、地铁和轻轨交通、污水排放及处理、垃圾处理、地下管道、公共停车场等城市基础设施项目;⑥生态环境保护项目;⑦其他基础设施项目。(2)学校、影剧院、体育场馆项目。

规定集成

《国家重点建设项目管理办法》(1996年6月14日初次实施,2011年1月8日修订)

第2条　本办法所称国家重点建设项目,是指从下列国家大中型基本建设项目中确定的对国民经济和社会发展有重大影响的骨干项目:(一)基础设施、基础产业和支柱产业中的大型项目;(二)高科技并能带动行业技术进步的项目;(三)跨地区并对全国经济发展或者区域经济发展有重大影响的项目;(四)对社会发展有重大影响的项目;(五)其他骨干项目。

《建设工程质量管理条例》(2000年1月30日初次实施,2019年4月23日修订)

第12条第2款　下列建设工程必须实行监理:(一)国家重点建设工程;

(二)大中型公用事业工程;(三)成片开发建设的住宅小区工程;(四)利用外国政府或者国际组织贷款、援助资金的工程;(五)国家规定必须实行监理的其他工程。

《建设工程监理范围和规模标准规定》(2001年1月17日初次实施)

第2条　下列建设工程必须实行监理:(一)国家重点建设工程;(二)大中型公用事业工程;(三)成片开发建设的住宅小区工程;(四)利用外国政府或者国际组织贷款、援助资金的工程;(五)国家规定必须实行监理的其他工程。

第3条　国家重点建设工程,是指依据《国家重点建设项目管理办法》所确定的对国民经济和社会发展有重大影响的骨干项目。

第4条　大中型公用事业工程,是指项目总投资额在3000万元以上的下列工程项目:(一)供水、供电、供气、供热等市政工程项目;(二)科技、教育、文化等项目;(三)体育、旅游、商业等项目;(四)卫生、社会福利等项目;(五)其他公用事业项目。

第5条　成片开发建设的住宅小区工程,建筑面积在5万平方米以上的住宅建设工程必须实行监理;5万平方米以下的住宅建设工程,可以实行监理,具体范围和规模标准,由省、自治区、直辖市人民政府建设行政主管部门规定。为了保证住宅质量,对高层住宅及地基、结构复杂的多层住宅应当实行监理。

第6条　利用外国政府或者国际组织贷款、援助资金的工程范围包括:(一)使用世界银行、亚洲开发银行等国际组织贷款资金的项目;(二)使用国外政府及其机构贷款资金的项目;(三)使用国际组织或者国外政府援助资金的项目。

第7条　国家规定必须实行监理的其他工程是指:(一)项目总投资额在3000万元以上关系社会公共利益、公众安全的下列基础设施项目:(1)煤炭、石油、化工、天然气、电力、新能源等项目;(2)铁路、公路、管道、水运、民航以及其他交通运输业等项目;(3)邮政、电信枢纽、通信、信息网络等项目;(4)防洪、灌溉、排涝、发电、引(供)水、滩涂治理、水资源保护、水土保持等水利建设项目;(5)道路、桥梁、地铁和轻轨交通、污水排放及处理、垃圾处理、地下管道、公共停车场等城市基础设施项目;(6)生态环境保护项目;(7)其他基础设施项目。(二)学校、影剧院、体育场馆项目。

《关于培育发展工程总承包和工程项目管理企业的指导意见》(2003 年 2 月 13 日初次实施)

第 4 条　进一步推行工程总承包和工程项目管理的措施,第 5 项,对于依法必须实行监理的工程项目,具有相应监理资质的工程项目管理企业受业主委托进行项目管理,业主可不再另行委托工程监理,该工程项目管理企业依法行使监理权利,承担监理责任;没有相应监理资质的工程项目管理企业受业主委托进行项目管理,业主应当委托监理。

《建设工程监理规范》(GB/T 50319—2013)(2014 年 3 月 1 日初次实施)

第 2.0.2 条　工程监理单位受建设单位委托,根据法律法规、工程建设标准、勘察设计文件及合同,在施工阶段对建设工程质量、进度、造价进行控制,对合同、信息进行管理,对工程建设相关方的关系进行协调,并履行建设工程安全生产管理法定职责的服务活动。

《住房城乡建设部关于推进建筑业发展和改革的若干意见》(2014 年 7 月 1 日初次实施)

第 2 条　建立统一开放的建筑市场体系,第 7 项,进一步完善工程监理制度。分类指导不同投资类型工程项目监理服务模式发展。调整强制监理工程范围,选择部分地区开展试点,研究制定有能力的建设单位自主决策选择监理或其它管理模式的政策措施。具有监理资质的工程咨询服务机构开展项目管理的工程项目,可不再委托监理。推动一批有能力的监理企业做优做强。

《住房城乡建设部关于促进工程监理行业转型升级创新发展的意见》(2017 年 7 月 7 日初次实施)

第 1 条　主要目标:工程监理服务多元化水平显著提升,服务模式得到有效创新,逐步形成以市场化为基础、国际化为方向、信息化为支撑的工程监理服务市场体系。行业组织结构更趋优化,形成以主要从事施工现场监理服务的企业为主体,以提供全过程工程咨询服务的综合性企业为骨干,各类工程监理企业分工合理、竞争有序、协调发展的行业布局。监理行业核心竞争力显著增强,培育一批智力密集型、技术复合型、管理集约型的大型工程建设咨询服务企业。

第2条第3项　创新工程监理服务模式。鼓励监理企业在立足施工阶段监理的基础上,向“上下游”拓展服务领域,提供项目咨询、招标代理、造价咨询、项目管理、现场监督等多元化的“菜单式”咨询服务。对于选择具有相应工程监理资质的企业开展全过程工程咨询服务的工程,可不再另行委托监理。适应发挥建筑师主导作用的改革要求,结合有条件的建设项目试行建筑师团队对施工质量进行指导和监督的新型管理模式,试点由建筑师委托工程监理实施驻场质量技术监督。鼓励监理企业积极探索政府和社会资本合作(PPP)等新型融资方式下的咨询服务内容、模式。

第三十一条　【监理委托】实行监理的建筑工程,由建设单位委托具有相应资质条件的工程监理单位监理。建设单位与其委托的工程监理单位应当订立书面委托监理合同。

条文理解

本条是关于监理委托的规定,委托主体为建设单位。依据《建设工程监理规范》第1.0.3条的规定,实施建设工程监理前,建设单位必须委托具有相应资质的工程监理单位,并以书面形式与工程监理单位订立建设工程监理合同,合同中应包括监理工作的范围、内容、服务期限和酬金,以及双方的义务、违约责任等相关条款。依据《民法典》第796条的规定,建设单位与监理单位的权利和义务以及法律责任,应当依照委托合同以及其他有关法律、行政法规的规定。依据《建设工程质量管理条例》第12条的规定,实行监理的建设工程,也可以委托具有工程监理相应资质等级并与被监理工程的施工承包单位没有隶属关系或者其他利害关系的该工程的设计单位进行监理。

依据《工程监理企业资质标准》的规定,工程监理单位资质分为综合资质、专业资质和事务所资质。其中,综合资质只设甲级。专业资质原则上分为甲、乙、丙三个级别，除房屋建筑、水利水电、公路和市政公用四个专业工程类别设丙级资质外，其他专业工程类别不设丙级资质。专业资质划分为14个专业工程类别，分别为房屋建筑工程、冶炼工程、矿山工程、化工石油工程、水利水电工程、电力工程、农林工程、铁路工程、公路工程、港口与航道工程、航天航空工程、通信工程、市政公用工程、机电安装工程。事务所资质不分级别。依据《建设工程质量管理条例》第34条的规定，工程监理单位应当依法取得相应等级的资质证书，并在其资质等级许可的范围内承担工程监理业务。禁止工程监理单位超越本单位资质等级许可的范围或者以其他工程监理单位的名义承担工程监理业务。禁止工程监理单位允许其他单位或者个人以本单位的名义承担工程监理业务。

规定集成

《工程建设项目实施阶段程序管理暂行规定》(1995年7月29日初次实施)

第6条　建设单位应当具备管理其工程建设项目的能力。凡不具备相应管理能力的，须委托具有相应资质的建设监理单位或其他机构承包工程建设项目的管理工作。

《建设工程质量管理条例》(2000年1月30日初次实施，2019年4月23日修订)

第12条第1款　实行监理的建设工程，建设单位应当委托具有相应资质等级的工程监理单位进行监理，也可以委托具有工程监理相应资质等级并与被监理工程的施工承包单位没有隶属关系或者其他利害关系的该工程的设计单位进行监理。

第34条　工程监理单位应当依法取得相应等级的资质证书，并在其资质等级许可的范围内承担工程监理业务。禁止工程监理单位超越本单位资质等级许可的范围或者以其他工程监理单位的名义承担工程监理业务。禁止工程监理单位允许其他单位或者个人以本单位的名义承担工程监理业务。工程监理单位不得转让工程监理业务。

《关于工程勘察、设计、施工、监理企业及招标代理机构资质申请及年检有关问题的通知》(2005 年 8 月 9 日初次实施)

第 2 条　自 2005 年起,建设部不再开展对工程勘察、设计、施工、监理企业及招标代理机构的资质年检工作……

第 3 条　2004 年 7 月 1 日《行政许可法》施行后,我部资质审查对资质年检工作已不作要求……任何单位、部门不得以企业未进行年检为由,限制企业在其资质许可范围内从事正常的生产经营活动。

《工程监理企业资质管理规定实施意见》(2007 年 7 月 31 日初次实施)

第 2 条　新设立的企业申请工程监理企业资质,应先取得《企业法人营业执照》或《合伙企业营业执照》,办理完相应的执业人员注册手续后,方可申请资质。取得《企业法人营业执照》的企业,只可申请综合资质和专业资质,取得《合伙企业营业执照》的企业,只可申请事务所资质。

第 3 条　新设立的企业申请工程监理企业资质和已获得工程监理企业资质的企业申请增加其他专业资质,应从专业乙级、丙级资质或事务所资质开始申请,不需要提供业绩证明材料。申请房屋建筑、水利水电、公路和市政公用工程专业资质的企业,也可以直接申请专业乙级资质。

第 5 条　具有甲级设计资质或一级及以上施工总承包资质的企业可以直接申请与主营业务相对应的专业工程类别甲级工程监理企业资质。具有甲级设计资质或一级及以上施工总承包资质的企业申请主营业务以外的专业工程类别监理企业资质的,应从专业乙级及以下资质开始申请。主营业务是指企业在具有的甲级设计资质或一级及以上施工总承包资质中主要从事的工程类别业务。

《工程监理企业资质管理规定》(2007 年 8 月 1 日初次实施,2018 年 12 月 22 日修正)

第 3 条　从事建设工程监理活动的企业,应当按照本规定取得工程监理企业资质,并在工程监理企业资质证书(以下简称资质证书)许可的范围内从事工程监理活动。

第 6 条　工程监理企业资质分为综合资质、专业资质和事务所资质。其中,专业资质按照工程性质和技术特点划分为若干工程类别。综合资质、事务所资质不分级别。专业资质分为甲级、乙级;其中,房屋建筑、水利水电、公路和市政公用专业资质可设立丙级。

第8条　工程监理企业资质相应许可的业务范围如下:(一)综合资质:可以承担所有专业工程类别建设工程项目的工程监理业务。(二)专业资质:1.专业甲级资质:可承担相应专业工程类别建设工程项目的工程监理业务(见附表2)。2.专业乙级资质:可承担相应专业工程类别二级以下(含二级)建设工程项目的工程监理业务(见附表2)。3.专业丙级资质:可承担相应专业工程类别三级建设工程项目的工程监理业务(见附表2)。(三)事务所资质:可承担三级建设工程项目的工程监理业务(见附表2),但是,国家规定必须实行强制监理的工程除外。工程监理企业可以开展相应类别建设工程的项目管理、技术咨询等业务。

《建设工程监理规范》(GB/T 50319—2013)(2014年3月1日初次实施)

第1.0.3条　实施建设工程监理前,建设单位应委托具有相应资质的工程监理单位,并以书面形式与工程监理单位订立建设工程监理合同,合同中应包括监理工作的范围、内容、服务期限和酬金,以及双方的义务、违约责任等相关条款。在订立建设工程监理合同时,建设单位将勘察、设计、保修阶段等相关服务一并委托的,应在合同中明确相关服务的工作范围、内容、服务期限和酬金等相关条款。

《民法典》(2021年1月1日初次实施)

第796条　建设工程实行监理的,发包人应当与监理人采用书面形式订立委托监理合同。发包人与监理人的权利和义务以及法律责任,应当依照本编委托合同以及其他有关法律、行政法规的规定。

案例适用

095　如何理解监理单位与建设单位的关系

案件名称:海南省洋浦开发建设控股有限公司(以下简称洋浦控股公司)与中交一航局第二工程有限公司建设工程施工合同纠纷案

审理法院:海南省高级人民法院

案　　号:(2019)琼民终57号

裁判观点：《建筑法》第31条、第32条第1款规定明确了监理单位是独立于建设单位，基于监理合同关系，受建设单位委托，依照法律、标准、设计、合同，代表建设单位对承包单位相关工程建设活动进行监督。本案中，工程增量虽未经洋浦控股公司确认，但独立于洋浦控股公司的监理单位在086号工程联系单上签署对工程增量的审核意见，可以证明工程增量具体方量，且符合工程变更专题会议中洋浦控股公司对监理单位审核工程增量的要求。

096　监理单位的签证文件对建设单位是否具有约束力

案件名称：新疆腾亿房地产开发有限公司（以下简称腾亿房产公司）与新疆环境工程技术有限责任公司（以下简称环境工程公司）建设工程施工合同纠纷案

终审法院：新疆维吾尔自治区乌鲁木齐市中级人民法院

案　　号：（2018）新01民终3867号

一审裁判观点：《建筑法》第32条第1款规定："建筑工程监理应当依照法律、行政法规及有关的技术标准、设计文件和建筑工程承包合同，对承包单位在施工质量、建设工期和建设资金使用等方面，代表建设单位实施监督。"工程监理人员在监理过程中签字确认的签证文件，涉及工程量、工期及工程质量等事实的，原则上对发包人具有约束力。故监理公司的盖章可以证实涉案工程施工验收合格。监理人员签字是其行使监理人员职责的体现，其作为监理人员签字即证明对签字所确认的事实认可，具有法律效力。监理公司在验收意见书中盖章的行为是对验收合格予以确认。

二审裁判观点：监理单位作为腾亿房产公司在涉案工程中的受托人，其在环境工程公司提交的验收意见书、工程交工证书、交工技术文件移交证书中进行了签字及盖章确认，应视为涉案工程施工验收已完成，腾亿房产公司应当支付相应工程款项。

097　施工单位委托的工程监理如何定性

案件名称：北京鑫天碧农业设施工程技术有限公司(以下简称鑫天碧公司)与东锦远华(北京)建筑工程有限公司建设工程监理合同纠纷案

审理法院：四川省成都市中级人民法院

案　　号：(2020)川01民终13263号

裁判观点：根据《建筑法》第31条的规定,监理合同的委托主体是建设单位,而一审庭审中查明该合同系施工单位为确保涉及温室工程的安装及施工等符合技术要求而自行委托签订的,《温室工程监理合同》不符合监理合同形式要件。其中,《温室工程监理合同》约定:"乙方发现施工与图纸不符、安装质量不合格时,应及时通知甲方,要求施工方停工、整改,直至满足图纸、质量要求。"该合同约定的内容符合法律对技术服务合同的规定,鑫天碧公司辩称《温室工程监理合同》是技术服务合同,对该辩称一审法院予以采纳。综上,根据合同主体、约定内容及庭审查明的事实,可以判断本案案涉《温室工程监理合同》虽名为监理合同,但实为对温室施工是否符合图纸或安装质量是否合格等进行监督、督促整改等提供技术服务的合同,本案案由也应该为技术服务合同纠纷。

第三十二条　【监理内容】建筑工程监理应当依照法律、行政法规及有关的技术标准、设计文件和建筑工程承包合同,对承包单位在施工质量、建设工期和建设资金使用等方面,代表建设单位实施监督。

工程监理人员认为工程施工不符合工程设计要求、施工技术标准和合同约定的,有权要求建筑施工企业改正。

工程监理人员发现工程设计不符合建筑工程质量标准或者合同约定的质量要求的,应当报告建设单位要求设计单位改正。

条文理解

本条是关于监理内容的规定，依据《建设工程监理规范》第 1.0.6 条和第 2.0.2 条的规定，工程监理应遵循以下主要依据：(1)法律法规及工程建设标准；(2)建设工程勘察设计文件；(3)建设工程监理合同及其他合同文件。监督内容包括对建设工程质量、进度、造价进行控制，对合同、信息进行管理，对工程建设相关方的关系进行协调，并履行建设工程安全生产管理法定职责等。

根据《建设工程监理规范》第 5.2 条的规定，在工程质量控制方面，监理监督内容包括：审查施工单位现场的质量管理组织机构、管理制度及专职管理人员和特种作业人员的资格；审查施工单位报审的施工方案；审查施工单位报送的新材料、新工艺、新技术、新设备的质量认证材料和相关验收标准；检查、复核施工单位报送的施工控制测量成果及保护措施；检查施工单位为本工程提供服务的试验室；审查施工单位报送的用于工程的材料、构配件、设备的质量证明文件；审查施工单位定期提交影响工程质量的计量设备的检查和检定报告；对关键工序进行旁站；对工程施工质量进行巡视；对工程材料、施工质量进行平行检验；对隐蔽工程、检验批、分项工程报验；要求施工单位整改施工存在的质量问题；验收返工处理加固补强的质量缺陷；审查施工单位提交的单位工程竣工验收报审表及竣工资料，组织工程竣工预验收等。

根据《建设工程监理规范》第 5.3 条、第 5.4 条和第 5.5 条的规定，在工程造价控制方面，监理监督内容包括：进行工程计量和付款签证；建立月完成工程量统计表，对实际完成量与计划完成量进行比较分析，发现偏差的，提出调整建议；进行竣工结算款审核等。在工程进度控制方面，监理监督内容包括：审查施工单位报审的施工总进度计划和阶段性施工进度计划；检查施工进度计划的实施情况，发现实际进度严重滞后于计划进度且影响合同工期时，要求施工单位采取调整措施加快施工进度等。在安全生产管理方面,监理监督内容包括:审查施工单位现场安全生产规章制度的建立和实施情况,审查施工单位安全生产许可证及施工单位项目经理、专职安全生产管理人员和特种作业人员的资格,核查施工机械和设施的安全许可验收手续;审查施工单位报审的专项施工方案;巡视检查危险性较大的分部分项工程专项施工方案实施情况等。

规定集成

《建设工程质量管理条例》(2000 年 1 月 30 日初次实施,2019 年 4 月 23 日修订)

第 36 条　工程监理单位应当依照法律、法规以及有关技术标准、设计文件和建设工程承包合同,代表建设单位对施工质量实施监理,并对施工质量承担监理责任。

《房屋建筑工程施工旁站监理管理办法(试行)》(2003 年 1 月 1 日初次实施)

第 2 条　本办法所称房屋建筑工程施工旁站监理(以下简称旁站简理),是指监理人员在房屋建筑工程施工阶段监理中,对关键部位、关键工序的施工质量实施全过程现场跟班的监督活动。本办法所规定的房屋建筑工程的关键部位、关键工序,在基础工程方面包括:土方回填,混凝土灌注桩浇筑,地下连续墙、土钉墙、后浇带及其他结构混凝土、防水混凝土浇筑,卷材防水层细部构造处理,钢结构安装;在主体结构工程方面包括:梁柱节点钢筋隐蔽过程,混凝土浇筑,预应力张拉,装配式结构安装,钢结构安装,网架结构安装,索膜安装。

第 3 条　监理企业在编制监理规划时,应当制定旁站监理方案,明确旁站监理的范围、内容、程序和旁站监理人员职责等。旁站监理方案应当送建设单位和施工企业各一份,并抄送工程所在地的建设行政主管部门或其委托的工程质量监督机构。

第 6 条　旁站监理人员的主要职责是:(一)检查施工企业现场质检人员到岗、特殊工种人员持证上岗以及施工机械、建筑材料准备情况;(二)在现场跟班监督关键部位、关键工序的施工执行施工方案以及工程建设强制性标准情况;(三)核查进场建筑材料、建筑构配件、设备和商品混凝土的质量检验报告等,并可在现场监督施工企业进行检验或者委托具有资格的第三方进行复验；(四)做好旁站监理记录和监理日记，保存旁站监理原始资料。

第8条　旁站监理人员实施旁站监理时，发现施工企业有违反工程建设强制性标准行为的，有权责令施工企业立即整改；发现其施工活动已经或者可能危及工程质量的，应当及时向监理工程师或者总监理工程师报告，由总监理工程师下达局部暂停施工指令或者采取其他应急措施。

《建设部办公厅关于监理单位审核工程预算资格和建设工程项目承包发包有关问题的复函》(2003年1月9日初次实施)

第1条　监理单位在监理工程中，可以接受建设单位的委托做所监理工程的预算审核工作。监理单位出具的工程预算书可以作为甲方与乙方谈判的参考，但不能作为甲乙双方结算的依据。

《建设部关于加强住宅工程质量管理的若干意见》(2004年1月30日初次实施)

第2条第5项　监管单位应针对工程的具体情况制定监理规划和监理实施细则，按国家技术标准进行验收，工序质量验收不合格的，不得进行下道工序。要将住宅工程结构质量、使用功能和建筑材料对室内环境的污染作为监理工作的控制重点，并按有关规定做好旁站监理和见证取样工作，特别是要做好厕浴间蓄水试验等重要使用功能的检查工作。

《建设工程安全生产管理条例》(2004年2月1日初次实施)

第14条第1款　工程监理单位应当审查施工组织设计中的安全技术措施或者专项施工方案是否符合工程建设强制性标准。

《建筑工程安全防护、文明施工措施费用及使用管理规定》(2005年9月1日初次实施)

第10条　工程监理单位应当对施工单位落实安全防护、文明施工措施情况进行现场监理。对施工单位已经落实的安全防护、文明施工措施，总监理工程师或者造价工程师应当及时审查并签认所发生的费用。监理单位发现施工单位未落实施工组织设计及专项施工方案中安全防护和文明施工措施的，有权责令其立即整改；对施工单位拒不整改或未按期限要求完成整改的，工程监理单位应当及时向建设单位和建设行政主管部门报告，必要时责令其暂停施工。

《民用建筑节能管理规定》(2006年1月1日初次实施)

第21条　监理单位应当依照法律、法规以及建筑节能标准、节能设计文件、建设工程承包合同及监理合同对节能工程建设实施监理。

《民用建筑工程节能质量监督管理办法》(2006年7月31日初次实施)

第8条　监理单位应当履行以下质量责任和义务:1. 严格按照审查合格的设计文件和建筑节能标准的要求实施监理,针对工程的特点制定符合建筑节能要求的监理规划及监理实施细则。2. 总监理工程师应当对建筑节能专项施工技术方案审查并签字认可。专业监理工程师应当对工程使用的墙体材料、保温材料、门窗部品、采暖空调系统、照明设备,以及涉及建筑节能功能的重要部位施工质量检查验收并签字认可。3. 对易产生热桥和热工缺陷部位的施工,以及墙体、屋面等保温工程隐蔽前的施工,专业监理工程师应当采取旁站形式实施监理。4. 应当在《工程质量评估报告》中明确建筑节能标准的实施情况。

《建设部关于落实建设工程安全生产监理责任的若干意见》(2006年10月16日初次实施)

第1条　建设工程安全监理的主要工作内容,第1项,施工准备阶段安全监理的主要工作内容:1. 监理单位应根据《建设工程安全生产管理条例》的规定,按照工程建设强制性标准、《建设工程监理规范》(GB50319)和相关行业监理规范的要求,编制包括安全监理内容的项目监理规划,明确安全监理的范围、内容、工作程序和制度措施,以及人员配备计划和职责等。2. 对中型及以上项目和《建设工程安全生产管理条例》第二十六条规定的危险性较大的分部分项工程,监理单位应当编制监理实施细则。实施细则应当明确安全监理的方法、措施和控制要点,以及对施工单位安全技术措施的检查方案。3. 审查施工单位编制的施工组织设计中的安全技术措施和危险性较大的分部分项工程安全专项施工方案是否符合工程建设强制性标准要求。审查的主要内容应当包括:(1)施工单位编制的地下管线保护措施方案是否符合强制性标准要求;(2)基坑支护与降水、土方开挖与边坡防护、模板、起重吊装、脚手架、拆除、爆破等分部分项工程的专项施工方案是否符合强制性标准要求;(3)施工现场临时用电施工组织设计或者安全用电技术措施和电气防火措施是否符合强制性标准要求;(4)冬季、雨季等季节性施工方案的制定是否符合强制性标准要求；（5）施工总平面布置图是否符合安全生产的要求，办公、宿舍、食堂、道路等临时设施设置以及排水、防火措施是否符合强制性标准要求。4. 检查施工单位在工程项目上的安全生产规章制度和安全监管机构的建立、健全及专职安全生产管理人员配备情况，督促施工单位检查各分包单位的安全生产规章制度的建立情况。5. 审查施工单位资质和安全生产许可证是否合法有效。6. 审查项目经理和专职安全生产管理人员是否具备合法资格，是否与投标文件相一致。7. 审核特种作业人员的特种作业操作资格证书是否合法有效。8. 审核施工单位应急救援预案和安全防护措施费用使用计划。第2项，施工阶段安全监理的主要工作内容：1. 监督施工单位按照施工组织设计中的安全技术措施和专项施工方案组织施工，及时制止违规施工作业。2. 定期巡视检查施工过程中的危险性较大工程作业情况。3. 核查施工现场施工起重机械、整体提升脚手架、模板等自升式架设设施和安全设施的验收手续。4. 检查施工现场各种安全标志和安全防护措施是否符合强制性标准要求，并检查安全生产费用的使用情况。5. 督促施工单位进行安全自查工作，并对施工单位自查情况进行抽查，参加建设单位组织的安全生产专项检查。

《建筑施工人员个人劳动保护用品使用管理暂行规定》（2007年11月5日初次实施）

第12条　监理单位要加强对施工现场劳动保护用品的监督检查。发现有不使用、或使用不符合要求的劳动保护用品，应责令相关企业立即改正。对拒不改正的，应当向建设行政主管部门报告。

《建筑起重机械安全监督管理规定》（2008年6月1日初次实施）

第22条　监理单位应当履行下列安全职责：（一）审核建筑起重机械特种设备制造许可证、产品合格证、制造监督检验证明、备案证明等文件；（二）审核建筑起重机械安装单位、使用单位的资质证书、安全生产许可证和特种作业人员的特种作业操作资格证书；（三）审核建筑起重机械安装、拆卸工程专项施工方案；（四）监督安装单位执行建筑起重机械安装、拆卸工程专项施工方案情况；（五）监督检查建筑起重机械的使用情况；（六）发现存在生产安全事故隐患的，应当要求安装单位、使用单位限期整改，对安装单位、使用单位拒不整改的，及时向建设单位报告。

《建筑起重机械备案登记办法》(2008 年 6 月 1 日初次实施)

第 11 条　从事建筑起重机械安装、拆卸活动的单位(以下简称“安装单位”)办理建筑起重机械安装(拆卸)告知手续前,应当将以下资料报送施工总承包单位、监理单位审核:(一)建筑起重机械备案证明;(二)安装单位资质证书、安全生产许可证副本;(三)安装单位特种作业人员证书;(四)建筑起重机械安装(拆卸)工程专项施工方案;(五)安装单位与使用单位签订的安装(拆卸)合同及安装单位与施工总承包单位签订的安全协议书;(六)安装单位负责建筑起重机械安装(拆卸)工程专职安全生产管理人员、专业技术人员名单;(七)建筑起重机械安装(拆卸)工程生产安全事故应急救援预案;(八)辅助起重机械资料及其特种作业人员证书;(九)施工总承包单位、监理单位要求的其他资料。

《建筑施工企业安全生产许可证动态监管暂行办法》(2008 年 6 月 30 日初次实施)

第 5 条　工程监理单位应当查验承建工程的施工企业安全生产许可证和有关“三类人员”安全生产考核合格证书持证情况,发现其持证情况不符合规定的或施工现场降低安全生产条件的,应当要求其立即整改。施工企业拒不整改的,工程监理单位应当向建设单位报告。建设单位接到工程监理单位报告后,应当责令施工企业立即整改。

《民用建筑节能条例》(2008 年 10 月 1 日初次实施)

第 16 条第 2～4 款　工程监理单位发现施工单位不按照民用建筑节能强制性标准施工的,应当要求施工单位改正;施工单位拒不改正的,工程监理单位应当及时报告建设单位,并向有关主管部门报告。墙体、屋面的保温工程施工时,监理工程师应当按照工程监理规范的要求,采取旁站、巡视和平行检验等形式实施监理。未经监理工程师签字,墙体材料、保温材料、门窗、采暖制冷系统和照明设备不得在建筑上使用或者安装,施工单位不得进行下一道工序的施工。

《防震减灾法》(1998 年 3 月 1 日初次实施,2008 年 12 月 27 日修订)

第 38 条第 5 款　工程监理单位应当按照施工图设计文件和工程建设强制性标准实施监理,并对施工质量承担监理责任。

《关于进一步强化住宅工程质量管理和责任的通知》(2010年5月4日初次实施)

第1条 强化住宅工程质量责任,规范建设各方主体行为,第5项,监理单位的责任。监理单位要严格依照法律、法规以及有关技术标准、设计文件和建设工程承包合同进行监理,对住宅工程的施工质量依法承担监理责任。监理单位因不按照监理合同约定履行监理职责,给建设单位造成损失的,要承担违约赔偿责任;因监理单位弄虚作假,降低工程质量标准,造成工程质量事故的,要依法承担相应法律责任。监理单位要建立健全质量管理体系,落实项目总监负责制,建立适宜的组织机构,配备足够的、专业配套的合格监理人员,严格按照监理规划和规定的监理程序开展监理工作,不得转让工程监理业务,不得与被监理的住宅工程的施工单位以及建筑材料、建筑构配件和设备供应单位有隶属关系或其他利害关系。监理人员要按规定采取旁站、巡视、平行检验等多种形式,及时到位进行监督检查,对达不到规定要求的材料、设备、工程以及不符合要求的施工组织设计、施工方案不得签字放行,并按规定及时向建设单位和有关部门报告,确保监理工作质量。

《建设项目安全设施"三同时"监督管理暂行办法》①(2011年2月1日初次实施,2015年4月2日修正)

第19条 工程监理单位应当审查施工组织设计中的安全技术措施或者专项施工方案是否符合工程建设强制性标准。工程监理单位在实施监理过程中,发现存在事故隐患的,应当要求施工单位整改;情况严重的,应当要求施工单位暂时停止施工,并及时报告生产经营单位。施工单位拒不整改或者不停止施工的,工程监理单位应当及时向有关主管部门报告。工程监理单位、监理人员应当按照法律、法规和工程建设强制性标准实施监理,并对安全设施工程的工程质量承担监理责任。

《住房城乡建设部关于进一步加强建筑市场监管工作的意见》(2011年6月24日初次实施)

第4条 加强合同管理,规范合同履约行为。第14项,严格履行监理单位

---

① 规章名称被修改为《建设项目安全设施"三同时"监督管理办法》。

职责。监理单位要严格依照法律法规以及有关技术标准、设计文件和建设工程承包合同实施监理,对建设工程的施工质量安全依法承担监理责任。监理单位要落实项目总监负责制,建立项目监理机构,配备足够的、专业配套的监理人员,严格按程序开展监理工作。监理工程师要按照工程监理规范的要求,采取旁站、巡视、平行检验等多种形式,及时到位进行监督检查,对达不到规定要求的建筑材料、构配件、设备以及不符合要求的施工组织设计、施工方案不得签字放行。发现存在质量安全隐患的,应当要求施工单位整改;情况严重的,应当要求施工单位暂停施工,并及时报告建设单位。施工单位拒不整改或者不停止施工的,监理单位要及时向有关主管部门报告。

《住房城乡建设部关于房屋建筑工程推广应用减隔震技术的若干意见(暂行)》(2014年2月21日初次实施)

第13条　监理单位应针对工程的具体情况制定监理规划和监理实施细则,减隔震装置安装阶段应根据监理合同的约定内容实施旁站监理。

第14条　减隔震产品应由施工、监理单位见证取样,并经第三方检测机构检测合格后方可使用或安装。

《建设工程监理规范》(GB/T 50319—2013)(2014年3月1日初次实施)

第1.0.6条　实施建设工程监理应遵循下列主要依据:1.法律法规及工程建设标准;2.建设工程勘察设计文件;3.建设工程监理合同及其他合同文件。

第2.0.2条　工程监理单位受建设单位委托,根据法律法规、工程建设标准、勘察设计文件及合同,在施工阶段对建设工程质量、造价、进度进行控制,对合同、信息进行管理,对工程建设相关方的关系进行协调,并履行建设工程安全生产管理法定职责的服务活动。

第3.2.1条　总监理工程师应履行下列职责:……5.组织审核分包单位资格。6.组织审查施工组织设计、(专项)施工方案。7.审查工程开复工报审表,签发工程开工令、暂停令和复工令。8.组织检查施工单位现场质量、安全生产管理体系的建立及运行情况。9.组织审核施工单位的付款申请,签发工程款支付证书,组织审核竣工结算。10.组织审查和处理工程变更。11.调解建设单位与施工单位的合同争议,处理工程索赔。12.组织验收分部工程,组织审查单位工程质量检验资料。13. 审查施工单位的竣工申请，组织工程竣工预验收，组织编写工程质量评估报告，参与工程竣工验收。14. 参与或配合工程质量安全事故的调查和处理。15. 组织编写监理月报、监理工作总结，组织整理监理文件资料。

第 5.1.6 条　项目监理机构应审查施工单位报审的施工组织设计，符合要求时，应由总监理工程师签认后报建设单位。项目监理机构应要求施工单位按已批准的施工组织设计组织施工。施工组织设计需要调整时，项目监理机构应按程序重新审查。施工组织设计审查应包括下列基本内容：1. 编审程序应符合相关规定。2. 施工进度、施工方案及工程质量保证措施应符合施工合同要求。3. 资金、劳动力、材料、设备等资源供应计划应满足工程施工需要。4. 安全技术措施应符合工程建设强制性标准。5. 施工总平面布置应科学合理。

第 5.5.6 条　项目监理机构在实施监理过程中，发现工程存在安全事故隐患时，应签发监理通知单，要求施工单位整改；情况严重时，应签发工程暂停令，并应及时报告建设单位。施工单位拒不整改或不停止施工时，项目监理机构应及时向有关主管部门报送监理报告……

《建筑施工安全生产标准化考评暂行办法》（2014 年 7 月 31 日初次实施）

第 10 条　建设、监理单位应当对建筑施工企业实施的项目安全生产标准化工作进行监督检查，并对建筑施工企业的项目自评材料进行审核并签署意见。

《建筑工程项目总监理工程师质量安全责任六项规定（试行）》（2015 年 3 月 6 日初次实施）

第 2 条　项目总监应当在岗履职。应当组织审查施工单位提交的施工组织设计中的安全技术措施或者专项施工方案，并监督施工单位按已批准的施工组织设计中的安全技术措施或者专项施工方案组织施工；应当组织审查施工单位报审的分包单位资格，督促施工单位落实劳务人员持证上岗制度；发现施工单位存在转包和违法分包的，应当及时向建设单位和有关主管部门报告。

第 3 条　工程监理单位应当选派具备相应资格的监理人员进驻项目现场，项目总监应当组织项目监理人员采取旁站、巡视和平行检验等形式实施工程监理，按照规定对施工单位报审的建筑材料、建筑构配件和设备进行检查，不得将不合格的建筑材料、建筑构配件和设备按合格签字。

第4条　项目总监发现施工单位未按照设计文件施工、违反工程建设强制性标准施工或者发生质量事故的，应当按照建设工程监理规范规定及时签发工程暂停令。

《危险性较大的分部分项工程安全管理规定》（2018年6月1日初次实施，2019年3月13日修正）

第18条　监理单位应当结合危大工程专项施工方案编制监理实施细则，并对危大工程施工实施专项巡视检查。

第19条　监理单位发现施工单位未按照专项施工方案施工的，应当要求其进行整改；情节严重的，应当要求其暂停施工，并及时报告建设单位。施工单位拒不整改或者不停止施工的，监理单位应当及时报告建设单位和工程所在地住房城乡建设主管部门。

案例适用

098　监理单位违反报告及关键工序的旁站义务如何担责

案件名称：云南广电房地产开发有限公司（以下简称广电公司）、中铁建设集团有限公司（以下简称中铁公司）与云南发展建设监理有限公司（以下简称监理公司）等追偿权纠纷案

审理法院：最高人民法院

案　　号：（2018）最高法民终565号

裁判观点：监理公司在工程监理过程未坚持独立自主的第三方监督原则，过分依附于广电公司，在发现建设单位、设计单位和施工单位按未经审查的施工图进行施工后，仅在所收图纸上做标注，未及时向建设行政主管部门汇报，对于支护桩护壁泥浆制备、锚索成孔等关键工序未做到100%旁站；对广电公司违法建设行为和中铁公司的违法施工行为未能有效监督和坚决制止，在2012年8月发现基坑支护存在局部失效后，仅向建设单位发出关于基坑存在局部失效的监理工作备忘录，未作出有效、果断的决策，未及时向建设行政主管部门汇报，也未及时发出停工

令,其上述行为违反《建筑法》第32条的规定,系监理失职,导致广电公司和中铁公司违法违规行为未得到及时有效纠正,对事故发生具有一定过错,存在因果关系,根据《建筑法》第35条第1款“工程监理单位不按照委托监理合同的约定履行监理义务,对应当监督检查的项目不检查或者不按照规定检查,给建设单位造成损失的,应当承担相应的赔偿责任”的规定,监理公司的失职不尽责行为构成侵权,应承担赔偿责任,但责任应轻于中铁公司。一审法院酌定监理公司承担10%的赔偿责任较为适当,二审法院予以认可。

099　监理单位能否以建设单位同意为由免除监理义务

案件名称:乐山益凌投资有限公司(以下简称益凌投资公司)与中桓建工集团有限公司(以下简称中桓建工公司,其吸收合并巨人监理公司)建设工程监理合同纠纷案

审理法院:四川省高级人民法院

案　　号:(2020)川民再253号

裁判观点:工程监理是指具有相关资质的监理单位受甲方即业主委托,代表甲方对乙方即承建单位的工程建设行为进行监控的一种有偿专业化服务活动,即在工程建设等专业领域,工程监理单位作为专业机构,接受无专业知识和管理能力的业主的委托,为其提供科学依据,促进其正确决策及切实行使工程监理职责,以保障施工单位的施工建设行为符合设计文件、法律法规及技术标准等,保证建设工程的质量安全,并获取相应报酬。根据《建筑法》第32条的规定,虽工程监理单位系依据业主授权行使工程监理职责,但其仍须独立、科学、公平地开展建设工程监理活动,因法律、行政法规及有关的技术标准、设计文件和建筑工程承包合同均应作为工程监理单位进行建设工程监理活动的依据,其以委托方自行同意进行施工变更,监理责任应相应减轻的抗辩,不应得到支持。本案中,地下室地板变更方案确是在由施工单位提出修改方案,益凌投资公司同意情况下的变更,但巨人监理公司在发现该变更设计图纸施工的

事实后,仅于2007年1月10日形成监理工程师通知单,要求施工单位提供相关变更手续的告知,并未将变更设计图纸施工的风险告知无专业知识的益凌投资公司,未依据施工设计方案、行政审批文件及工程监理合同等切实履行监理职责,作出要求施工单位停工、整改、返工的监理意见。巨人监理公司疏于履行监理职责,致其监理的建设工程出现质量问题,应当承担赔偿责任,该赔偿责任须以实际损失1,860,986.46元为依据,视其履职情形进行综合判定。益凌投资主张巨人监理公司承担实际损失10%的赔偿责任,合理客观,法院认可并予支持。

第三十三条　【监理通知】实施建筑工程监理前,建设单位应当将委托的工程监理单位、监理的内容及监理权限,书面通知被监理的建筑施工企业。

条文理解

本条是关于监理通知的规定,依据《建设工程监理规范》第1.0.4条的规定,工程开工前,建设单位应将工程监理单位的名称,监理的范围、内容和权限及总监理工程师的姓名书面通知施工单位。其中,监理的内容包括:工程质量、造价、进度控制及安全生产管理;工程变更、索赔及施工合同争议;设备采购与设备监造;工程勘察设计阶段服务;工程保修阶段服务等。参照《建设工程监理规范》第3.2.1条的规定,监理权限包括:审核分包单位资格;审查施工组织设计、(专项)施工方案;审查开复工报审表,签发工程开工令、暂停令和复工令;检查施工单位现场质量、安全生产管理体系的建立及运行情况;审核施工单位的付款申请,签发工程款支付证书,组织审核竣工结算;组织审查和处理工程变更;调解建设单位与施工单位的合同争议,处理工程索赔;验收分部工程,审查单位工程质量检验资料;审查施工单位的竣工申请,组织工程竣工预验收,组织编写工程质量评估报告，参与工程竣工验收等。

规定集成

《建设工程监理规范》（GB/T 50319—2013）（2014 年 3 月 1 日初次实施）

第 1.0.4 条　工程开工前，建设单位应将工程监理单位的名称，监理的范围、内容和权限及总监理工程师的姓名书面通知施工单位。

第 2.0.6 条　总监理工程师：由工程监理单位法定代表人书面任命，负责履行建设工程监理合同、主持项目监理机构工作的注册监理工程师。

第 3.1.3 条　工程监理单位在建设工程监理合同签订后，应及时将项目监理机构的组织形式、人员构成及对总监理工程师的任命书面通知建设单位……

第 3.2.1 条　总监理工程师应履行下列职责：……5. 组织审核分包单位资格。6. 组织审查施工组织设计、（专项）施工方案。7. 审查工程开复工报审表，签发工程开工令、暂停令和复工令。8. 组织检查施工单位现场质量、安全生产管理体系的建立及运行情况。9. 组织审核施工单位的付款申请，签发工程款支付证书，组织审核竣工结算。10. 组织审查和处理工程变更。11. 调解建设单位与施工单位的合同争议，处理工程索赔。12. 组织验收分部工程，组织审查单位工程质量检验资料。13. 审查施工单位的竣工申请，组织工程竣工预验收，组织编写工程质量评估报告，参与工程竣工验收。14. 参与或配合工程质量安全事故的调查和处理。15. 组织编写监理月报、监理工作总结，组织整理监理文件资料。

案例适用

100　未将监理单位通知被监理的施工企业的法律后果是什么

案件名称：上诉人张某与被上诉人王某及原审被告刘某劳务合同纠纷案

终审法院：山西省忻州市中级人民法院

案　　号：（2019）晋 09 民终 1544 号

一审裁判观点：张某向山西省岢岚县万达生态农业旅游观光发展有限公司承包学校室内装饰装修工程后，将吴家庄村中心小学贴砖工程分包给王某,二者之间形成事实上的承揽关系。王某按照合同的约定完成了工作量,张某也应当按照合同约定支付工程价款,故对于王某要求张某支付工程价款40,866元的诉讼请求,予以支持。王某与张某未签订书面合同,未明确约定工程质量标准,王某在施工过程中是按照张某的要求完成的,施工验收表系建设单位单方作出,对王某不具有约束力,故对于张某提出工程验收不合格不予支付剩余工程价款的答辩意见,不予支持。

二审裁判观点:上诉人与被上诉人所签口头施工合同,是双方当事人的真实意思表示,合同内容不违反法律行政法规的强制性规定,且该合同已实际履行,所施工程已实际投入使用,故该口头合同应受法律保护。上诉人张某依据山西省岢岚县万达生态农业旅游观光发展有限公司提供的,由监理单位山西大诚工程项目管理有限公司签章的工程竣工验收表认为被上诉人王某所作工程质量不合格,没有通过验收,应按要求重新整改,故该工程没有交付,被上诉人王某应承担其因此造成的损失。根据《建筑法》第33条的规定,因上诉人张某未能提供证据证明其以书面方式通知了施工方王某监理单位及监理内容、权限,且在该工程竣工验收表施工单位签章一栏中并未有施工方签名,所以该工程竣工验收表对施工单位不具有法律约束力,一审法院对此认定准确,二审法院予以确认。

第三十四条　【监理资质】工程监理单位应当在其资质等级许可的监理范围内,承担工程监理业务。

工程监理单位应当根据建设单位的委托,客观、公正地执行监理任务。

工程监理单位与被监理工程的承包单位以及建筑材料、建筑构配件和设备供应单位不得有隶属关系或者其他利害关系。

工程监理单位不得转让工程监理业务。

条文理解

本条是关于监理资质的规定，依据本法第13条的规定，工程监理单位按照其拥有的注册资本、专业技术人员、技术装备和已完成的建筑工程业绩等资质条件，划分为不同的资质等级，经资质审查合格，取得相应等级的资质证书后，方可在其资质等级许可的范围内从事建筑活动。

依据《工程监理企业资质管理规定》第6条和第8条的规定，工程监理企业资质分为综合资质、专业资质和事务所资质。其中，专业资质按照工程性质和技术特点划分为若干工程类别。综合资质、事务所资质不分级别。专业资质分为甲级、乙级；其中，房屋建筑、水利水电、公路和市政公用专业资质可设立丙级。综合资质可以承担所有专业工程类别建设工程项目的工程监理业务。专业甲级资质可承担相应专业工程类别建设工程项目的工程监理业务。专业乙级资质可承担相应专业工程类别二级以下(含二级)建设工程项目的工程监理业务。专业丙级资质可承担相应专业工程类别三级建设工程项目的工程监理业务。事务所资质可承担三级建设工程项目的工程监理业务，但是，国家规定必须实行强制监理的工程除外。工程监理企业可以开展相应类别建设工程的项目管理、技术咨询等业务。依据《建设工程质量管理条例》第34条的规定，工程监理单位应当依法取得相应等级的资质证书，并在其资质等级许可的范围内承担工程监理业务。禁止工程监理单位超越本单位资质等级许可的范围或者以其他工程监理单位的名义承担工程监理业务。禁止工程监理单位允许其他单位或者个人以本单位的名义承担工程监理业务。工程监理单位不得转让工程监理业务。

依据《建设工程监理规范》第1.0.9条的规定，工程监理单位应公平、独立、诚信、科学地开展建设工程监理与相关服务活动。工程监理单位应当依照法律、行政法规及有关的技术标准、设计文件和建筑工程承包合同，对承包单位在施工质量、建设工期和建设资金使用等方面实施监督。工程监理单位不得与被监理工程的承包单位以及建筑材料、建筑构配件和设备供应单位有隶属关系或者其他利害关系。工程监理单位不得与建设单位或者建筑施工企业串通,弄虚作假、降低工程质量。

实务中,监理单位与施工单位有利益关系主要体现为法定代表人、股东及员工等相互交集,以及各方财务混同等情形。监理单位与施工单位以及建筑材料、建筑构配件和设备的供应单位有隶属关系或者其他利害关系的情形下签订的监理合同为无效合同。另外,监理单位给施工单位出具的工程造价意见书,因为违反本条关于监理单位不得与施工单位有利害关系的规定,其出具的工程造价意见书不能作为结算的依据。最后,监理单位转让监理业务属于明令禁止的行为,其转让合同无效。

规定集成

《建设工程质量管理条例》(2000 年 1 月 30 日初次实施,2019 年 4 月 23 日修订)

第 34 条　工程监理单位应当依法取得相应等级的资质证书,并在其资质等级许可的范围内承担工程监理业务。禁止工程监理单位超越本单位资质等级许可的范围或者以其他工程监理单位的名义承担工程监理业务。禁止工程监理单位允许其他单位或者个人以本单位的名义承担工程监理业务。工程监理单位不得转让工程监理业务。

第 35 条　工程监理单位与被监理工程的施工承包单位以及建筑材料、建筑构配件和设备供应单位有隶属关系或者其他利害关系的,不得承担该项建设工程的监理业务。

《建设部办公厅关于监理单位审核工程预算资格和建设工程项目承包发包有关问题的复函》(2003 年 1 月 9 日初次实施)

第 1 条　监理单位在监理工程中,可以接受建设单位的委托做所监理工程的预算审核工作。监理单位出具的工程预算书可以作为甲方与乙方谈判的参考,但不能作为甲乙双方结算的依据。

《建设工程监理规范》(GB/T 50319—2013)(2014 年 3 月 1 日初次实施)

第 1.0.9 条　工程监理单位应公平、独立、诚信、科学地开展建设工程监理与相关服务活动。

《工程监理企业资质管理规定》(2007 年 8 月 1 日初次实施,2018 年 12 月 22 日修正)

第 3 条　从事建设工程监理活动的企业,应当按照本规定取得工程监理企业资质,并在工程监理企业资质证书(以下简称资质证书)许可的范围内从事工程监理活动。

第 6 条　工程监理企业资质分为综合资质、专业资质和事务所资质。其中,专业资质按照工程性质和技术特点划分为若干工程类别。综合资质、事务所资质不分级别。专业资质分为甲级、乙级;其中,房屋建筑、水利水电、公路和市政公用专业资质可设立丙级。

第 8 条　工程监理企业资质相应许可的业务范围如下:(一)综合资质:可以承担所有专业工程类别建设工程项目的工程监理业务。(二)专业资质,1. 专业甲级资质:可承担相应专业工程类别建设工程项目的工程监理业务(见附表 2)。2. 专业乙级资质:可承担相应专业工程类别二级以下(含二级)建设工程项目的工程监理业务(见附表 2)。3. 专业丙级资质:可承担相应专业工程类别三级建设工程项目的工程监理业务(见附表 2)。(三)事务所资质:可承担三级建设工程项目的工程监理业务(见附表 2),但是,国家规定必须实行强制监理的工程除外。工程监理企业可以开展相应类别建设工程的项目管理、技术咨询等业务。

第 16 条　工程监理企业不得有下列行为:(一)与建设单位串通投标或者与其他工程监理企业串通投标,以行贿手段谋取中标;(二)与建设单位或者施工单位串通弄虚作假、降低工程质量;(三)将不合格的建设工程、建筑材料、建筑构配件和设备按照合格签字;(四)超越本企业资质等级或以其他企业名义承揽监理业务;(五)允许其他单位或个人以本企业的名义承揽工程;(六)将承揽的监理业务转包;(七)在监理过程中实施商业贿赂;(八)涂改、伪造、出借、转让工程监理企业资质证书;(九)其他违反法律法规的行为。

《住房城乡建设部关于促进工程监理行业转型升级创新发展的意见》(2017年7月7日初次实施)

第2条第5项　优化工程监理市场环境。加快以简化企业资质类别和等级设置、强化个人执业资格为核心的行政审批制度改革,推动企业资质标准与注册执业人员数量要求适度分离,健全完善注册监理工程师签章制度,强化注册监理工程师执业责任落实,推动建立监理工程师个人执业责任保险制度。加快推进监理行业诚信机制建设,完善企业、人员、项目及诚信行为数据库信息的采集和应用,建立黑名单制度,依法依规公开企业和个人信用记录。

案例适用

101　监理单位与施工单位有利害关系的监理合同效力如何

案件名称:安徽盛林工程项目管理有限公司(以下简称盛林公司)与江苏金博房地产开发有限公司(以下简称金博公司)建设工程监理合同纠纷案

终审法院:江苏省镇江市中级人民法院

案　　号:(2020)苏11民终120号

一审裁判观点:根据《建筑法》第34条第3款的规定,工程监理单位与被监理工程的承包单位以及建筑材料、建筑构配件和设备供应单位不得有隶属关系或者其他利害关系。《建设工程质量管理条例》第34条第2款规定,禁止工程监理单位允许其他单位或者个人以本单位的名义承担工程监理业务。本案中盛林公司自认公司法定代表人许某与承包单位华飞公司有挂靠关系,盛林公司作为工程监理单位与承包单位有利害关系。盛林公司在明知魏某等五人系施工单位华飞公司的员工,并非金博公司员工,不具有监理资质,仍违背相关禁止规定,串通金博公司,通过伪造魏某等五人的监理师证件,制作虚假非驻苏监理企业单个项目管理核验登记表以通过审核,获取监理涉案工程的备案许可,双方的行为损害社会公共利益。盛林公司与金博公司签订的建设工程监理合同应确认无效。

二审裁判观点：盛林公司与金博公司签订建设工程监理合同为涉案工程提供监理服务，合同宗旨是接受金博公司的委托，对工程建设的投资、工期、质量和安全等进行监督、控制和管理。但根据已查明事实，盛林公司现任法定代表人许某曾与涉案工程施工方华飞公司系挂靠经营关系，盛林公司所主张的参与“监理”的相关人员亦系施工方华飞公司的工作人员，盛林公司的行为违反了相关法律法规的强制性规定，一审法院据此认定盛林公司与金博公司签订的建设工程监理合同无效，并无不当。

102　监理单位转让工程监理业务的效力如何

案件名称：南京苏电联能源设备有限公司（以下简称南京苏电联公司）与贵州电力工程建设监理公司（以下简称贵州电力监理公司）建设工程监理合同纠纷案

审理法院：贵州省贵阳市中级人民法院

案　　号：(2014)筑民一初字第30号

裁判观点：根据《建筑法》第34条第1款、第4款的规定，本案中原告南京苏电联公司与被告贵州电力监理公司签订的《贵州发耳电厂脱硫装置建设工程技术服务协议》将被告贵州电力监理公司承担的监理工程全部转包给原告南京苏电联公司，违反了法律的强制性规定，该合同系无效合同。

第三十五条　【监理违约】工程监理单位不按照委托监理合同的约定履行监理义务，对应当监督检查的项目不检查或者不按照规定检查，给建设单位造成损失的，应当承担相应的赔偿责任。

工程监理单位与承包单位串通，为承包单位谋取非法利益，给建设单位造成损失的，应当与承包单位承担连带赔偿责任。

条文理解

本条是关于监理违约的规定，根据本法第32条的规定，监理单位应当依照法律、行政法规及有关的技术标准、设计文件和建筑工程承包合同，对承包单位在施工质量、建设工期和建设资金使用等方面，代表建设单位实施监督，即监理的内容包括施工质量、建设工期、建设资金使用等方面。根据《建设工程监理规范》第5.2条的规定，在工程质量控制方面，监理单位应当监督检查的项目包括：审查施工单位现场的质量管理组织机构、管理制度及专职管理人员和特种作业人员的资格；审查施工单位报审的施工方案；审查施工单位报送的新材料、新工艺、新技术、新设备的质量认证材料和相关验收标准；检查、复核施工单位报送的施工控制测量成果及保护措施；检查施工单位为本工程提供服务的试验室；审查施工单位报送的用于工程的材料、构配件、设备的质量证明文件；审查施工单位定期提交影响工程质量的计量设备的检查和检定报告；对关键工序进行旁站；对工程施工质量进行巡视；对工程材料、施工质量进行平行检验；对隐蔽工程、检验批、分项工程、分部工程验收；验收返工处理加固补强的质量缺陷；审查施工单位提交的单位工程竣工验收报审表及竣工资料等。

根据《建设工程监理规范》第5.3条、第5.4条和第5.5条的规定，在工程造价控制方面，监理单位应当监督检查的项目包括：进行工程计量；建立月完成工程量统计表，对实际完成量与计划完成量进行比较分析，发现偏差的，提出调整建议；进行竣工结算款审核等。在工程进度控制方面，监理单位应当监督检查的项目包括：审查施工单位报审的施工总进度计划和阶段性施工进度计划；检查施工进度计划的实施情况，发现实际进度严重滞后于计划进度且影响合同工期时，要求施工单位采取调整措施加快施工进度等。在安全生产管理方面，监理单位应当监督检查的项目包括：审查施工单位现场安全生产规章制度的建立和实施情况，审查施工单位安全生产许可证及施工单位项目经理、专职安全生产管理人员和特种作业人员的资格,核查施工机械和设施的安全许可验收手续;审查施工单位报审的专项施工方案;巡视检查危险性较大的分部分项工程专项施工方案实施情况等。

关于监理单位与承包单位串通承担连带赔偿责任的情形,可以参照《民法典》第164条第2款关于“代理人和相对人恶意串通,损害被代理人合法权益的,代理人和相对人应当承担连带责任”的规定进行理解。另外,依据《民法典》第154条的规定,行为人与相对人恶意串通,损害他人合法权益的民事法律行为无效,即监理单位与承包单位串通,为承包单位谋取非法利益,给建设单位造成损失的行为是无效的。如果监理单位与承包单位没有串通的行为,但各自对建设单位的损失都存在过错,则根据各自的过错、过错的大小按份承担相应的责任。

规定集成

《建设工程质量管理条例》(2000年1月30日初次实施,2019年4月23日修订)

第36条　工程监理单位应当依照法律、法规以及有关技术标准、设计文件和建设工程承包合同,代表建设单位对施工质量实施监理,并对施工质量承担监理责任。

《建设工程安全生产管理条例》(2004年2月1日初次实施)

第14条　工程监理单位应当审查施工组织设计中的安全技术措施或者专项施工方案是否符合工程建设强制性标准。工程监理单位在实施监理过程中,发现存在安全事故隐患的,应当要求施工单位整改;情况严重的,应当要求施工单位暂时停止施工,并及时报告建设单位。施工单位拒不整改或者不停止施工的,工程监理单位应当及时向有关主管部门报告。工程监理单位和监理工程师应当按照法律、法规和工程建设强制性标准实施监理,并对建设工程安全生产承担监理责任。

《建设部关于落实建设工程安全生产监理责任的若干意见》(2006 年 10 月 16 日初次实施)

第 1 条　建设工程安全监理的主要工作内容,第 1 项,施工准备阶段安全监理的主要工作内容:1. 监理单位应根据《建设工程安全生产管理条例》的规定,按照工程建设强制性标准、《建设工程监理规范》和相关行业监理规范的要求,编制包括安全监理内容的项目监理规划,明确安全监理的范围、内容、工作程序和制度措施,以及人员配备计划和职责等。2. 对中型及以上项目和《建设工程安全生产管理条例》第 26 条规定的危险性较大的分部分项工程,监理单位应当编制监理实施细则。实施细则应当明确安全监理的方法、措施和控制要点,以及对施工单位安全技术措施的检查方案。3. 审查施工单位编制的施工组织设计中的安全技术措施和危险性较大的分部分项工程安全专项施工方案是否符合工程建设强制性标准要求。审查的主要内容应当包括:(1)施工单位编制的地下管线保护措施方案是否符合强制性标准要求;(2)基坑支护与降水、土方开挖与边坡防护、模板、起重吊装、脚手架、拆除、爆破等分部分项工程的专项施工方案是否符合强制性标准要求;(3)施工现场临时用电施工组织设计或者安全用电技术措施和电气防火措施是否符合强制性标准要求;(4)冬季、雨季等季节性施工方案的制定是否符合强制性标准要求;(5)施工总平面布置图是否符合安全生产的要求,办公、宿舍、食堂、道路等临时设施设置以及排水、防火措施是否符合强制性标准要求。4. 检查施工单位在工程项目上的安全生产规章制度和安全监管机构的建立、健全及专职安全生产管理人员配备情况,督促施工单位检查各分包单位的安全生产规章制度的建立情况。5. 审查施工单位资质和安全生产许可证是否合法有效。6. 审查项目经理和专职安全生产管理人员是否具备合法资格,是否与投标文件相一致。7. 审核特种作业人员的特种作业操作资格证书是否合法有效。8. 审核施工单位应急救援预案和安全防护措施费用使用计划。第 2 项,施工阶段安全监理的主要工作内容:1. 监督施工单位按照施工组织设计中的安全技术措施和专项施工方案组织施工,及时制止违规施工作业。2. 定期巡视检查施工过程中的危险性较大工程作业情况。3. 核查施工现场施工起重机械、整体提升脚手架、模板等自升式架设设施和安全设施的验收手续。4. 检查施工现场各种安全标志和安全防护措施是否符合强制性标准要求,并检查安全生产费用的使用情况。5. 督促施工单位进行安全自查工作，并对施工单位自查情况进行抽查，参加建设单位组织的安全生产专项检查。

《关于进一步强化住宅工程质量管理和责任的通知》（2010 年 5 月 4 日初次实施）

第 1 条　强化住宅工程质量责任，规范建设各方主体行为，第 5 项，监理单位的责任：监理单位要严格依照法律、法规以及有关技术标准、设计文件和建设工程承包合同进行监理，对住宅工程的施工质量依法承担监理责任。监理单位因不按照监理合同约定履行监理职责，给建设单位造成损失的，要承担违约赔偿责任；因监理单位弄虚作假，降低工程质量标准，造成工程质量事故的，要依法承担相应法律责任。监理单位要建立健全质量管理体系，落实项目总监负责制，建立适宜的组织机构，配备足够的、专业配套的合格监理人员，严格按照监理规划和规定的监理程序开展监理工作，不得转让工程监理业务，不得与被监理的住宅工程的施工单位以及建筑材料、建筑构配件和设备供应单位有隶属关系或其他利害关系。监理人员要按规定采取旁站、巡视、平行检验等多种形式，及时到位进行监督检查，对达不到规定要求的材料、设备、工程以及不符合要求的施工组织设计、施工方案不得签字放行，并按规定及时向建设单位和有关部门报告，确保监理工作质量。

《住房城乡建设部关于进一步加强建筑市场监管工作的意见》（2011 年 6 月 24 日初次实施，2019 年 3 月 18 日修改）

第 3 条　加强合同管理，规范合同履约行为，第 14 项，严格履行监理单位职责：监理单位要严格依照法律法规以及有关技术标准、设计文件和建设工程承包合同实施监理，对建设工程的施工质量安全依法承担监理责任。监理单位要落实项目总监负责制，建立项目监理机构，配备足够的、专业配套的监理人员，严格按程序开展监理工作。监理工程师要按照工程监理规范的要求，采取旁站、巡视、平行检验等多种形式，及时到位进行监督检查，对达不到规定要求的建筑材料、构配件、设备以及不符合要求的施工组织设计、施工方案不得签字放行。发现存在质量安全隐患的，应当要求施工单位整改；情况严重的，应当要求施工单位暂停施工，并及时报告建设单位。施工单位拒不整改或者不停止施工的，监理单位要及时向有关主管部门报告。

《建设工程监理规范》(GB/T 50319—2013)(2014 年 3 月 1 日初次实施)

第 5.1.6 条　项目监理机构应审查施工单位报审的施工组织设计，符合要求时，应由总监理工程师签认后报建设单位。项目监理机构应要求施工单位按已批准的施工组织设计组织施工。施工组织设计需要调整时，项目监理机构应按程序重新审查。施工组织设计审查应包括下列基本内容：1. 编审程序应符合相关规定。2. 施工进度、施工方案及工程质量保证措施应符合施工合同要求。3. 资金、劳动力、材料、设备等资源供应计划应满足工程施工需要。4. 安全技术措施应符合工程建设强制性标准。5. 施工总平面布置应科学合理。

第 5.1.8 条　总监理工程师应组织专业监理工程师审查施工单位报送的开工报审表及相关资料；同时具备下列条件时，应由总监理工程师签署审查意见，并应报建设单位批准后，总监理工程师签发工程开工令：1. 设计交底和图纸会审已完成。2. 施工组织设计已由总监理工程师签认。3. 施工单位现场质量、安全生产管理体系已建立，管理及施工人员已到位，施工机械具备使用条件，主要工程材料已落实。4. 进场道路及水、电、通信等已满足开工要求。

第 5.1.10 条　分包工程开工前，项目监理机构应审核施工单位报送的分包单位资格报审表，专业监理工程师提出审查意见后，应由总监理工程师审核签认。分包单位资格审核应包括下列基本内容：1. 营业执照、企业资质等级证书。2. 安全生产许可文件。3. 类似工程业绩。4. 专职管理人员和特种作业人员的资格。

第 5.2.1 条　工程开工前，项目监理机构应审查施工单位现场的质量管理组织机构、管理制度及专职管理人员和特种作业人员的资格。

第 5.2.2 条　总监理工程师应组织专业监理工程师审查施工单位报审的施工方案，并应符合要求后予以签认。施工方案审查应包括下列基本内容：1. 编审程序应符合相关规定。2. 工程质量保证措施应符合有关标准。

第 5.2.4 条　专业监理工程师应审查施工单位报送的新材料、新工艺、新技术、新设备的质量认证材料和相关验收标准的适用性，必要时，应要求施工单位组织专题论证，审查合格后报总监理工程师签认。

第5.2.5条　专业监理工程师应检查、复核施工单位报送的施工控制测量成果及保护措施，签署意见。专业监理工程师应对施工单位在施工过程中报送的施工测量放线成果进行查验。施工控制测量成果及保护措施的检查、复核，应包括下列内容：1. 施工单位测量人员的资格证书及测量设备检定证书。2. 施工平面控制网、高程控制网和临时水准点的测量成果及控制桩的保护措施。

第5.2.7条　专业监理工程师应检查施工单位为本工程提供服务的试验室。试验室的检查应包括下列内容：1. 试验室的资质等级及试验范围。2. 法定计量部门对试验设备出具的计量检定证明。3. 试验室管理制度。4. 试验人员资格证书。

第5.2.9条第1款　项目监理机构应审查施工单位报送的用于工程的材料、构配件、设备的质量证明文件，并应按有关规定、建设工程监理合同约定，对用于工程的材料进行见证取样，平行检验。

第5.2.10条　专业监理工程师应审查施工单位定期提交影响工程质量的计量设备的检查和检定报告。

第5.2.11条　项目监理机构应根据工程特点和施工单位报送的施工组织设计，确定旁站的关键部位；关键工序，安排监理人员进行旁站，并应及时记录旁站情况。

第5.2.12条　项目监理机构应安排监理人员对工程施工质量进行巡视。巡视应包括下列主要内容：1. 施工单位是否按工程设计文件、工程建设标准和批准的施工组织设计、(专项)施工方案施工。2. 使用的工程材料、构配件和设备是否合格。3. 施工现场管理人员，特别是施工质量管理人员是否到位。4. 特种作业人员是否持证上岗。

第5.2.13条　项目监理机构应根据工程特点、专业要求，以及建设工程监理合同约定，对工程材料、施工质量进行平行检验。

第5.2.14条　项目监理机构应对施工单位报验的隐蔽工程、检验批；分项工程和分部工程进行验收，对验收合格的应给予签认，对验收不合格的应拒绝签认，同时应要求施工单位在指定的时间内整改并重新报验。对已同意覆盖的工程隐蔽部位质量有疑问的，或发现施工单位私自覆盖工程隐蔽部位的，项目监理机构应要求施工单位对该隐蔽部位进行钻孔探测或揭开或其他方法进行重新检验。

第 5.2.15 条　项目监理机构发现施工存在质量问题的，或施工单位采用不适当的施工工艺，或施工不当，造成工程质量不合格的，应及时签发监理通知单，要求施工单位整改。整改完毕后，项目监理机构应根据施工单位报送的监理通知回复对整改情况进行复查，提出复查意见。

第 5.2.16 条　对需要返工处理加固补强的质量缺陷，项目监理机构应要求施工单位报送经设计等相关单位认可的处理方案，并应对质量缺陷的处理过程进行跟踪检查，同时应对处理结果进行验收。

第 5.2.17 条　对需要返工处理或加固补强的质量事故，项目监理机构应要求施工单位报送质量事故调查报告和经设计等相关单位认可的处理方案，并应对质量事故的处理过程进行跟踪检查，同时应对处理结果进行验收。项目监理机构应及时向建设单位提交质量事故书面报告，并应将完整的质量事故处理记录整理归档。

第 5.2.18 条　项目监理机构应审查施工单位提交的单位工程竣工验收报审表及竣工资料，组织工程竣工预验收。存在问题的，应要求施工单位及时整改；合格的，总监理工程师应签认单位工程竣工验收报审表。

第 5.2.20 条　项目监理机构应参加由建设单位组织的竣工验收，对验收中提出的整改问题，应督促施工单位及时整改。工程质量符合要求的，总监理工程师应在工程竣工验收报告中签署意见。

第 5.3.1 条　项目监理机构应按下列程序进行工程计量和付款签证：1. 专业监理工程师对施工单位在工程款支付报审表中提交的工程量和支付金额进行复核，确定实际完成的工程量，提出到期应支付给施工单位的金额，并提出相应的支持性材料。2. 总监理工程师对专业监理工程师的审查意见进行审核，签认后报建设单位审批。3. 总监理工程师根据建设单位的审批意见，向施工单位签发工程款支付证书。

第 5.3.3 条　项目监理机构应建立月完成工程量统计表，对实际完成量与计划完成量进行比较分析，发现偏差的，应提出调整建议，并应在监理月报中向建设单位报告。

第 5.3.4 条　项目监理机构应按下列程序进行竣工结算款审核：1. 专业监

理工程师审查施工单位提交的工结算款支付申请，提出审查意见。2. 总监理工程师对专业监理工程师的审查意见进行审核，签认后报建设单位审批，同时抄送施工单位，并就工程竣工结算事宜与建设单位、施工单位协商；达成一致意见的，根据建设单位审批意见向施工单位签发竣工结算款支付证书；不能达成一致意见的，应按施工合同约定处理。

第 5.4.1 条　项目监理机构应审查施工单位报审的施工总进度计划和阶段性施工进度计划，提出审查意见，并应由总监理工程师审核后报建设单位。施工进度计划审查应包括下列基本内容：1. 施工进度计划应符合施工合同中工期的约定。2. 施工进度计划中主要工程项目无遗漏，应满足分批投入试运、分批动用的需要，阶段性施工进度计划应满足总进度控制目标的要求。3. 施工顺序的安排应符合施工工艺要求。4. 施工人员、工程材料、施工机械等资源供应计划应满足施工进度计划的需要。5. 施工进度计划应符合建设单位提供的资金、施工图纸、施工场地、物资等施工条件。

第 5.4.3 条　项目监理机构应检查施工进度计划的实施情况，发现实际进度严重滞后于计划进度且影响合同工期时，应签发监理通知单，要求施工单位采取调整措施加快施工进度。总监理工程师应向建设单位报告工期延误风险。

第 5.4.4 条　项目监理机构应比较分析工程施工实际进度与计划进度，预测实际进度对工程总工期的影响，并应在监理月报中向建设单位报告工程实际进展情况。

第 5.5.2 条　项目监理机构应审查施工单位现场安全生产规章制度的建立和实施情况，并应审查施工单位安全生产许可证及施工单位项目经理、专职安全生产管理人员和特种作业人员的资格，同时应核查施工机械和设施的安全许可验收手续。

第 5.5.3 条　项目监理机构应审查施工单位报审的专项施工方案，符合要求的，应由总监理工程师签认后报建设单位。超过一定规模的危险性较大的分部分项工程的专项施工方案，应检查施工单位组织专家进行论证、审查的情况，以及是否附具安全验算结果。项目监理机构应要求施工单位按已批准的专项施工方案组织施工。专项施工方案需要调整时，施工单位应按程序重新提交项目监理机构审查。专项施工方案审查应包括下列基本内容：1. 编审程序应符合相关规定。2. 安全技术措施应符合工程建设强制性标准。

第5.5.5条　项目监理机构应巡视检查危险性较大的分部分项工程专项施工方案实施情况。发现未按专项施工方案实施时，应签发监理通知单，要求施工单位按专项施工方案实施。

第5.5.6条　项目监理机构在实施监理过程中，发现工程存在安全事故隐患时，应签发监理通知单，要求施工单位整改；情况严重时，应签发工程暂停令，并应及时报告建设单位。施工单位拒不整改或不停止施工时，项目监理机构应及时向有关主管部门报送监理报告。

《建筑工程五方责任主体项目负责人质量终身责任追究暂行办法》(2014年8月25日初次实施)

第5条第4款　监理单位总监理工程师应当按照法律法规、有关技术标准、设计文件和工程承包合同进行监理，对施工质量承担监理责任。

《民法典》(2021年1月1日初次实施)

第154条　行为人与相对人恶意串通，损害他人合法权益的民事法律行为无效。

第157条　民事法律行为无效、被撤销或者确定不发生效力后，行为人因该行为取得的财产，应当予以返还；不能返还或者没有必要返还的，应当折价补偿。有过错的一方应当赔偿对方由此所受到的损失；各方都有过错的，应当各自承担相应的责任。法律另有规定的，依照其规定。

第164条第2款　代理人和相对人恶意串通，损害被代理人合法权益的，代理人和相对人应当承担连带责任。

第929条　有偿的委托合同，因受托人的过错造成委托人损失的，委托人可以请求赔偿损失。无偿的委托合同，因受托人的故意或者重大过失造成委托人损失的，委托人可以请求赔偿损失。受托人超越权限造成委托人损失的，应当赔偿损失。

案例适用

103 监理单位未依约监督检查施工现场安全如何担责

案件名称：新疆承泰建业工程管理咨询有限公司(以下简称承泰建业公司)与新疆温商房地产开发有限公司建设工程监理合同纠纷案

终审法院：新疆维吾尔自治区乌鲁木齐市中级人民法院

案　　号：(2021)新01民终5145号

一审裁判观点：涉案合同及协议的约定,监理范围是甲方确认的施工图纸范围内的所有内容。监理内容在工程施工中,针对工程的质量、进度、投资进行合理有效地控制及对合同、安全、信息的管理。一审法院认为承泰建业公司作为监理单位,依照上述约定,对于涉案工程的工程安全生产负有监管义务。根据查明的案情,涉案工程两次发生火情,原因均为施工单位违规电焊操作造成挤塑板引燃,同时没有严格执行施工现场需配备移动消防水桶及多部灭火器、施工现场严禁堆放易燃物品的要求导致火情的发生。涉案《监理合同》监理人的义务约定(14)在巡视、旁站和检验过程中,发现工程质量、施工安全存在事故隐患的,要求施工承包人整改并报委托人。综上,一审法院认为,承泰建业公司对施工现场安全巡视不到位,监管不力,对于施工现场未配备移动消防水桶及灭火器,以及堆放易燃物品等施工安全存在的事故隐患未及时要求施工单位进行整改,造成两次火情的发生,构成违约。

二审裁判观点：《建设工程安全生产管理条例》第14条规定:"工程监理单位应当审查施工组织设计中的安全技术措施或者专项施工方案是否符合工程建设强制性标准。工程监理单位在实施监理过程中,发现存在安全事故隐患的,应当要求施工单位整改;情况严重的,应当要求施工单位暂时停止施工,并及时报告建设单位。施工单位拒不整改或者不停止施工的,工程监理单位应当及时向有关主管部门报告。工程监理单位和监理工程师应当按照法律、法规和工程建设强制性标准实施监理,并对建设工程安全生产承担监理责任。”双方在监理合同中也约定了监理人的义务，即检查施工承包人专职安全生产管理人员的配备情况，在巡视、旁站和检验过程中，发现工程质量、施工安全存在事故隐患的，要求施工承包人整改并报委托人。承泰建业公司在履行监理义务期间，涉案工程发生多次火情，虽然火情系施工单位的不规范施工行为导致，但承泰建业公司作为涉案工程的监理单位，应当按照法律、法规和工程建设强制性标准实施监理，并对建设工程安全生产承担监理责任。本案审理中，承泰建业公司并未举证证实已经按照上述法律、行政法规全面履行安全生产监理职责，也未举证证实已按照合同约定对施工过程中的安全事故隐患问题提出整改意见或要求施工单位整改，承泰建业公司在履行合同期间未履行监理合同中关于安全生产管理的基本合同义务，其对于涉案工程发生火情存在过错行为，应当承担违约责任，一审判决承泰建业公司赔偿违约金并无不当。

104　监理单位未依约监督检查施工单位按图施工如何担责

案件名称：彝良县交通运输局(以下简称彝良交通局)、云南九州建设集团有限责任公司(以下简称九州公司)与云南易通工程监理咨询有限公司(以下简称易通监理公司)建设工程施工合同纠纷案

审理法院：云南省昭通市中级人民法院

案　　号：(2018)云06民初79号

裁判观点：经昭通市人民检察院委托四川建明司法鉴定所鉴定，2012年12月13日发生的34根抗滑桩中4根折断倒地、9根折断倾覆、20根出现不同程度的偏移的事故原因是不按设计图纸和技术规范进行施工引起的工程质量责任事故，本次事故中施工方负主要责任，监理方负次要责任，勘察和设计单位无责任。九州公司作为施工方，因未按照勘察设计单位的图纸进行施工，导致事故发生，对事故发生承担主要责任，应承担抗滑桩损失的80%即10,308,096.8元(12,885,121元×0.8)。易通监理公司作为涉诉项目监理单位，未尽监理职责，没有监督

要求施工单位执行自检、合格、报监理抽检、合格、再进入下一工序的监理程序，应承担本次事故的次要责任。因国监督检查工作不到位，易通监理公司应承担抗滑桩损失的20%即2,577,024.2元(12,885,121元×0.2)，彝良交通局未举证证实易通监理公司与九州公司有恶意串通情形，对其要求承担连带赔偿的诉讼请求，法院不予支持。

105　监理单位在何种情形下与承包单位承担连带赔偿责任

案件名称：河南广宏建筑有限公司(以下简称广宏公司)、河南诚信工程管理有限公司(以下简称诚信公司)与长葛市后河镇白寨村村民委员会(以下简称白寨村委会)等建设工程施工合同纠纷案

审理法院：河南省高级人民法院

案　　号：(2017)豫民终733号

裁判观点：一审法院委托专业机构进行了司法鉴定，诉争1#、2#住宅楼裂缝产生的主要原因是：(1)墙体裂缝是由于墙与混凝土现浇构件交接处的构造措施不符合设计要求、混凝土切块的收缩变形过大引起的；(2)楼板裂缝是板内上部负筋下移、钢筋保护层厚度过大所致；(3)受检梁体裂缝产生的主要原因是图纸设计的梁体下部纵向受力钢筋不满足承载力的要求。依据上述司法鉴定意见，可以认定广宏公司在施工中存在措施不当，不符合设计要求等问题，对本案工程出现质量问题负有主要责任，因此，一审法院判令其对本案白寨村委会的损失承担60%的赔偿责任，二审法院认为适当。诚信公司作为本案工程监理单位，没有严格履行监理义务，对广宏公司在施工中的不合格操作负有监理不到位的责任，一审法院考虑本案没有证据证明诚信公司与广宏公司串通、故意对应当监督检查的项目不检查或者不按照规定检查，从而给白寨村委会造成损失，因此对白寨村委会请求诚信公司与广宏公司承担连带赔偿责任的主张不予支持，仅判令其承担10%的赔偿责任，并无不当。

第五章

建筑安全生产管理

第三十六条 【安全制度】建筑工程安全生产管理必须坚持安全第一、预防为主的方针，建立健全安全生产的责任制度和群防群治制度。

条文理解

本条是关于安全制度的规定，依据《建设工程安全生产管理条例》第3条、第4条、第21条和第44条的规定，建筑工程安全生产管理必须坚持安全第一、预防为主的方针。建设单位、勘察单位、设计单位、施工单位、工程监理单位必须遵守安全生产法律、法规的规定，保证建筑工程安全生产，依法承担建筑工程安全生产责任。施工单位应当建立健全安全生产责任制度，项目负责人对建筑工程项目的安全施工负责。建筑施工企业必须依法加强对建筑安全生产的管理，执行安全生产责任制度，采取有效措施，防止伤亡和其他安全生产事故的发生，法定代表人对本企业的安全生产负责。依据《安全生产法》第74条和第77条的规定，任何单位或者个人对事故隐患或者安全生产违法行为，均有权向负有安全生产监督管理职责的部门报告或者举报。新闻、出版、广播、电影、电视等单位有权对违反安全生产法律、法规的行为进行舆论监督。

规定集成

《安全生产法》(2002年11月1日初次实施,2021年6月10日修正)

第3条　安全生产工作坚持中国共产党的领导。安全生产工作应当以人为本，坚持人民至上、生命至上，把保护人民生命安全摆在首位，树牢安全发展理念，坚持安全第一、预防为主、综合治理的方针，从源头上防范化解重大安全风险。安全生产工作实行管行业必须管安全、管业务必须管安全、管生产经营必须管安全，强化和落实生产经营单位主体责任与政府监管责任，建立生产经营单位负责、职工参与、政府监管、行业自律和社会监督的机制。

第 4 条第 1 款　生产经营单位必须遵守本法和其他有关安全生产的法律、法规，加强安全生产管理，建立健全全员安全生产责任制和安全生产规章制度，加大对安全生产资金、物资、技术、人员的投入保障力度，改善安全生产条件，加强安全生产标准化、信息化建设，构建安全风险分级管控和隐患排查治理双重预防机制，健全风险防范化解机制，提高安全生产水平，确保安全生产。

第 5 条　生产经营单位的主要负责人是本单位安全生产第一责任人，对本单位的安全生产工作全面负责。其他负责人对职责范围内的安全生产工作负责。

第 54 条第 1 款　从业人员有权对本单位安全生产工作中存在的问题提出批评、检举、控告；有权拒绝违章指挥和强令冒险作业。

第 74 条第 1 款　任何单位或者个人对事故隐患或者安全生产违法行为，均有权向负有安全生产监督管理职责的部门报告或者举报。

第 77 条　新闻、出版、广播、电影、电视等单位有进行安全生产公益宣传教育的义务，有对违反安全生产法律、法规的行为进行舆论监督的权利。

《建设工程安全生产管理条例》(2004 年 2 月 1 日初次实施)

第 3 条　建设工程安全生产管理，坚持安全第一、预防为主的方针。

第 4 条　建设单位、勘察单位、设计单位、施工单位、工程监理单位及其他与建设工程安全生产有关的单位，必须遵守安全生产法律、法规的规定，保证建设工程安全生产，依法承担建设工程安全生产责任。

第 21 条　施工单位主要负责人依法对本单位的安全生产工作全面负责。施工单位应当建立健全安全生产责任制度和安全生产教育培训制度，制定安全生产规章制度和操作规程，保证本单位安全生产条件所需资金的投入，对所承担的建设工程进行定期和专项安全检查，并做好安全检查记录。施工单位的项目负责人应当由取得相应执业资格的人员担任，对建设工程项目的安全施工负责，落实安全生产责任制度、安全生产规章制度和操作规程，确保安全生产费用的有效使用，并根据工程的特点组织制定安全施工措施，消除安全事故隐患，及时、如实报告生产安全事故。

《国务院办公厅关于促进建筑业持续健康发展的意见》（2017 年 2 月 24 日初次实施）

第 4 条　加强工程质量安全管理，第 6 项，加强安全生产管理。全面落实安全生产责任，加强施工现场安全防护，特别要强化对深基坑、高支模、起重机械等危险性较大的分部分项工程的管理，以及对不良地质地区重大工程项目的风险评估或论证。推进信息技术与安全生产深度融合，加快建设建筑施工安全监管信息系统，通过信息化手段加强安全生产管理。建立健全全覆盖、多层次、经常性的安全生产培训制度，提升从业人员安全素质以及各方主体的本质安全水平。

第三十七条　【工程设计】建筑工程设计应当符合按照国家规定制定的建筑安全规程和技术规范，保证工程的安全性能。

条文理解

本条是关于工程设计的规定，依据《建设工程安全生产管理条例》第 13 条的规定，设计单位应当按照法律、法规和工程建设强制性标准进行设计，防止因设计不合理导致生产安全事故的发生。设计单位应当考虑施工安全操作和防护的需要，对涉及施工安全的重点部位和环节在设计文件中注明，并对防范生产安全事故提出指导意见。采用新结构、新材料、新工艺的建设工程和特殊结构的建设工程，设计单位应当在设计中提出保障施工作业人员安全和预防生产安全事故的措施建议。设计单位和注册建筑师等注册执业人员应当对其设计负责。

依据《工程建设国家标准管理办法》第 3 条、《工程建设行业标准管理办法》第 2 条和第 3 条的规定，国家标准分为强制性标准和推荐性标准，行业标准分为强制性标准和推荐性标准，本条文规定的建筑工程设计应当符合的安全规程和技术规范指的是国家规定制定的强制性标准。依据《安全生产法》第11条的规定，生产经营单位必须执行依法制定的保障安全生产的国家标准或者行业标准。建筑工程设计的的安全规程和技术规范有《民用建筑设计统一标准》《建筑设计防火规范》《城镇燃气设计规范》《建筑采光设计标准》《建筑照明设计标准》《建筑物防雷设计标准》《建筑结构可靠性设计统一标准》《住宅设计规范》《地下工程防水技术规范》《民用建筑工程室内环境污染控制规范》《城镇燃气技术规范》《车库设计规范》等。

规定集成

《标准化法实施条例》(1990年4月6日初次实施)

第2条　对下列需要统一的技术要求，应当制定标准：……(四)建设工程的勘察、设计、施工、验收的技术要求和方法……

第11条　对需要在全国范围内统一的下列技术要求，应当制定国家标准：……(七)工程建设的重要技术要求……

第18条　国家标准、行业标准分为强制性标准和推荐性标准。下列标准属于强制性标准：……(三)工程建设的质量、安全、卫生标准及国家需要控制的其他工程建设标准……

《工程建设国家标准管理办法》(1992年12月30日初次实施)

第3条　国家标准分为强制性标准和推荐性标准。下列标准属于强制性标准：(一)工程建设勘察、规划、设计、施工(包括安装)及验收等通用的综合标准和重要的通用的质量标准；(二)工程建设通用的有关安全、卫生和环境保护的标准；(三)工程建设重要的通用的术语、符号、代号、量与单位、建筑模数和制图方法标准；(四)工程建设重要的通用的试验、检验和评定方法等标准；(五)工程建设重要的通用的信息技术标准；(六)国家需要控制的其他工程建设通用的标准。强制性标准以外的标准是推荐性标准。

《工程建设行业标准管理办法》(1992 年 12 月 30 日初次实施)

第 2 条　对没有国家标准而需要在全国某个行业范围内统一的下列技术要求,可以制定行业标准:(一)工程建设勘察、规划、设计、施工(包括安装)及验收等行业专用的质量要求;(二)工程建设行业专用的有关安全、卫生和环境保护的技术要求;(三)工程建设行业专用的术语、符号、代号、量与单位和制图方法;(四)工程建设行业专用的试验、检验和评定等方法;(五)工程建设行业专用的信息技术要求;(六)其他工程建设行业专用的技术要求。

第 3 条　行业标准分为强制性标准和推荐性标准。下列标准属于强制性标准:(一)工程建设勘察、规划、设计、施工(包括安装)及验收等行业专用的综合性标准和重要的行业专用的质量标准;(二)工程建设行业专用的有关安全、卫生和环境保护的标准;(三)工程建设重要的行业专用的术语、符号、代号、量与单位和制图方法标准;(四)工程建设重要的行业专用的试验、检验和评定方法等标准;(五)工程建设重要的行业专用的信息技术标准;(六)行业需要控制的其他工程建设标准。强制性标准以外的标准是推荐性标准。

《建设工程勘察设计管理条例》(2000 年 9 月 25 日初次实施,2017 年 10 月 7 日修订)

第 5 条第 2 款　建设工程勘察、设计单位必须依法进行建设工程勘察、设计,严格执行工程建设强制性标准,并对建设工程勘察、设计的质量负责。

第 25 条　编制建设工程勘察、设计文件,应当以下列规定为依据:(一)项目批准文件;(二)城乡规划;(三)工程建设强制性标准;(四)国家规定的建设工程勘察、设计深度要求……

《安全生产法》(2002 年 11 月 1 日初次实施,2021 年 6 月 10 日修正)

第 11 条　国务院有关部门应当按照保障安全生产的要求,依法及时制定有关的国家标准或者行业标准,并根据科技进步和经济发展适时修订。生产经营单位必须执行依法制定的保障安全生产的国家标准或者行业标准。

第 33 条第 1 款　建设项目安全设施的设计人、设计单位应当对安全设施设计负责。

《建设工程安全生产管理条例》(2004 年 2 月 1 日初次实施)

第 13 条　设计单位应当按照法律、法规和工程建设强制性标准进行设计,防止因设计不合理导致生产安全事故的发生。设计单位应当考虑施工安全操作和防护的需要,对涉及施工安全的重点部位和环节在设计文件中注明,并对防范生产安全事故提出指导意见。采用新结构、新材料、新工艺的建设工程和特殊结构的建设工程,设计单位应当在设计中提出保障施工作业人员安全和预防生产安全事故的措施建议。设计单位和注册建筑师等注册执业人员应当对其设计负责。

《建设项目安全设施"三同时"监督管理暂行办法》(2011 年 2 月 1 日初次实施,2015 年 4 月 2 日修正)

第 10 条　生产经营单位在建设项目初步设计时,应当委托有相应资质的初步设计单位对建设项目安全设施同时进行设计,编制安全设施设计。安全设施设计必须符合有关法律、法规、规章和国家标准或者行业标准、技术规范的规定,并尽可能采用先进适用的工艺、技术和可靠的设备、设施。安全设施设计单位、设计人应当对其编制的设计文件负责。

第 11 条　建设项目安全设施设计应当包括下列内容:(一)设计依据;(二)建设项目概述;(三)建设项目潜在的危险、有害因素和危险、有害程度及周边环境安全分析;(四)建筑及场地布置;(五)重大危险源分析及检测监控;(六)安全设施设计采取的防范措施;(七)安全生产管理机构设置或者安全生产管理人员配备要求;(八)从业人员教育培训要求;(九)工艺、技术和设备、设施的先进性和可靠性分析;(十)安全设施专项投资概算;(十一)安全预评价报告中的安全对策及建议采纳情况;(十二)预期效果以及存在的问题与建议;(十三)可能出现的事故预防及应急救援措施;(十四)法律、法规、规章、标准规定需要说明的其他事项。

《关于发布国家标准〈住宅设计规范〉的公告》(2011 年 7 月 26 日初次实施)

现批准《住宅设计规范》为国家标准,编号为 GB50096－2011,自 2012 年 8 月 1 日起实施。其中,第 5.1.1、5.3.3、5.4.4、5.5.2、5.5.3、5.6.2、5.6.3、5.8.1、6.1.1、6.1.2、6.1.3、6.2.1、6.2.2、6.2.3、6.2.4、6.2.5、6.3.1、6.3.2、

6.3.5、6.4.1、6.4.7、6.5.2、6.6.1、6.6.3、6.7.1、6.9.1、6.9.6、6.10.1、6.10.4、7.1.1、7.1.3、7.1.5、7.2.1、7.2.3、7.3.1、7.3.2、7.4.1、7.4.2、7.5.3、8.1.1、8.1.2、8.1.3、8.1.4、8.1.7、8.2.1、8.2.2、8.2.6、8.2.10、8.2.11、8.2.12、8.3.2、8.3.3、8.3.4、8.3.6、8.3.12、8.4.1、8.4.3、8.4.4、8.5.3、8.7.3、8.7.4、8.7.5、8.7.9 条为强制性条文，必须严格执行。原《住宅设计规范》GB50096 - 1999（2003 年版）同时废止。

《住房城乡建设部关于房屋建筑工程推广应用减隔震技术的若干意见（暂行）》（2014 年 2 月 21 日初次实施）

第 2 条　位于抗震设防烈度 8 度（含 8 度）以上地震高烈度区、地震重点监视防御区或地震灾后重建阶段的新建 3 层（含 3 层）以上学校、幼儿园、医院等人员密集公共建筑，应优先采用减隔震技术进行设计。

第 3 条　鼓励重点设防类、特殊设防类建筑和位于抗震设防烈度 8 度（含 8 度）以上地震高烈度区的建筑采用减隔震技术。对抗震安全性或使用功能有较高需求的标准设防类建筑提倡采用减隔震技术。

《住房城乡建设部关于推进建筑业发展和改革的若干意见》（2014 年 7 月 1 日初次实施）

第 4 条　促进建筑业发展方式转变，第 18 项，提升建筑设计水平。坚持以人为本、安全集约、生态环保、传承创新的理念，树立文化自信，鼓励建筑设计创作。树立设计企业是创新主体的意识，提倡精品设计。鼓励开展城市设计工作，加强建筑设计与城市规划间的衔接。探索放开建筑工程方案设计资质准入限制，鼓励相关专业人员和机构积极参与建筑设计方案竞选。完善建筑设计方案竞选制度，建立完善大型公共建筑方案公众参与和专家辅助决策机制，在方案评审中，重视设计方案文化内涵审查。加强建筑设计人才队伍建设，着力培养一批高层次创新人才。开展设计评优，激发建筑设计人员的创作激情。探索研究大型公共建筑设计后评估制度。

《标准化法》（1989 年 4 月 1 日初次实施，2017 年 11 月 4 日修订）

第 2 条　本法所称标准（含标准样品），是指农业、工业、服务业以及社会事业等领域需要统一的技术要求。标准包括国家标准、行业标准、地方标准和团体标准、企业标准。国家标准分为强制性标准、推荐性标准,行业标准、地方标准是推荐性标准。强制性标准必须执行。国家鼓励采用推荐性标准。

案例适用

106 如何判断工程设计是否符合建筑安全规程和技术规范

案件名称:张某、万某与泛华工程有限公司(以下简称泛华公司)等人身损害赔偿纠纷案

审理法院:广东省广州市中级人民法院

案　　号:(2013)穗中法审监民抗再字第6号

裁判观点:关于设计单位泛华公司的责任。(1)关于栏杆间隔设计标准的责任。《建筑法》第37条至第56条规定,建筑工程的勘察、设计单位必须对其勘察、设计的质量负责。勘察、设计文件应当符合有关法律、行政法规的规定和建筑工程质量、安全标准、建筑工程勘察、设计技术规范以及合同的约定。第73条规定,建筑设计单位不按照建筑工程质量、安全标准进行设计的,责令改正,处以罚款;造成工程质量事故的,责令停业整顿,降低资质等级或者吊销资质证书,没收违法所得,并处罚款;造成损失的,承担赔偿责任;构成犯罪的,依法追究刑事责任。《住宅设计规范》(GB 50096—1999)(已失效)第4.2.1规定:外廊、内天井及上人屋面等临空处栏杆净高,低层、多层住宅不应低于1.05m,中高层、高层住宅不应低于1.10m,栏杆设计应防止儿童攀登,垂直杆件间净空不应大于0.11m。叠翠台三期E/F栋由泛华公司负责设计,叠翠台三期E/F栋四楼平台中央原为中空设计,中空部分周边设计有围栏。泛华公司虽在栏杆设计了内钢网,但两栏杆间的垂直杆间间隔达0.23米,超过了上述设计规范,对于该0.23米的间隔,泛华公司虽主张其对此设计了钢网以防止攀爬,但并未能举证证实,应承担举证不能的责任。因此,再审认定该设计不符合栏杆垂杆件净距不应大于0.11米,或安装防攀爬钢网的规范,泛华公司存在过错,是事故产生的原因之一,结合证人证言

证实,受害人确实从该缺口进入采光雨棚内,因此泛华公司对本案损害事实的发生有不可推卸的过错责任,依法应当承担共同侵权民事责任。

107 工程设计不符合建筑安全规程和技术规范如何担责?建设单位擅自使用图纸,设计单位是否担责

案件名称:河南广宏建筑有限公司(以下简称广宏公司)、河南诚信工程管理有限公司(以下简称诚信公司)、河南省机电设计院有限公司(以下简称机电设计院)与长葛市后河镇白寨村村民委员会(以下简称白寨村委会)等建设工程施工合同纠纷案

审理法院:河南省高级人民法院

案　　号:(2017)豫民终733号

裁判观点:法院委托专业机构进行了司法鉴定,诉争1#、2#住宅楼裂缝产生的主要原因是:(1)墙体裂缝是由于墙与混凝土现浇构件交接处的构造措施不符合设计要求、混凝土切块的收缩变形过大引起的;(2)楼板裂缝是板内上部负筋下移、钢筋保护层厚度过大所致;(3)受检梁体裂缝产生的主要原因是图纸设计的梁体下部纵向受力钢筋不满足承载力的要求。依据上述司法鉴定意见,可以认定广宏公司在施工中存在措施不当,不符合设计要求等问题,对本案工程出现质量问题负有主要责任,因此,一审法院判令其对本案白寨村委会的损失承担60%的赔偿责任,法院认为适当。诚信公司作为本案工程监理单位,没有严格履行监理义务,对广宏公司在施工中不合格操作负有监理不到位的责任,一审法院考虑本案没有证据证明诚信公司与广宏公司串通、故意对应当监督检查的项目不检查或者不按照规定检查,从而给白寨村委会造成损失,因此对白寨村委会请求诚信公司与广宏公司承担连带赔偿责任的主张不予支持,仅判令其承担10%的赔偿责任,没有不当。根据司法鉴定意见,机电设计院提供的1#楼图纸存在设计缺陷,是造成受检梁体裂缝产生的主要原因,因此,一审法院判令其对该楼因质量问题产生的损失承担30%的责任适当。白寨村委会向广宏公司提供的2#楼图纸,系白

寨村委会擅自使用机电设计院的设计成果,因此对于2#楼因设计问题造成的损失,应由白寨村委会自行承担。

第三十八条 【施工设计】建筑施工企业在编制施工组织设计时,应当根据建筑工程的特点制定相应的安全技术措施;对专业性较强的工程项目,应当编制专项安全施工组织设计,并采取安全技术措施。

条文理解

本条是关于施工设计的规定,依据《建筑施工组织设计规范》第2.0.1条、第3.0.1条、第3.0.4条和第7.4.2条的规定,施工组织设计指以施工项目为对象编制的,用以指导施工的技术、经济和管理的综合性文件。施工组织设计按编制对象,可分为施工组织总设计、单位工程施工组织设计和施工方案。施工组织设计应包括编制依据、工程概况、施工部署、施工进度计划、施工准备与资源配置计划、主要施工方法、施工现场平面布置及主要施工管理计划等基本内容。其中,安全管理计划应针对项目重要危险源,制定相应的安全技术措施;对达到一定规模的危险性较大的分部(分项)工程和特殊工种的作业应制定专项安全技术措施的编制计划。

依据《建设工程安全生产管理条例》第26条的规定,施工单位应当在施工组织设计中编制安全技术措施,对下列达到一定规模的危险性较大的分部分项工程编制专项施工方案,并附具安全验算结果,经施工单位技术负责人、总监理工程师签字后实施,由专职安全生产管理人员进行现场监督:(1)基坑支护与降水工程;(2)土方开挖工程;(3)模板工程;(4)起重吊装工程;(5)脚手架工程;(6)拆除、爆破工程;(7)国务院建设行政主管部门或者其他有关部门规定的其他危险性较大的工程。

其中，涉及深基坑、地下暗挖工程、高大模板工程的专项施工方案，施工单位还应当组织专家进行论证、审查。依据《危险性较大的分部分项工程安全管理规定》第10条和第12条的规定，施工单位应当在危险性较大工程施工前组织工程技术人员编制专项施工方案。对于超过一定规模的危险性较大工程，施工单位应当组织召开专家论证会对专项施工方案进行论证。另外，危险性较大的分部分项工程范围和超过一定规模的危险性较大的分部分项工程范围详见《住房城乡建设部办公厅关于实施〈危险性较大的分部分项工程安全管理规定〉有关问题的通知》附件1和附件2的规定。

规定集成

《工程建设项目实施阶段程序管理暂行规定》(1995年7月29日初次实施)

第12条　建筑业企业应严格按照有关法律、法规和工程建设技术标准的规定，编制施工组织设计，制定质量、安全、技术、文明施工等各项保证措施，确保工程质量、施工安全和现场文明施工。

《建筑工程预防高处坠落事故若干规定》(2003年4月17日初次实施)

第3条　施工单位的法定代表人对本单位的安全生产全面负责。施工单位在编制施工组织设计时，应制定预防高处坠落事故的安全技术措施。项目经理对本项目的安全生产全面负责。项目经理部应结合施工组织设计，根据建筑工程特点编制预防高处坠落事故的专项施工方案，并组织实施。

第7条　物料提升机应按有关规定由其产权单位编制安装拆卸施工方案，产权单位分管负责人审批签字，并负责安装和拆卸；使用前与施工单位共同进行验收，经验收合格签字后，方可作业。物料提升机应有完好的停层装置，各层联络要有明确信号和楼层标记。物料提升机上料口应装设有联锁装置的安全门，同时采用断绳保护装置或安全停靠装置。通道口走道板应满铺并固定牢靠，两侧边应设置符合要求的防护栏杆和挡脚板，并用密目式安全网封闭两侧。物料提升机严禁乘人。

第8条　施工外用电梯应按有关规定由其产权单位编制安装拆卸施工方

案，产权单位分管负责人审批签字，并负责安装和拆卸；使用前与施工单位共同进行验收，经验收合格签字后，方可作业。施工外用电梯各种限位应灵敏可靠，楼层门应采取防止人员和物料坠落措施，电梯上下运行行程内应保证无障碍物。电梯轿厢内乘人、载物时，严禁超载，载荷应均匀分布，防止偏重。

第9条　移动式操作平台应按相关规定编制施工方案，项目分管负责人审批签字并组织有关部门验收，经验收合格签字后，方可作业。移动式操作平台立杆应保持垂直，上部适当向内收紧，平台作业面不得超出底脚。立杆底部和平台立面应分别设置扫地杆、剪刀撑或斜撑，平台应用坚实木板满铺，并设置防护栏杆和登高扶梯。

第10条　各类作业平台、卸料平台应按相关规定编制施工方案，项目分管负责人审批签字并组织有关部门验收，经验收合格签字后，方可作业。架体应保持稳固，不得与施工脚手架连接。作业平台上严禁超载。

第11条　脚手架应按相关规定编制施工方案，施工单位分管负责人审批签字，项目分管负责人组织有关部门验收，经验收合格签字后，方可作业。作业层脚手架的脚手板应铺设严密，下部应用安全平网兜底。脚手架外侧应采用密目式安全网做全封闭，不得留有空隙。密目式安全网应可靠固定在架体上。作业层脚手板与建筑物之间的空隙大于15cm时应作全封闭，防止人员和物料坠落。作业人员上下应有专用通道，不得攀爬架体。

第12条　附着式升降脚手架和其他外挂式脚手架应按相关规定由其产权单位编制施工方案，产权单位分管负责人审批签字，并与施工单位在使用前进行验收，经验收合格签字后，方可作业。附着式升降脚手架和其他外挂式脚手架每提升一次，都应由项目分管负责人组织有关部门验收，经验收合格签字后，方可作业。附着式升降脚手架和其他外挂式脚手架应设置安全可靠的防倾覆、防坠落装置，每一作业层架体外侧应设置符合要求的防护栏杆和挡脚板。附着式升降脚手架和其他外挂式脚手架升降时，应设专人对脚手架作业区域进行监护。

第13条　模板工程应按相关规定编制施工方案，施工单位分管负责人审批签字；项目分管负责人组织有关部门验收，经验收合格签字后，方可作业。模板工程在绑扎钢筋、粉刷模板、支拆模板时应保证作业人员有可靠立足点，作业面应按规定设置安全防护设施。模板及其支撑体系的施工荷载应均匀堆置，并不得超过设计计算要求。

第 14 条　吊篮应按相关规定由其产权单位编制施工方案,产权单位分管负责人审批签字,并与施工单位在使用前进行验收,经验收合格签字后,方可作业。吊篮产权单位应做好日常例保和记录。吊篮悬挂机构的结构件应选用钢材或其他适合的金属结构材料制造,其结构应具有足够的强度和刚度。作业人员应按规定佩戴安全带;安全带应挂设在单独设置的安全绳上,严禁安全绳与吊篮连接。

《建筑工程预防坍塌事故若干规定》(2003 年 4 月 17 日初次实施)

第 4 条　施工单位的法定代表人对本单位的安全生产全面负责,施工单位在编制施工组织设计时,应制定预防坍塌事故的安全技术措施。项目经理对本项目的安全生产全面负责。项目经理部应结合施工组织设计,根据建筑工程特点,编制预防坍塌事故的专项施工方案,并组织实施。

第 5 条　基坑(槽)、边坡、基础桩、模板和临时建筑作业前,施工单位应按设计单位要求,根据地质情况、施工工艺、作业条件及周边环境编制施工方案,单位分管负责人审批签字,项目分管负责人组织有关部门验收,经验收合格签字后,方可作业。

第 7 条第 1 款　施工单位应编制深基坑(槽)、高切坡、桩基和超高、超重、大跨度模板支撑系统等专项施工方案,并组织专家审查。

第 8 条　施工单位应作好施工区域内临时排水系统规划,临时排水不得破坏相邻建(构)筑物的地基和挖、填土方的边坡。在地形、地质条件复杂,可能发生滑坡、坍塌的地段挖方时,应由设计单位确定排水方案。场地周围出现地表水汇流、排泻或地下水管渗漏时,施工单位应组织排水,对基坑采取保护措施。开挖低于地下水位的基坑(槽)、边坡和基础桩时,施工单位应合理选用降水措施降低地下水位。

第 13 条　地质灾害易发区内施工时,施工单位应根据地质勘察资料编制施工方案,单位分管负责人审批签字,项目分管负责人组织有关部门验收,经验收合格签字后,方可作业。施工时应遵循自上而下的开挖顺序,严禁先切除坡脚。爆破施工时,应防止爆破震动影响边坡稳定。

《建设工程安全生产管理条例》(2004 年 2 月 1 日初次实施)

第 26 条　施工单位应当在施工组织设计中编制安全技术措施和施工现场临时用电方案,对下列达到一定规模的危险性较大的分部分项工程编制专项施工方案,并附具安全验算结果,经施工单位技术负责人、总监理工程师签字后实施,由专职安全生产管理人员进行现场监督:(一)基坑支护与降水工程;(二)土方开挖工程;(三)模板工程;(四)起重吊装工程;(五)脚手架工程;(六)拆除、爆破工程;(七)国务院建设行政主管部门或者其他有关部门规定的其他危险性较大的工程。对前款所列工程中涉及深基坑、地下暗挖工程、高大模板工程的专项施工方案,施工单位还应当组织专家进行论证、审查。本条第一款规定的达到一定规模的危险性较大工程的标准,由国务院建设行政主管部门会同国务院其他有关部门制定。

《建筑起重机械安全监督管理规定》(2008 年 6 月 1 日初次实施)

第 12 条　安装单位应当履行下列安全职责:(一)按照安全技术标准及建筑起重机械性能要求,编制建筑起重机械安装、拆卸工程专项施工方案,并由本单位技术负责人签字;(二)按照安全技术标准及安装使用说明书等检查建筑起重机械及现场施工条件;(三)组织安全施工技术交底并签字确认;(四)制定建筑起重机械安装、拆卸工程生产安全事故应急救援预案;(五)将建筑起重机械安装、拆卸工程专项施工方案,安装、拆卸人员名单,安装、拆卸时间等材料报施工总承包单位和监理单位审核后,告知工程所在地县级以上地方人民政府建设主管部门。

第 18 条　使用单位应当履行下列安全职责:(一)根据不同施工阶段、周围环境以及季节、气候的变化,对建筑起重机械采取相应的安全防护措施;(二)制定建筑起重机械生产安全事故应急救援预案;(三)在建筑起重机械活动范围内设置明显的安全警示标志,对集中作业区做好安全防护;(四)设置相应的设备管理机构或者配备专职的设备管理人员;(五)指定专职设备管理人员、专职安全生产管理人员进行现场监督检查;(六)建筑起重机械出现故障或者发生异常情况的,立即停止使用,消除故障和事故隐患后,方可重新投入使用。

《建筑施工组织设计规范》(2009年10月1日初次实施)

第2.0.1条　施工组织设计,以施工项目为对象编制的,用以指导施工的技术、经济和管理的综合性文件。

第2.0.2条　施工组织总设计,以若干单位工程组成的群体工程或特大型项目为主要对象编制的施工组织设计,对整个项目的施工过程起统筹规划、重点控制的作用。

第2.0.3条　单位工程施工组织设计,以单位(子单位)工程为主要对象编制的施工组织设计,对单位(子单位)工程的施工过程起指导和制约作用。

第2.0.4条　施工方案,以分部(分项)工程或专项工程为主要对象编制的施工技术与组织方案,用以具体指导其施工过程。

第3.0.1条　施工组织设计按编制对象,可分为施工组织总设计、单位工程施工组织设计和施工方案。

第3.0.2条　施工组织设计的编制必须遵循工程建设程序,并应符合下列原则:1.符合施工合同或招标文件中有关工程进度、质量、安全、环境保护、造价等方面的要求;2.积极开发、使用新技术和新工艺,推广应用新材料和新设备;3.坚持科学的施工程序和合理的施工顺序,采用流水施工和网络计划等方法,科学配置资源,合理布置现场,采取季节性施工措施,实现均衡施工,达到合理的经济技术指标;4.采取技术和管理措施,推广建筑节能和绿色施工;5.与质量、环境和职业健康安全三个管理体系有效结合。

第3.0.4条　施工组织设计应包括编制依据、工程概况、施工部署、施工进度计划、施工准备与资源配置计划、主要施工方法、施工现场平面布置及主要施工管理计划等基本内容。

第7.4.2条　安全管理计划应包括下列内容:1.确定项目重要危险源,制定项目职业健康安全管理目标;2.建立有管理层次的项目安全管理组织机构并明确职责;3.根据项目特点,进行职业健康安全方面的资源配置;4.建立具有针对性的安全生产管理制度和职工安全教育培训制度;5.针对项目重要危险源,制定相应的安全技术措施;对达到一定规摸的危阶性较大的分部(分项)工程和特殊工种的作业应制定专项安全技术措施的编制计划;6.根据季节、气候的变化制定相应的季节性安全施工措施;7.建立现场安全检查制度,并对安全事故的处理做出相应规定。

《建设项目安全设施"三同时"监督管理暂行办法》(2011 年 2 月 1 日初次实施，2015 年 4 月 2 日修正)

第 17 条　建设项目安全设施的施工应当由取得相应资质的施工单位进行，并与建设项目主体工程同时施工。施工单位应当在施工组织设计中编制安全技术措施和施工现场临时用电方案，同时对危险性较大的分部分项工程依法编制专项施工方案，并附具安全验算结果，经施工单位技术负责人、总监理工程师签字后实施。施工单位应当严格按照安全设施设计和相关施工技术标准、规范施工，并对安全设施的工程质量负责。

《建筑施工项目经理质量安全责任十项规定(试行)》(2014 年 8 月 25 日初次实施)

第 6 条　项目经理必须在起重机械安装、拆卸，模板支架搭设等危险性较大分部分项工程施工期间现场带班；必须组织起重机械、模板支架等使用前验收，未经验收或验收不合格，不得使用；必须组织起重机械使用过程日常检查，不得使用安全保护装置失效的起重机械。

《建筑施工企业主要负责人、项目负责人和专职安全生产管理人员安全生产管理规定》(2014 年 9 月 1 日初次实施)

第 22 条　建筑施工企业安全生产管理机构和工程项目应当按规定配备相应数量和相关专业的专职安全生产管理人员。危险性较大的分部分项工程施工时，应当安排专职安全生产管理人员现场监督。

《住房城乡建设部办公厅关于实施〈危险性较大的分部分项工程安全管理规定〉有关问题的通知》(2018 年 5 月 17 日初次实施)

第 2 条　危大工程专项施工方案的主要内容应当包括：(一)工程概况：危大工程概况和特点、施工平面布置、施工要求和技术保证条件；(二)编制依据：相关法律、法规、规范性文件、标准、规范及施工图设计文件、施工组织设计等；(三)施工计划：包括施工进度计划、材料与设备计划；(四)施工工艺技术：技术参数、工艺流程、施工方法、操作要求、检查要求等；(五)施工安全保证措施：组织保障措施、技术措施、监测监控措施等；(六)施工管理及作业人员配备和分工：施工管理人员、专职安全生产管理人员、特种作业人员、其他作业人员等;(七)验收要求:验收标准、验收程序、验收内容、验收人员等;(八)应急处置措施;(九)计算书及相关施工图纸。

第4条　对于超过一定规模的危大工程专项施工方案,专家论证的主要内容应当包括:(一)专项施工方案内容是否完整、可行;(二)专项施工方案计算书和验算依据、施工图是否符合有关标准规范;(三)专项施工方案是否满足现场实际情况,并能够确保施工安全。

附件1　危险性较大的分部分项工程范围:一、基坑工程:(一)开挖深度超过3m(含3m)的基坑(槽)的土方开挖、支护、降水工程。(二)开挖深度虽未超过3m,但地质条件、周围环境和地下管线复杂,或影响毗邻建、构筑物安全的基坑(槽)的土方开挖、支护、降水工程。二、模板工程及支撑体系:(一)各类工具式模板工程:包括滑模、爬模、飞模、隧道模等工程。(二)混凝土模板支撑工程:搭设高度5m及以上,或搭设跨度10m及以上,或施工总荷载(荷载效应基本组合的设计值,以下简称设计值)$10kN/m^2$及以上,或集中线荷载(设计值)15kN/m及以上,或高度大于支撑水平投影宽度且相对独立无联系构件的混凝土模板支撑工程。(三)承重支撑体系:用于钢结构安装等满堂支撑体系。三、起重吊装及起重机械安装拆卸工程:(一)采用非常规起重设备、方法,且单件起吊重量在10kN及以上的起重吊装工程。(二)采用起重机械进行安装的工程。(三)起重机械安装和拆卸工程。四、脚手架工程:(一)搭设高度24m及以上的落地式钢管脚手架工程(包括采光井、电梯井脚手架)。(二)附着式升降脚手架工程。(三)悬挑式脚手架工程。(四)高处作业吊篮。(五)卸料平台、操作平台工程。(六)异型脚手架工程。五、拆除工程:可能影响行人、交通、电力设施、通讯设施或其它建、构筑物安全的拆除工程。六、暗挖工程:采用矿山法、盾构法、顶管法施工的隧道、洞室工程。七、其它:(一)建筑幕墙安装工程。(二)钢结构、网架和索膜结构安装工程。(三)人工挖孔桩工程。(四)水下作业工程。(五)装配式建筑混凝土预制构件安装工程。(六)采用新技术、新工艺、新材料、新设备可能影响工程施工安全,尚无国家、行业及地方技术标准的分部分项工程。

附件2　超过一定规模的危险性较大的分部分项工程范围:一、深基坑工程:开挖深度超过5m(含5m)的基坑(槽)的土方开挖、支护、降水工程。二、模板工程及支撑体系：(一)各类工具式模板工程：包括滑模、爬模、飞模、隧道模等工程。(二)混凝土模板支撑工程：搭设高度8m及以上，或搭设跨度18m及以上，或施工总荷载(设计值)15kN/m²及以上，或集中线荷载(设计值)20kN/m及以上。(三)承重支撑体系：用于钢结构安装等满堂支撑体系，承受单点集中荷载7kN及以上。三、起重吊装及起重机械安装拆卸工程：(一)采用非常规起重设备、方法，且单件起吊重量在100kN及以上的起重吊装工程。(二)起重量300kN及以上，或搭设总高度200m及以上，或搭设基础标高在200m及以上的起重机械安装和拆卸工程。四、脚手架工程：(一)搭设高度50m及以上的落地式钢管脚手架工程。(二)提升高度在150m及以上的附着式升降脚手架工程或附着式升降操作平台工程。(三)分段架体搭设高度20m及以上的悬挑式脚手架工程。五、拆除工程：(一)码头、桥梁、高架、烟囱、水塔或拆除中容易引起有毒有害气(液)体或粉尘扩散、易燃易爆事故发生的特殊建、构筑物的拆除工程。(二)文物保护建筑、优秀历史建筑或历史文化风貌区影响范围内的拆除工程。六、暗挖工程：采用矿山法、盾构法、顶管法施工的隧道、洞室工程。七、其它：(一)施工高度50m及以上的建筑幕墙安装工程。(二)跨度36m及以上的钢结构安装工程，或跨度60m及以上的网架和索膜结构安装工程。(三)开挖深度16m及以上的人工挖孔桩工程。(四)水下作业工程。(五)重量1000kN及以上的大型结构整体顶升、平移、转体等施工工艺。(六)采用新技术、新工艺、新材料、新设备可能影响工程施工安全，尚无国家、行业及地方技术标准的分部分项工程。

《危险性较大的分部分项工程安全管理规定》(2018年6月1日初次实施，2019年3月13日修正)

第7条　建设单位应当组织勘察、设计等单位在施工招标文件中列出危大工程清单，要求施工单位在投标时补充完善危大工程清单并明确相应的安全管理措施。

第10条　施工单位应当在危大工程施工前组织工程技术人员编制专项施工方案。实行施工总承包的，专项施工方案应当由施工总承包单位组织编制。危大工程实行分包的，专项施工方案可以由相关专业分包单位组织编制。

第12条　对于超过一定规模的危大工程，施工单位应当组织召开专家论证会对专项施工方案进行论证。实行施工总承包的，由施工总承包单位组织召开专家论证会……

第三十九条 【现场安全】建筑施工企业应当在施工现场采取维护安全、防范危险、预防火灾等措施；有条件的，应当对施工现场实行封闭管理。

施工现场对毗邻的建筑物、构筑物和特殊作业环境可能造成损害的，建筑施工企业应当采取安全防护措施。

条文理解

本条是关于现场安全的规定，依据《建设工程安全生产管理条例》第28条至第31条的规定，施工单位应当在施工现场入口处、施工起重机械、临时用电设施、脚手架、出入通道口、楼梯口、电梯井口、孔洞口、桥梁口、隧道口、基坑边沿、爆破物及有害危险气体和液体存放处等危险部位，设置明显的安全警示标志，安全警示标志必须符合国家标准；施工单位应当将施工现场的办公、生活区与作业区分开设置，并保持安全距离，办公、生活区的选址应当符合安全性要求。不得在尚未竣工的建筑物内设置员工集体宿舍，临时搭建的建筑物应当符合安全使用要求，施工现场使用的装配式活动房屋应当具有产品合格证；施工单位应当在施工现场建立消防安全责任制度，确定消防安全责任人，制定用火、用电、使用易燃易爆材料等各项消防安全管理制度和操作规程，设置消防通道、消防水源，配备消防设施和灭火器材，并在施工现场入口处设置明显标志；施工单位对因建设工程施工可能造成损害的毗邻建筑物、构筑物和地下管线等，应当采取专项防护措施。在城市市区内的建设工程，施工单位应当对施工现场实行封闭围挡。

规定集成

《安全生产法》(2002 年 11 月 1 日初次实施,2021 年 6 月 10 日修正)

第 35 条　生产经营单位应当在有较大危险因素的生产经营场所和有关设施、设备上,设置明显的安全警示标志。

《建设工程安全生产管理条例》(2004 年 2 月 1 日初次实施)

第 28 条　施工单位应当在施工现场入口处、施工起重机械、临时用电设施、脚手架、出入通道口、楼梯口、电梯井口、孔洞口、桥梁口、隧道口、基坑边沿、爆破物及有害危险气体和液体存放处等危险部位,设置明显的安全警示标志。安全警示标志必须符合国家标准。施工单位应当根据不同施工阶段和周围环境及季节、气候的变化,在施工现场采取相应的安全施工措施。施工现场暂时停止施工的,施工单位应当做好现场防护,所需费用由责任方承担,或者按照合同约定执行。

第 29 条　施工单位应当将施工现场的办公、生活区与作业区分开设置,并保持安全距离;办公、生活区的选址应当符合安全性要求。职工的膳食、饮水、休息场所等应当符合卫生标准。施工单位不得在尚未竣工的建筑物内设置员工集体宿舍。施工现场临时搭建的建筑物应当符合安全使用要求。施工现场使用的装配式活动房屋应当具有产品合格证。

第 30 条第 1 款　施工单位对因建设工程施工可能造成损害的毗邻建筑物、构筑物和地下管线等,应当采取专项防护措施。

第 3 款　在城市市区内的建设工程,施工单位应当对施工现场实行封闭围挡。

第 31 条　施工单位应当在施工现场建立消防安全责任制度,确定消防安全责任人,制定用火、用电、使用易燃易爆材料等各项消防安全管理制度和操作规程,设置消防通道、消防水源,配备消防设施和灭火器材,并在施工现场入口处设置明显标志。

《危险性较大的分部分项工程安全管理规定》(2018 年 6 月 1 日初次实施,2019 年 3 月 13 日修正)

第 14 条　施工单位应当在施工现场显著位置公告危大工程名称、施工时间和具体责任人员，并在危险区域设置安全警示标志。

案例适用

108　施工单位未对施工现场采取预防火灾的措施如何担责

案件名称：黑龙江省火电第一工程公司（以下简称黑火公司）与湖南创元发电有限公司（以下简称创元公司）建设工程施工合同纠纷案

审理法院：湖南省高级人民法院

案　　号：（2014）湘高法民一终字第65号

裁判观点：由于本次火灾事故责任已无法通过权威鉴定机构作出认定，关于火灾损失的负担需要根据双方是否存在违反法定或约定义务的行为合理确定双方责任比例。从法律规定来看，相关法律明确规定施工单位负有维护施工现场安全的法定义务。《建筑法》第39条规定……从双方约定来看，《施工合同》第32条规定了承包人负有生产安全、消防安全和劳动保护的职责，对易燃易爆作业负有安全管理义务，承包人应在自己的营区和仓库周围按国家有关规定配备必要的消防水源、消防设备和救助设施。发包人对工程施工作业安全及消防亦负有监督和协调责任。无论是从法律的规定还是从双方的约定来看，施工单位具有防范施工现场发生火灾的义务，施工现场出现安全生产事故，施工单位需承担责任。同时，发包方也负有一定的监管责任。从监理日志的内容来看，虽然监理单位未能最终确定火灾事故责任人，但认为施工单位违规作业引发火灾可能性大。此外，火灾事故当天黑火公司确实有过焊接作业并是最后一个离开施工现场的单位，且在发生火灾事故后有继续不采取防护措施违规进行焊接作业的行为。由此可以认定黑火公司未尽到安全管理职责，具有违规作业的行为，违反了法定和约定的安全生产义务，应当承担此次火灾事故的绝大部分责任。创元公司作为发包方具有一定的监管职责，也应承担部分监管不力的责任。因此法院认定黑火公司承担90%的火灾损失责任，创元公司承担10%的火灾损失责任。

109 施工单位未对施工现场实行封闭管理如何担责

案件名称:许某与宿迁市鼎祥建设工程有限公司(以下简称鼎祥公司)等生命权、健康权、身体权纠纷案

审理法院:江苏省高级人民法院

案　　号:(2020)苏民申4159号

裁判观点:鼎祥公司作为建筑施工企业,对施工现场负有安全维护、危险防范义务,有条件的还应当对施工现场实行封闭管理,然而鼎祥公司疏于管理,使得未经许可的许某可随意进入施工现场,且对于未安装电梯的电梯井这一施工现场的危险因素,鼎祥公司既未设置明显标志,也未采取安全措施,故鼎祥公司对本案中许某坠落电梯井所遭受的损害具有过错,但是施工现场并非对外开放的公共场所,案涉楼栋电梯、门窗等均未安装,也显属未完工程,具有施工现场相应的危险性,即便已较长时间没有实际施工,也不表明其已不具有风险,社会一般人均应有此认识能力。许某未经许可主动进入尚未完工的施工现场,则应对可能性危险状况及其防范负有更重的注意义务,事故发生后,也应当承担更大的责任。据此,一、二审判决综合分析事故成因及各当事人过错程度,酌定许某、鼎祥公司各承担70%和30%的责任并无不当。

第四十条　【地下管线】建设单位应当向建筑施工企业提供与施工现场相关的地下管线资料,建筑施工企业应当采取措施加以保护。

条文理解

本条是关于地下管线的规定,依据《建设工程安全生产管理条例》第6条和第30条的规定,建设单位应当向施工单位提供施工现场及毗邻区域内供水、排水、供电、供气、供热、通信、广播电视等地下管线资料,

气象和水文观测资料，相邻建筑物和构筑物、地下工程的有关资料，并保证资料的真实、准确、完整。施工单位对因建设工程施工可能造成损害的地下管线，应当采取专项防护措施。

依据《城市供水条例》第31条的规定，涉及城市公共供水设施的建筑工程开工前，建设单位或者施工单位应当向自来水供水企业查明地下供水管网情况，并与自来水供水企业商定相应的保护措施，由施工单位负责实施。依据《城镇排水与污水处理条例》第43条的规定，建筑工程开工前，建设单位应当查明工程建设范围内地下排水与污水处理设施的相关情况，排水主管部门及其他相关部门和单位应当及时提供相关资料。施工范围内有排水管网等排水与污水处理设施的，建设单位应当与施工单位、设施维护运营单位共同制定设施保护方案，并采取相应的安全保护措施。因工程建设需要拆除、改动排水与污水处理设施的，建设单位应当制定拆除、改动方案，报排水主管部门审核，并承担重建、改建和采取临时措施的费用。依据《电力设施保护条例》第17条的规定，建筑施工在电力电缆线路保护区内进行作业的，必须经县级以上地方电力管理部门批准，并采取安全措施后，方可进行。依据《城镇燃气管理条例》第37条的规定，建设单位在开工前，应当查明工程施工范围内地下燃气管线的相关情况，燃气管理部门以及其他有关部门和单位应当及时提供相关资料。工程施工范围内有地下燃气管线等重要燃气设施的，建设单位应当会同施工单位与管道燃气经营者共同制定燃气设施保护方案。建设单位、施工单位应当采取相应的安全保护措施，确保燃气设施运行安全，管道燃气经营者应当派专业人员进行现场指导。依据《关于保护通信线路的规定》第8条的规定，建筑施工如有可能危及通信线路安全，应事先取得通信部门同意，并采取技术防范措施以后方可动工。

规定集成

《关于保护通信线路的规定》(1982 年 9 月 20 日初次实施)

第 2 条　邮电、铁路、军队等部门的各种通信线路设备都适用本规定。通信线路设备包括……埋设线路—地下、水底、海底、管道电缆、人孔、标石、水线标志牌、无人值守载波增音站、电缆充气站及其它附属设备……

第 8 条第 1 款　在通信线路附近建筑施工、筑路、兴修水利、农田建设、植树造林、砍伐树竹、运输超高超大物件、架设线路、敷设管道和进行水下作业等,如有可能危及通信线路安全,应事先取得通信部门同意,并采取技术防范措施以后方可动工。

《电力设施保护条例》(1987 年 9 月 15 日初次实施,2011 年 1 月 8 日修订)

第 10 条　电力线路保护区……电力电缆线路保护区:地下电缆为电缆线路地面标桩两侧各 0.75 米所形成的两平行线内的区域……

第 12 条　任何单位或个人在电力设施周围进行爆破作业,必须按照国家有关规定,确保电力设施的安全。

第 17 条　任何单位或个人必须经县级以上地方电力管理部门批准,并采取安全措施后,方可进行下列作业或活动:……(四)在电力电缆线路保护区内进行作业。

第 22 条　公用工程、城市绿化和其他工程在新建、改建或扩建中妨碍电力设施时,或电力设施在新建、改建或扩建中妨碍公用工程、城市绿化和其他工程时,双方有关单位必须按照本条例和国家有关规定协商,就迁移、采取必要的防护措施和补偿等问题达成协议后方可施工。

《城市供水条例》(1994 年 10 月 1 日初次实施,2020 年 3 月 27 日修订)

第 29 条　在规定的城市公共供水管理及其附属设施的地面和地下的安全保护范围内,禁止挖坑取土或者修建建筑物、构筑物等危害供水设施安全的活动。

第 30 条　因工程建设确需改装、拆除或者迁移城市公共供水设施的,建设单位应当报经县级以上人民政府城市规划行政主管部门和城市供水行政主管部门批准，并采取相应的补救措施。

第 31 条　涉及城市公共供水设施的建设工程开工前，建设单位或者施工单位应当向城市自来水供水企业查明地下供水管网情况。施工影响城市公共供水设施安全的，建设单位或者施工单位应当与城市自来水供水企业商定相应的保护措施，由施工单位负责实施。

《建筑工程预防坍塌事故若干规定》(2003 年 4 月 17 日初次实施)

第 6 条　土方开挖前，施工单位应确认地下管线的埋置深度、位置及防护要求后，制定防护措施，经项目分管负责人审批签字后，方可作业。土方开挖时，施工单位应对相邻建(构)筑物、道路的沉降和位移情况进行观测。

《建设工程安全生产管理条例》(2004 年 2 月 1 日初次实施)

第 6 条　建设单位应当向施工单位提供施工现场及毗邻区域内供水、排水、供电、供气、供热、通信、广播电视等地下管线资料，气象和水文观测资料，相邻建筑物和构筑物、地下工程的有关资料，并保证资料的真实、准确、完整。建设单位因建设工程需要，向有关部门或者单位查询前款规定的资料时，有关部门或者单位应当及时提供。

第 30 条第 1 款　施工单位对因建设工程施工可能造成损害的毗邻建筑物、构筑物和地下管线等，应当采取专项防护措施。

《城镇燃气管理条例》(2011 年 3 月 1 日初次实施，2016 年 2 月 6 日修订)

第 33 条　县级以上地方人民政府燃气管理部门应当会同城乡规划等有关部门按照国家有关标准和规定划定燃气设施保护范围，并向社会公布。在燃气设施保护范围内，禁止从事下列危及燃气设施安全的活动：(一)建设占压地下燃气管线的建筑物、构筑物或者其他设施；(二)进行爆破、取土等作业或者动用明火；(三)倾倒、排放腐蚀性物质；(四)放置易燃易爆危险物品或者种植深根植物；(五)其他危及燃气设施安全的活动。

第 34 条　在燃气设施保护范围内，有关单位从事敷设管道、打桩、顶进、挖掘、钻探等可能影响燃气设施安全活动的，应当与燃气经营者共同制定燃气设施保护方案，并采取相应的安全保护措施。

第 37 条　新建、扩建、改建建设工程，不得影响燃气设施安全。建设单位在开工前,应当查明建设工程施工范围内地下燃气管线的相关情况;燃气管理部门以及其他有关部门和单位应当及时提供相关资料。建设工程施工范围内有地下燃气管线等重要燃气设施的,建设单位应当会同施工单位与管道燃气经营者共同制定燃气设施保护方案。建设单位、施工单位应当采取相应的安全保护措施,确保燃气设施运行安全;管道燃气经营者应当派专业人员进行现场指导……

《城镇排水与污水处理条例》(2014 年 1 月 1 日初次实施)

第 41 条　城镇排水主管部门应当会同有关部门,按照国家有关规定划定城镇排水与污水处理设施保护范围,并向社会公布。在保护范围内,有关单位从事爆破、钻探、打桩、顶进、挖掘、取土等可能影响城镇排水与污水处理设施安全的活动的,应当与设施维护运营单位等共同制定设施保护方案,并采取相应的安全防护措施。

第 43 条　新建、改建、扩建建设工程,不得影响城镇排水与污水处理设施安全。建设工程开工前,建设单位应当查明工程建设范围内地下城镇排水与污水处理设施的相关情况。城镇排水主管部门及其他相关部门和单位应当及时提供相关资料。建设工程施工范围内有排水管网等城镇排水与污水处理设施的,建设单位应当与施工单位、设施维护运营单位共同制定设施保护方案,并采取相应的安全保护措施。因工程建设需要拆除、改动城镇排水与污水处理设施的,建设单位应当制定拆除、改动方案,报城镇排水主管部门审核,并承担重建、改建和采取临时措施的费用。

《国务院办公厅关于加强城市地下管线建设管理的指导意见》(2014 年 6 月 3 日初次实施)

城市地下管线是指城市范围内供水、排水、燃气、热力、电力、通信、广播电视、工业等管线及其附属设施,是保障城市运行的重要基础设施和"生命线"。

案例适用

110　建设单位未向施工单位提供地下管线资料导致损失,双方如何担责

案件名称:日本兴亚财产保险(中国)有限责任公司(以下简称兴亚

财险公司)、黑龙江省建筑安装集团有限公司(以下简称黑龙江建安集团)与东莞恒运新能源有限公司(以下简称恒运新能源公司)等代位求偿权纠纷案

审理法院:广东省广州市中级人民法院

案　　号:(2017)粤01民终2432号

一审裁判观点:黑龙江建安集团作为工程施工单位,在施工过程中未能尽到充分合理谨慎的注意义务,造成由黄埔供电局管理的负责向明治公司输送电力的电缆断裂,导致停电,给明治公司造成较大财产损失。对此,黑龙江建安集团存在明显过错,依法应当承担侵权责任,赔偿明治公司的财产损失。由于明治公司向兴亚财险公司投保了财产险,从而获得了因案涉停电事故所造成的财产损失保险理赔款204,588.82元,并出具《权益转让书》给兴亚财险公司,将该项保险财产的一切权益以及对任何第三者之追偿权在保险赔偿金额范围内转让给兴亚财险公司,故兴亚财险公司依法取得向黑龙江建安集团请求赔偿的代位求偿权,黑龙江建安集团应将保险赔偿金额204,588.82元及其利息支付给兴亚财险公司。恒运新能源公司作为工程的建设方,将工程合法发放给黑龙江建安集团承包施工,并提供施工设计图纸,但约定由承包人负责收集施工现场毗邻区域内供水、排水、供电、供气、供热、通信、广播等地下管线资料,气象和水文观测资料,相邻建筑物和构筑物、地下工程的有关资料,因承包人责任导致地下管线和临近建筑物、构筑物(含文物保护建筑)、古树名木的损坏,造成的损失(含费用)由承包人承担。故恒运新能源公司不存在过错,不构成共同侵权行为或无意思联络但承担连带责任的分别侵权行为,不应承担侵权赔偿责任。

二审裁判观点:首先,关于黑龙江建安集团的责任问题。根据国务院《电力设施保护条例》第10条第2款关于"电力电缆线路保护区:地下电缆为电缆线路地面标桩两侧各0.75米所形成的两平行线内的区域……"及第26条关于"任何单位或个人必须经县级以上地方电力主管

部门批准,并采取安全措施后,方可进行下列作业或活动……(四)在电力电缆线路保护区内进行作业”的相关规定,黑龙江建安集团作为“恒运集团长距离供热项目”的具体施工单位,在本案中并未提供证据证明其实施施工行为时已取得县级以上地方电力管理部门批准,并采取了安全措施,且其在明知热力管道建在电缆走廊上,并存在安全隐患的情况下,未尽谨慎注意义务,打断了埋在地下的电缆管线,导致明治公司在生产过程中出现停电事故,造成财产损失。因此,黑龙江建安集团作为直接侵权行为人,未尽法定义务,在施工过程中存在明显过错,应当依法承担侵权赔偿责任。其次,关于恒运新能源公司的责任问题。根据《建筑法》第40条的相关规定,恒运新能源公司作为“恒运集团长距离供热项目”的建设单位,具有向建筑施工企业提供与施工现场相关的地下管线资料的法定义务,且应当保证资料的真实、准确、完整。本案中,恒运新能源公司虽然向黑龙江建安集团提供了地下管线探测报告,但该报告出具时间为2015年3月,距离实际施工时间已达一年,且恒运新能源公司亦自认其在施工过程中改变了施工线路,但并未重新进行地下管线探测。因此,恒运新能源公司未尽建设单位的法定义务,且擅自改变施工线路,其行为既具有主观上的过错,又与本案损害后果存在因果关系,应当依法承担侵权赔偿责任。至于恒运新能源公司主张其与黑龙江建安集团所签订的建筑施工合同中约定了由承包人负责收集施工现场毗邻区域内供电地下管线资料及保证资料真实、准确、完整性的问题,该约定属于双方之间的内部约定,不能据此免除恒运新能源公司法定的对外义务。由于恒运新能源公司与黑龙江建安集团分别为“恒运集团长距离供热项目”的建设单位与施工单位,二者基于同一工程项目的施工行为共同造成了损害结果的发生,且主观上均具有过错,故二者应当共同向兴亚财险公司赔偿,承担连带清偿责任。

111　分包工程发包方是否负有向分包工程承包方提供地下管线资料的义务

案件名称：北京建工一建工程建设有限公司（以下简称建工公司）与中航蓝天工程技术有限公司（以下简称中航公司）建设工程施工合同纠纷案

终审法院：北京市第一中级人民法院

案　　号：（2020）京01民终6168号

一审裁判观点：二次加固工程产生的工程款应由谁负担。对此，法院认为首先应确定二次加固工程启动的原因，根据原因判定工程款的负担方。由中航公司提交的工作联系函及加固方案内容可知，中航公司因边坡出现裂缝而需启动二次加固工程，针对裂缝原因，上述证据中均明确了系因地下不明管线渗漏所致。建工公司在收到上述工作联系函后未提出异议，并对地下管线进行了调查及治理，参与了加固方案专家论证并同意通过。上述证据均可证明边坡出现裂缝的原因为地下管线渗漏。双方《承包合同》虽约定中航公司负有工地视察义务，但该视察义务应限于对工地现场可见的环境、条件等进行了解。中航公司的施工需在基坑挖掘完毕后进行，在此情况下，要求中航公司对隐藏在地下、无法预知的风险进行视察，显属过苛。依据《建筑法》的相关规定，建设单位应当向建筑施工企业提供与施工现场相关的地下管线资料。建工公司虽非建设单位，但由法律规定可知，其作为总承包方可自建设单位处取得地下管线资料，并应向实际施工企业提供。但本案中，建工公司在招标时提供的勘察报告并未体现地下管线情况，也未提示存在地下管线的相关风险，中航公司据此进行投标并签署《承包合同》，合同单价的确定应未考虑地下管线因素。建工公司虽另以建设单位未向其提供地下管线情况进行抗辩，但不能免除其针对合同相对方即中航公司的相应义务。综上，现中航公司在施工过程中因地下管线渗漏导致启动二次加固工程，相应工程款应由建工公司负担。

二审裁判观点：关于二次加固工程产生的工程款的负担问题。依据《建筑法》第40条的规定，建设单位应当向建筑施工企业提供与施工现场相关的地下管线资料。本案中，启动二次加固工程的原因系地下管线渗漏，建工公司虽非建设单位，但其可自建设单位取得地下管线资料并应向中航公司提供地下管线资料，但建工公司并未向中航公司提供施工现场相关的地下管线资料，且在勘察报告中亦未明确地下管线的具体情况。双方签订的《承包合同》中约定"承包人必须认真视察工地现场，使自已熟悉现场的位置，周围环境及场地内现有建筑，确定工程范围和现有工地条件，了解场内供水、供电等状况，以及施工用的空间、施工人员、车辆进出等方位……"本条内容约定的中航公司的视察义务并不包括在没有地下管线资料的情况下对地下管线渗漏风险进行预判，建工公司据此主张双方已经对相关责任进行了划分，法院不予采信。建工公司提交的施工组织设计也不能证明中航公司在建工公司未提供施工现场相关地下管线资料的情况下已充分了解施工现场地下管线的具体情况，建工公司据此提出的上诉主张不能成立，法院不予支持。一审法院认定中航公司在施工过程中因地下管线渗漏导致启动二次加固工程，相应工程款由建工公司负担并无不当，二审法院予以确认。

112　建设单位、施工单位、监理单位及地下管线权属单位如何对地下管线事故承担责任

案件名称：佛山市南海市政工程有限公司(以下简称南海市政公司)、佛山市南海区狮山市政工程有限公司(以下简称狮山市政公司)、广州市市政工程监理有限公司(以下简称市政监理公司)及佛山市南海燃气发展有限公司(以下简称南海燃气公司)追偿权纠纷案

审理法院：广东省佛山市中级人民法院

案　　号：(2016)粤06民终4175号

裁判观点：从事故发生后安监部门调查的情况来看，事故发生的直接原因是南海市政公司在顶管开挖过程中顶管机顶断燃气管道，引起天

燃气泄漏,导致爆燃事故发生。安监部门对事故作出调查报告并认定了各方的事故责任,进行了行政处罚。对此,法院认为,首先,狮山市政公司作为建设单位,根据《建筑法》第40条,《建设工程安全生产管理条例》第6条,《城镇燃气管理条例》第37条,《广东省燃气管理条例》第26条、第34条等的规定,有责任向施工企业提供与施工现场相关的地下管线资料,查询施工地段的燃气设施竣工图,查清地下燃气设施铺设情况,会同施工单位、燃气经营企业共同制定燃气设施保护方案。本案中,狮山市政公司在工程发包后,确实有召集各相关方开会,协调处理沿线管线事宜,但协调不到位,致使南海市政公司在未查实燃气管线埋深的情况下贸然施工,发生事故。而且狮山市政公司未办理好报建手续,未取得建设工程施工许可证即开始案涉工程,因此狮山市政公司对事故负有责任。其次,南海市政公司作为施工单位,违反《建筑法》第35条、第40条、第45条以及《城镇燃气管理条例》第37条、《广东省燃气管理条例》第34条规定等,在没有探明燃气管线的情况下,没有编制专项安全施工组织设计、制定燃气设施保护方案,事发时无专职安全生产管理人员进行现场监督,未对因建设工程施工可能造成损害的地下管线等采取专项防护措施,对施工现场的安全持放任态度,贸然施工。南海市政公司明知单项顶管工程的专业性和危险性,将其发包给没有施工资质的租赁机械设备的顺锐达服务部,没有依法编制深基坑及顶管作业专项施工方案报审及论证就开始施工,并且收到高压管网公司和市政监理公司的停工通知书仍然继续施工。南海市政公司显然亦对事故负有责任。再次,市政监理公司作为工程监理单位,在进场之初虽曾要求南海市政公司抓紧做好施工组织设计、顶管施工专项方案等,但随后对南海市政公司没有依法编制深基坑及顶管作业专项施工方案报审及论证就开始施工没有采取其他措施予以制止,其发出的停工整改也是针对其他事项,故市政监理公司没有严格遵守《建设工程安全生产管理条例》第14条的规定,应承担相应责任。最后,南海燃气公司作为燃气经营企业,在狮山市政公司召集各相关单位开会协调时,南海燃气公司已了解案涉工程会在相关路段施工,其虽在工程开始之初发出了燃气管道安全保护通知书,也派员参加了工程相关管线单位协调会,但实际并没有与狮山市政公司和南海市政公司做好沟通协调,会同该两方共同制定燃气设施保护方案,没有及时发现安全事故隐患,未严格遵守《城镇燃气管理条例》第34条、第37条、第39条等规定,也应承担相应责任。综合各方的过错对导致事故的责任大小和原因力分析,结合狮山市政公司和南海市政公司签订的施工合同关于探查管线的责任在于南海市政公司这一约定,以及施工现场安全由建筑施工企业负责的法律规定,法院认为,无论狮山市政公司、南海燃气公司能否及时提供准确数据,施工单位南海市政公司都应当查明管线铺设情况、确保燃气管道安全后才能开始施工,因此南海市政公司对事故的发生存在直接过错责任,原审判令其承担主要责任并无不当,二审法院予以维持;狮山市政公司对原审判令其承担次要责任未提出上诉,故二审法院维持其承担30%民事赔偿责任的处理;市政监理公司和南海燃气公司各承担5%的民事赔偿责任,由此调整南海市政公司承担60%的民事赔偿责任。

第四十一条　【环境保护】建筑施工企业应当遵守有关环境保护和安全生产的法律、法规的规定,采取控制和处理施工现场的各种粉尘、废气、废水、固体废物以及噪声、振动对环境的污染和危害的措施。

条文理解

本条是关于环境保护的规定,依据《环境保护法》第42条的规定,施工单位应当采取措施,防治在生产建设或者其他活动中产生的废气、废水、废渣、医疗废物、粉尘、恶臭气体、放射性物质以及噪声、振动、光辐射、电磁辐射等对环境的污染和危害。严禁通过暗管、渗井、渗坑、灌注或者篡改、伪造监测数据,或者不正常运行防治污染设施等逃避监管的方式违法排放污染物。

依据《大气污染防治法》第69条的规定,施工单位应当制定具体的施工扬尘污染防治实施方案,应当在施工工地设置硬质围挡,并采取覆盖、分段作业、择时施工、洒水抑尘、冲洗地面和车辆等有效防尘降尘措施。建筑土方、工程渣土、建筑垃圾应当及时清运,在场地内堆存的,应当采用密闭式防尘网遮盖。依据《水污染防治法》第33条至第36条及第45条的规定,禁止向水体排放油类、酸液、碱液或者剧毒废液,禁止向水体排放、倾倒放射性固体废物或者含有高放射性和中放射性物质的废水。向水体排放含低放射性物质的废水,应当符合国家有关放射性污染防治的规定和标准。向水体排放含热废水,应当采取措施,保证水体的水温符合水环境质量标准。排放工业废水应当采取有效措施,收集和处理产生的全部废水,防止污染环境。含有毒有害水污染物的工业废水应当分类收集和处理,不得稀释排放。依据《固体废物污染环境防治法》第63条的规定,施工单位应当编制建筑垃圾处理方案,采取污染防治措施,并报县级以上地方人民政府环境卫生主管部门备案。应当及时清运工程施工过程中产生的建筑垃圾等固体废物,并按照环境卫生主管部门的规定进行利用或者处置,不得擅自倾倒、抛撒或者堆放工程施工过程中产生的建筑垃圾。依据《噪声污染防治法》第40条、第41条及第43条的规定,施工单位应当按照规定制定噪声污染防治实施方案,采取有效措施,减少振动、降低噪声。在噪声敏感建筑物集中区域施工作业,应当优先使用低噪声施工工艺和设备。在噪声敏感建筑物集中区域,禁止夜间进行产生噪声的建筑施工作业,抢修、抢险施工作业及因生产工艺要求或者其他特殊需要必须连续施工作业的除外,但应当取得地方人民政府住房和城乡建设、生态环境主管部门或者地方人民政府指定的部门的证明,并在施工现场显著位置公示或者以其他方式公告附近居民。

规定集成

《建设项目环境保护管理条例》(1998 年 11 月 29 日初次实施,2017 年 7 月 16 日修订)

第 7 条　国家根据建设项目对环境的影响程度,按照下列规定对建设项目的环境保护实行分类管理:(一)建设项目对环境可能造成重大影响的,应当编制环境影响报告书,对建设项目产生的污染和对环境的影响进行全面、详细的评价;(二)建设项目对环境可能造成轻度影响的,应当编制环境影响报告表,对建设项目产生的污染和对环境的影响进行分析或者专项评价;(三)建设项目对环境影响很小,不需要进行环境影响评价的,应当填报环境影响登记表。建设项目环境影响评价分类管理名录,由国务院环境保护行政主管部门在组织专家进行论证和征求有关部门、行业协会、企事业单位、公众等意见的基础上制定并公布。

第 8 条　建设项目环境影响报告书,应当包括下列内容:(一)建设项目概况;(二)建设项目周围环境现状;(三)建设项目对环境可能造成影响的分析和预测;(四)环境保护措施及其经济、技术论证;(五)环境影响经济损益分析;(六)对建设项目实施环境监测的建议;(七)环境影响评价结论……

第 9 条　依法应当编制环境影响报告书、环境影响报告表的建设项目,建设单位应当在开工建设前将环境影响报告书、环境影响报告表报有审批权的环境保护行政主管部门审批;建设项目的环境影响评价文件未依法经审批部门审查或者审查后未予批准的,建设单位不得开工建设。环境保护行政主管部门审批环境影响报告书、环境影响报告表,应当重点审查建设项目的环境可行性、环境影响分析预测评估的可靠性、环境保护措施的有效性、环境影响评价结论的科学性等,并分别自收到环境影响报告书之日起 60 日内、收到环境影响报告表之日起 30 日内,作出审批决定并书面通知建设单位。环境保护行政主管部门可以组织技术机构对建设项目环境影响报告书、环境影响报告表进行技术评估,并承担相应费用;技术机构应当对其提出的技术评估意见负责,不得向建设单位、从事环境影响评价工作的单位收取任何费用。依法应当填报环境影响登记表的建设项目,建设单位应当按照国务院环境保护行政主管部门的规定将环境影响登记表报建设项目所在地县级环境保护行政主管部门备案。环境保护行政主管部门应当开展环境影响评价文件网上审批、备案和信息公开。

第 11 条　建设项目有下列情形之一的,环境保护行政主管部门应当对环境影响报告书、环境影响报告表作出不予批准的决定:(一)建设项目类型及其选址、布局、规模等不符合环境保护法律法规和相关法定规划;(二)所在区域环境质量未达到国家或者地方环境质量标准,且建设项目拟采取的措施不能满足区域环境质量改善目标管理要求;(三)建设项目采取的污染防治措施无法确保污染物排放达到国家和地方排放标准,或者未采取必要措施预防和控制生态破坏;(四)改建、扩建和技术改造项目,未针对项目原有环境污染和生态破坏提出有效防治措施;(五)建设项目的环境影响报告书、环境影响报告表的基础资料数据明显不实,内容存在重大缺陷、遗漏,或者环境影响评价结论不明确、不合理。

第 15 条　建设项目需要配套建设的环境保护设施,必须与主体工程同时设计、同时施工、同时投产使用。

《海洋环境保护法》(2000 年 4 月 1 日初次实施,2017 年 11 月 4 日修正)

第 33 条　禁止向海域排放油类、酸液、碱液、剧毒废液和高、中水平放射性废水。严格限制向海域排放低水平放射性废水;确需排放的,必须严格执行国家辐射防护规定。严格控制向海域排放含有不易降解的有机物和重金属的废水。

第 34 条　含病原体的医疗污水、生活污水和工业废水必须经过处理,符合国家有关排放标准后,方能排入海域。

第 35 条　含有机物和营养物质的工业废水、生活污水,应当严格控制向海湾、半封闭海及其他自净能力较差的海域排放。

第 36 条　向海域排放含热废水,必须采取有效措施,保证邻近渔业水域的水温符合国家海洋环境质量标准,避免热污染对水产资源的危害。

《环境影响评价法》(2003 年 9 月 1 日初次实施,2018 年 12 月 29 日修正)

第 2 条　本法所称环境影响评价,是指对规划和建设项目实施后可能造成的环境影响进行分析、预测和评估,提出预防或者减轻不良环境影响的对策和措施,进行跟踪监测的方法与制度。

第 16 条　国家根据建设项目对环境的影响程度,对建设项目的环境影响评价实行分类管理。建设单位应当按照下列规定组织编制环境影响报告书、环境影响报告表或者填报环境影响登记表：(一)可能造成重大环境影响的，应当编制环境影响报告书，对产生的环境影响进行全面评价；(二)可能造成轻度环境影响的，应当编制环境影响报告表，对产生的环境影响进行分析或者专项评价；(三)对环境影响很小、不需要进行环境影响评价的，应当填报环境影响登记表。建设项目的环境影响评价分类管理名录，由国务院生态环境主管部门制定并公布。

第 17 条　建设项目的环境影响报告书应当包括下列内容：(一)建设项目概况；(二)建设项目周围环境现状；(三)建设项目对环境可能造成影响的分析、预测和评估；(四)建设项目环境保护措施及其技术、经济论证；(五)建设项目对环境影响的经济损益分析；(六)对建设项目实施环境监测的建议；(七)环境影响评价的结论。

第 25 条　建设项目的环境影响评价文件未依法经审批部门审查或者审查后未予批准的，建设单位不得开工建设。

《建设工程安全生产管理条例》(2004 年 2 月 1 日初次实施)

第 30 条第 2 款　施工单位应当遵守有关环境保护法律、法规的规定，在施工现场采取措施，防止或者减少粉尘、废气、废水、固体废物、噪声、振动和施工照明对人和环境的危害和污染。

《城市建筑垃圾管理规定》(2005 年 6 月 1 日初次实施)

第 7 条　处置建筑垃圾的单位，应当向城市人民政府市容环境卫生主管部门提出申请，获得城市建筑垃圾处置核准后，方可处置。城市人民政府市容环境卫生主管部门应当在接到申请后的 20 日内作出是否核准的决定。予以核准的，颁发核准文件；不予核准的，应当告知申请人，并说明理由。城市建筑垃圾处置核准的具体条件按照《建设部关于纳入国务院决定的十五项行政许可的条件的规定》执行。

第 9 条　任何单位和个人不得将建筑垃圾混入生活垃圾，不得将危险废物混入建筑垃圾，不得擅自设立弃置场受纳建筑垃圾。

第 12 条　施工单位应当及时清运工程施工过程中产生的建筑垃圾，并按照城市人民政府市容环境卫生主管部门的规定处置，防止污染环境。

第 13 条　施工单位不得将建筑垃圾交给个人或者未经核准从事建筑垃圾运输的单位运输。

第 15 条　任何单位和个人不得随意倾倒、抛撒或者堆放建筑垃圾。

第 17 条　任何单位和个人不得在街道两侧和公共场地堆放物料。因建设等特殊需要，确需临时占用街道两侧和公共场地堆放物料的，应当征得城市人民政府市容环境卫生主管部门同意后，按照有关规定办理审批手续。

《水污染防治法》(2008 年 6 月 1 日初次实施，2017 年 6 月 27 日修正)

第 33 条　禁止向水体排放油类、酸液、碱液或者剧毒废液。禁止在水体清洗装贮过油类或者有毒污染物的车辆和容器。

第 34 条　禁止向水体排放、倾倒放射性固体废物或者含有高放射性和中放射性物质的废水。向水体排放含低放射性物质的废水，应当符合国家有关放射性污染防治的规定和标准。

第 35 条　向水体排放含热废水，应当采取措施，保证水体的水温符合水环境质量标准。

第 36 条　含病原体的污水应当经过消毒处理；符合国家有关标准后，方可排放。

第 37 条　禁止向水体排放、倾倒工业废渣、城镇垃圾和其他废弃物。禁止将含有汞、镉、砷、铬、铅、氰化物、黄磷等的可溶性剧毒废渣向水体排放、倾倒或者直接埋入地下。存放可溶性剧毒废渣的场所，应当采取防水、防渗漏、防流失的措施。

第 38 条　禁止在江河、湖泊、运河、渠道、水库最高水位线以下的滩地和岸坡堆放、存贮固体废弃物和其他污染物。

第 45 条第 1 款　排放工业废水的企业应当采取有效措施，收集和处理产生的全部废水，防止污染环境。含有毒有害水污染物的工业废水应当分类收集和处理，不得稀释排放。

《环境保护法》(1989 年 12 月 26 日初次实施，2014 年 4 月 24 日修订)

第 19 条　编制有关开发利用规划，建设对环境有影响的项目，应当依法进行环境影响评价。未依法进行环境影响评价的开发利用规划，不得组织实施；未依法进行环境影响评价的建设项目，不得开工建设。

第 41 条　建设项目中防治污染的设施，应当与主体工程同时设计、同时施工、同时投产使用。防治污染的设施应当符合经批准的环境影响评价文件的要求，不得擅自拆除或者闲置。

第 42 条　排放污染物的企业事业单位和其他生产经营者，应当采取措施，防治在生产建设或者其他活动中产生的废气、废水、废渣、医疗废物、粉尘、恶臭气体、放射性物质以及噪声、振动、光辐射、电磁辐射等对环境的污染和危害……严禁通过暗管、渗井、渗坑、灌注或者篡改、伪造监测数据，或者不正常运行防治污染设施等逃避监管的方式违法排放污染物。

第 43 条　排放污染物的企业事业单位和其他生产经营者，应当按照国家有关规定缴纳排污费。排污费应当全部专项用于环境污染防治，任何单位和个人不得截留、挤占或者挪作他用。依照法律规定征收环境保护税的，不再征收排污费。

第 45 条　国家依照法律规定实行排污许可管理制度。实行排污许可管理的企业事业单位和其他生产经营者应当按照排污许可证的要求排放污染物；未取得排污许可证的，不得排放污染物。

第 56 条　对依法应当编制环境影响报告书的建设项目，建设单位应当在编制时向可能受影响的公众说明情况，充分征求意见。负责审批建设项目环境影响评价文件的部门在收到建设项目环境影响报告书后，除涉及国家秘密和商业秘密的事项外，应当全文公开；发现建设项目未充分征求公众意见的，应当责成建设单位征求公众意见。

《大气污染防治法》(1988 年 6 月 1 日初次实施,2018 年 10 月 26 日修正)

第 69 条　建设单位应当将防治扬尘污染的费用列入工程造价，并在施工承包合同中明确施工单位扬尘污染防治责任。施工单位应当制定具体的施工扬尘污染防治实施方案。从事房屋建筑、市政基础设施建设、河道整治以及建筑物拆除等施工单位，应当向负责监督管理扬尘污染防治的主管部门备案。施工单位应当在施工工地设置硬质围挡，并采取覆盖、分段作业、择时施工、洒水抑尘、冲洗地面和车辆等有效防尘降尘措施。建筑土方、工程渣土、建筑垃圾应当及时清运;在场地内堆存的,应当采用密闭式防尘网遮盖。工程渣土、建筑垃圾应当进行资源化处理。施工单位应当在施工工地公示扬尘污染防治措施、负责人、扬尘监督管理主管部门等信息。暂时不能开工的建设用地,建设单位应当对裸露地面进行覆盖;超过三个月的,应当进行绿化、铺装或者遮盖。

《固体废物污染环境防治法》(1996 年 4 月 1 日初次实施,2020 年 4 月 29 日修订)

第 20 条　产生、收集、贮存、运输、利用、处置固体废物的单位和其他生产经营者,应当采取防扬散、防流失、防渗漏或者其他防止污染环境的措施,不得擅自倾倒、堆放、丢弃、遗撒固体废物。禁止任何单位或者个人向江河、湖泊、运河、渠道、水库及其最高水位线以下的滩地和岸坡以及法律法规规定的其他地点倾倒、堆放、贮存固体废物。

第 63 条　工程施工单位应当编制建筑垃圾处理方案,采取污染防治措施,并报县级以上地方人民政府环境卫生主管部门备案。工程施工单位应当及时清运工程施工过程中产生的建筑垃圾等固体废物,并按照环境卫生主管部门的规定进行利用或者处置。工程施工单位不得擅自倾倒、抛撒或者堆放工程施工过程中产生的建筑垃圾。

《噪声污染防治法》(2022 年 6 月 5 日初次实施)

第 40 条　建设单位应当按照规定将噪声污染防治费用列入工程造价,在施工合同中明确施工单位的噪声污染防治责任。施工单位应当按照规定制定噪声污染防治实施方案,采取有效措施,减少振动、降低噪声。建设单位应当监督施工单位落实噪声污染防治实施方案。

第 41 条第 1 款　在噪声敏感建筑物集中区域施工作业,应当优先使用低噪声施工工艺和设备。

第 43 条　在噪声敏感建筑物集中区域,禁止夜间进行产生噪声的建筑施工作业,但抢修、抢险施工作业,因生产工艺要求或者其他特殊需要必须连续施工作业的除外。因特殊需要必须连续施工作业的,应当取得地方人民政府住房和城乡建设、生态环境主管部门或者地方人民政府指定的部门的证明,并在施工现场显著位置公示或者以其他方式公告附近居民。

第四十二条 【审批事项】有下列情形之一的，建设单位应当按照国家有关规定办理申请批准手续：

（一）需要临时占用规划批准范围以外场地的；

（二）可能损坏道路、管线、电力、邮电通讯等公共设施的；

（三）需要临时停水、停电、中断道路交通的；

（四）需要进行爆破作业的；

（五）法律、法规规定需要办理报批手续的其他情形。

条文理解

本条是关于审批事项的规定，依据《土地管理法》第57条的规定，需要临时占用规划批准范围以外场地的，由县级以上人民政府自然资源主管部门批准。其中，在城市规划区内的临时用地，在报批前，应当先经有关城市规划行政主管部门同意。土地使用者应当根据土地权属，与有关自然资源主管部门或者农村集体经济组织、村民委员会签订临时使用土地合同，并按照合同的约定支付临时使用土地补偿费。临时使用土地的使用者应当按照临时使用土地合同约定的用途使用土地，并不得修建永久性建筑物。临时使用土地期限一般不超过2年。

依据《城市道路管理条例》第31条的规定，需要临时占用城市道路的，须经市政工程行政主管部门和公安交通管理部门批准，方可按照规定占用。经批准临时占用城市道路的，不得损坏城市道路。占用期满后，应当及时清理占用现场，恢复城市道路原状。损坏城市道路的，应当修复或者给予赔偿。依据《公路法》第44条的规定，因进行建筑工程需要占用、挖掘公路或者使公路改线的，建设单位应当事先征得有关交通主管部门的同意。影响交通安全的，还须征得有关公安机关的同意。占用、挖掘公路或者使公路改线的，建设单位应当按照不低于该段公路原有的技术标准予以修复、改建或者给予相应的经济补偿。依据《电力法》第52条和第54条及《电力设施保护条例》第17条的规定,在电力设施周围进行可能危及电力设施安全的作业的,必须经县级以上地方电力管理部门批准,并采取安全措施后,方可进行。依据《民用爆炸物品安全管理条例》第35条的规定,在城市、风景名胜区和重要工程设施附近实施爆破作业的,应当向爆破作业所在地设区的市级人民政府公安机关提出申请,提交爆破作业单位许可证和具有相应资质的安全评估企业出具的爆破设计、施工方案评估报告。实施上述爆破作业,应当由具有相应资质的安全监理企业进行监理,由爆破作业所在地县级人民政府公安机关负责组织实施安全警戒。其他情形的,应当按照国家有关规定向相应的行政主管部门办理申请批准手续。

规定集成

《电力设施保护条例》(1987年9月15日初次实施,2011年1月8日修订)

第17条　任何单位或个人必须经县级以上地方电力管理部门批准,并采取安全措施后,方可进行下列作业或活动:(一)在架空电力线路保护区内进行农田水利基本建设工程及打桩、钻探、开挖等作业;(二)起重机械的任何部位进入架空电力线路保护区进行施工;(三)小于导线距穿越物体之间的安全距离,通过架空电力线路保护区;(四)在电力电缆线路保护区内进行作业。

《城市供水条例》(1994年10月1日初次实施,2020年3月27日修订)

第29条　在规定的城市公共供水管理及其附属设施的地面和地下的安全保护范围内,禁止挖坑取土或者修建建筑物、构筑物等危害供水设施安全的活动。

第30条　因工程建设确需改装、拆除或者迁移城市公共供水设施的,建设单位应当报经县级以上人民政府城市规划行政主管部门和城市供水行政主管部门批准,并采取相应的补救措施。

第31条　涉及城市公共供水设施的建设工程开工前,建设单位或者施工单位应当向城市自来水供水企业查明地下供水管网情况。施工影响城市公共供水设施安全的,建设单位或者施工单位应当与城市自来水供水企业商定相应的保护措施,由施工单位负责实施。

《电力法》(1996 年 4 月 1 日初次实施,2018 年 12 月 29 日修正)

第 52 条　任何单位和个人不得危害发电设施、变电设施和电力线路设施及其有关辅助设施。在电力设施周围进行爆破及其他可能危及电力设施安全的作业的,应当按照国务院有关电力设施保护的规定,经批准并采取确保电力设施安全的措施后,方可进行作业。

第 54 条　任何单位和个人需要在依法划定的电力设施保护区内进行可能危及电力设施安全的作业时,应当经电力管理部门批准并采取安全措施后,方可进行作业。

《城市道路管理条例》(1996 年 10 月 1 日初次实施,2019 年 3 月 24 日修订)

第 30 条　未经市政工程行政主管部门和公安交通管理部门批准,任何单位或者个人不得占用或者挖掘城市道路。

第 31 条　因特殊情况需要临时占用城市道路的,须经市政工程行政主管部门和公安交通管理部门批准,方可按照规定占用。经批准临时占用城市道路的,不得损坏城市道路;占用期满后,应当及时清理占用现场,恢复城市道路原状;损坏城市道路的,应当修复或者给予赔偿。

第 33 条　因工程建设需要挖掘城市道路的,应当提交城市规划部门批准签发的文件和有关设计文件,经市政工程行政主管部门和公安交通管理部门批准,方可按照规定挖掘。新建、扩建、改建的城市道路交付使用后 5 年内、大修的城市道路竣工后 3 年内不得挖掘;因特殊情况需要挖掘的,须经县级以上城市人民政府批准。

《公路法》(1998 年 1 月 1 日初次实施,2017 年 11 月 4 日修正)

第 44 条　任何单位和个人不得擅自占用、挖掘公路。因修建铁路、机场、电站、通信设施、水利工程和进行其他建设工程需要占用、挖掘公路或者使公路改线的,建设单位应当事先征得有关交通主管部门的同意;影响交通安全的,还须征得有关公安机关的同意。占用、挖掘公路或者使公路改线的,建设单位应当按照不低于该段公路原有的技术标准予以修复、改建或者给予相应的经济补偿。

《土地管理法》(1987 年 1 月 1 日初次实施,2019 年 8 月 26 日修正)

第 57 条　建设项目施工和地质勘查需要临时使用国有土地或者农民集体所有的土地的,由县级以上人民政府自然资源主管部门批准。其中,在城市规划区内的临时用地,在报批前,应当先经有关城市规划行政主管部门同意。土地使用者应当根据土地权属,与有关自然资源主管部门或者农村集体经济组织、村民委员会签订临时使用土地合同,并按照合同的约定支付临时使用土地补偿费。临时使用土地的使用者应当按照临时使用土地合同约定的用途使用土地,并不得修建永久性建筑物。临时使用土地期限一般不超过 2 年。

《民用爆炸物品安全管理条例》(2006 年 9 月 1 日初次实施,2014 年 7 月 29 日修订)

第 35 条　在城市、风景名胜区和重要工程设施附近实施爆破作业的,应当向爆破作业所在地设区的市级人民政府公安机关提出申请,提交爆破作业单位许可证和具有相应资质的安全评估企业出具的爆破设计、施工方案评估报告。受理申请的公安机关应当自受理申请之日起 20 日内对提交的有关材料进行审查,对符合条件的,作出批准的决定;对不符合条件的,作出不予批准的决定,并书面向申请人说明理由。实施前款规定的爆破作业,应当由具有相应资质的安全监理企业进行监理,由爆破作业所在地县级人民政府公安机关负责组织实施安全警戒。

《邮政法》(1987 年 1 月 1 日初次实施,2015 年 4 月 24 日修正)

第 13 条　邮政企业应当对其设置的邮政设施进行经常性维护,保证邮政设施的正常使用。任何单位和个人不得损毁邮政设施或者影响邮政设施的正常使用。

第四十三条　【管理部门】建设行政主管部门负责建筑安全生产的管理,并依法接受劳动行政主管部门对建筑安全生产的指导和监督。

条文理解

本条是关于管理部门的规定，依据《建设工程安全生产管理条例》第39条、第40条和第44条的规定，各级人民政府负责安全生产监督管理的部门对建筑工程安全生产工作实施综合监督管理，建设行政主管部门对建筑工程安全生产实施监督管理，铁路、交通、水利等有关部门按照职责分工，负责有关专业建设工程安全生产的监督管理。建设行政主管部门或者其他有关部门可以将施工现场的监督检查委托给建设工程安全监督机构具体实施。依据《劳动法》第9条和第85条的规定，劳动行政部门主管劳动工作，对用人单位遵守劳动法律、法规的情况进行监督检查。依据《房屋建筑和市政基础设施工程施工安全监督规定》第8条的规定，施工安全监督主要包括以下内容：(1)抽查工程建设责任主体履行安全生产职责情况；(2)抽查工程建设责任主体执行法律、法规、规章、制度及工程建设强制性标准情况；(3)抽查建筑施工安全生产标准化开展情况；(4)组织或参与工程项目施工安全事故的调查处理；(5)依法对工程建设责任主体违法违规行为实施行政处罚；(6)依法处理与工程项目施工安全相关的投诉、举报。

规定集成

《劳动法》(1995年1月1日初次实施,2018年12月29日修正)

第9条　国务院劳动行政部门主管全国劳动工作。县级以上地方人民政府劳动行政部门主管本行政区域内的劳动工作。

第85条　县级以上各级人民政府劳动行政部门依法对用人单位遵守劳动法律、法规的情况进行监督检查，对违反劳动法律、法规的行为有权制止，并责令改正。

《施工现场安全防护用具及机械设备使用监督管理规定》(1998 年 9 月 4 日初次实施)

第 4 条第 1 款　各级建设行政主管部门负责对施工现场安全防护用具及施工机械设备的使用实施监督管理。施工现场安全防护用具及机械设备使用的具体监督管理工作,可以委托所属的建筑安全监督管理机构负责实施。

第 7 条　建筑安全监督管理机构要对建筑施工企业或者施工现场使用的安全防护用具及机械设备,进行定期或者不定期的抽检,发现不合格产品或者技术指标和安全性能不能满足施工安全需要的产品,必须立即停止使用,并清除出施工现场。

《安全生产许可证条例》(2004 年 1 月 7 日初次实施,2014 年 7 月 29 日修订)

第 2 条　国家对矿山企业、建筑施工企业和危险化学品、烟花爆竹、民用爆炸物品生产企业(统称企业)实行安全生产许可制度。企业未取得安全生产许可证的,不得从事生产活动。

第 4 条　省、自治区、直辖市人民政府建设主管部门负责建筑施工企业安全生产许可证的颁发和管理,并接受国务院建设主管部门的指导和监督。

《建设工程安全生产管理条例》(2004 年 2 月 1 日初次实施)

第 39 条　国务院负责安全生产监督管理的部门依照《安全生产法》的规定,对全国建设工程安全生产工作实施综合监督管理。县级以上地方人民政府负责安全生产监督管理的部门依照《安全生产法》的规定,对本行政区域内建设工程安全生产工作实施综合监督管理。

第 40 条　国务院建设行政主管部门对全国的建设工程安全生产实施监督管理。国务院铁路、交通、水利等有关部门按照国务院规定的职责分工,负责有关专业建设工程安全生产的监督管理。县级以上地方人民政府建设行政主管部门对本行政区域内的建设工程安全生产实施监督管理。县级以上地方人民政府交通、水利等有关部门在各自的职责范围内,负责本行政区域内的专业建设工程安全生产的监督管理。

第 42 条第 1 款　建设行政主管部门在审核发放施工许可证时,应当对建设工程是否有安全施工措施进行审查,对没有安全施工措施的,不得颁发施工许可证。

第43条　县级以上人民政府负有建设工程安全生产监督管理职责的部门在各自的职责范围内履行安全监督检查职责时，有权采取下列措施：（一）要求被检查单位提供有关建设工程安全生产的文件和资料；（二）进入被检查单位施工现场进行检查；（三）纠正施工中违反安全生产要求的行为；（四）对检查中发现的安全事故隐患，责令立即排除；重大安全事故隐患排除前或者排除过程中无法保证安全的，责令从危险区域内撤出作业人员或者暂时停止施工。

第44条　建设行政主管部门或者其他有关部门可以将施工现场的监督检查委托给建设工程安全监督机构具体实施。

《建筑工程安全防护、文明施工措施费用及使用管理规定》（2005年9月1日初次实施）

第12条　建设行政主管部门应当按照现行标准规范对施工现场安全防护、文明施工措施落实情况进行监督检查，并对建设单位支付及施工单位使用安全防护、文明施工措施费用情况进行监督。

《建筑施工人员个人劳动保护用品使用管理暂行规定》（2007年11月5日初次实施）

第14条　各级建设行政主管部门应当加强对施工现场劳动保护用品使用情况的监督管理。发现有不使用、或使用不符合要求的劳动保护用品的违法违规行为的，应当责令改正；对因不使用或使用不符合要求的劳动保护用品造成事故或伤害的，应当依据《建设工程安全生产管理条例》和《安全生产许可证条例》等法律法规，对有关责任方给予行政处罚。

《建筑起重机械安全监督管理规定》（2008年6月1日初次实施）

第3条　国务院建设主管部门对全国建筑起重机械的租赁、安装、拆卸、使用实施监督管理。县级以上地方人民政府建设主管部门对本行政区域内的建筑起重机械的租赁、安装、拆卸、使用实施监督管理。

第25条第2款　省、自治区、直辖市人民政府建设主管部门负责组织实施建筑施工企业特种作业人员的考核。

《建筑起重机械备案登记办法》(2008 年 6 月 1 日初次实施)

第 4 条第 2 款　县级以上地方人民政府建设主管部门应当建立建筑起重机械备案登记诚信考核制度。

第 13 条　安装单位应当在建筑起重机械安装(拆卸)前 2 个工作日内通过书面形式、传真或者计算机信息系统告知工程所在地县级以上地方人民政府建设主管部门,同时按规定提交经施工总承包单位、监理单位审核合格的有关资料。

第 14 条　建筑起重机械使用单位在建筑起重机械安装验收合格之日起 30 日内,向工程所在地县级以上地方人民政府建设主管部门(使用登记机关)办理使用登记。

第 20 条　县级以上地方人民政府建设主管部门应当对施工现场的建筑起重机械备案登记情况进行监督检查。

《建筑施工企业安全生产许可证动态监管暂行办法》(2008 年 6 月 30 日初次实施)

第 9 条　市、县级人民政府建设主管部门或其委托的建筑安全监督机构在日常安全生产监督检查中,应当查验承建工程施工企业的安全生产许可证。发现企业降低施工现场安全生产条件的或存在事故隐患的,应立即提出整改要求;情节严重的,应责令工程项目停止施工并限期整改。

《住房城乡建设部主要职责内设机构和人员编制规定》(2008 年 7 月 10 日初次实施)

第 2 条第 9 项　承担建筑工程质量安全监管的责任。拟订建筑工程质量、建筑安全生产和竣工验收备案的政策、规章制度并监督执行,组织或参与工程重大质量、安全事故的调查处理,拟订建筑业、工程勘察设计咨询业的技术政策并指导实施。

《建筑施工企业负责人及项目负责人施工现场带班暂行办法》(2011 年 7 月 22 日初次实施)

第 12 条　各级住房城乡建设主管部门应加强对建筑施工企业负责人及项目负责人施工现场带班制度的落实情况的检查。对未执行带班制度的企业和人员，按有关规定处理；发生质量安全事故的，要给予企业规定上限的经济处罚，并依法从重追究企业法定代表人及相关人员的责任。

《房屋市政工程生产安全重大隐患排查治理挂牌督办暂行办法》(2011年10月8日初次实施)

第6条　房屋市政工程生产安全重大隐患治理挂牌督办按照属地管理原则，由工程所在地住房城乡建设主管部门组织实施。省级住房城乡建设主管部门进行指导和监督。

第7条　住房城乡建设主管部门接到工程项目重大隐患举报，应立即组织核实，属实的由工程所在地住房城乡建设主管部门及时向承建工程的建筑施工企业下达《房屋市政工程生产安全重大隐患治理挂牌督办通知书》，并公开有关信息，接受社会监督。

第10条　工程所在地住房城乡建设主管部门收到建筑施工企业提出的重大隐患解除督办申请后，应当立即进行现场审查。审查合格的，依照规定解除督办。审查不合格的，继续实施挂牌督办。

《住房城乡建设部关于推进建筑业发展和改革的若干意见》(2014年7月1日初次实施)

第3条　强化工程质量安全管理，第15项，指出强化施工安全监督。完善企业安全生产许可制度，以企业承建项目安全管理状况为安全生产许可延期审查重点，加强企业安全生产许可的动态管理。鼓励地方探索实施企业和人员安全生产动态扣分制度。完善企业安全生产费用保障机制，在招标时将安全生产费用单列，不得竞价，保障安全生产投入，规范安全生产费用的提取、使用和管理。加强企业对作业人员安全生产意识和技能培训，提高施工现场安全管理水平。加大安全隐患排查力度，依法处罚事故责任单位和责任人员。完善建筑施工安全监督制度和安全监管绩效考核机制。支持监管力量不足的地区探索以政府购买服务方式，委托具备能力的专业社会机构作为安全监督机构辅助力量。建立城市轨道交通等重大工程安全风险管理制度，推动建设单位对重大工程实行全过程安全风险管理，落实风险防控投入。鼓励建设单位聘用专业化社会机构提供安全风险管理咨询服务。

《建筑施工安全生产标准化考评暂行办法》(2014年7月31日初次实施)

第4条　国务院住房城乡建设主管部门监督指导全国建筑施工安全生产标准化考评工作。县级以上地方人民政府住房城乡建设主管部门负责本行政区域内建筑施工安全生产标准化考评工作。县级以上地方人民政府住房城乡建设主管部门可以委托建筑施工安全监督机构具体实施建筑施工安全生产标准化考评工作。

《建筑施工企业主要负责人、项目负责人和专职安全生产管理人员安全生产管理规定》(2014年9月1日初次实施)

第4条　国务院住房城乡建设主管部门负责对全国"安管人员"安全生产工作进行监督管理。县级以上地方人民政府住房城乡建设主管部门负责对本行政区域内"安管人员"安全生产工作进行监督管理。

第23条　县级以上人民政府住房城乡建设主管部门应当依照有关法律法规和本规定,对"安管人员"持证上岗、教育培训和履行职责等情况进行监督检查。

《房屋建筑和市政基础设施工程施工安全监督规定》(2014年10月24日初次实施)

第2条　本规定所称施工安全监督,是指住房城乡建设主管部门依据有关法律法规,对房屋建筑和市政基础设施工程的建设、勘察、设计、施工、监理等单位及人员(以下简称工程建设责任主体)履行安全生产职责,执行法律、法规、规章、制度及工程建设强制性标准等情况实施抽查并对违法违规行为进行处理的行政执法活动。

第3条　国务院住房城乡建设主管部门负责指导全国房屋建筑和市政基础设施工程施工安全监督工作。县级以上地方人民政府住房城乡建设主管部门负责本行政区域内房屋建筑和市政基础设施工程施工安全监督工作。县级以上地方人民政府住房城乡建设主管部门可以将施工安全监督工作委托所属的施工安全监督机构具体实施。

第8条　施工安全监督主要包括以下内容:(一)抽查工程建设责任主体履行安全生产职责情况;(二)抽查工程建设责任主体执行法律、法规、规章、制度及工程建设强制性标准情况；（三）抽查建筑施工安全生产标准化开展情况；（四）组织或参与工程项目施工安全事故的调查处理；（五）依法对工程建设责任主体违法违规行为实施行政处罚；（六）依法处理与工程项目施工安全相关的投诉、举报。

《房屋建筑和市政基础设施工程施工安全监督工作规程》（2014年10月28日初次实施）

第2条 县级以上地方人民政府住房城乡建设主管部门或其所属的施工安全监督机构（合称监督机构）对新建、扩建、改建房屋建筑和市政基础设施工程实施施工安全监督的，适用本规程。

第5条 监督机构应当根据工程项目实际情况，编制《施工安全监督工作计划》，明确主要监督内容、抽查频次、监督措施等。对含有超过一定规模的危险性较大分部分项工程的工程项目、近一年发生过生产安全事故的施工企业承接的工程项目应当增加抽查次数。施工安全监督过程中，对发生过生产安全事故以及检查中发现安全隐患较多的工程项目，应当调整监督工作计划，增加抽查次数。

第6条 已取得施工许可证的工程项目，监督机构应当组织建设、勘察、设计、施工、监理等单位及人员（工程建设责任主体）召开施工安全监督告知会议，提出安全监督要求。

第8条 监督人员应当依据法律法规和工程建设强制性标准，对工程建设责任主体的安全生产行为、施工现场的安全生产状况和安全生产标准化开展情况进行抽查。工程项目危险性较大分部分项工程应当作为重点抽查内容。监督人员实施施工安全监督，可采用抽查、抽测现场实物，查阅施工合同、施工图纸、管理资料，询问现场有关人员等方式。监督人员进入工程项目施工现场抽查时，应当向工程建设责任主体出示有效证件。

第四十四条 【企业责任】建筑施工企业必须依法加强对建筑安全生产的管理，执行安全生产责任制度，采取有效措施，防止伤亡和其他安全生产事故的发生。

建筑施工企业的法定代表人对本企业的安全生产负责。

条文理解

本条是关于企业责任的规定，依据《建设工程安全生产管理条例》第21条的规定，施工单位主要负责人依法对本单位的安全生产工作全面负责。施工单位应当建立健全安全生产责任制度和安全生产教育培训制度，制定安全生产规章制度和操作规程，保证本单位安全生产条件所需资金的投入，对所承担的建设工程进行定期和专项安全检查，并做好安全检查记录。

依据《安全生产法》第5条和第21条的规定，生产经营单位的主要负责人是本单位安全生产第一责任人，对本单位的安全生产工作全面负责。其他负责人对职责范围内的安全生产工作负责。生产经营单位的主要负责人对本单位安全生产工作负有下列职责：(1)建立健全并落实本单位全员安全生产责任制，加强安全生产标准化建设；(2)组织制定并实施本单位安全生产规章制度和操作规程；(3)组织制定并实施本单位安全生产教育和培训计划；(4)保证本单位安全生产投入的有效实施；(5)组织建立并落实安全风险分级管控和隐患排查治理双重预防工作机制，督促、检查本单位的安全生产工作，及时消除生产安全事故隐患；(6)组织制定并实施本单位的生产安全事故应急救援预案；(7)及时、如实报告生产安全事故。

规定集成

《建设工程施工现场综合考评试行办法》(1995年7月14日初次实施)

第8条　施工安全管理考评，满分为20分。考评的主要内容是安全生产保证体系和施工安全技术、规范、标准的实施情况等。施工安全管理检查按照国家现行的有关标准和规定执行。有下列情况之一的，该项考评得分为零分：(一)当次检查不合格的；(二)无专职安全员的；(三)无消防设施或消防设施不能使用的；(四)发生死亡或重伤2人以上(包括2人)事故的。

《安全生产法》(2002 年 11 月 1 日初次实施,2021 年 6 月 10 日修正)

第 4 条第 1 款　生产经营单位必须遵守本法和其他有关安全生产的法律、法规,加强安全生产管理,建立健全全员安全生产责任制和安全生产规章制度,加大对安全生产资金、物资、技术、人员的投入保障力度,改善安全生产条件,加强安全生产标准化、信息化建设,构建安全风险分级管控和隐患排查治理双重预防机制,健全风险防范化解机制,提高安全生产水平,确保安全生产。

第 5 条　生产经营单位的主要负责人是本单位安全生产第一责任人,对本单位的安全生产工作全面负责。其他负责人对职责范围内的安全生产工作负责。

第 21 条　生产经营单位的主要负责人对本单位安全生产工作负有下列职责:(一)建立健全并落实本单位全员安全生产责任制,加强安全生产标准化建设;(二)组织制定并实施本单位安全生产规章制度和操作规程;(三)组织制定并实施本单位安全生产教育和培训计划;(四)保证本单位安全生产投入的有效实施;(五)组织建立并落实安全风险分级管控和隐患排查治理双重预防工作机制,督促、检查本单位的安全生产工作,及时消除生产安全事故隐患;(六)组织制定并实施本单位的生产安全事故应急救援预案;(七)及时、如实报告生产安全事故。

第 25 条　生产经营单位的安全生产管理机构以及安全生产管理人员履行下列职责:(一)组织或者参与拟订本单位安全生产规章制度、操作规程和生产安全事故应急救援预案;(二)组织或者参与本单位安全生产教育和培训,如实记录安全生产教育和培训情况;(三)组织开展危险源辨识和评估,督促落实本单位重大危险源的安全管理措施;(四)组织或者参与本单位应急救援演练;(五)检查本单位的安全生产状况,及时排查生产安全事故隐患,提出改进安全生产管理的建议;(六)制止和纠正违章指挥、强令冒险作业、违反操作规程的行为;(七)督促落实本单位安全生产整改措施。生产经营单位可以设置专职安全生产分管负责人,协助本单位主要负责人履行安全生产管理职责。

《建设工程安全生产管理条例》(2004 年 2 月 1 日初次实施)

第 4 条　建设单位、勘察单位、设计单位、施工单位、工程监理单位及其他与建设工程安全生产有关的单位,必须遵守安全生产法律、法规的规定,保证建设工程安全生产，依法承担建设工程安全生产责任。

第 21 条　施工单位主要负责人依法对本单位的安全生产工作全面负责。施工单位应当建立健全安全生产责任制度和安全生产教育培训制度，制定安全生产规章制度和操作规程，保证本单位安全生产条件所需资金的投入，对所承担的建设工程进行定期和专项安全检查，并做好安全检查记录。施工单位的项目负责人应当由取得相应执业资格的人员担任，对建设工程项目的安全施工负责，落实安全生产责任制度、安全生产规章制度和操作规程，确保安全生产费用的有效使用，并根据工程的特点组织制定安全施工措施，消除安全事故隐患，及时、如实报告生产安全事故。

《建筑工程安全防护、文明施工措施费用及使用管理规定》(2005 年 9 月 1 日初次实施)

第 11 条第 1 款　施工单位应当确保安全防护、文明施工措施费专款专用，在财务管理中单独列出安全防护、文明施工措施项目费用清单备查。施工单位安全生产管理机构和专职安全生产管理人员负责对建筑工程安全防护、文明施工措施的组织实施进行现场监督检查，并有权向建设主管部门反映情况。

《建筑施工企业安全生产管理机构设置及专职安全生产管理人员配备办法》(2004 年 12 月 1 日初次实施，2008 年 5 月 13 日修正)

第 5 条　建筑施工企业应当依法设置安全生产管理机构，在企业主要负责人的领导下开展本企业的安全生产管理工作。

第 6 条　建筑施工企业安全生产管理机构具有以下职责：(一)宣传和贯彻国家有关安全生产法律法规和标准；(二)编制并适时更新安全生产管理制度并监督实施；(三)组织或参与企业生产安全事故应急救援预案的编制及演练；(四)组织开展安全教育培训与交流；(五)协调配备项目专职安全生产管理人员；(六)制订企业安全生产检查计划并组织实施；(七)监督在建项目安全生产费用的使用；(八)参与危险性较大工程安全专项施工方案专家论证会；(九)通报在建项目违规违章查处情况；(十)组织开展安全生产评优评先表彰工作；(十一)建立企业在建项目安全生产管理档案；(十二)考核评价分包企业安全生产业绩及项目安全生产管理情况；(十三)参加生产安全事故的调查和处理工作；

（十四）企业明确的其他安全生产管理职责。

第10条　建筑施工企业应当在建设工程项目组建安全生产领导小组。建设工程实行施工总承包的，安全生产领导小组由总承包企业、专业承包企业和劳务分包企业项目经理、技术负责人和专职安全生产管理人员组成。

第11条　安全生产领导小组的主要职责：（一）贯彻落实国家有关安全生产法律法规和标准；（二）组织制定项目安全生产管理制度并监督实施；（三）编制项目生产安全事故应急救援预案并组织演练；（四）保证项目安全生产费用的有效使用；（五）组织编制危险性较大工程安全专项施工方案；（六）开展项目安全教育培训；（七）组织实施项目安全检查和隐患排查；（八）建立项目安全生产管理档案；（九）及时、如实报告安全生产事故。

第12条　项目专职安全生产管理人员具有以下主要职责：（一）负责施工现场安全生产日常检查并做好检查记录；（二）现场监督危险性较大工程安全专项施工方案实施情况；（三）对作业人员违规违章行为有权予以纠正或查处；（四）对施工现场存在的安全隐患有权责令立即整改；（五）对于发现的重大安全隐患，有权向企业安全生产管理机构报告；（六）依法报告生产安全事故情况。

《住房城乡建设部关于进一步加强建筑市场监管工作的意见》（2011年6月24日初次实施）

第4条　加强施工现场管理，保障工程质量安全，第12项，健全施工现场管理制度。施工单位要制定工程项目现场管理办法并严格执行，配备与项目规模技术要求相适应的项目管理班子。项目经理、施工、技术、质量、安全、劳资等管理人员应为本企业人员且持有相应资格的上岗证书。施工单位要切实履行职责，定期对本单位和分包单位的现场管理人员和作业人员到位和持证上岗、质量安全保证体系、技术交底、教育培训等实施情况进行检查。

《建筑施工企业负责人及项目负责人施工现场带班暂行办法》（2011年7月22日初次实施）

第5条　建筑施工企业法定代表人是落实企业负责人及项目负责人施工现场带班制度的第一责任人，对落实带班制度全面负责。

第6条第1款　建筑施工企业负责人要定期带班检查，每月检查时间不少于其工作日的25%。

第7条第1款　工程项目进行超过一定规模的危险性较大的分部分项工程施工时，建筑施工企业负责人应到施工现场进行带班检查。对于有分公司（非独立法人）的企业集团，集团负责人因故不能到现场的，可书面委托工程所在地的分公司负责人对施工现场进行带班检查。

第9条第1款　项目负责人是工程项目质量安全管理的第一责任人，应对工程项目落实带班制度负责。

第11条　项目负责人每月带班生产时间不得少于本月施工时间的80%。因其他事务需离开施工现场时，应向工程项目的建设单位请假，经批准后方可离开。离开期间应委托项目相关负责人负责其外出时的日常工作。

《房屋市政工程生产安全重大隐患排查治理挂牌督办暂行办法》（2011年10月8日初次实施）

第3条　建筑施工企业是房屋市政工程生产安全重大隐患排查治理的责任主体，应当建立健全重大隐患排查治理工作制度，并落实到每一个工程项目。企业及工程项目的主要负责人对重大隐患排查治理工作全面负责。

第4条　建筑施工企业应当定期组织安全生产管理人员、工程技术人员和其他相关人员排查每一个工程项目的重大隐患，特别是对深基坑、高支模、地铁隧道等技术难度大、风险大的重要工程应重点定期排查。对排查出的重大隐患，应及时实施治理消除，并将相关情况进行登记存档。

《住房城乡建设部关于推进建筑业发展和改革的若干意见》（2014年7月1日初次实施）

第3条　强化工程质量安全管理，第14项，推动建筑施工安全专项治理。研究探索建筑起重机械和模板支架租赁、安装（搭设）、使用、拆除、维护保养一体化管理模式，提升起重机械、模板支架专业化管理水平。规范起重机械安装拆卸工、架子工等特种作业人员安全考核，提高从业人员安全操作技能。持续开展建筑起重机械、模板支架安全专项治理，有效遏制群死群伤事故发生。

《建筑施工安全生产标准化考评暂行办法》（2014年7月31日初次实施）

第20条　建筑施工企业应当建立健全以法定代表人为第一责任人的企业

安全生产管理体系，依法履行安全生产职责，实施企业安全生产标准化工作。

第 21 条　建筑施工企业应当成立企业安全生产标准化自评机构，每年主要依据《施工企业安全生产评价标准》JGJ/T77 等开展企业安全生产标准化自评工作。

《建筑施工企业主要负责人、项目负责人和专职安全生产管理人员安全生产管理规定》（2014 年 9 月 1 日初次实施）

第 14 条　主要负责人对本企业安全生产工作全面负责，应当建立健全企业安全生产管理体系，设置安全生产管理机构，配备专职安全生产管理人员，保证安全生产投入，督促检查本企业安全生产工作，及时消除安全事故隐患，落实安全生产责任。

第 15 条第 1 款　主要负责人应当与项目负责人签订安全生产责任书，确定项目安全生产考核目标、奖惩措施，以及企业为项目提供的安全管理和技术保障措施。

第 16 条　主要负责人应当按规定检查企业所承担的工程项目，考核项目负责人安全生产管理能力。发现项目负责人履职不到位的，应当责令其改正；必要时，调整项目负责人。检查情况应当记入企业和项目安全管理档案。

第 17 条　项目负责人对本项目安全生产管理全面负责，应当建立项目安全生产管理体系，明确项目管理人员安全职责，落实安全生产管理制度，确保项目安全生产费用有效使用。

第 18 条第 1 款　项目负责人应当按规定实施项目安全生产管理，监控危险性较大分部分项工程，及时排查处理施工现场安全事故隐患，隐患排查处理情况应当记入项目安全管理档案；发生事故时，应当按规定及时报告并开展现场救援。

第 20 条　项目专职安全生产管理人员应当每天在施工现场开展安全检查，现场监督危险性较大的分部分项工程安全专项施工方案实施。对检查中发现的安全事故隐患，应当立即处理；不能处理的，应当及时报告项目负责人和企业安全生产管理机构。项目负责人应当及时处理。检查及处理情况应当记入项目安全管理档案。

《建筑施工企业主要负责人、项目负责人和专职安全生产管理人员安全生产管理规定实施意见》(2015年12月10日初次实施)

第1条　企业主要负责人的范围,企业主要负责人包括法定代表人、总经理(总裁)、分管安全生产的副总经理(副总裁)、分管生产经营的副总经理(副总裁)、技术负责人、安全总监等。

第2条　专职安全生产管理人员的分类,专职安全生产管理人员分为机械、土建、综合三类。机械类专职安全生产管理人员可以从事起重机械、土石方机械、桩工机械等安全生产管理工作。土建类专职安全生产管理人员可以从事除起重机械、土石方机械、桩工机械等安全生产管理工作以外的安全生产管理工作。综合类专职安全生产管理人员可以从事全部安全生产管理工作。新申请专职安全生产管理人员安全生产考核只可以在机械、土建、综合三类中选择一类。机械类专职安全生产管理人员在参加土建类安全生产管理专业考试合格后,可以申请取得综合类专职安全生产管理人员安全生产考核合格证书。土建类专职安全生产管理人员在参加机械类安全生产管理专业考试合格后,可以申请取得综合类专职安全生产管理人员安全生产考核合格证书。

《危险性较大的分部分项工程安全管理规定》(2018年6月1日初次实施,2019年3月13日修正)

第17条　施工单位应当对危大工程施工作业人员进行登记,项目负责人应当在施工现场履职。项目专职安全生产管理人员应当对专项施工方案实施情况进行现场监督,对未按照专项施工方案施工的,应当要求立即整改,并及时报告项目负责人,项目负责人应当及时组织限期整改。施工单位应当按照规定对危大工程进行施工监测和安全巡视,发现危及人身安全的紧急情况,应当立即组织作业人员撤离危险区域。

案例适用

113　施工企业安全管理责任能否通过约定的方式免除

案件名称:焦某犯交通肇事罪、附带民事诉讼原告人苏某1、任某提起附带民事诉讼案

审理法院:河南省鹤壁市中级人民法院

案　　号:(2016)豫06刑终119号

裁判观点:市政公司系本案对外发包熟料运输业务的施工单位,按照《建筑法》第44条、第45条,《建设工程安全生产管理条例》第4条的规定,依法应承担安全生产责任。在市政公司与廉某签订的承包熟料运输协议中,约定由廉某承担运输熟料安全责任,但该约定对外不具有约束力,不能免除市政公司的安全生产责任。市政公司将其熟料运输业务承包给无营运资质的廉某,廉某又雇用无驾驶重型货车资格证和经营性道路货物运输资格证的焦某,焦某无证驾驶无牌、未年检、未投保交强险的车辆运输市政公司工程的熟料,且车辆前方放置"市政养护"的标志行驶,市政公司、廉某、焦某对本案的发生均有过错,应当承担连带赔偿责任。

> **第四十五条　【现场责任】**施工现场安全由建筑施工企业负责。实行施工总承包的,由总承包单位负责。分包单位向总承包单位负责,服从总承包单位对施工现场的安全生产管理。

条文理解

本条是关于现场责任的规定,依据《建设工程安全生产管理条例》第24条和《房屋建筑和市政基础设施工程施工分包管理办法》第16条的规定,施工现场安全由建筑施工企业负责。建筑工程实行施工总承包的,由总承包单位对施工现场的安全生产负总责,工程分包不能减轻或免除总承包单位的责任和义务。总承包单位依法将建筑工程分包给其他单位的,应当与分包单位签订安全生产协议,明确各自在安全生产方面的权利、义务。分包单位应当按照协议的约定对其承包的工程向总承包单位负责,分包单位应当服从总承包单位的安全生产管理。总承包单位和分包单位对分包工程的安全生产承担连带责任。

规定集成

《建设工程安全生产管理条例》(2004 年 2 月 1 日初次实施)

第 24 条　建设工程实行施工总承包的,由总承包单位对施工现场的安全生产负总责。总承包单位应当自行完成建设工程主体结构的施工。总承包单位依法将建设工程分包给其他单位的,分包合同中应当明确各自的安全生产方面的权利、义务。总承包单位和分包单位对分包工程的安全生产承担连带责任。分包单位应当服从总承包单位的安全生产管理,分包单位不服从管理导致生产安全事故的,由分包单位承担主要责任。

《房屋建筑和市政基础设施工程施工分包管理办法》(2004 年 4 月 1 日初次实施,2019 年 3 月 13 日修正)

第 11 条　分包工程发包人应当设立项目管理机构,组织管理所承包工程的施工活动。项目管理机构应当具有与承包工程的规模、技术复杂程度相适应的技术、经济管理人员……

第 16 条　分包工程承包人应当按照分包合同的约定对其承包的工程向分包工程发包人负责。分包工程发包人和分包工程承包人就分包工程对建设单位承担连带责任。

第 17 条　分包工程发包人对施工现场安全负责,并对分包工程承包人的安全生产进行管理。专业分包工程承包人应当将其分包工程的施工组织设计和施工安全方案报分包工程发包人备案,专业分包工程发包人发现事故隐患,应当及时作出处理。分包工程承包人就施工现场安全向分包工程发包人负责,并应当服从分包工程发包人对施工现场的安全生产管理。

《建筑施工安全生产标准化考评暂行办法》(2014 年 7 月 31 日初次实施)

第 7 条第 2 款　建筑施工项目实行施工总承包的,施工总承包单位对项目安全生产标准化工作负总责。施工总承包单位应当组织专业承包单位等开展项目安全生产标准化工作。

第 8 条　工程项目应当成立由施工总承包及专业承包单位等组成的项目安

全生产标准化自评机构，在项目施工过程中每月主要依据《建筑施工安全检查标准》(JGJ59)等开展安全生产标准化自评工作。

《建筑施工企业主要负责人、项目负责人和专职安全生产管理人员安全生产管理规定》(2014年9月1日初次实施)

第15条第2款　工程项目实行总承包的，总承包企业应当与分包企业签订安全生产协议，明确双方安全生产责任。

第18条第2款　工程项目实行总承包的，总承包企业项目负责人应当定期考核分包企业安全生产管理情况。

《建设工程施工合同(示范文本)》(GF-2017-0201)(2017年10月1日初次实施)

第二部分通用合同条款，第3.5.2条，承包人应按专用合同条款的约定进行分包，确定分包人。已标价工程量清单或预算书中给定暂估价的专业工程，按照第10.7款〔暂估价〕确定分包人。按照合同约定进行分包的，承包人应确保分包人具有相应的资质和能力。工程分包不减轻或免除承包人的责任和义务，承包人和分包人就分包工程向发包人承担连带责任。除合同另有约定外，承包人应在分包合同签订后7天内向发包人和监理人提交分包合同副本。

《房屋建筑和市政基础设施项目工程总承包管理办法》(2020年3月1日初次实施)

第23条第2款　工程总承包单位对承包范围内工程的安全生产负总责。分包单位应当服从工程总承包单位的安全生产管理，分包单位不服从管理导致生产安全事故的，由分包单位承担主要责任，分包不免除工程总承包单位的安全责任。

案例适用

114　施工总承包单位是否需要对分包工程的安全生产事故承担连带责任

案件名称：中建三局集团有限公司(以下简称中建三局公司)与罗

某、广州文浩建筑劳务有限公司（以下简称文浩公司）等提供劳务者受害责任纠纷案

审理法院：福建省高级人民法院

案　　号：（2020）闽民申2676号

裁判观点：本案争议的焦点是中建三局公司是否应当对罗某损害赔偿承担连带责任。虽然中建三局公司作为案涉项目的总承包单位，将案涉部分项目分包给具有资质的文浩公司，属于合法分包，但《建筑法》第45条规定："施工现场安全由建筑施工企业负责。实行施工总承包的，由总承包单位负责。分包单位向总承包单位负责，服从总承包单位对施工现场的安全生产管理。"《建设工程安全生产管理条例》第24条第1款规定："建设工程实行施工总承包的，由总承包单位对施工现场的安全生产负总责。"该条第3款规定："总承包单位依法将建设工程分包给其他单位的，分包合同中应当明确各自的安全生产方面的权利、义务。总承包单位和分包单位对分包工程的安全生产承担连带责任"，根据上述法律法规规定，中建三局公司作为案涉工程的总承包单位，依然对施工现场安全具有管理职责，对于文浩公司在明显不具备安全生产条件情形下组织施工，导致罗某因安全生产事故遭受人身损害，中建三局公司也具有过错，应承担连带赔偿责任。一、二审判决对此认定正确，中建三局公司主张其不应承担连带责任的理由，不能成立。

115　施工总承包单位是否需要对实际施工人导致的安全生产事故承担责任

案件名称：黄某与新沂市鼎峰房地产开发有限公司（以下简称鼎峰公司）、新沂市华峰建筑工程有限公司（以下简称华峰公司）、宋某、王某劳务合同纠纷案

审理法院：江苏省新沂市人民法院

案　　号：（2015）新马民初字第00152号

裁判观点：被告鼎峰公司与被告华峰公司签订的建筑工程施工合

同，是双方的真实意思表示，且被告华峰公司具备相应的承建工程的资质，没有违反法律法规的规定，因而该合同合法有效。被告华峰公司与被告王某签订了建筑工程内部承包意向书，从合同的内容上看，被告华峰公司并没有在资金、技术、设备、人力等方面给予支持，名为内部承包，实为挂靠转包关系。被告华峰公司在明知王某无相应承建该工程的资质情况下，将土建工程转包给其，被告王某将土建工程中的瓦工部分以自己的名义转包给了无相应资质的被告宋某，因而被告华峰公司与被告王某所签订的内部承包意向书、被告王某与被告宋某所签订的转包合同均为无效合同，被告王某与被告宋某为实际施工人，根据《建筑法》第45条"施工现场安全由建筑施工企业负责"的规定，被告华峰公司对被告王某、宋某在施工过程中的安全、质量负责……被告鼎峰公司在本案中不承担赔偿责任。

第四十六条　【安全培训】建筑施工企业应当建立健全劳动安全生产教育培训制度，加强对职工安全生产的教育培训；未经安全生产教育培训的人员，不得上岗作业。

条文理解

本条是关于安全培训的规定，依据《劳动法》第68条的规定，用人单位应当建立职业培训制度，按照国家规定提取和使用职业培训经费，根据本单位实际，有计划地对劳动者进行职业培训。从事技术工种的劳动者，上岗前必须经过培训。

依据《建设工程安全生产管理条例》第25条、第36条及第37条的规定，施工单位应当对管理人员和作业人员每年至少进行一次安全生产教育培训，其教育培训情况记入个人工作档案。安全生产教育培训考核不合格的人员，不得上岗。作业人员进入新的岗位或者新的施工现场前，应当接受安全生产教育培训。未经教育培训或者教育培训考核不合格的人员，不得上岗作业。施工单位在采用新技术、新工艺、新设备、新材料时，应当对作业人员进行相应的安全生产教育培训。垂直运输机械作业人员、安装拆卸工、爆破作业人员、起重信号工、登高架设作业人员等特种作业人员，必须按照国家有关规定经过专门的安全作业培训，并取得特种作业操作资格证书后，方可上岗作业。先培训后上岗是为保证从业人员具备必要的安全生产知识，熟悉有关的安全生产规章制度和安全操作规程，掌握安全操作技能，了解事故应急处理措施，减少安全生产事故的发生。

规定集成

《劳动法》(1995 年 1 月 1 日初次实施,2018 年 12 月 29 日修正)

第 68 条　用人单位应当建立职业培训制度，按照国家规定提取和使用职业培训经费，根据本单位实际，有计划地对劳动者进行职业培训。从事技术工种的劳动者，上岗前必须经过培训。

《安全生产法》(2002 年 11 月 1 日初次实施,2021 年 6 月 10 日修正)

第 21 条　生产经营单位的主要负责人对本单位安全生产工作负有下列职责：……(三)组织制定并实施本单位安全生产教育和培训计划……

第 25 条　生产经营单位的安全生产管理机构以及安全生产管理人员履行下列职责：……(二)组织或者参与本单位安全生产教育和培训，如实记录安全生产教育和培训情况……

第 28 条　生产经营单位应当对从业人员进行安全生产教育和培训，保证从业人员具备必要的安全生产知识，熟悉有关的安全生产规章制度和安全操作规程，掌握本岗位的安全操作技能，了解事故应急处理措施，知悉自身在安全生产方面的权利和义务。未经安全生产教育和培训合格的从业人员，不得上岗作业……生产经营单位应当建立安全生产教育和培训档案，如实记录安全生产教育和培训的时间、内容、参加人员以及考核结果等情况。

第 29 条　生产经营单位采用新工艺、新技术、新材料或者使用新设备，必须了解、掌握其安全技术特性，采取有效的安全防护措施，并对从业人员进行专门的安全生产教育和培训。

第30条　生产经营单位的特种作业人员必须按照国家有关规定经专门的安全作业培训，取得相应资格，方可上岗作业。特种作业人员的范围由国务院应急管理部门会同国务院有关部门确定。

《建筑工程预防高处坠落事故若干规定》（2003年4月17日初次实施）

第4条　施工单位应做好高处作业人员的安全教育及相关的安全预防工作。（一）所有高处作业人员应接受高处作业安全知识的教育；特种高处作业人员应持证上岗，上岗前应依据有关规定进行专门的安全技术签字交底。采用新工艺、新技术、新材料和新设备的，应按规定对作业人员进行相关安全技术签字交底……

《建设工程安全生产管理条例》（2004年2月1日初次实施）

第25条　垂直运输机械作业人员、安装拆卸工、爆破作业人员、起重信号工、登高架设作业人员等特种作业人员，必须按照国家有关规定经过专门的安全作业培训，并取得特种作业操作资格证书后，方可上岗作业。

第36条　……施工单位应当对管理人员和作业人员每年至少进行一次安全生产教育培训，其教育培训情况记入个人工作档案。安全生产教育培训考核不合格的人员，不得上岗。

第37条　作业人员进入新的岗位或者新的施工现场前，应当接受安全生产教育培训。未经教育培训或者教育培训考核不合格的人员，不得上岗作业。施工单位在采用新技术、新工艺、新设备、新材料时，应当对作业人员进行相应的安全生产教育培训。

《建筑施工人员个人劳动保护用品使用管理暂行规定》（2007年11月5日初次实施）

第9条　企业应加强对施工作业人员的教育培训，保证施工作业人员能正确使用劳动保护用品。工程项目部应有教育培训的记录，有培训人员和被培训人员的签名和时间。

《住房城乡建设部关于进一步加强建筑市场监管工作的意见》(2011年6月24日初次实施)

第5条　加强建筑劳务管理,提高作业人员素质,第17项,加大农民工培训力度。要利用各类职业培训资源,充分发挥职业院校和社会化职业培训机构作用,建立政府部门、行业协会、施工单位多层次培训体系,多渠道筹集培训经费,加大对农民工的培训力度。进一步落实持证上岗制度,特殊工种人员严禁无证上岗。大力开展职业技能培训与鉴定工作,普通技术工人在“十二五”期间推行持证上岗。营造职业技能等级与劳动报酬挂钩的市场环境,增强农民工参加培训、提升技术水平的积极性,全面提高建筑劳务人员素质。

《住房城乡建设部关于推进建筑业发展和改革的若干意见》(2014年7月1日初次实施)

第4条　促进建筑业发展方式转变,第17项,构建有利于形成建筑产业工人队伍的长效机制。建立以市场为导向、以关键岗位自有工人为骨干、劳务分包为主要用工来源、劳务派遣为临时用工补充的多元化建筑用工方式。施工总承包企业和专业承包企业要拥有一定数量的技术骨干工人,鼓励施工总承包企业拥有独资或控股的施工劳务企业。充分利用各类职业培训资源,建立多层次的劳务人员培训体系。大力推进建筑劳务基地化建设,坚持“先培训后输出、先持证后上岗”的原则。进一步落实持证上岗制度,从事关键技术工种的劳务人员,应取得相应证书后方可上岗作业。落实企业责任,保障劳务人员的合法权益。推行建筑劳务实名制管理,逐步实现建筑劳务人员信息化管理。

《建筑施工项目经理质量安全责任十项规定(试行)》(2014年8月25日初次实施)

第9条　项目经理必须组织对施工现场作业人员进行岗前质量安全教育,组织审核建筑施工特种作业人员操作资格证书,未经质量安全教育和无证人员不得上岗。

《建筑施工企业主要负责人、项目负责人和专职安全生产管理人员安全生产管理规定》(2014年9月1日初次实施)

第21条　建筑施工企业应当建立安全生产教育培训制度,制定年度培训计划，每年对“安管人员”进行培训和考核，考核不合格的，不得上岗。培训情况应当记入企业安全生产教育培训档案。

案例适用

116 未经安全生产教育培训的人员上岗作业导致安全事故，各方如何担责

案件名称：何某与潘某、王某等提供劳务者受害责任纠纷案

审理法院：江苏省新沂市人民法院

案　　号：（2018）苏0381民初6575号

裁判观点：根据《建筑法》第46条的规定，王某通过他人直接聘用何某，未经过任何培训即让其上岗工作，并指示何某行使分外的工作，对何某所造成的损伤应当承担赔偿责任。《侵权责任法》（已失效）第35条规定：“个人之间形成劳务关系，提供劳务一方因劳务造成他人损害的，由接受劳务一方承担侵权责任”。本案中潘某也系王某雇用人员，在劳务中造成何某损害，应由王某承担赔偿责任；何某作为完全民事行为能力人，对在工作过程中存在的潜在危险应该是明知的，其应尽到足够的注意义务，但其缺乏必要的安全防范意识，疏于观察和注意，应当认定其对损害的发生存在一定过错，考虑双方过错程度，法院认定何某对其自身损害承担20%的责任，王某承担80%的责任。

第四十七条　【防护用品】建筑施工企业和作业人员在施工过程中，应当遵守有关安全生产的法律、法规和建筑行业安全规章、规程，不得违章指挥或者违章作业。作业人员有权对影响人身健康的作业程序和作业条件提出改进意见，有权获得安全生产所需的防护用品。作业人员对危及生命安全和人身健康的行为有权提出批评、检举和控告。

条文理解

本条是关于防护用品的规定,依据《劳动法》第 52 条和第 56 条的规定,用人单位必须建立、健全劳动安全卫生制度,严格执行国家劳动安全卫生规程和标准,对劳动者进行劳动安全卫生教育,防止劳动过程中的事故,减少职业危害。劳动者在劳动过程中必须严格遵守安全操作规程。

依据《建设工程安全生产管理条例》第 32 条和第 33 条的规定,施工单位应当向作业人员提供安全防护用具和安全防护服装,并书面告知危险岗位的操作规程和违章操作的危害。作业人员有权对施工现场的作业条件、作业程序和作业方式中存在的安全问题提出批评、检举和控告,有权拒绝违章指挥和强令冒险作业。在施工中发生危及人身安全的紧急情况时,作业人员有权立即停止作业或者在采取必要的应急措施后撤离危险区域。作业人员应当遵守安全施工的强制性标准、规章制度和操作规程,正确使用安全防护用具、机械设备等。

依据《建筑施工人员个人劳动保护用品使用管理暂行规定》第 2 条、第 4 条及第 11 条的规定,个人劳动保护用品是指安全帽、安全带以及安全(绝缘)鞋、防护眼镜、防护手套、防尘(毒)口罩等。施工作业人员所在企业必须按国家规定免费发放劳动保护用品,更换已损坏或已到使用期限的劳动保护用品,不得收取或变相收取任何费用。劳动保护用品必须以实物形式发放,不得以货币或其他物品替代。施工作业人员有按照工作岗位规定使用合格的劳动保护用品的权利。有拒绝违章指挥、拒绝使用不合格劳动保护用品的权利。同时,也负有正确使用劳动保护用品的义务。

规定集成

《劳动法》(1995 年 1 月 1 日初次实施,2018 年 12 月 29 日修正)

第 52 条　用人单位必须建立、健全劳动安全卫生制度,严格执行国家劳动安全卫生规程和标准,对劳动者进行劳动安全卫生教育,防止劳动过程中的事故,减少职业危害。

第 54 条　用人单位必须为劳动者提供符合国家规定的劳动安全卫生条件和必要的劳动防护用品,对从事有职业危害作业的劳动者应当定期进行健康检查。

第 56 条　劳动者在劳动过程中必须严格遵守安全操作规程。劳动者对用人单位管理人员违章指挥、强令冒险作业,有权拒绝执行;对危害生命安全和身体健康的行为,有权提出批评、检举和控告。

《施工现场安全防护用具及机械设备使用监督管理规定》(1998 年 9 月 4 日初次实施)

第 3 条　本规定所指的安全防护用具及机械设备,是指在施工现场上使用的安全防护用品、安全防护设施、电气产品、架设机具和施工机械设备:(一)安全防护用具:1. 安全防护用品,包括安全帽、安全带、安全网、安全绳及其他个人防护用品等;2. 安全防护设施,包括各种"临边、洞口"的防护用具等;3. 电气产品,包括手持电动工具、木工机具、钢筋、机械、振动机具、漏电保护器、电闸箱、电缆、电器开关、插卒及电工元器件等;4. 架设机具,包括用竹、木、钢等材料组成的各类脚手架及其零部件、登高设施、简易起重装机具等……

第 6 条　向建筑施工企业或者施工现场销售安全防护用具及机械设备的单位,应当提供检测合格证明及下列资料:(一)产品的生产许可证(指实行生产许可证的产品)和出厂产品合格证;(二)产品的有关技术标准、规范;(三)产品的有关图纸及技术资料;(四)产品的技术性能、安全防护装置的说明。

第 8 条　建筑施工企业和施工现场必须采购、使用具有生产许可证、产品合格证的产品,并建立安全防护用具及机械设备的采购、使用、检查维修、保养的责任制。

第 10 条　建筑施工企业及其项目经理部必须对施工中使用的安全防护用具及机械设备进行定期检查，发现隐患或者不符合要求的，应当立即采取措施解决。

《安全生产法》（2002 年 11 月 1 日初次实施，2021 年 6 月 10 日修正）

第 4 条第 1 款　生产经营单位必须遵守本法和其他有关安全生产的法律、法规，加强安全生产管理，建立健全全员安全生产责任制和安全生产规章制度，加大对安全生产资金、物资、技术、人员的投入保障力度，改善安全生产条件，加强安全生产标准化、信息化建设，构建安全风险分级管控和隐患排查治理双重预防机制，健全风险防范化解机制，提高安全生产水平，确保安全生产。

第 6 条　生产经营单位的从业人员有依法获得安全生产保障的权利，并应当依法履行安全生产方面的义务。

第 44 条　生产经营单位应当教育和督促从业人员严格执行本单位的安全生产规章制度和安全操作规程；并向从业人员如实告知作业场所和工作岗位存在的危险因素、防范措施以及事故应急措施。生产经营单位应当关注从业人员的身体、心理状况和行为习惯，加强对从业人员的心理疏导、精神慰藉，严格落实岗位安全生产责任，防范从业人员行为异常导致事故发生。

第 45 条　生产经营单位必须为从业人员提供符合国家标准或者行业标准的劳动防护用品，并监督、教育从业人员按照使用规则佩戴、使用。

第 47 条　生产经营单位应当安排用于配备劳动防护用品、进行安全生产培训的经费。

第 53 条　生产经营单位的从业人员有权了解其作业场所和工作岗位存在的危险因素、防范措施及事故应急措施，有权对本单位的安全生产工作提出建议。

第 54 条　从业人员有权对本单位安全生产工作中存在的问题提出批评、检举、控告；有权拒绝违章指挥和强令冒险作业。生产经营单位不得因从业人员对本单位安全生产工作提出批评、检举、控告或者拒绝违章指挥、强令冒险作业而降低其工资、福利等待遇或者解除与其订立的劳动合同。

第 57 条　从业人员在作业过程中，应当严格落实岗位安全责任，遵守本单位的安全生产规章制度和操作规程，服从管理，正确佩戴和使用劳动防护用品。

第74条　任何单位或者个人对事故隐患或者安全生产违法行为，均有权向负有安全生产监督管理职责的部门报告或者举报。因安全生产违法行为造成重大事故隐患或者导致重大事故，致使国家利益或者社会公共利益受到侵害的，人民检察院可以根据民事诉讼法、行政诉讼法的相关规定提起公益诉讼。

《建设工程安全生产管理条例》(2004年2月1日初次实施)

第22条　施工单位对列入建设工程概算的安全作业环境及安全施工措施所需费用，应当用于施工安全防护用具及设施的采购和更新、安全施工措施的落实、安全生产条件的改善，不得挪作他用。

第32条　施工单位应当向作业人员提供安全防护用具和安全防护服装，并书面告知危险岗位的操作规程和违章操作的危害。作业人员有权对施工现场的作业条件、作业程序和作业方式中存在的安全问题提出批评、检举和控告，有权拒绝违章指挥和强令冒险作业。在施工中发生危及人身安全的紧急情况时，作业人员有权立即停止作业或者在采取必要的应急措施后撤离危险区域。

第33条　作业人员应当遵守安全施工的强制性标准、规章制度和操作规程，正确使用安全防护用具、机械设备等。

第34条　施工单位采购、租赁的安全防护用具、机械设备、施工机具及配件，应当具有生产(制造)许可证、产品合格证，并在进入施工现场前进行查验。施工现场的安全防护用具、机械设备、施工机具及配件必须由专人管理，定期进行检查、维修和保养，建立相应的资料档案，并按照国家有关规定及时报废。

《建筑施工人员个人劳动保护用品使用管理暂行规定》(2007年11月5日初次实施)

第2条　本规定所称个人劳动保护用品，是指在建筑施工现场，从事建筑施工活动的人员使用的安全帽、安全带以及安全(绝缘)鞋、防护眼镜、防护手套、防尘(毒)口罩等个人劳动保护用品(劳动保护用品)。

第4条　劳动保护用品的发放和管理，坚持"谁用工，谁负责"的原则。施工作业人员所在企业(包括总承包企业、专业承包企业、劳务企业等，下同)必须按国家规定免费发放劳动保护用品，更换已损坏或已到使用期限的劳动保护用品，不得收取或变相收取任何费用。劳动保护用品必须以实物形式发放,不得以货币或其他物品替代。

第 5 条　企业应建立完善劳动保护用品的采购、验收、保管、发放、使用、更换、报废等规章制度。同时应建立相应的管理台帐,管理台帐保存期限不得少于两年,以保证劳动保护用品的质量具有可追溯性。

第 6 条　企业采购、个人使用的安全帽、安全带及其他劳动防护用品等,必须符合《安全帽》(GB 2811)、《安全带》(GB 6095)及其他劳动保护用品相关国家标准的要求。企业、施工作业人员,不得采购和使用无安全标记或不符合国家相关标准要求的劳动保护用品。

第 8 条　企业采购劳动保护用品时,应查验劳动保护用品生产厂家或供货商的生产、经营资格,验明商品合格证明和商品标识,以确保采购劳动保护用品的质量符合安全使用要求。企业应当向劳动保护用品生产厂家或供货商索要法定检验机构出具的检验报告或由供货商签字盖章的检验报告复印件,不能提供检验报告或检验报告复印件的劳动保护用品不得采购。

第 11 条　施工作业人员有接受安全教育培训的权利,有按照工作岗位规定使用合格的劳动保护用品的权利;有拒绝违章指挥、拒绝使用不合格劳动保护用品的权利。同时,也负有正确使用劳动保护用品的义务。

第 13 条　建设单位应当及时、足额向施工企业支付安全措施专项经费,并督促施工企业落实安全防护措施,使用符合相关国家产品质量要求的劳动保护用品。

《建筑起重机械安全监督管理规定》(2008 年 6 月 1 日初次实施)

第 24 条　建筑起重机械特种作业人员应当遵守建筑起重机械安全操作规程和安全管理制度,在作业中有权拒绝违章指挥和强令冒险作业,有权在发生危及人身安全的紧急情况时立即停止作业或者采取必要的应急措施后撤离危险区域。

《建筑施工项目经理质量安全责任十项规定(试行)》(2014 年 8 月 25 日初次实施)

第 7 条　项目经理必须将安全生产费用足额用于安全防护和安全措施,不得挪作他用;作业人员未配备安全防护用具,不得上岗;严禁使用国家明令淘汰、禁止使用的危及施工质量安全的工艺、设备、材料。

案例适用

117　作业人员违章作业导致安全事故如何担责

案件名称:邵阳县九公桥镇桥东居民委员会(以下简称九公桥居委会)与唐某等提供劳务者受害责任纠纷案

终审法院:云南省玉溪市中级人民法院

案　　号:(2014)玉中民一终字第465号

一审裁判观点:九公桥居委会作为在建综合楼的管理者与施工者,违反《建筑法》第39条、第46条关于施工者在建筑活中建筑安全管理之规定,对施工现场安全维护措施不力、施工现场管理不严、对上岗作业人员安全教育、提示不够,唐某违反《建筑法》第47条之关于作业人员安全生产之规定,不顾生产安全,酒后作业。九公桥居委会违反了更多的法定义务,应承担本次事故的主要责任,综合考虑九公桥居委会的过错,酌情认定其承担本次事故60%的责任,唐某违反较少的法定义务,承担本次事故的次要责任,综合考察唐某在事故中的过错,酌情认定唐某承担本次事故40%的责任。

二审裁判观点:唐某受九公桥居委会的安排参与安装钢筋笼,九公桥居委会虽然不是在建工程的施工单位,但其作为接受劳务一方,是此次劳务活动的组织者、指挥者、监督者和风险的防控者,由于九公桥居委会未切实履行安全注意和劳动保护义务,未向参与劳务活动人员提供必要的安全保障,以致唐某酒后进入施工现场作业,并不慎摔入沉井中受伤,原审判决根据九公桥居委会的过错程度,并结合唐某对自身安全注意不够的过错所确定的责任比例并无不当。

第四十八条 【工伤保险】建筑施工企业应当依法为职工参加工伤保险缴纳工伤保险费。鼓励企业为从事危险作业的职工办理意外伤害保险,支付保险费。

条文理解

本条是关于工伤保险的规定,包括工伤保险和意外伤害保险两个方面。依据《安全生产法》第51条的规定,生产经营单位必须依法参加工伤保险,为从业人员缴纳保险费。

依据《建设工程安全生产管理条例》第38条的规定,施工单位应当为施工现场从事危险作业的人员办理意外伤害保险。意外伤害保险费由施工单位支付。实行施工总承包的,由总承包单位支付意外伤害保险费。意外伤害保险期限自建设工程开工之日起至竣工验收合格止。依据《建设部关于加强建筑意外伤害保险工作的指导意见》第1条至第3条和第5条、第6条的规定,建筑职工意外伤害保险是法定的强制性保险,保险范围为施工现场从事施工作业和管理的人员,保险期限为工程项目开工之日到工程竣工验收合格日。提前竣工的,保险责任自行终止。因延长工期的,应当办理保险顺延手续。保险费列入建筑安装工程费用,由施工企业支付,施工企业不得向职工摊派。未投保的工程项目,不予发放施工许可证。

规定集成

《劳动法》(1995年1月1日初次实施,2018年12月29日修正)

第70条　国家发展社会保险事业,建立社会保险制度,设立社会保险基金,使劳动者在年老、患病、工伤、失业、生育等情况下获得帮助和补偿。

第72条　社会保险基金按照保险类型确定资金来源,逐步实行社会统筹。用人单位和劳动者必须依法参加社会保险,缴纳社会保险费。

第 73 条第 1 款　劳动者在下列情形下，依法享受社会保险待遇：（一）退休；（二）患病、负伤；（三）因工伤残或者患职业病；（四）失业；（五）生育。

《安全生产法》（2002 年 11 月 1 日初次实施，2021 年 6 月 10 日修正）

第 51 条　生产经营单位必须依法参加工伤保险，为从业人员缴纳保险费。国家鼓励生产经营单位投保安全生产责任保险；属于国家规定的高危行业、领域的生产经营单位，应当投保安全生产责任保险。具体范围和实施办法由国务院应急管理部门会同国务院财政部门、国务院保险监督管理机构和相关行业主管部门制定。

《建设部关于加强建筑意外伤害保险工作的指导意见》（2003 年 5 月 23 日初次实施）

第 1 条　全面推行建筑意外伤害保险工作：根据《建筑法》第 48 条规定，建筑职工意外伤害保险是法定的强制性保险，也是保护建筑业从业人员合法权益，转移企业事故风险，增强企业预防和控制事故能力，促进企业安全生产的重要手段……

第 2 条　关于建筑意外伤害保险的范围：建筑施工企业应当为施工现场从事施工作业和管理的人员，在施工活动过程中发生的人身意外伤亡事故提供保障，办理建筑意外伤害保险、支付保险费。范围应当覆盖工程项目。已在企业所在地参加工伤保险的人员，从事现场施工时仍可参加建筑意外伤害保险。各地建设行政主管部门可根据本地区实际情况，规定建筑意外伤害保险的附加险要求。

第 3 条　关于建筑意外伤害保险的保险期限：保险期限应涵盖工程项目开工之日到工程竣工验收合格日。提前竣工的，保险责任自行终止。因延长工期的，应当办理保险顺延手续。

第 4 条　关于建筑意外伤害保险的保险金额：各地建设行政主管部门要结合本地区实际情况，确定合理的最低保险金额。最低保险金额要能够保障施工伤亡人员得到有效的经济补偿。施工企业办理建筑意外伤害保险时，投保的保险金额不得低于此标准。

第 5 条　关于建筑意外伤害保险的保险费：保险费应当列入建筑安装工程

费用。保险费由施工企业支付，施工企业不得向职工摊派。施工企业和保险公司双方应本着平等协商的原则，根据各类风险因素商定建筑意外伤害保险费率，提倡差别费率和浮动费率。差别费率可与工程规模、类型、工程项目风险程度和施工现场环境等因素挂钩。浮动费率可与施工企业安全生产业绩、安全生产管理状况等因素挂钩。对重视安全生产管理、安全业绩好的企业可采用下浮费率；对安全生产业绩差、安全管理不善的企业可采用上浮费率。通过浮动费率机制，激励投保企业安全生产的积极性。

第6条　关于建筑意外伤害保险的投保：施工企业应在工程项目开工前，办理完投保手续。鉴于工程建设项目施工工艺流程中各工种调动频繁、用工流动性大，投保应实行不记名和不计人数的方式。工程项目中有分包单位的由总承包施工企业统一办理，分包单位合理承担投保费用。业主直接发包的工程项目由承包企业直接办理。各级建设行政主管部门要强化监督管理，把在建工程项目开工前是否投保建筑意外伤害保险情况作为审查企业安全生产条件的重要内容之一；未投保的工程项目，不予发放施工许可证。投保人办理投保手续后，应将投保有关信息以布告形式张贴于施工现场，告之被保险人。

《建设工程安全生产管理条例》(2004年2月1日初次实施)

第38条　施工单位应当为施工现场从事危险作业的人员办理意外伤害保险。意外伤害保险费由施工单位支付。实行施工总承包的，由总承包单位支付意外伤害保险费。意外伤害保险期限自建设工程开工之日起至竣工验收合格止。

案例适用

118　施工单位为职工办理意外伤害保险后，赔付的保险金能否抵扣其赔偿责任(能)

案件名称：茹某与奇台县方正建筑安装工程有限责任公司(以下简称方正公司)等提供劳务者受害责任纠纷案

审理法院：新疆维吾尔自治区高级人民法院

案　　号：(2021)新民申870号

裁判观点：就立法目的而言，保险金应当进行抵扣。方正公司投保的《建筑施工人员团体意外伤害保险》及《附加建筑施工人员团体意外伤害医疗保险》属于建设工程团体保险，系特殊的人身保险，该保险设立的初衷是为了转移建筑企业用工风险。涉案保险是方正公司以公司名义购买并支付保费。建筑行业客观存在施工人员与建筑施工企业往往存在雇佣关系而非劳动关系。在雇佣关系中，临时施工人员的流动性大，双方关系的设立、解除往往是因为某工程的施工、完工，双方的关系是短期、临时的，故为临时施工人购买建工团体险的目的是为转嫁风险，而不是为了提高临时施工人福利，应遵循"谁出资、谁获益"的原则。本案中，方正公司为茹某等人投保团体人身意外险的民事行为，最根本的意思表示是，未来一旦出现人员在施工该过程中意外受伤可以由保险公司代替自己进行赔偿，以减少公司对受伤施工人员应当承担的赔偿数额。如果保险金不能抵扣，投保企业将无法实现最初投保的目的，今后就不再愿意为施工人员进行投保及支付保险费，在其不具有赔偿能力的情况下，受伤人员的索赔道路将会更加艰难，甚至影响建筑施工企业用工和农民工合法权益的保障。故原审法院将保险金折抵雇主需承担的赔偿款既符合立法本意，也有利于各方权益的平等保护和建筑市场的健康有序发展。

119 施工单位为职工办理意外伤害保险后，赔付的保险金不能抵扣其赔偿责任

案件名称：任某与重庆川东路桥工程有限公司（以下简称重庆川东公司）、胡某、罗某提供劳务者受害责任纠纷案

审理法院：湖北省高级人民法院

案　　号：（2018）鄂民再214号

裁判观点：重庆川东公司就涉案工程投保的建筑工程团体意外伤害保险属于人身保险，在2011年《建筑法》修正后已不再是强制性保险，亦不具有转移企业事故风险的功能。人身保险适用定额给付原则，当保险

合同约定的情形出现时保险公司即应按照相应的标准给付保险金,这不同于由保险人代替致害人对受害人承担赔偿责任的责任保险,责任保险适用损失补偿原则,故人身保险投保人的投保行为并不能当然免除其作为侵权责任方的赔偿责任。《保险法》第46条规定:“被保险人因第三者的行为而发生死亡、伤残或者疾病等保险事故的,保险人向被保险人或者受益人给付保险金后,不享有向第三者追偿的权利,但被保险人或者受益人仍有权向第三者请求赔偿。”据此,人身保险中的被保险人在遭受人身意外伤害时,除了可以依据保险合同的约定向保险人请求获得保险金外,还有权依法向侵权责任方请求获得人身损害赔偿款。上述两种请求权产生的法律基础和法律关系不同,不是相互替代的关系,人身保险中的被保险人可以同时行使。本案中,保险公司在任某出险后向其赔付了12万元意外残疾保险金和2万元意外医疗保险金。重庆川东公司、胡某、罗某对任某在提供劳务过程中遭受的人身伤害应依法承担连带赔偿责任,并不能因重庆川东公司为任某投保了建筑工程团体意外伤害保险而获得相应的免除,故12万元的意外残疾保险金不能抵扣重庆川东公司、胡某、罗某应承担的人身损害赔偿款。

120 建筑意外伤害保险的保险范围包括哪些人员

案件名称:和谐健康保险股份有限公司四川分公司(以下简称和谐健康保险四川分公司)与四川省远熙建设有限公司(以下简称远熙建设公司)人身保险合同纠纷案

审理法院:四川省成都市中级人民法院

案　　号:(2021)川01民终13019号

裁判观点:案涉建筑工程施工人员团体意外伤害保险条款约定,案涉保险合同的被保险人应为在建筑工程施工现场从事管理或作业并与施工企业建立劳动合法关系的人员,将与投保人建立劳动合法关系作为成为被保险人的先决条件。法院认为,首先,前述约定属于对保险责任范围的约定,从建筑工程施工人员团体意外伤害险的性质和特征来看,建设工程施工人员团体意外伤害保险属于《建筑法》第48条和《建设部关于加强建筑意外伤害保险工作的指导意见》(建质〔2003〕107号)第1条、第6条等法律和部门规章所规定的意外伤害保险,其具有一定的强制性,若不按照规定投保则将直接影响工程项目的施工。同时,远熙建设公司投保时,和谐健康保险四川分公司未要求远熙建设公司提供被保险人的具体名册,可见订立保险合同关系时被保险人是不确定的。故而,对于被保险人须"与施工企业建立劳动合法关系"的理解而言,如将"劳动合法关系"限缩解释为劳动合同关系并以此来确定被保险人范围,那么相关人员在施工现场发生事故,只要没有与投保企业建立正式的劳动关系,均无法得到保险赔偿。因此,"劳动合法关系"的理解不宜过窄,而应指广义的劳动施工事实关系,劳动成果归属于远熙建设公司即可。本案中,远熙建设公司举示的巴塘县应急管理局出具的证明、情况说明、工资发放表等均证明周某与其建立了劳动施工事实关系,故应认定周某属于案涉建设工程施工人员团体意外伤害保险及附加建设施工人员意外伤害团体医疗保险的被保险人。

121　施工总承包单位办理的意外伤害保险,保险范围是否包括分包单位的雇员

案件名称:中美联泰大都会人寿保险有限公司四川分公司与华蓥市第一建筑劳务开发有限公司意外伤害保险合同纠纷案

审理法院:四川省高级人民法院

案　　号:(2019)川民再732号

再审裁判观点:根据《建设工程安全生产管理条例》第38条"施工单位应当为施工现场从事危险作业的人员办理意外伤害保险。意外伤害保险费由施工单位支付。实行施工总承包的,由总承包单位支付意外伤害保险费。意外伤害保险期限自建设工程开工之日起至竣工验收合格止"以及《建设部关于加强建筑意外伤害保险工作的指导意见》第6条"施工企业应在工程项目开工前,办理完投保手续。鉴于工程建设项

目施工工艺流程中各工种调动频繁、用工流动性大,投保应实行不记名和不计人数的方式。工程项目中有分包单位的由总承包施工企业统一办理,分包单位合理承担投保费用。业主直接发包的工程项目由承包企业直接办理"的规定,总承包单位与劳动者有无劳动关系,与劳动者是否为建筑工程团体意外伤害保险合同被保险人无关,即使劳动者为分包单位员工,仍应为总承包单位所订立意外伤害团体保险合同被保险人。本案中,杨某在案涉施工工地上工作属实,应为案涉保险合同被保险人。

第四十九条　【主体装修】涉及建筑主体和承重结构变动的装修工程,建设单位应当在施工前委托原设计单位或者具有相应资质条件的设计单位提出设计方案;没有设计方案的,不得施工。

条文理解

本条是关于主体装修的规定,适用范围是涉及建筑主体和承重结构的装修工程。根据《建筑工程施工质量验收统一标准》附录B"建筑工程的分部工程、分项工程划分",地基与基础分部工程包括地基、基础、基坑支护、地下水控制、土方、边坡、地下防水共七项子分部工程;主体结构分部工程包括混凝土结构、砌体结构、钢结构、钢管混凝土结构、型钢混凝土结构、铝合金结构、木结构共七项子分部工程;建筑装饰装修包括建筑地面、抹灰、外墙防水、门窗、吊顶、轻质隔墙、饰面板、饰面砖、幕墙、涂饰、裱糊与软包、细部共十二项子分部工程。依据《建设工程质量管理条例》第15条的规定,涉及建筑主体和承重结构变动的装修工程,建设单位应当在施工前委托原设计单位或者具有相应资质等级的设计单位提出设计方案;没有设计方案的,不得施工。房屋建筑使用者在装修过程中,不得擅自变动房屋建筑主体和承重结构。

规定集成

《工程建设项目实施阶段程序管理暂行规定》(1995 年 7 月 29 日初次实施)

第 13 条　建筑业企业必须严格按照批准的设计文件、施工合同和国家现行的施工及验收规范进行工程建设项目施工。施工中若需变更设计,应按有关规定和程序进行,不得擅自变更。

《建设工程质量管理条例》(2000 年 1 月 30 日初次实施,2019 年 4 月 23 日修订)

第 15 条　涉及建筑主体和承重结构变动的装修工程,建设单位应当在施工前委托原设计单位或者具有相应资质等级的设计单位提出设计方案;没有设计方案的,不得施工。房屋建筑使用者在装修过程中,不得擅自变动房屋建筑主体和承重结构。

《国务院关于取消第一批行政审批项目的决定》(国发〔2002〕24 号,2002 年 11 月 1 日初次实施)

附件国务院决定取消的第一批行政审批项目目录,序号:33,项目名称:建筑装饰资质审查,设定依据:《建筑部印发〈关于加强建筑装饰设计市场管理的意见〉和〈建筑装饰设计资质分级标准〉的通知》(建设〔2001〕9 号)。

案例适用

122　地面工位、墙面、吊顶、墙面瓷砖等事项的装修是否需要设计方案

案件名称:张某与白山市江源区瑞鑫装潢制作部二店(以下简称瑞鑫装潢店)承揽合同纠纷案

审理法院:吉林省长春林区中级法院

案　　号:(2021)吉 76 民终 32 号

裁判观点:装修的内容为地面工位、墙面处理、吊顶、墙面瓷砖等事项,未涉及影响安全性的建筑主体和承重结构,不违反法律的效力性强制性规定,合法有效,双方应按合同约定履行。本案系承揽合同纠纷,瑞

鑫装潢店的经营范围中包括“装潢”项目,因此张某主张瑞鑫装潢店无资质而合同无效,不予支持。

第五十条 【房屋拆除】房屋拆除应当由具备保证安全条件的建筑施工单位承担,由建筑施工单位负责人对安全负责。

条文理解

本条是关于房屋拆除的规定,依据《建筑法》第 2 条的规定,建筑活动是指各类房屋建筑及其附属设施的建造和与其配套的线路、管道、设备的安装活动,只是规定建造与安装,并未规定拆除。而房屋拆除专业性强、容易造成安全事故,所以本条规定房屋拆除应当由具备保证安全条件的建筑施工单位承担。

依据《建设工程安全生产管理条例》第 2 条和第 11 条的规定,房屋拆除适用该条例的规定,建设单位应当将拆除工程发包给具有相应资质等级的施工单位。在拆除工程施工 15 日前,建设单位应将下列资料报送建设工程所在地的县级以上地方人民政府建设行政主管部门或者其他有关部门备案:(1)施工单位资质等级证明;(2)拟拆除建筑物、构筑物及可能危及毗邻建筑的说明;(3)拆除施工组织方案;(4)堆放、清除废弃物的措施。依据《安全生产法》第 103 条的规定,将房屋拆除交由不具备安全生产条件或者相应资质的单位或者个人,导致发生安全事故给他人造成损害的,发包方与承包方承担连带赔偿责任。依据《最高人民法院关于审理建设工程施工合同纠纷案件适用法律问题的解释(一)》第 1 条的规定,建设单位将拆除工程发包给不具有相应资质等级的施工单位,其施工合同无效。

规定集成

《安全生产法》(2002 年 11 月 1 日初次实施,2021 年 6 月 10 日修正)

第 20 条　生产经营单位应当具备本法和有关法律、行政法规和国家标准或者行业标准规定的安全生产条件;不具备安全生产条件的,不得从事生产经营活动。

第 103 条　生产经营单位将生产经营项目、场所、设备发包或者出租给不具备安全生产条件或者相应资质的单位或者个人的……导致发生生产安全事故给他人造成损害的,与承包方、承租方承担连带赔偿责任。

《建设工程质量管理条例》(2000 年 1 月 30 日初次实施,2019 年 4 月 23 日修正)

第 15 条　涉及建筑主体和承重结构变动的装修工程,建设单位应当在施工前委托原设计单位或者具有相应资质等级的设计单位提出设计方案;没有设计方案的,不得施工。房屋建筑使用者在装修过程中,不得擅自变动房屋建筑主体和承重结构。

《建设工程安全生产管理条例》(2004 年 2 月 1 日初次实施)

第 2 条　在中华人民共和国境内从事建设工程的新建、扩建、改建和拆除等有关活动及实施对建设工程安全生产的监督管理,必须遵守本条例。本条例所称建设工程,是指土木工程、建筑工程、线路管道和设备安装工程及装修工程。

第 11 条　建设单位应当将拆除工程发包给具有相应资质等级的施工单位。建设单位应当在拆除工程施工 15 日前,将下列资料报送建设工程所在地的县级以上地方人民政府建设行政主管部门或者其他有关部门备案:(一)施工单位资质等级证明;(二)拟拆除建筑物、构筑物及可能危及毗邻建筑的说明;(三)拆除施工组织方案;(四)堆放、清除废弃物的措施。实施爆破作业的,应当遵守国家有关民用爆炸物品管理的规定。

第 20 条　施工单位从事建设工程的新建、扩建、改建和拆除等活动,应当具备国家规定的注册资本、专业技术人员、技术装备和安全生产等条件,依法取得相应等级的资质证书,并在其资质等级许可的范围内承揽工程。

第 21 条　施工单位主要负责人依法对本单位的安全生产工作全面负责……

《最高人民法院关于审理建设工程施工合同纠纷案件适用法律问题的解释（一）》（2021年1月1日初次实施）

第1条　建设工程施工合同具有下列情形之一的，应当依据民法典第一百五十三条第一款的规定，认定无效：（一）承包人未取得建筑业企业资质或者超越资质等级的；（二）没有资质的实际施工人借用有资质的建筑施工企业名义的……

案例适用

123　将房屋拆除交由自然人承担的合同效力如何

案件名称：王某与陈某买卖合同纠纷案

审理法院：广西壮族自治区高级人民法院

案　　号：（2018）桂民申464号

裁判观点：对王某与陈某于2014年11月12日签订的《卖买协议书》是否有效问题。该协议书约定陈某将桂平市建宝水泥厂厂房及建筑物卖给王某拆除，由王某支付材料补偿款105万元给陈某，该合同名义上是买卖合同，但合同的主要内容涉及拆除大型厂房，依据《建筑法》第50条及《建筑工程安全生产管理条例》第20条的规定，大型厂房及建筑物的拆除需要相应的等级资质，因陈某、王某均没有相应的等级资质，故一、二审判决认定涉案合同无效正确。

124　将房屋拆除交由不具备资质条件的单位承担，发生安全事故后各方如何担责

案件名称：盘山县顺地装饰中心（以下简称顺地中心）、盘锦市双台子区经济开发投资有限公司（以下简称经投公司）与李某等提供劳务者受害责任纠纷案

审理法院：辽宁省盘锦市中级人民法院

案　　号：（2021）辽11民终15号

裁判观点：《建筑法》第50条规定，房屋拆除应当由具备保证安全条件的建筑施工单位承担。《安全生产法》第100条规定，生产经营单位将

生产经营项目、场所、设备发包给不具备安全生产条件或者相应资质的单位或者个人,导致发生生产安全事故给他人造成损害的,与承包方承担连带责任。上诉人经投公司作为发包方在明知上诉人顺地中心不具备相应资质的情况下违法发包,双方签订的《厂房拆除合同》违反法律规定,双方约定的不承担责任不能作为上诉人经投公司免除责任的依据,上诉人经投公司应当按照法律规定对被上诉人人身损伤结果承担连带责任。

125　因房屋装修拆除部分墙体,出现安全事故各方如何担责

案件名称:王某与付某提供劳务者受害责任纠纷案

终审法院:吉林省吉林市中级人民法院

案　　号:(2021)吉02民终860号

一审裁判观点:付某与王某之间系承揽合同关系。王某因装修需要对房屋内部进行改造,拆除房屋内的墙体,便找到曾经的邻居付某,将墙体拆除任务交由付某完成,双方商定拆除墙体并将垃圾清运完毕的报酬为2400元,未约定具体的拆除期限。付某凭自己的工作经验,自带劳动工具对墙体实施拆除行为,王某一次性支付付某报酬。双方符合承揽合同之构成要件,应当认定王某与付某之间成立承揽合同关系。根据2003年《最高人民法院关于审理人身损害赔偿案件适用法律若干问题的解释》第10条"承揽人在完成工作过程中对第三人造成损害或者造成自身损害的,定作人不承担赔偿责任,但定作人对定作、指示或者选任有过失的,应当承担相应的赔偿责任"之规定,本案中,付某系农民,农闲时打零工,王某要求付某完成的是房屋墙体拆除工作。《建筑法》第50条规定,房屋拆除应当由具备保证安全条件的建筑施工单位承担,由建筑施工单位负责人对安全负责。房屋内的墙体拆除与房屋整体拆除相比较为简单,但施工人仍需具备相应的安全生产条件,以确保施工安全。因王某缺乏安全意识,其选任的付某并不具备相关专业知识和安全生产条件,也未提供必要的安全保护措施,故王某在选人上存在过失,依法应当承

担相应赔偿责任。依据事故发生的具体细节、主观过错程度以及造成的后果，酌定以王某承担20%的赔偿责任为宜。

二审裁判观点：2003年《最高人民法院关于审理人身损害赔偿案件适用法律若干问题的解释》第10条规定："承揽人在完成工作过程中对第三人造成损害或者造成自身损害的，定作人不承担赔偿责任，但定作人对定作、指示或者选任有过失的，应当承担相应的赔偿责任。"本案中，王某将砸墙工作交给并不具备安全生产条件的付某完成，属于上述法律规定的选任过失，故一审判决王某承担相应的赔偿责任并无不当。

第五十一条　【事故处理】施工中发生事故时，建筑施工企业应当采取紧急措施减少人员伤亡和事故损失，并按照国家有关规定及时向有关部门报告。

条文理解

本条是关于事故处理的规定，依据《房屋市政工程生产安全事故报告和查处工作规程》第2条和第3条的规定，事故是指在工程施工过程中发生的造成人身伤亡或者重大直接经济损失的生产安全事故，根据造成的人员伤亡或者直接经济损失分为以下等级：(1)特别重大事故，是指造成30人以上死亡，或者100人以上重伤，或者1亿元以上直接经济损失的事故；(2)重大事故，是指造成10人以上30人以下死亡，或者50人以上100人以下重伤，或者5000万元以上1亿元以下直接经济损失的事故；(3)较大事故，是指造成3人以上10人以下死亡，或者10人以上50人以下重伤，或者1000万元以上5000万元以下直接经济损失的事故；(4)一般事故，是指造成3人以下死亡，或者10人以下重伤，或者100万元以上1000万元以下直接经济损失的事故。

依据《安全生产法》第83条的规定，发生事故后，事故现场有关人员应当立即报告本单位负责人。单位负责人接到事故报告后,应当迅速采取有效措施,组织抢救,防止事故扩大,减少人员伤亡和财产损失,并按照国家有关规定立即如实报告当地负有安全生产监督管理职责的部门,不得隐瞒不报、谎报或者迟报,不得故意破坏事故现场、毁灭有关证据。依据《生产安全事故报告和调查处理条例》第9条的规定,单位负责人接到报告后,应当于1小时内向事故发生地县级以上人民政府安全生产监督管理部门和负有安全生产监督管理职责的有关部门报告。情况紧急时,事故现场有关人员可以直接向事故发生地县级以上人民政府安全生产监督管理部门和负有安全生产监督管理职责的有关部门报告。依据《房屋市政工程生产安全事故报告和查处工作规程》第8条的规定,事故报告主要应当包括以下内容:(1)事故的发生时间、地点和工程项目名称;(2)事故已经造成或者可能造成的伤亡人数(包括下落不明人数);(3)事故工程项目的建设单位及项目负责人、施工单位及其法定代表人和项目经理、监理单位及其法定代表人和项目总监;(4)事故的简要经过和初步原因;(5)其他应当报告的情况。

规定集成

《安全生产法》(2002年11月1日初次实施,2021年6月10日修正)

第83条　生产经营单位发生生产安全事故后,事故现场有关人员应当立即报告本单位负责人。单位负责人接到事故报告后,应当迅速采取有效措施,组织抢救,防止事故扩大,减少人员伤亡和财产损失,并按照国家有关规定立即如实报告当地负有安全生产监督管理职责的部门,不得隐瞒不报、谎报或者迟报,不得故意破坏事故现场、毁灭有关证据。

《生产安全事故报告和调查处理条例》(2007年6月1日初次实施)

第3条　根据生产安全事故(以下简称事故)造成的人员伤亡或者直接经济损失,事故一般分为以下等级:(一)特别重大事故,是指造成30人以上死亡,或者100人以上重伤(包括急性工业中毒,下同),或者1亿元以上直接经济损失的事故;(二)重大事故,是指造成10人以上30人以下死亡,或者50人以上100人以下重伤,或者5000万元以上1亿元以下直接经济损失的事故;(三)较大事故,是指造成3人以上10人以下死亡,或者10人以上50人以下重伤,或者1000万元以上5000万元以下直接经济损失的事故;(四)一般事故,是指造成3人以下死亡,或者10人以下重伤,或者1000万元以下直接经济损失的事故。国务院安全生产监督管理部门可以会同国务院有关部门,制定事故等级划分的补充性规定。本条第1款所称的"以上"包括本数,所称的"以下"不包括本数。

第9条　事故发生后,事故现场有关人员应当立即向本单位负责人报告;单位负责人接到报告后,应当于1小时内向事故发生地县级以上人民政府安全生产监督管理部门和负有安全生产监督管理职责的有关部门报告。情况紧急时,事故现场有关人员可以直接向事故发生地县级以上人民政府安全生产监督管理部门和负有安全生产监督管理职责的有关部门报告。

第12条　报告事故应当包括下列内容:(一)事故发生单位概况;(二)事故发生的时间、地点以及事故现场情况;(三)事故的简要经过;(四)事故已经造成或者可能造成的伤亡人数(包括下落不明的人数)和初步估计的直接经济损失;(五)已经采取的措施;(六)其他应当报告的情况。

第13条　事故报告后出现新情况的,应当及时补报。自事故发生之日起30日内,事故造成的伤亡人数发生变化的,应当及时补报。道路交通事故、火灾事故自发生之日起7日内,事故造成的伤亡人数发生变化的,应当及时补报。

第14条　事故发生单位负责人接到事故报告后,应当立即启动事故相应应急预案,或者采取有效措施,组织抢救,防止事故扩大,减少人员伤亡和财产损失。

《关于做好房屋建筑和市政基础设施工程质量事故报告和调查处理工作的通知》

(2010年7月20日初次实施)

第1条　工程质量事故,是指由于建设、勘察、设计、施工、监理等单位违反工程质量有关法律法规和工程建设标准,使工程产生结构安全、重要使用功能等方面的质量缺陷,造成人身伤亡或者重大经济损失的事故。

第2条　事故等级划分,根据工程质量事故造成的人员伤亡或者直接经济损失,工程质量事故分为4个等级:(一)特别重大事故,是指造成30人以上死亡,或者100人以上重伤,或者1亿元以上直接经济损失的事故;(二)重大事故,是指造成10人以上30人以下死亡,或者50人以上100人以下重伤,或者5000万元以上1亿元以下直接经济损失的事故;(三)较大事故,是指造成3人以上10人以下死亡,或者10人以上50人以下重伤,或者1000万元以上5000万元以下直接经济损失的事故;(四)一般事故,是指造成3人以下死亡,或者10人以下重伤,或者100万元以上1000万元以下直接经济损失的事故。本等级划分所称的"以上"包括本数,所称的"以下"不包括本数。

第3条　事故报告:(一)工程质量事故发生后,事故现场有关人员应当立即向工程建设单位负责人报告;工程建设单位负责人接到报告后,应于1小时内向事故发生地县级以上人民政府住房和城乡建设主管部门及有关部门报告。情况紧急时,事故现场有关人员可直接向事故发生地县级以上人民政府住房和城乡建设主管部门报告。(二)住房和城乡建设主管部门接到事故报告后,应当依照下列规定上报事故情况,并同时通知公安、监察机关等有关部门:1.较大、重大及特别重大事故逐级上报至国务院住房和城乡建设主管部门,一般事故逐级上报至省级人民政府住房和城乡建设主管部门,必要时可以越级上报事故情况。2.住房和城乡建设主管部门上报事故情况,应当同时报告本级人民政府;国务院住房和城乡建设主管部门接到重大和特别重大事故的报告后,应当立即报告国务院。3.住房和城乡建设主管部门逐级上报事故情况时,每级上报时间不得超过2小时。4.事故报告应包括下列内容:(1)事故发生的时间、地点、工程项目名称、工程各参建单位名称;(2)事故发生的简要经过、伤亡人数(包括下落不明的人数)和初步估计的直接经济损失;(3)事故的初步原因;(4)事故发生后采取的措施及事故控制情况;(5)事故报告单位、联系人及联系方式;(6)其它应当报告的情况。5.事故报告后出现新情况,以及事故发生之日起30日内伤亡人数发生变化的,应当及时补报。

《房屋市政工程生产安全事故报告和查处工作规程》(2013年1月14日初次实施)

第2条　房屋市政工程生产安全事故,是指在房屋建筑和市政基础设施工程施工过程中发生的造成人身伤亡或者重大直接经济损失的生产安全事故。

第3条　根据造成的人员伤亡或者直接经济损失，房屋市政工程生产安全事故分为以下等级：（一）特别重大事故，是指造成30人以上死亡，或者100人以上重伤，或者1亿元以上直接经济损失的事故；（二）重大事故，是指造成10人以上30人以下死亡，或者50人以上100人以下重伤，或者5000万元以上1亿元以下直接经济损失的事故；（三）较大事故，是指造成3人以上10人以下死亡，或者10人以上50人以下重伤，或者1000万元以上5000万元以下直接经济损失的事故；（四）一般事故，是指造成3人以下死亡，或者10人以下重伤，或者100万元以上1000万元以下直接经济损失的事故。本等级划分所称的“以上”包括本数，所称的“以下”不包括本数。

第5条第1、2款　事故发生地住房城乡建设主管部门接到施工单位负责人或者事故现场有关人员的事故报告后，应当逐级上报事故情况。特别重大、重大、较大事故逐级上报至国务院住房城乡建设主管部门，一般事故逐级上报至省级住房城乡建设主管部门。

第8条　事故报告主要应当包括以下内容：（一）事故的发生时间、地点和工程项目名称；（二）事故已经造成或者可能造成的伤亡人数（包括下落不明人数）；（三）事故工程项目的建设单位及项目负责人、施工单位及其法定代表人和项目经理、监理单位及其法定代表人和项目总监；（四）事故的简要经过和初步原因；（五）其他应当报告的情况。

案例适用

126　未履行事故报告义务导致事故原因无法查清，各方责任如何承担

案件名称：原告袁某与被告刘某等提供劳务者受害责任纠纷案

审理法院：四川省蓬溪县人民法院

案　　号：（2016）川0921民初1295号

裁判观点：各方责任如何承担。在劳务活动中，接受劳务者应当对提供劳务者进行必要的安全教育，以增强提供劳务者的风险防范意识，

提供劳务者也应当时刻注意安全,避免自身遭受损害。提供劳务者若在从事劳务过程中自身遭受损害,双方应当根据《侵权责任法》第35条的规定,按照过错程度承担相应的责任。本案中,原告是一个做了多年相关工作的熟手,应当认识到不系安全绳从事高空作业的危险性,而原告陈述当时自己未系安全绳踩在架板上,之后架板断裂摔下受伤,虽然对因架板断裂至原告摔下的事实尚存争议,但原告未系安全绳的事实可以认定。由此可以认定原告主观上具有一定过失,应当对自身遭受的损害承担相应的责任。对于原告所称因架板断裂致其摔下受伤的事实,虽然原告无确实充分的证据予以证实,但不能以举证责任为由让原告承担不利的法律后果。其理由是,2014年《安全生产法》第80条规定:"生产经营单位发生生产安全事故后,事故现场有关人员应当立即报告本单位负责人。单位负责人接到事故报告后,应当迅速采取有效措施,组织抢救,防止事故扩大,减少人员伤亡和财产损失,并按照国家有关规定立即如实报告当地负有安全生产监督管理职责的部门,不得隐瞒不报、谎报或者迟报,不得故意破坏事故现场、毁灭有关证据",第83条规定:"事故调查处理应当按照科学严谨、依法依规、实事求是、注重实效的原则,及时、准确地查清事故原因,查明事故性质和责任,总结事故教训,提出整改措施,并对事故责任者提出处理意见。事故调查报告应当依法及时向社会公布。事故调查和处理的具体办法由国务院制定。事故发生单位应当及时全面落实整改措施,负有安全生产监督管理职责的部门应当加强监督检查"。根据《建筑法》第51条等规定,生产单位负有事故报告义务,以便相关部门予以事故调查,弄清事故原因,而被告均未按规定报告,致使相关部门无调查意见和结论,如果由此将事故原因不明的责任推给原告,显然是不公平的,也是与法律规定相悖的,因此,本案中被告对事故原因不明应当承担责任,其在诉讼中也未举出证据证明原告因其他原因摔下受伤,应当作出对被告不利的认定。此外,没有证据显示被告在接受劳务时,对原告等人进行了安全生产教育,采取了哪些措施加强安全生产防范和管理。综上,被告刘某应当对本案事故承担主要责任,原告承担次要责任,法院酌定由原告承担30%的责任,被告刘某承担70%的责任。

第六章

建筑工程质量管理

第五十二条 【质量要求】建筑工程勘察、设计、施工的质量必须符合国家有关建筑工程安全标准的要求，具体管理办法由国务院规定。

有关建筑工程安全的国家标准不能适应确保建筑安全的要求时，应当及时修订。

条文理解

本条是关于质量要求的规定，依据《工程建设国家标准管理办法》第3条的规定，国家有关建筑工程安全标准分为强制性标准、推荐性标准，强制性标准属于必须执行的标准，即本条所规定的质量必须符合的标准。依据《建设工程安全生产管理条例》第12条、第13条和第28条的规定，勘察单位应当按照法律、法规和工程建设强制性标准进行勘察，设计单位应当按照法律、法规和工程建设强制性标准进行设计，施工单位必须按照工程设计图纸和施工技术标准施工。勘察、设计的质量必须符合的国家有关建筑工程安全标准包括《岩土工程勘察规范》、《民用建筑设计统一标准》、《建筑给水排水设计规范》、《建筑给水排水设计标准》《建筑设计防火规范》(已失效)、《城镇燃气设计规范》、《建筑采光设计标准》、《建筑照明设计标准》、《建筑物防雷设计标准》、《建筑结构可靠性设计统一标准》、《住宅设计规范》、《地下工程防水技术规范》、《民用建筑工程室内环境污染控制规范》、《城镇燃气技术规范》、《车库设计规范》等。

实务中，勘察、设计、施工的质量是否符合国家有关建筑工程安全标准主要是通过司法鉴定的形式确定，鉴定勘察单位提供的地质、测量、水文等勘察成果是否真实、准确，鉴定设计单位是否按照工程建设强制性标准进行设计，鉴定施工单位是否按照工程设计图纸和施工技术标准进行施工等。勘察单位的责任和义务是按照国家技术规范、标准、规程和发包人的委托内容及技术要求进行工程勘察并提交质量合格、真实准确的勘察成果资料，设计单位的责任和义务是按照法律、法规和工程建设强制性标准等进行设计，施工单位的责任和义务是按照工程设计图纸和施工技术标准等进行施工。

规定集成

《工程建设国家标准管理办法》(1992 年 12 月 30 日初次实施)

第 3 条　国家标准分为强制性标准和推荐性标准。下列标准属于强制性标准：(一)工程建设勘察、规划、设计、施工(包括安装)及验收等通用的综合标准和重要的通用的质量标准；(二)工程建设通用的有关安全、卫生和环境保护的标准；(三)工程建设重要的通用的术语、符号、代号、量与单位、建筑模数和制图方法标准；(四)工程建设重要的通用的试验、检验和评定方法等标准；(五)工程建设重要的通用的信息技术标准；(六)国家需要控制的其他工程建设通用的标准。强制性标准以外的标准是推荐性标准。

《建设工程质量管理条例》(2000 年 1 月 30 日初次实施，2019 年 4 月 23 日修订)

第 3 条　建设单位、勘察单位、设计单位、施工单位、工程监理单位依法对建设工程质量负责。

第 19 条第 1 款　勘察、设计单位必须按照工程建设强制性标准进行勘察、设计，并对其勘察、设计的质量负责。

第 21 条　设计单位应当根据勘察成果文件进行建设工程设计。设计文件应当符合国家规定的设计深度要求，注明工程合理使用年限。

第 28 条第 1 款　施工单位必须按照工程设计图纸和施工技术标准施工，不得擅自修改工程设计，不得偷工减料。

《实施工程建设强制性标准监督规定》(2000 年 8 月 25 日初次实施,2015 年 1 月 22 日修正)

第 2 条　在中华人民共和国境内从事新建、扩建、改建等工程建设活动,必须执行工程建设强制性标准。

第 6 条　建设项目规划审查机关应当对工程建设规划阶段执行强制性标准的情况实施监督。施工图设计文件审查单位应当对工程建设勘察、设计阶段执行强制性标准的情况实施监督。建筑安全监督管理机构应当对工程建设施工阶段执行施工安全强制性标准的情况实施监督。工程质量监督机构应当对工程建设施工、监理、验收等阶段执行强制性标准的情况实施监督。

第 10 条　强制性标准监督检查的内容包括:(一)有关工程技术人员是否熟悉、掌握强制性标准;(二)工程项目的规划、勘察、设计、施工、验收等是否符合强制性标准的规定;(三)工程项目采用的材料、设备是否符合强制性标准的规定;(四)工程项目的安全、质量是否符合强制性标准的规定;(五)工程中采用的导则、指南、手册、计算机软件的内容是否符合强制性标准的规定。

《建设工程勘察设计管理条例》(2000 年 9 月 25 日初次实施,2017 年 10 月 17 日修订)

第 33 条　施工图设计文件审查机构应当对房屋建筑工程、市政基础设施工程施工图设计文件中涉及公共利益、公众安全、工程建设强制性标准的内容进行审查。县级以上人民政府交通运输等有关部门应当按照职责对施工图设计文件中涉及公共利益、公众安全、工程建设强制性标准的内容进行审查。施工图设计文件未经审查批准的,不得使用。

《建设工程抗震设防要求管理规定》(2002 年 1 月 28 日初次实施)

第 4 条　建设工程必须按照抗震设防要求进行抗震设防。应当进行地震安全性评价的建设工程,其抗震设防要求必须按照地震安全性评价结果确定;其他建设工程的抗震设防要求按照国家颁布的地震动参数区划图或者地震动参数复核、地震小区划结果确定。

《建设工程安全生产管理条例》(2004 年 2 月 1 日初次实施)

第 12 条第 1 款　勘察单位应当按照法律、法规和工程建设强制性标准进行勘察,提供的勘察文件应当真实、准确,满足建设工程安全生产的需要。

第 13 条第 1 款　设计单位应当按照法律、法规和工程建设强制性标准进行设计,防止因设计不合理导致生产安全事故的发生。

《房屋建筑工程抗震设防管理规定》(2006 年 4 月 1 日初次实施,2015 年 1 月 22 日修正)

第 6 条　新建、扩建、改建的房屋建筑工程,应当按照国家有关规定和工程建设强制性标准进行抗震设防。任何单位和个人不得降低抗震设防标准。

第 7 条　建设单位、勘察单位、设计单位、施工单位、工程监理单位,应当遵守有关房屋建筑工程抗震设防的法律、法规和工程建设强制性标准的规定,保证房屋建筑工程的抗震设防质量,依法承担相应责任。

《民用建筑工程节能质量监督管理办法》(2006 年 7 月 31 日初次实施)

第 6 条　施工图审查机构应当履行以下质量责任和义务:1. 严格按照建筑节能强制性标准对送审的施工图设计文件进行审查,对不符合建筑节能强制性标准的施工图设计文件,不得出具审查合格书。2. 向建设主管部门报送的施工图设计文件审查备案材料中应包括建筑节能强制性标准的执行情况。3. 审查机构应将审查过程中发现的设计单位和注册人员违反建筑节能强制性标准的情况,及时上报当地建设主管部门。

《防震减灾法》(1998 年 3 月 1 日初次实施,2008 年 12 月 27 日修订)

第 35 条　新建、扩建、改建建设工程,应当达到抗震设防要求。重大建设工程和可能发生严重次生灾害的建设工程,应当按照国务院有关规定进行地震安全性评价,并按照经审定的地震安全性评价报告所确定的抗震设防要求进行抗震设防。建设工程的地震安全性评价单位应当按照国家有关标准进行地震安全性评价,并对地震安全性评价报告的质量负责。前款规定以外的建设工程,应当按照地震烈度区划图或者地震动参数区划图所确定的抗震设防要求进行抗震设防;对学校、医院等人员密集场所的建设工程,应当按照高于当地房屋建筑的抗震设防要求进行设计和施工,采取有效措施,增强抗震设防能力。

第 36 条　有关建设工程的强制性标准,应当与抗震设防要求相衔接。

《消防法》(2009 年 5 月 1 日版,1998 年 9 月 1 日初次实施,2021 年 4 月 29 日修正)

第 9 条　建设工程的消防设计、施工必须符合国家工程建设消防技术标准。建设、设计、施工、工程监理等单位依法对建设工程的消防设计、施工质量负责。

第 26 条　建筑构件、建筑材料和室内装修、装饰材料的防火性能必须符合国家标准;没有国家标准的,必须符合行业标准……

《关于进一步强化住宅工程质量管理和责任的通知》(2010 年 5 月 4 日初次实施)

第 2 条　加强住宅工程质量管理,严格执行法定基本制度,第 11 项,加强施工图审查管理。建设单位要严格执行施工图设计文件审查制度,及时将住宅工程施工图设计文件报有关机构审查;要先行将勘察文件报审,不得将勘察文件和设计文件同时报审,未经审查合格的勘察文件不得作为设计依据。施工图审查机构要重点对住宅工程的地基基础和主体结构的安全性,防火、抗震、节能、环保以及厨房、卫生间等关键场所的设计质量是否符合工程建设强制性标准进行审查,任何单位和个人不得擅自修改已审查合格的施工图设计文件。确需修改的,建设单位要按有关规定将修改后的施工图设计文件送原审查机构审查。凡出据虚假审查合格书或未尽审查职责的审查机构和审查人员要依法承担相应责任。

《住房城乡建设部关于进一步加强建筑市场监管工作的意见》(2011 年 6 月 24 日初次实施)

第 4 条　加强施工现场管理,保障工程质量安全,第 15 项,严格执行工程建设标准。建设工程的建设、勘察、设计、施工、监理、检测等单位要严格执行工程建设标准,督促从业人员认真掌握并严格执行相关工程建设标准。各地要加强对工程建设标准的培训和宣传,并将市场各方主体不执行工程建设强制性标准的情况及时在建筑市场诚信信息平台上公布。

《住房城乡建设部关于推进建筑业发展和改革的若干意见》(2014 年 7 月 1 日初次实施)

第 3 条　强化工程质量安全管理,第 13 项,推进质量安全标准化建设。深入推进项目经理责任制,不断提升项目质量安全水平。开展工程质量管理标准化活动,推行质量行为标准化和实体质量控制标准化。推动企业完善质量保证体系，加强对工程项目的质量管理，落实质量员等施工现场专业人员职责，强化过程质量控制。深入开展住宅工程质量常见问题专项治理，全面推行样板引路制度。全面推进建筑施工安全生产标准化建设，落实建筑施工安全生产标准化考评制度，项目安全标准化考评结果作为企业标准化考评的主要依据。

《国务院办公厅关于促进建筑业持续健康发展的意见》(2017 年 2 月 21 日初次实施)

第 7 条　推进建筑产业现代化，第 17 项，完善工程建设标准。整合精简强制性标准，适度提高安全、质量、性能、健康、节能等强制性指标要求，逐步提高标准水平。积极培育团体标准，鼓励具备相应能力的行业协会、产业联盟等主体共同制定满足市场和创新需要的标准，建立强制性标准与团体标准相结合的标准供给体制，增加标准有效供给。及时开展标准复审，加快标准修订，提高标准的时效性。加强科技研发与标准制定的信息沟通，建立全国工程建设标准专家委员会，为工程建设标准化工作提供技术支撑，提高标准的质量和水平。

《标准化法》(1989 年 4 月 1 日初次实施,2017 年 11 月 4 日修订)

第 2 条第 2、3 款　标准包括国家标准、行业标准、地方标准和团体标准、企业标准。国家标准分为强制性标准、推荐性标准，行业标准、地方标准是推荐性标准。强制性标准必须执行。国家鼓励采用推荐性标准。

第 11 条　对满足基础通用、与强制性国家标准配套、对各有关行业起引领作用等需要的技术要求，可以制定推荐性国家标准。推荐性国家标准由国务院标准化行政主管部门制定。

第 12 条　对没有推荐性国家标准、需要在全国某个行业范围内统一的技术要求，可以制定行业标准。行业标准由国务院有关行政主管部门制定，报国务院标准化行政主管部门备案。

第 13 条第 1 款　为满足地方自然条件、风俗习惯等特殊技术要求，可以制定地方标准。

第 18 条第 1 款　国家鼓励学会、协会、商会、联合会、产业技术联盟等社会团体协调相关市场主体共同制定满足市场和创新需要的团体标准，由本团体成员约定采用或者按照本团体的规定供社会自愿采用。

第 19 条　企业可以根据需要自行制定企业标准，或者与其他企业联合制定企业标准。

案例适用

127　如何判断勘察、设计及施工的质量是否符合国家有关建筑工程安全标准的要求

案件名称：贵州同心润和房地产开发有限公司（以下简称同心润和公司）、重庆一品建设集团有限公司（以下简称一品公司）、贵州同盛建筑设计有限公司（以下简称同盛公司）与贵州地质工程勘察设计研究院（以下简称贵州地质勘察院）建设工程合同纠纷案

终审法院：贵州省毕节市中级人民法院

案　　号：（2020）黔 05 民终 1975 号

一审裁判观点：一品公司作为施工方，在施工过程中未对涉案工程采取疏排水措施，也未针对雨季可能出现的地下水位升高采取有效的应急预案，在雨量较大时容易产生雨水倒灌，使地下水位急剧升高，而且地下室覆土还未加载，加剧了结构变形开裂，因此，一品公司是本案事故的主要责任人。鉴定报告中指出，贵州地质勘察院对地下室抗浮设防水位的确定方法考虑因素不全面，方法不严谨，地勘报告确定的抗浮水位时水位的可能性与实际有偏差，导致建筑物开裂变形。鉴定报告中指出被告存在"考虑因素不全面、方法不严谨"的理由在于贵州地质勘察院在确定抗浮水位时参与了遵义县水文地质工作经验，未综合分析黔西县本地区水文地质和气候条件，而遵义县与涉案工程距离较远，从现有资料无法证明两地之间存在理想的参考价值，故贵州地质勘察院存在低估水位的可能。该鉴定报告中明确了贵州地质勘察院"考虑因素不全面、方法不严谨"的原因，但因黔西县及整个毕节地区未设有地下水监测点，进行勘察活动时，若工作所在区域无地下水位长期监测数据，则可参考使用相邻其他地区相同地层的地下水位长期监测资料。贵州地质勘察院

参考了遵义地区的资料，并做出了勘察报告，其已尽相应的义务。因此，贵州地质勘察院在本案中并没有过错。同盛公司虽然未做抗浮设计，但经鉴定在底板标高高于建议抗浮水位的情形之下，并不必要做抗浮设计，即使在底板标高与建议抗浮水位标高两者接近的情形之下，也没有硬性要求设计人员必须做抗浮设计。因此，同盛公司作为设计方，其根据贵州地质勘察院的勘查报告未做出抗浮设计并没有过错，因此，同盛公司不是本案责任人。同心润和公司作为房地产开发企业将涉案工程发包给被告施工，就工程的施工进展、工程质量等问题，同心润和公司作为发包人不论是自己还是委托监理单位其都有监督管理的责任，对于一品公司在施工过程中未采取疏排水措施的行为未能及时发现，导致事故发生，同心润和公司疏于管理，本身也有责任。但同心润和公司及一品公司过错行为并非本次事故的唯一原因，根据房屋安全鉴定报告的鉴定意见来看，本次事故的另一个原因是暴雨，综合本次事故产生的原因，认定暴雨因素占20%，同心润和公司疏于管理与一品公司的过错占80%。庭审中原告出示的证据能够证明同心润和公司因此次事故造成的损失为108.96万元（19.5万元、7万元、0.46万元、15万元、67万元），80%则为87.168万元。由于本次事故80%的责任中，一品公司占主要因素，同心润和公司占次要因素，因此一品公司承担87.168万元的80%较为适宜，计算为69.7334万元，由同心润和公司承担87.168万元的20%较为适宜，计算为17.4336万元。本次事故中的暴雨因素并非人为因素，原、被告各方均无过错，从公平合理的角度考虑，对于暴雨因素所致的损失由同心润和公司、一品公司、贵州地质勘察院、同盛公司平均分摊，计算为108.96万元×20%÷4=5.448万元。

二审裁判观点：《建设工程质量管理条例》第3条规定："建设单位、勘察单位、设计单位、施工单位、工程监理单位依法对建设工程质量负责。"由此可见，工程质量是建筑工程的生命，建筑法律及配套行政规范均将保证工程质量作为立法的主要出发点和主要目的。建设单位、勘察单位、设计单位、施工单位依法对建设工程中各自负责环节的工程质量负责。《建设工程安全生产管理条例》第4条规定:“建设单位、勘察单位、设计单位、施工单位、工程监理单位及其他与建设工程安全生产有关的单位,必须遵守安全生产法律、法规的规定,保证建设工程安全生产,依法承担建设工程安全生产责任。”《建设工程质量管理条例》第19条规定:“勘察、设计单位必须按照工程建设强制性标准进行勘察、设计,并对其勘察、设计的质量负责。”第20条规定:“勘察单位提供的地质、测量、水文等勘察成果必须真实、准确。”《建设工程安全生产管理条例》第12条规定:“勘察单位应当按照法律、法规和工程建设强制性标准进行勘察,提供的勘察文件应当真实、准确,满足建设工程安全生产的需要。”第21条第2款规定:“施工单位的项目负责人应当由取得相应执业资格的人员担任,对建设工程项目的安全施工负责,落实安全生产责任制度、安全生产规章制度和操作规程,确保安全生产费用的有效使用,并根据工程的特点组织制定安全施工措施,消除安全事故隐患,及时、如实报告生产安全事故。”因此,贵州地质勘察院作为本案工程的勘察单位,其责任和义务是按照国家技术规范、标准、规程和发包人的任务委托内容及技术要求进行工程勘察并提交质量合格、真实准确的勘察成果资料,并对勘察成果资料负责。一品公司作为具备专业施工资质的建设施工单位,其责任和义务是按照工程设计图纸和施工技术标准施工并根据建设工程的特点组织制定安全施工措施,对建设工程的施工质量负责。但是,贵州地质勘察院在进行本案工程勘察设计工作中,并未按国家标准《岩土工程勘察规范》(GB 50021—2001)中第7.1.1条的规定执行,即岩土工程勘察应根据工程要求,通过搜集资料和勘察工作,掌握相应的水文地质条件,如勘察时的地下水位、历史最高地下水位、近3~5年最高地下水位、水位变化趋势和主要影响因素。根据贵州地质勘察院出具的地勘报告表述,本案工程的地下水抗浮水位确定参考了遵义县水文地质工作经验,未综合分析黔西县本地区水文地质和气候条件。工程勘察报告中地下室抗浮设防水位的确定方法考虑因素不全面，方法不严谨，贵州地质勘察院对抗浮水位的设定不当是导致建筑物上浮开裂变形的主要原因，应承担本案事故的主要责任。一品公司在地下室施工时未采取疏排水措施，也未针对雨季可能出现的地下水位升高采取有效的应急预案，在雨量较大时容易产生雨水倒灌，使地下水位急剧升高，且地下室覆土还未加载，加剧了结构变形开裂，一品公司未对现场施工有效处理的行为是导致建筑物上浮开裂变形的次要原因，应承担本案事故的次要责任。对贵州地质勘察院、一品公司的不当作为，在一审法院委托有关部门进行鉴定并由鉴定机构出具的鉴定报告及对一、二审法院呈交的鉴定说明中已经明确，对贵州地质勘察院、一品公司所提不承担本案民事责任的主张，二审法院不予支持。《合同法》（已失效）第280条规定："勘察、设计的质量不符合要求或者未按照期限提交勘察、设计文件拖延工期，造成发包人损失的，勘察人、设计人应当继续完善勘察、设计，减收或者免收勘察、设计费并赔偿损失。"第282条规定："因承包人的原因致使建设工程在合理使用期限内造成人身和财产损害的，承包人应当承担损害赔偿责任。"贵州地质勘察院、一品公司应当根据前述法律规定，对黔西县中心医院地下停车场部分墙、柱、梁裂开事故承担损害赔偿责任。二审法院酌定贵州地质勘察院对本案损害事故承担80%的赔偿责任，即87.168万元（108.96万元×80%）。一品公司对本案损害事故承担20%的赔偿责任，即21.792万元（108.96万元×20%）。

第五十三条　【质量认证】国家对从事建筑活动的单位推行质量体系认证制度。从事建筑活动的单位根据自愿原则可以向国务院产品质量监督管理部门或者国务院产品质量监督管理部门授权的部门认可的认证机构申请质量体系认证。经认证合格的，由认证机构颁发质量体系认证证书。

条文理解

本条是关于质量认证的规定，参照《产品质量法》第14条的规定，国家根据国际通用的质量管理标准，推行企业质量体系认证制度。企业根据自愿原则可以向国务院市场监督管理部门认可的或者国务院市场监督管理部门授权的部门认可的认证机构申请企业质量体系认证。经认证合格的，由认证机构颁发企业质量体系认证证书。注意与产品质量认证制度的区别，本条仅指质量体系认证制度。国际通用的质量管理标准有国际标准化组织（ISO）发布的ISO 9000《质量管理和质量保证》系列标准，国家制定的质量管理标准有GB/T 19000系列标准，由五个标准组成，包括GB/T 19000—ISO 9000《质量管理和质量保证标准——选择和使用指南》、GB/T 19001—ISO 9001《质量体系——设计、开发、生产、安装和服务的质量保证模式》、GB/T 19002—ISO 9002《质量体系——生产和安装的质量保证模式》、GB/T 19003—ISO 9003《质量体系——最终检验和试验的质量保证模式》和GB/T 19004—ISO 9004《质量管理和质量体系要素指南》。质量体系认证的内容包括企业的组织机构、物质和人力等资源、规章制度等与质量相关的因素。

规定集成

《产品质量法》（1993年9月1日初次实施，2018年12月29日修正）

第14条　国家根据国际通用的质量管理标准，推行企业质量体系认证制度。企业根据自愿原则可以向国务院市场监督管理部门认可的或者国务院市场监督管理部门授权的部门认可的认证机构申请企业质量体系认证。经认证合格的，由认证机构颁发企业质量体系认证证书。国家参照国际先进的产品标准和技术要求，推行产品质量认证制度。企业根据自愿原则可以向国务院市场监督管理部门认可的或者国务院市场监督管理部门授权的部门认可的认证机构申请产品质量认证。经认证合格的，由认证机构颁发产品质量认证证书，准许企业在产品或者其包装上使用产品质量认证标志。

案例适用

128　申请质量体系认证的主体是否包括建筑产权人

案件名称：上诉人王某请求作出行政行为案

终审法院：辽宁省大连市中级人民法院

案　　号：(2018)辽02行终87号

一审裁判观点：根据《建筑法》第53条的规定，对建筑活动申请质量体系认证应由从事建筑活动的单位根据自愿原则向产品质量监督管理部门或其授权部门认可的认证机构提出，现起诉人以瓦房店市文圣街103号楼产权人之一的身份请求瓦房店市城乡规划建设局对文圣街103号楼作出竣工验收质量等级认证显然不符合《建筑法》规定的条件。

二审裁判观点：上诉人请求对案涉楼房作出竣工验收质量等级认证，而依据《建筑法》第53条的规定，对楼房申请作出竣工验收质量等级认证的主体应为从事建筑活动的单位，故上诉人提起本案的行政诉讼，主体不适格。

第五十四条　【建设责任】建设单位不得以任何理由，要求建筑设计单位或者建筑施工企业在工程设计或者施工作业中，违反法律、行政法规和建筑工程质量、安全标准，降低工程质量。

建筑设计单位和建筑施工企业对建设单位违反前款规定提出的降低工程质量的要求，应当予以拒绝。

条文理解

本条是关于建设责任的规定，依据《建设工程质量管理条例》第7条至第17条的规定,建设单位除了不得明示或者暗示设计单位或者施工单位违反工程建设强制性标准,降低建设工程质量之外,其质量责任还包括:应当将工程发包给具有相应资质等级的单位,不得将工程肢解发包;应当依法对工程的勘察、设计、施工、监理以及与工程有关的重要设备、材料等的采购进行招标;必须向勘察、设计、施工、工程监理等单位提供与工程有关的真实、准确、齐全的原始资料;不得迫使承包方以低于成本的价格竞标,不得任意压缩合理工期;不得使用未经审查批准的施工图设计文件;实行监理的工程,应当委托具有相应资质等级的工程监理单位进行监理,或者委托具有工程监理相应资质等级并与被监理工程的施工承包单位没有隶属关系或者其他利害关系的该工程的设计单位进行监理;应当在开工前按照国家有关规定办理工程质量监督手续;应当保证其按照合同约定采购的建筑材料、建筑构配件和设备符合设计文件和合同要求;不得明示或者暗示施工单位使用不合格的建筑材料、建筑构配件和设备;应当严格按照国家有关档案管理的规定,及时收集、整理工程各环节的文件资料,建立、健全建设项目档案,并在工程竣工验收后,及时向建设行政主管部门或者其他有关部门移交建设项目档案。

设计单位和施工单位对建设单位违反法律、行政法规和建筑工程质量、安全标准,降低工程质量的要求,应当予以拒绝。施工单位作为施工质量安全的第一责任主体,具备专业的施工知识和判断能力,对于建设单位要求违反规定降低工程质量的要求,应当知道可能造成的工程质量问题。施工单位如果按照建设单位降低工程质量的要求进行施工,造成工程质量问题的,不能以建设单位的要求为由免责,需要按照其过错大小承担相应的责任。当然,建设单位要求降低工程质量违法施工,也需要承担相应的责任。依据《最高人民法院关于审理建设工程施工合同纠纷案件适用法律问题的解释(一)》第13条的规定,发包人具有下列情形之一,造成建设工程质量缺陷,应当承担过错责任:(1)提供的设计有缺陷;(2)提供或者指定购买的建筑材料、建筑构配件、设备不符合强制性标准;(3)直接指定分包人分包专业工程。承包人有过错的,也应当承担相应的过错责任。

规定集成

《建设工程质量管理条例》(2000 年 1 月 30 日初次实施,2019 年 4 月 23 日修订)

第 7 条　建设单位应当将工程发包给具有相应资质等级的单位。建设单位不得将建设工程肢解发包。

第 8 条　建设单位应当依法对工程建设项目的勘察、设计、施工、监理以及与工程建设有关的重要设备、材料等的采购进行招标。

第 9 条　建设单位必须向有关的勘察、设计、施工、工程监理等单位提供与建设工程有关的原始资料。原始资料必须真实、准确、齐全。

第 10 条　建设工程发包单位不得迫使承包方以低于成本的价格竞标,不得任意压缩合理工期。建设单位不得明示或者暗示设计单位或者施工单位违反工程建设强制性标准,降低建设工程质量。

第 11 条第 2 款　施工图设计文件未经审查批准的,不得使用。

第 12 条第 1 款　实行监理的建设工程,建设单位应当委托具有相应资质等级的工程监理单位进行监理,也可以委托具有工程监理相应资质等级并与被监理工程的施工承包单位没有隶属关系或者其他利害关系的该工程的设计单位进行监理。

第 13 条　建设单位在开工前,应当按照国家有关规定办理工程质量监督手续,工程质量监督手续可以与施工许可证或者开工报告合并办理。

第 14 条　按照合同约定,由建设单位采购建筑材料、建筑构配件和设备的,建设单位应当保证建筑材料、建筑构配件和设备符合设计文件和合同要求。建设单位不得明示或者暗示施工单位使用不合格的建筑材料、建筑构配件和设备。

第 17 条　建设单位应当严格按照国家有关档案管理的规定,及时收集、整理建设项目各环节的文件资料,建立、健全建设项目档案,并在建设工程竣工验收后,及时向建设行政主管部门或者其他有关部门移交建设项目档案。

《建设部关于加强住宅工程质量管理的若干意见》(2004 年 1 月 30 日初次实施)

第 2 条第 1 项　建设单位是住宅工程质量的第一责任者,对建设的住宅工程的质量全面负责。建设单位应设立质量管理机构并配备相应人员,加强对设计和施工质量的过程控制和验收管理。在工程建设中,要保证合理工期、造价和住宅设计标准,不得擅自变更已审查批准的施工图设计文件等。要综合、系统地考虑住宅小区的给水、排水、供暖、燃气、电气、电讯等管网系统的统一设计、设计施工,编制统一的管网综合图,在保证各专业技术标准要求的前提下,合理安排管线,统筹设计和施工。建设单位应在住宅工程的显著部位镶刻铭牌,将工程建设的有关单位名称和工程竣工日期向社会公示。

《民用建筑节能管理规定》(2006 年 1 月 1 日初次实施)

第 17 条　建设单位应当按照建筑节能政策要求和建筑节能标准委托工程项目的设计。建设单位不得以任何理由要求设计单位、施工单位擅自修改经审查合格的节能设计文件,降低建筑节能标准。

《民用建筑工程节能质量监督管理办法》(2006 年 7 月 31 日初次实施)

第 4 条　建设单位应当履行以下质量责任和义务:1. 组织设计方案评选时,应当将建筑节能要求作为重要内容之一。2. 不得擅自修改设计文件。当建筑设计修改涉及建筑节能强制性标准时,必须将修改后的设计文件送原施工图审查机构重新审查。3. 不得明示或者暗示设计单位、施工单位降低建筑节能标准。4. 不得明示或者暗示施工单位使用不符合建筑节能性能要求的墙体材料、保温材料、门窗部品、采暖空调系统、照明设备等。按照合同约定由建设单位采购的有关建筑材料和设备,建设单位应当保证其符合建筑节能指标。5. 不得明示或者暗示检测机构出具虚假检测报告,不得篡改或者伪造检测报告。6. 在组织建筑工程竣工验收时,应当同时验收建筑节能实施情况,在工程竣工验收报告中,应当注明建筑节能的实施内容。大型公共建筑工程竣工验收时,对采暖空调、通风、电气等系统,应当进行调试。

《民用建筑节能条例》(2008 年 10 月 1 日初次实施)

第 14 条　建设单位不得明示或者暗示设计单位、施工单位违反民用建筑节能强制性标准进行设计、施工,不得明示或者暗示施工单位使用不符合施工图设计文件要求的墙体材料、保温材料、门窗、采暖制冷系统和照明设备。按照合同约定由建设单位采购墙体材料、保温材料、门窗、采暖制冷系统和照明设备的，建设单位应当保证其符合施工图设计文件要求。

《关于进一步强化住宅工程质量管理和责任的通知》(2010 年 5 月 4 日初次实施)

第 1 条　强化住宅工程质量责任，规范建设各方主体行为，第 1 项，建设单位的责任：建设单位要严格履行项目用地许可、规划许可、招投标、施工图审查、施工许可、委托监理、质量安全监督、工程竣工验收、工程技术档案移交、工程质量保修等法定职责，依法承担住宅工程质量的全面管理责任。建设单位要落实项目法人责任制，设立质量管理机构并配备专职人员，高度重视项目前期的技术论证，及时提供住宅工程所需的基础资料，统一协调安排住宅工程建设各相关方的工作；要加强对勘察、设计、采购和施工质量的过程控制和验收管理，不得将住宅工程发包给不具有相应资质等级的勘察、设计、施工、监理等单位，不得将住宅工程肢解发包，不得违规指定分包单位，不得以任何明示或暗示的方式要求勘察、设计、施工、监理等单位违反法律、法规、工程建设标准和任意更改相关工作的成果及结论；要严格按照基本建设程序进行住宅工程建设，不得以任何名义不履行法定建设程序或擅自简化建设程序；要保证合理的工期和造价，严格执行有关工程建设标准，确保住宅工程质量。

第 2 条　加强住宅工程质量管理，严格执行法定基本制度，第 13 项，加强建筑节能管理：建设单位要严格遵守国家建筑节能的有关法律法规，按照相应的建筑节能标准和技术要求委托住宅工程项目的规划设计、开工建设、组织竣工验收，不得以任何理由要求设计、施工等单位擅自修改经审查合格的节能设计文件，降低建筑节能标准……

《住房城乡建设部关于房屋建筑工程推广应用减隔震技术的若干意见(暂行)》(2014 年 2 月 21 日初次实施)

第 10 条　建设单位应当组织有关专家对施工单位编制的减隔震装置及其构造措施专项施工方案进行论证，通过后方可进行安装施工。安装完成后，建设单位应当组织生产厂家、设计单位、施工单位、监理单位进行验收，验收合格后方可进入下一道施工工序。工程竣工后，建设单位应组织施工单位、设计单位、减隔震装置生产厂家，编制减隔震工程使用说明书，并与竣工图同时报有关部门备案。

第 17 条　建设单位应向使用单位提供减隔震工程使用说明书。建设单位应标识消能减震部件以及预留隔震沟（缝）和柔性连接等构造措施的部位，并在工程显著部位镶刻铭牌，标明工程抗震设防烈度和减隔震类别等重要信息。

《住房城乡建设部关于推进建筑业发展和改革的若干意见》（2014 年 7 月 1 日初次实施）

第 2 条　建立统一开放的建筑市场体系，第 8 项，强化建设单位行为监管：全面落实建设单位项目法人责任制，强化建设单位的质量责任。建设单位不得违反工程招标投标、施工图审查、施工许可、质量安全监督及工程竣工验收等基本建设程序，不得指定分包和肢解发包，不得与承包单位签订“阴阳合同”、任意压缩合理工期和工程造价，不得以任何形式要求设计、施工、监理及其他技术咨询单位违反工程建设强制性标准，不得拖欠工程款。政府投资工程一律不得采取带资承包方式进行建设，不得将带资承包作为招标投标的条件。积极探索研究对建设单位违法行为的制约和处罚措施。各地要进一步加强对建设单位市场行为和质量安全行为的监督管理，依法加大对建设单位违法违规行为的处罚力度，并将其不良行为在全国建筑市场监管与诚信信息发布平台曝光。

《建筑工程五方责任主体项目负责人质量终身责任追究暂行办法》（2014 年 8 月 25 日初次实施）

第 5 条　建设单位项目负责人对工程质量承担全面责任，……不得以任何理由要求勘察、设计、施工、监理单位违反法律法规和工程建设标准，降低工程质量，其违法违规或不当行为造成工程质量事故或质量问题应当承担责任……

《建设单位项目负责人质量安全责任八项规定（试行）》（2015 年 3 月 6 日初次实施）

第 6 条　建设单位项目负责人应当加强对工程质量安全的控制和管理，不得以任何方式要求设计单位或者施工单位违反工程建设强制性标准，降低工程质量；不得以任何方式要求检测机构出具虚假报告；不得以任何方式要求施工单位使用不合格或者不符合设计要求的建筑材料、建筑构配件和设备；不得违反合同约定，指定承包单位购入用于工程建设的建筑材料、建筑构配件和设备或者指定生产厂、供应商。

《房屋建筑和市政基础设施项目工程总承包管理办法》（2020 年 3 月 1 日初次实施）

第 22 条第 1 款　建设单位不得迫使工程总承包单位以低于成本的价格竞标，不得明示或者暗示工程总承包单位违反工程建设强制性标准、降低建设工程质量，不得明示或者暗示工程总承包单位使用不合格的建筑材料、建筑构配件和设备。

第 23 条第 1 款　建设单位不得对工程总承包单位提出不符合建设工程安全生产法律、法规和强制性标准规定的要求，不得明示或者暗示工程总承包单位购买、租赁、使用不符合安全施工要求的安全防护用具、机械设备、施工机具及配件、消防设施和器材。

《最高人民法院关于审理建设工程施工合同纠纷案件适用法律问题的解释（一）》（2021 年 1 月 1 日初次实施）

第 13 条　发包人具有下列情形之一，造成建设工程质量缺陷，应当承担过错责任：（一）提供的设计有缺陷；（二）提供或者指定购买的建筑材料、建筑构配件、设备不符合强制性标准；（三）直接指定分包人分包专业工程。承包人有过错的，也应当承担相应的过错责任。

第 14 条　建设工程未经竣工验收，发包人擅自使用后，又以使用部分质量不符合约定为由主张权利的，人民法院不予支持；但是承包人应当在建设工程的合理使用寿命内对地基基础工程和主体结构质量承担民事责任。

案例适用

129　建设单位要求施工单位降低工程质量，施工单位未拒绝，各方如何担责

案件名称：原告铜川市第二建筑工程有限责任公司与被告明大企业集团有限公司建设工程施工合同纠纷案

审理法院:陕西省西安市新城区人民法院

案　　号:(2017)陕0102民初1788号

裁判观点:陕西省建筑工程质量检测中心于2018年8月20日出具陕建筑检(2018)委鉴字第04号鉴定意见书明确载明:加层施工,造成荷载增加,是导致该工程地基下陷、楼体倾斜的直接原因,在强降雨和场地地基土地质原因的共同作用下,从而造成建筑物异常沉降。原告认为加层施工是被告要求的,但作为专业的工程施工企业,原告具备基本的专业知识和判断能力,在理应认识到被告提出的要求会降低工程质量并应当予以拒绝的情况下,却仍旧继续施工,违反了法律对施工企业应尽义务的相关规定。原告的上述行为与被告违反法律、行政法规和建筑工程质量、安全标准的要求共同导致了加层施工这一致使建筑物地基下陷、楼体倾斜的原因的出现,因此,原、被告都有过错,双方均应承担责任。被告为此付出的修复费用为800.159万元,被告自己按照该项费用的80%即640.1272万元主张权利,本院酌定原告承担被告反诉主张的修复费用640.1272万元中50%的份额,故原告应向被告支付修复费用320.0636万元(640.1272万元×50%)。

第五十五条　【总包责任】建筑工程实行总承包的,工程质量由工程总承包单位负责,总承包单位将建筑工程分包给其他单位的,应当对分包工程的质量与分包单位承担连带责任。分包单位应当接受总承包单位的质量管理。

条文理解

本条是关于总包责任的规定,依据《建设工程质量管理条例》第26条和第27条的规定,建筑工程实行总承包的,总承包单位应当对全部建设工程质量负责。建设工程勘察、设计、施工、设备采购的一项或者多项实行总承包的,总承包单位应当对其承包的建筑工程或者采购的设备的质量负责。总承包单位依法将建筑工程分包给其他单位的,应当与分包单位对分包工程的质量承担连带责任。本法第29条也有相关规定,即建筑工程总承包单位按照总承包合同的约定对建设单位负责。分包单位按照分包合同的约定对总承包单位负责。总承包单位和分包单位就分包工程对建设单位承担连带责任。

依据《住房城乡建设部关于进一步推进工程总承包发展的若干意见》第2条第11项的规定,工程总承包单位应当加强对工程总承包项目的管理,根据合同约定和项目特点,制定项目管理计划和项目实施计划,建立工程管理与协调制度,加强设计、采购与施工的协调,完善和优化设计,改进施工方案,合理调配设计、采购和施工力量,实现对工程总承包项目的有效控制。工程总承包单位对工程总承包项目的质量和安全全面负责,分包单位应当接受总承包单位的质量管理。依据《最高人民法院关于审理建设工程施工合同纠纷案件适用法律问题的解释(一)》第15条的规定,因建设工程质量发生争议的,发包人可以以总承包人、分包人和实际施工人为共同被告提起诉讼。

实务中,总承包单位与分包单位承担连带责任指的是质量问题,不包括拖欠工程款、货款等非质量问题,主张质量问题的权利主体应为建设单位。总承包单位承担连带责任不以其是否存在过错为前提,只要是分包工程出现质量问题,其就应当与分包单位承担连带责任,总承包单位应对其承包的全部工程负责。另外,本法第67条也规定,承包单位转包、违法分包工程的,应与接受转包或者分包的单位就质量问题承担连带责任。故除了本条规定的合法分包需要承担质量连带责任之外,转包或者违法分包的行为也需要承担质量连带责任。

规定集成

《建设工程质量管理条例》(2000 年 1 月 30 日初次实施,2019 年 4 月 23 日修订)

第 26 条第 3 款　建设工程实行总承包的,总承包单位应当对全部建设工程质量负责;建设工程勘察、设计、施工、设备采购的一项或者多项实行总承包的,总承包单位应当对其承包的建设工程或者采购的设备的质量负责。

第 27 条　总承包单位依法将建设工程分包给其他单位的,分包单位应当按照分包合同的约定对其分包工程的质量向总承包单位负责,总承包单位与分包单位对分包工程的质量承担连带责任。

《住房城乡建设部关于进一步加强建筑市场监管工作的意见》(2011 年 6 月 24 日初次实施)

第 4 条　加强施工现场管理,保障工程质量安全,第 11 项,强化施工总承包单位负责制:施工总承包单位对工程施工的质量、安全、工期、造价以及执行强制性标准等负总责。施工总承包单位的责任不因工程分包行为而转移。分包单位责任导致的工程质量安全事故,施工总承包单位承担连带责任。专业分包或劳务分包单位应当接受施工总承包单位的施工现场统一管理。建设单位依法直接发包的专业工程,建设单位、专业承包单位要与施工总承包单位签订施工现场统一管理协议,明确各方的责任、权利、义务。

《住房城乡建设部关于进一步推进工程总承包发展的若干意见》(2016 年 5 月 20 日初次实施)

第 2 条　完善工程总承包管理制度,第 11 项,工程总承包企业的义务和责任:工程总承包企业应当加强对工程总承包项目的管理,根据合同约定和项目特点,制定项目管理计划和项目实施计划,建立工程管理与协调制度,加强设计、采购与施工的协调,完善和优化设计,改进施工方案,合理调配设计、采购和施工力量,实现对工程总承包项目的有效控制。工程总承包企业对工程总承包项目的质量和安全全面负责。工程总承包企业按照合同约定对建设单位负责,分包企业按照分包合同的约定对工程总承包企业负责。工程分包不能免除工程总承包企业的合同义务和法律责任,工程总承包企业和分包企业就分包工程对建设单位承担连带责任。

《房屋建筑和市政基础设施项目工程总承包管理办法》(2020年3月1日初次实施)

第22条第2款　工程总承包单位应当对其承包的全部建设工程质量负责，分包单位对其分包工程的质量负责，分包不免除工程总承包单位对其承包的全部建设工程所负的质量责任。

《最高人民法院关于审理建设工程施工合同纠纷案件适用法律问题的解释(一)》(2021年1月1日初次实施)

第15条　因建设工程质量发生争议的，发包人可以以总承包人、分包人和实际施工人为共同被告提起诉讼。

《民法典》(2021年1月1日初次实施)

第791条第2款　总承包人或者勘察、设计、施工承包人经发包人同意，可以将自己承包的部分工作交由第三人完成。第三人就其完成的工作成果与总承包人或者勘察、设计、施工承包人向发包人承担连带责任。

案例适用

130　总承包单位是否应当对分包工程的质量与分包单位承担连带责任

案件名称：唐山国华科技有限公司(以下简称国华公司)、宁夏煤炭基本建设公司(以下简称宁煤公司)与被乌海市天誉煤炭有限责任公司(以下简称天誉公司)等建设工程施工合同纠纷案

终审法院：内蒙古自治区高级人民法院

案　　号：(2017)内民终92号

一审裁判观点：(2013)建鉴字第165号司法鉴定意见书、建议修复方案、中威正平(2014)鉴字第1014号鉴定报告书均已明确表明涉案工程质量存在严重缺陷。根据《建筑法》第60条“建筑工程在合理使用寿命内，必须确保地基基础工程和主体结构的质量”的规定，宁煤公司作为施工单

位过错明显,应承担相应的民事责任。依据《建筑法》第 29 条“建筑工程总承包单位按照总承包合同的约定对建设单位负责;分包单位按照分包合同的约定对总承包单位负责。总承包单位和分包单位就分包工程对建设单位承担连带责任”以及第 55 条等规定,本案中,国华公司是 300 万吨/年洗煤厂工程的总承包商,将承包合同中的部分土建工程发包给具有施工资质的宁煤公司,虽然国华公司在分包合同中约定由宁煤公司对土建工程承担质量责任,但其作为分包合同的发包商对于承包商宁煤公司的施工负有监督管理责任,国华公司应对宁煤公司的工程质量责任向建设单位即天誉公司承担连带责任,承担支付修复工程造价款 1,992,646.99 元。

二审裁判观点:关于国华公司是否应当承担连带责任的问题,《建筑法》第 55 条规定:“建筑工程实行总承包的,工程质量由工程总承包单位负责,总承包单位将建筑工程分包给其他单位的,应当对分包工程的质量与分包单位承担连带责任”。本案中,国华公司作为总承包人,应当对分包单位宁煤公司因工程质量问题造成的损失承担连带赔偿责任。

131　总包单位是否需要对分包单位拖欠的劳务费用承担连带责任

案件名称:皮某与张某、石家庄一建建设集团有限公司(以下简称石家庄一建公司)及宁夏凯翔建筑劳务有限公司(以下简称凯翔劳务公司)劳务合同纠纷案

审理法院:宁夏回族自治区高级人民法院

案　　号:(2019)宁民申 797 号

裁判观点:关于石家庄一建公司、凯翔劳务公司应否承担连带责任的问题。承担连带责任必须由法律明确规定。《建筑法》第 55 条和第 67 条规定仅对因违法分包、非法转包导致工程质量问题,由总承包单位和接受分包或转包的单位向发包人就工程质量承担连带责任,不适用于本案劳务费支付情形。因凯翔劳务公司及石家庄一建公司并非涉案合同相对人,与皮某不具有合同上的权利义务关系,故对张某欠付皮某的劳务费,皮某要求石家庄一建公司、凯翔劳务公司承担连带责任缺乏事

实和法律依据。

132 承包单位是不是工程质量问题承担连带责任的权利主体

案件名称：陕西泰力松建设工程有限公司（以下简称泰力松公司）与西安晨源新能源有限公司（以下简称晨源公司）、合阳县两晶新能源有限公司（以下简称两晶公司）、中机国能电力工程有限公司（以下简称中机国能公司）等合同纠纷案

审理法院：陕西省渭南市中级人民法院

案　　号：（2020）陕05民初46号

裁判观点：《最高人民法院关于审理建设工程施工合同纠纷案件适用法律问题的解释》（已失效）第25条规定："因建设工程质量发生争议的，发包人可以以总承包人、分包人和实际施工人为共同被告提起诉讼"。根据上述法律规定，建设工程发生质量纠纷，限定于由承包人、分包人和实际施工人共同向发包人承担责任。本案中两晶公司和中机国能公司联合体承包合阳县住户集中光伏发电项目设计、设备采购、施工总承包项目，是该工程的承包方，系该工程质量的责任主体，两晶公司将总项目的11.8MW分包给晨源公司，晨源公司将11.8MW分包给泰力松公司，两晶公司、中机国能公司、晨源公司、泰力松公司就工程质量共同向发包人承担责任，因此，提出工程质量问题的权利人应为发包人，两晶公司作为承包人，不是本案适格的反诉原告主体。

第五十六条　【勘设责任】建筑工程的勘察、设计单位必须对其勘察、设计的质量负责。勘察、设计文件应当符合有关法律、行政法规的规定和建筑工程质量、安全标准、建筑工程勘察、设计技术规范以及合同的约定。设计文件选用的建筑材料、建筑构配件和设备，应当注明其规格、型号、性能等技术指标，其质量要求必须符合国家规定的标准。

条文理解

本条是关于勘察设计单位质量责任的规定，依据《建设工程勘察质量管理办法》第 3 条和第 13 条的规定，勘察单位应当按照有关建设工程质量的法律、法规、工程建设强制性标准和勘察合同进行勘察工作，并对勘察质量负责。勘察文件应当符合国家规定的勘察深度要求，必须真实、准确。勘察单位的法定代表人、项目负责人、审核人、审定人等相关人员，应当在勘察文件上签字或者盖章，并对勘察质量负责。勘察单位法定代表人对本单位勘察质量全面负责。项目负责人对项目的勘察文件负主要质量责任。项目审核人、审定人对其审核、审定项目的勘察文件负审核、审定的质量责任。

依据《建设工程质量管理条例》第 19 条、第 21 条和第 22 条的规定，设计单位对其设计的质量负责。注册建筑师、注册结构工程师等注册执业人员应当在设计文件上签字，对设计文件负责。设计单位应当根据工程建设强制性标准、勘察成果文件、国家规定的设计深度要求进行工程设计，并注明工程合理使用年限。设计单位在设计文件中选用的建筑材料、建筑构配件和设备，应当注明规格、型号、性能等技术指标，其质量要求必须符合国家规定的标准。另外，依据《建设工程勘察设计管理条例》第 25 条和第 26 条的规定，勘察设计文件还应当以项目批准文件和城乡规划为依据。勘察文件应当满足建设工程规划、选址、设计、岩土治理和施工的需要。

规定集成

《城市居民住宅安全防范设施建设管理规定》(1996 年 2 月 1 日初次实施)

第 7 条　设计单位应当依据与住宅安全防范设施建设有关的规范、标准、规定进行设计。

第 8 条　建设行政主管部门组织审批的有关住宅建筑设计文件应当包括城

市居民住宅安全防范设施部分。对不符合安全防范设施规范、标准、规定的设计文件,应责成原设计单位修改。

《建设工程质量管理条例》(2000 年 1 月 30 日初次实施,2019 年 4 月 23 日修订)

第 19 条　勘察、设计单位必须按照工程建设强制性标准进行勘察、设计,并对其勘察、设计的质量负责。注册建筑师、注册结构工程师等注册执业人员应当在设计文件上签字,对设计文件负责。

第 20 条　勘察单位提供的地质、测量、水文等勘察成果必须真实、准确。

第 21 条　设计单位应当根据勘察成果文件进行建设工程设计。设计文件应当符合国家规定的设计深度要求,注明工程合理使用年限。

第 22 条第 1 款　设计单位在设计文件中选用的建筑材料、建筑构配件和设备,应当注明规格、型号、性能等技术指标,其质量要求必须符合国家规定的标准。

第 23 条　设计单位应当就审查合格的施工图设计文件向施工单位作出详细说明。

第 24 条　设计单位应当参与建设工程质量事故分析,并对因设计造成的质量事故,提出相应的技术处理方案。

《建设工程勘察设计管理条例》(2000 年 9 月 25 日初次实施,2017 年 10 月 7 日修订)

第 5 条第 2 款　建设工程勘察、设计单位必须依法进行建设工程勘察、设计,严格执行工程建设强制性标准,并对建设工程勘察、设计的质量负责。

第 25 条　编制建设工程勘察、设计文件,应当以下列规定为依据:(一)项目批准文件;(二)城乡规划;(三)工程建设强制性标准;(四)国家规定的建设工程勘察、设计深度要求。铁路、交通、水利等专业建设工程,还应当以专业规划的要求为依据。

第 26 条　编制建设工程勘察文件,应当真实、准确,满足建设工程规划、选址、设计、岩土治理和施工的需要。编制方案设计文件,应当满足编制初步设计文件和控制概算的需要。编制初步设计文件,应当满足编制施工招标文件、主要设备材料订货和编制施工图设计文件的需要。编制施工图设计文件,应当满足设备材料采购、非标准设备制作和施工的需要，并注明建设工程合理使用年限。

第 27 条第 1 款　设计文件中选用的材料、构配件、设备，应当注明其规格、型号、性能等技术指标，其质量要求必须符合国家规定的标准。

第 30 条　建设工程勘察、设计单位应当在建设工程施工前，向施工单位和监理单位说明建设工程勘察、设计意图，解释建设工程勘察、设计文件。建设工程勘察、设计单位应当及时解决施工中出现的勘察、设计问题。

《超限高层建筑工程抗震设防管理规定》（2002 年 9 月 1 日初次实施）

第 13 条　建设单位、勘察单位、设计单位应当严格按照抗震设防专项审查意见进行超限高层建筑工程的勘察、设计。

第 14 条　未经超限高层建筑工程抗震设防专项审查，建设行政主管部门和其他有关部门不得对超限高层建筑工程施工图设计文件进行审查……施工图设计文件审查时应当检查设计图纸是否执行了抗震设防专项审查意见；未执行专项审查意见的，施工图设计文件审查不能通过。

《建设工程勘察质量管理办法》（2003 年 2 月 1 日初次实施，2007 年 11 月 22 日修正，2021 年 4 月 1 日修改）

第 3 条　工程勘察企业应当按照有关建设工程质量的法律、法规、工程建设强制性标准和勘察合同进行勘察工作，并对勘察质量负责。勘察文件应当符合国家规定的勘察深度要求，必须真实、准确。

第 7 条　工程勘察企业应当健全勘察质量管理体系和质量责任制度，建立勘察现场工作质量责任可追溯制度。

工程勘察企业将勘探、试验、测试等技术服务工作交由具备相应技术条件的其他单位承担的，工程勘察企业对相关勘探、试验、测试工作成果质量全面负责。

第 9 条　工程勘察企业应当向设计、施工和监理等单位进行勘察技术交底，参与施工验槽，及时解决工程设计和施工中与勘察工作有关的问题，按规定参加工程竣工验收。

第 10 条　工程勘察企业应当参与建设工程质量事故的分析，并对因勘察原因造成的质量事故，提出相应的技术处理方案。

第 12 条　工程勘察企业法定代表人应当建立健全并落实本单位质量管理

制度，授权具备相应资格的人员担任项目负责人。

工程勘察企业项目负责人应当签署质量终身责任承诺书，执行勘察纲要和工程建设强制性标准，落实本单位勘察质量管理制度，制定项目质量保证措施，组织开展工程勘察各项工作。

第13条　工程勘察企业的法定代表人、项目负责人、审核人、审定人等相关人员，应当在勘察文件上签字或者盖章，并对勘察质量负责。工程勘察企业法定代表人对本企业勘察质量全面负责；项目负责人对项目的勘察文件负主要质量责任；项目审核人、审定人对其审核、审定项目的勘察文件负审核、审定的质量责任。

第15条　工程勘察企业应当确保仪器、设备的完好。钻探、取样的机具设备、原位测试、室内试验及测量仪器等应当符合有关规范、规程的要求。

《建设部关于加强住宅工程质量管理的若干意见》(2004年1月30日初次实施)

第2条第3项　设计单位应严格执行国家有关强制性技术标准，注重提高住宅工程的科技含量。要坚持以人为本，注重生态环境建设和住宅内部功能设计，在确保结构安全的基础上，保证设计文件能够满足对日照、采光、隔声、节能、抗震、自然通风、无障碍设计、公共卫生和居住方便的需要，并对容易产生质量通病的部位和环节，尽量优化细化设计作法。

《民用建筑节能管理规定》(2006年1月1日初次实施)

第19条　设计单位应当依据建筑节能标准的要求进行设计，保证建筑节能设计质量。施工图设计文件审查机构在进行审查时，应当审查节能设计的内容，在审查报告中单列节能审查章节；不符合建筑节能强制性标准的，施工图设计文件审查结论应当定为不合格。

《民用建筑工程节能质量监督管理办法》(2006年7月31日初次实施)

第5条　设计单位应当履行以下质量责任和义务：1. 建立健全质量保证体系，严格执行建筑节能标准。2. 民用建筑工程设计要按功能要求合理组合空间造型，充分考虑建筑体形、围护结构对建筑节能的影响，合理确定冷源、热源的形式和设备性能，选用成熟、可靠、先进、适用的节能技术、材料和产品。3. 初步设计文件应设建筑节能设计专篇，施工图设计文件须包括建筑节能热工计算书，大型公共建筑工程方案设计须同时报送有关建筑节能专题报告，明确建筑节能措施及目标等内容。

《防震减灾法》(1998 年 3 月 1 日初次实施，2008 年 12 月 27 日修订)

第 38 条 ……设计单位应当按照抗震设防要求和工程建设强制性标准进行抗震设计，并对抗震设计的质量以及出具的施工图设计文件的准确性负责。

《关于进一步强化住宅工程质量管理和责任的通知》(2010 年 5 月 4 日初次实施)

第 1 条 强化住宅工程质量责任，规范建设各方主体行为，第 2 项，勘察单位的责任：勘察单位要严格按照法律、法规、工程建设标准进行勘察，对住宅工程的勘察质量依法承担责任。勘察单位要建立健全质量管理体系，全面加强对现场踏勘、勘察纲要编制、现场作业、土水试验和成果资料审核等关键环节的管理，确保勘察工作内容满足国家法律、法规、工程建设标准和工程设计与施工的需要；要强化质量责任制，落实注册土木工程师(岩土)执业制度，加强对钻探描述(记录)员、机长、观测员、试验员等作业人员的岗位培训；要增强勘察从业人员的质量责任意识，及时整理、核对勘察过程中的各类原始记录，不得虚假勘察，不得离开现场进行追记、补记和修改记录，保证地质、测量、水文等勘察成果资料的真实性和准确性。第 3 项，设计单位的责任：设计单位要严格按照法律、法规、工程建设标准、规划许可条件和勘察成果文件进行设计，对住宅工程的设计质量依法承担责任。设计单位要建立健全质量管理体系，加强设计过程的质量控制，保证设计质量符合工程建设标准和设计深度的要求；要依法设计、精心设计，坚持以人为本，对容易产生质量通病的部位和环节，实施优化及细化设计；要配备足够数量和符合资格的设计人员做好住宅工程设计和现场服务工作，严禁采用未按规定审定的可能影响住宅工程质量和安全的技术和材料；要进一步强化注册建筑师、勘察设计注册工程师等执业人员的责任意识，加强文件审查，对不符合要求的设计文件不得签字认可，确保所签章的设计文件能够满足住宅工程对安全、抗震、节能、防火、环保、无障碍设计、公共卫生和居住方便等结构安全和使用功能的需要，并在设计使用年限内有足够的可靠性。

《关于进一步促进工程勘察设计行业改革与发展若干意见》(2013 年 2 月 6 日初次实施)

第 3 条　提升行业服务水平,第 15 项,提高工程勘察设计质量保障水平:勘察设计企业应当严格执行法律法规和工程建设强制性标准,建立健全内部质量保证体系,注重全过程质量控制,加强审核环节管理,同时提高自身技术装备水平,积极开展人员职业道德与业务素质教育,全面提高勘察设计质量。勘察设计企业应当对设计使用年限内的勘察设计质量负责,企业法定代表人、技术负责人、项目负责人、各专业设计人、注册执业人员对勘察设计质量承担相应的责任。施工图审查机构应当对勘察设计质量严格把关,按照要求对勘察设计文件中涉及公共利益、公众安全和工程建设强制性标准的内容进行审查,全面提高工程勘察设计行业的质量水平。

《住房城乡建设部关于推进建筑业发展和改革的若干意见》(2014 年 7 月 1 日初次实施)

第 3 条　强化工程质量安全管理,第 10 项,加强勘察设计质量监管:进一步落实和强化施工图设计文件审查制度,推动勘察设计企业强化内部质量管控能力。健全勘察项目负责人对勘察全过程成果质量负责制度。推行勘察现场作业人员持证上岗制度。推动采用信息化手段加强勘察质量管理。研究建立重大设计变更管理制度。推行建筑工程设计使用年限告知制度。推行工程设计责任保险制度。

《建筑工程五方责任主体项目负责人质量终身责任追究暂行办法》(2014 年 8 月 25 日初次实施)

第 5 条第 2 款　勘察、设计单位项目负责人应当保证勘察设计文件符合法律法规和工程建设强制性标准的要求,对因勘察、设计导致的工程质量事故或质量问题承担责任。

《建筑工程勘察单位项目负责人质量安全责任七项规定(试行)》(2015 年 3 月 6 日初次实施)

第 2 条　勘察项目负责人应当依据有关法律法规、工程建设强制性标准和勘察合同(包括勘察任务委托书),组织编写勘察纲要,就相关要求向勘察人员交底，组织开展工程勘察工作。

第5条 勘察项目负责人应当对勘察成果的真实性和准确性负责，保证勘察文件符合国家规定的深度要求，在勘察文件上签字盖章。

《建筑工程设计单位项目负责人质量安全责任七项规定(试行)》(2015年3月6日初次实施)

第2条 设计项目负责人应当依据有关法律法规、项目批准文件、城乡规划、工程建设强制性标准、设计深度要求、设计合同(包括设计任务书)和工程勘察成果文件，就相关要求向设计人员交底，组织开展建筑工程设计工作，协调各专业之间及与外部各单位之间的技术接口工作。

第3条 设计项目负责人应当要求设计人员在设计文件中注明建筑工程合理使用年限，标明采用的建筑材料、建筑构配件和设备的规格、性能等技术指标，其质量要求必须符合国家规定的标准及建筑工程的功能需求。

《民法典》(2021年1月1日初次实施)

第800条 勘察、设计的质量不符合要求或者未按照期限提交勘察、设计文件拖延工期，造成发包人损失的，勘察人、设计人应当继续完善勘察、设计，减收或者免收勘察、设计费并赔偿损失。

案例适用

133 设计文件不符合工程质量标准，各方如何担责

案件名称：申请再审人绍兴市城市建筑设计院有限公司(以下简称设计院)、浙江恒盈建设开发有限公司与被申请人绍兴市越城建效纺织厂等建设工程合同纠纷案

审理法院：浙江省绍兴市中级人民法院

案　　号：(2014)浙绍民再字第5号

裁判观点：根据《建筑法》第56条、第58条之规定，建筑工程的设计单位必须对其设计的质量负责，施工单位必须对工程的施工质量负责。建筑工程的设计、施工不仅应符合国家强制性标准，同时也应结合建设

工程的个案情况，在具体设计施工时履行注意义务，确保建筑物的质量安全。根据司法鉴定意见的分析内容并结合建筑设计、施工领域的常识和惯例，放射筋常设置在挑檐板转角、外墙阳角、大跨度板的角部等处，这类地方容易产生应力集中，超出所配钢筋或混凝土的道德抗拉能力，所以宜加设放射筋。本案工程板跨为4m×8m，板跨相对较大，在此情况下为确保板角处的混凝土不开裂，设计院作为专业设计机构在设计时应考虑设置放射筋；楼板采用分离式配筋本身不违反强制性规定，但由于采用分离式配筋时极易发生负筋被施工人员踩弯的情形，对于此类常见质量通病，为确保建筑物的质量安全，设计院在设计时应有所预见，采取一定的预防措施。本案中，设计图纸中涉案厂房车间二楼楼板板角处未配置放射筋，采用分离式配筋时也未采取相应的预防负筋被施工踩弯的措施，浙江省绍兴市中级人民法院认为，设计院在本案设计过程中违反了相应的注意义务，设计不当，对损害的发生存有过错。浙江省绍兴市中级人民法院再审认同原二审对涉案工程质量问题的原因分析，浙江省绍兴市中级人民法院确认造成本案工程质量问题的原因为：板角部未配置放射筋，梁上负筋施工时被踩弯、下沉，板面素混凝土面层过厚，应采用双层双向配筋处采用了分离式配筋，混凝土组分不适当、混凝土收缩、环境温度影响或施工养护不当增大混凝土收缩造成，结构板承载力不够。关于两申请再审人的责任比例问题，根据上述原因分析，涉案工程二楼楼板裂缝的形成原因涉及设计和施工两方面，上述两方面原因相结合造成了涉案工程的质量问题，综合分析上述原因，浙江省绍兴市中级人民法院认为设计单位与施工单位的过错基本相当，原审判令两申请再审人各承担50%的赔偿责任，并无明显不当。

134　使用存在缺陷且未经审定的设计图纸导致事故，各方如何担责

案件名称：淄博市淄川粮油收储管理中心（以下简称淄川粮管中心）、山东天一建设有限公司（以下简称天一建设公司）、淄博金桥建设监理有限公司（以下简称金桥监理公司）与淄博松龄建筑设计院有限公

司(以下简称松龄设计公司)建设工程施工合同纠纷案

审理法院:山东省淄博市中级人民法院

案　　号:(2017)鲁03民终1522号

裁判观点:对于有设计缺陷的质量问题,淄川粮管中心采用未经审定的设计图纸是造成质量问题的主要原因,具有主要过错。松龄设计公司提供有设计缺陷的设计图纸,天一建设公司使用未经审定的设计图纸进行施工,金桥监理公司未尽到质量监理责任,均与15号粮仓出现质量问题存在因果关系,故松龄设计公司、天一建设公司、金桥监理公司对15号粮仓的质量缺陷也应承担相应的过错责任。故关于"对15号仓室内四周墙体下侧与后做防潮层固坡—结合上口处裂缝,修复造价为138,924.69元"的责任分担问题,基于公平原则,法院酌情认定淄川粮管中心自行承担50%,为69,462.34元;松龄设计公司承担20%,为27,784.93元;天一建设公司与金桥监理公司分别承担15%,为20,838.71元。

> **第五十七条　【设计指定】**建筑设计单位对设计文件选用的建筑材料、建筑构配件和设备,不得指定生产厂、供应商。

条文理解

本条是关于设计指定的规定,参照《反不正当竞争法》第2条和第3条的规定,工程建设项目货物的生产与供应,应当遵循平等、公平原则,不得进行不正当竞争行为。依据《建设工程质量管理条例》第22条及《建设工程勘察设计管理条例》第27条的规定,因为建筑材料、专用设备、工艺生产线等有特殊要求,所以设计单位才指定生产厂、供应商的,属于例外情形,此情形并不违反本条规定。另外,本条规定为管理性规定,设计单位对设计文件选用的建筑材料、建筑构配件和设备指定生产厂、供应商的情形下，相关生产供应合同并非无效，但相关损失方可以诉求对应的损失赔偿。

规定集成

《建设工程质量管理条例》(2000 年 1 月 30 日初次实施，2019 年 4 月 23 日修订)

第 22 条　设计单位在设计文件中选用的建筑材料、建筑构配件和设备，应当注明规格、型号、性能等技术指标，其质量要求必须符合国家规定的标准。除有特殊要求的建筑材料、专用设备、工艺生产线等外，设计单位不得指定生产厂、供应商。

《建设工程勘察设计管理条例》(2000 年 9 月 25 日初次实施，2017 年 10 月 7 日修订)

第 27 条　设计文件中选用的材料、构配件、设备，应当注明其规格、型号、性能等技术指标，其质量要求必须符合国家规定的标准。除有特殊要求的建筑材料、专用设备和工艺生产线等外，设计单位不得指定生产厂、供应商。

《工程建设项目货物招标投标办法》(2005 年 3 月 1 日初次实施，2013 年 3 月 11 日修正)

第 3 条　工程建设项目符合《工程建设项目招标范围和规模标准规定》(原国家计委令第 3 号)规定的范围和标准的，必须通过招标选择货物供应单位。任何单位和个人不得将依法必须进行招标的项目化整为零或者以其他任何方式规避招标。

第 4 条　工程建设项目货物招标投标活动应当遵循公开、公平、公正和诚实信用的原则。货物招标投标活动不受地区或者部门的限制。

《反不正当竞争法》(2018 年 1 月 1 日版，1993 年 9 月 2 日初次实施，2019 年 4 月 23 日修正)

第 2 条第 1 款　经营者在生产经营活动中，应当遵循自愿、平等、公平、诚信的原则，遵守法律和商业道德。

第 2 款　本法所称的不正当竞争行为，是指经营者在生产经营活动中，违反本法规定,扰乱市场竞争秩序,损害其他经营者或者消费者的合法权益的行为。

第3条　各级人民政府应当采取措施,制止不正当竞争行为,为公平竞争创造良好的环境和条件。国务院建立反不正当竞争工作协调机制,研究决定反不正当竞争重大政策,协调处理维护市场竞争秩序的重大问题。

案例适用

135　设计单位指定设计文件选用的建筑材料、建筑构配件和设备的生产厂、供应商的合同效力如何

案件名称:再审申请人程某与被申请人张某建设工程施工合同纠纷案

审理法院:河南省商丘市中级人民法院

案　　号:(2018)豫14民再167号

裁判观点:谐波保护器虽然在合同图纸上指定了厂家,违反了《建筑法》第57条"建筑设计单位对设计文件选用的建筑材料、建筑构配件和设备,不得指定生产厂、供应商"的规定,但该规定是管理性规定,违反该规定并不导致该条款约定无效,因此程某申请再审称该合同条款约定无效的再审理由不能成立。

第五十八条　【施工责任】建筑施工企业对工程的施工质量负责。

建筑施工企业必须按照工程设计图纸和施工技术标准施工,不得偷工减料。工程设计的修改由原设计单位负责,建筑施工企业不得擅自修改工程设计。

条文理解

本条是关于施工责任的规定,依据《建设工程质量管理条例》第26

条和第28条的规定,施工单位对建设工程的施工质量负责,其应当建立质量责任制,确定工程项目的项目经理、技术负责人和施工管理负责人。施工单位必须按照工程设计图纸和施工技术标准施工,不得擅自修改工程设计,不得偷工减料。施工单位在施工过程中发现设计文件和图纸有差错的,应当及时提出意见和建议。依据《建设工程勘察设计管理条例》第28条的规定,施工单位不得修改工程勘察、设计文件。确需修改设计文件的,应当由原设计单位修改,或原设计单位书面同意,建设单位也可以委托其他具有相应资质的设计单位修改。修改单位对修改的设计文件承担相应责任。施工单位发现工程设计文件不符合工程建设强制性标准、合同约定的质量要求的,应当报告建设单位,建设单位有权要求设计单位对设计文件进行补充、修改。设计文件内容需要作重大修改的,建设单位应当报经原审批机关批准后,方可修改。

依据《民法典》第801条和《最高人民法院关于审理建设工程施工合同纠纷案件适用法律问题的解释(一)》第12条的规定,因承包人的原因致使工程质量不符合约定的,发包人有权请求施工人在合理期限内无偿修理或者返工、改建。经过修理或者返工、改建后,造成逾期交付的,承包人应当承担违约责任。承包人拒绝修理、返工或者改建,发包人有权要求减少工程价款。另外,施工单位违反设计图纸或施工技术标准施工的,建设单位要求其返工或者改建不以工程存在质量问题为前提,因为施工单位按照工程设计图纸和施工技术标准施工是其法定义务。最后,关于施工单位不得擅自修改工程设计的规定,有案例认为是效力性规定,建设单位与施工单位约定私下修改工程设计的协议无效。

规定集成

《城市居民住宅安全防范设施建设管理规定》(1996年2月1日初次实施)

第9条　施工单位应当严格按照安全防范设计要求进行施工,不得擅自改动。必须修改的,应当由原设计单位出具变更设计通知书及相应的图纸并报设计审批部门重新审批后方可进行。

《建设工程质量管理条例》(2000 年 1 月 30 日初次实施,2019 年 4 月 23 日修订)

第 26 条第 1、2 款　施工单位对建设工程的施工质量负责。施工单位应当建立质量责任制,确定工程项目的项目经理、技术负责人和施工管理负责人。

第 28 条　施工单位必须按照工程设计图纸和施工技术标准施工,不得擅自修改工程设计,不得偷工减料。施工单位在施工过程中发现设计文件和图纸有差错的,应当及时提出意见和建议。

《建设工程勘察设计管理条例》(2000 年 9 月 25 日初次实施,2017 年 10 月 7 日修订)

第 28 条　建设单位、施工单位、监理单位不得修改建设工程勘察、设计文件;确需修改建设工程勘察、设计文件的,应当由原建设工程勘察、设计单位修改。经原建设工程勘察、设计单位书面同意,建设单位也可以委托其他具有相应资质的建设工程勘察、设计单位修改。修改单位对修改的勘察、设计文件承担相应责任。施工单位、监理单位发现建设工程勘察、设计文件不符合工程建设强制性标准、合同约定的质量要求的,应当报告建设单位,建设单位有权要求建设工程勘察、设计单位对建设工程勘察、设计文件进行补充、修改。建设工程勘察、设计文件内容需要作重大修改的,建设单位应当报经原审批机关批准后,方可修改。

《建设部关于加强住宅工程质量管理的若干意见》(2004 年 1 月 30 日初次实施)

第 2 条第 4 项　施工单位应严格执行国家《建筑工程施工质量验收规范》,强化施工质量过程控制,保证各工序质量达到验收规范的要求。要制定本企业的住宅工程施工工艺标准,结合工程实际,落实设计图纸会审中保证施工质量的设计交底措施,对容易产生空鼓、开裂、渗漏等质量通病的部位和容易影响空气质量的厨房、卫生间管材等环节,采取相应的技术保障措施。

《民用建筑工程节能质量监督管理办法》(2006 年 7 月 31 日初次实施)

第 7 条　施工单位应当履行以下质量责任和义务:1. 严格按照审查合格的设计文件和建筑节能标准的要求进行施工,不得擅自修改设计文件。2. 对进入施工现场的墙体材料、保温材料、门窗部品等进行检验。对采暖空调系统、照明设备等进行检验，保证产品说明书和产品标识上注明的性能指标符合建筑节能要求。3. 应当编制建筑节能专项施工技术方案，并由施工单位专业技术人员及监理单位专业监理工程师进行审核，审核合格，由施工单位技术负责人及监理单位总监理工程师签字。4. 应当加强施工过程质量控制，特别应当加强对易产生热桥和热工缺陷等重要部位的质量控制，保证符合设计要求和有关节能标准规定。5. 对大型公共建筑工程采暖空调、通风、电气等系统的调试，应当符合设计等要求。6. 保温工程等在保修范围和保修期限内发生质量问题的，施工单位应当履行保修义务，并对造成的损失承担赔偿责任。

《防震减灾法》(1998 年 3 月 1 日初次实施,2008 年 12 月 27 日修订)

第 38 条第 3 款　施工单位应当按照施工图设计文件和工程建设强制性标准进行施工，并对施工质量负责。

第 4 款　建设单位、施工单位应当选用符合施工图设计文件和国家有关标准规定的材料、构配件和设备。

《关于进一步强化住宅工程质量管理和责任的通知》(2010 年 5 月 4 日初次实施)

第 1 条　强化住宅工程质量责任，规范建设各方主体行为，第 4 项，施工单位的责任：施工单位要严格按照经审查合格的施工图设计文件和施工技术标准进行施工，对住宅工程的施工质量依法承担责任。施工单位要建立健全质量管理体系，强化质量责任制，确定符合规定并满足施工需要的项目管理机构和项目经理、技术负责人等主要管理人员，不得转包和违法分包，不得擅自修改设计文件，不得偷工减料；要建立健全教育培训制度，所有施工管理和作业人员必须经过教育培训且考核合格后方可上岗；要按照工程设计要求、施工技术标准和合同约定，对建筑材料、建筑构配件、设备和商品混凝土进行检验，未经检验或者检验不合格的，不得使用；要健全施工过程的质量检验检测制度，做好工程重要结构部位和隐蔽工程的质量检查和记录，隐蔽工程在隐蔽前，要按规定通知有关单位验收；要对施工或者竣工验收中出现质量问题的住宅工程负责返修，对已竣工验收合格并交付使用的住宅工程要按规定承担保修责任。

《住房城乡建设部关于房屋建筑工程推广应用减隔震技术的若干意见(暂行)》(2014 年 2 月 21 日初次实施)

第 11 条　施工单位应严格执行国家有关工程建设强制性标准,强化施工质量过程控制。对于减隔震装置及其构造措施的安装施工,要结合工程实际编制专项施工方案,落实设计图纸会审中的交底措施。工程竣工后,应配合编制减隔震工程使用说明书。

《建筑工程五方责任主体项目负责人质量终身责任追究暂行办法》(2014 年 8 月 25 日初次实施)

第 5 条第 3 款　施工单位项目经理应当按照经审查合格的施工图设计文件和施工技术标准进行施工,对因施工导致的工程质量事故或质量问题承担责任。

《建筑施工项目经理质量安全责任十项规定(试行)》(2014 年 8 月 25 日初次实施)

第 2 条　项目经理必须对工程项目施工质量安全负全责,负责建立质量安全管理体系,负责配备专职质量、安全等施工现场管理人员,负责落实质量安全责任制、质量安全管理规章制度和操作规程。

第 3 条　项目经理必须按照工程设计图纸和技术标准组织施工,不得偷工减料;负责组织编制施工组织设计,负责组织制定质量安全技术措施,负责组织编制、论证和实施危险性较大分部分项工程专项施工方案;负责组织质量安全技术交底。

《民法典》(2021 年 1 月 1 日初次实施)

第 801 条　因施工人的原因致使建设工程质量不符合约定的,发包人有权请求施工人在合理期限内无偿修理或者返工、改建。经过修理或者返工、改建后,造成逾期交付的,施工人应当承担违约责任。

第 802 条　因承包人的原因致使建设工程在合理使用期限内造成人身损害和财产损失的,承包人应当承担赔偿责任。

《最高人民法院关于审理建设工程施工合同纠纷案件适用法律问题的解释(一)》(2021 年 1 月 1 日初次实施)

第 12 条　因承包人的原因造成建设工程质量不符合约定,承包人拒绝修理、返工或者改建,发包人请求减少支付工程价款的,人民法院应予支持。

第16条　发包人在承包人提起的建设工程施工合同纠纷案件中,以建设工程质量不符合合同约定或者法律规定为由,就承包人支付违约金或者赔偿修理、返工、改建的合理费用等损失提出反诉的,人民法院可以合并审理。

案例适用

136　施工单位未按照施工技术标准施工如何担责

案件名称:湖北祥和建设集团有限公司(以下简称祥和公司)与唐山广拓房地产开发有限公司(以下简称广拓公司)建设工程施工合同纠纷案

审理法院:最高人民法院

案　　号:(2019)最高法民申3172号

裁判观点:《合同法》(已失效)第281条规定:"因施工人的原因致使建设工程质量不符合约定的,发包人有权要求施工人在合理期限内无偿修理或者返工、改建。经过修理或者返工、改建后,造成逾期交付的,施工人应当承担违约责任。"根据前述法律规定,施工单位应对建设工程质量负责,保证建设工程质量是施工主体的一项法定义务。如建设工程质量不符合约定的,施工人应承担相应的法律责任。本案中,针对案涉工程质量,一审法院委托唐山环宇工程质量检测有限公司进行检测。根据唐山环宇工程质量检测有限公司出具的《关于唐山市铂瑞公馆住宅小区4#、6#~11#住宅楼质量问题的鉴定意见》,案涉4#、6#~11#住宅楼的外墙保温系统不能满足设计图纸及规范要求,应返工重做。针对外墙保温系统的修复费用问题,一审法院委托河北建友工程咨询有限公司进行评估。根据河北建友工程咨询有限公司出具的工程造价鉴定意见书,外墙修复造价为18,725,159.56元。上述外墙修复费用的发生因祥和公司施工的外墙保温系统不符合要求所致,该费用理应由祥和公司承担。结合本案事实来看,祥和公司也多次对外墙保温系统进行了维修,但未修复合格,为此导致本案诉争双方已失去了合作的可能性。在此情况下，二审法院根据已查明的事实和当事人的诉讼请求，判令祥和公司给付广拓公司修复费用18,725,159.56元正确。

137　施工单位未履行质量修复义务的情形下，建设单位能否委托第三方修复

案件名称：江苏省建工集团有限公司（以下简称建工公司）与河北江凯房地产开发有限公司（以下简称江凯公司）建设工程施工合同纠纷案

审理法院：最高人民法院

案　　号：（2018）最高法民申2818号

裁判观点：建工公司应否向江凯公司支付15万元工程修复费用。根据《建筑法》第58条、第60条的规定，建工公司作为施工企业，应对其已经施工的部分工程质量负责，对已发现的质量缺陷，应当修复。同时根据该法第32条第1款及第2款的规定，建筑工程监理对承包单位在施工质量等方面，代表建设单位实施监督，"认为工程施工不符合工程设计要求、施工技术标准和合同约定的，有权要求建筑施工企业改正"。本案一审、二审审理过程中，江凯公司提交了监理公司的处罚通知和监理通知，以证明建工公司施工的成顶板浇筑完混凝土存在质量隐患以及监理公司以屋顶开裂、严重漏水等原因向建工公司发出通知要求其将部分工程进行重做。同时，江凯公司提交了其交由案外人对屋顶楼板浇筑等质量问题进行修复处理的签证单，证实案外人对建工公司施工遗留的质量问题进行了维修。综合上述证据，原审判决认定工程有质量问题但建工公司没有进行修复，江凯公司委托案外人进行修复，建工公司应承担该修复费用并无不当。

138　施工单位违反设计图纸或施工技术标准施工，其返工是否以存在质量问题为前提

案件名称：龙海市第一建设有限公司（以下简称龙海一建）与龙海市榜山中学（以下简称榜山中学）建设工程施工合同纠纷案

审理法院:福建省高级人民法院

案　　号:(2018)闽民申906号

裁判观点:龙海一建与榜山中学签订的《施工合同》约定:“施工中承包人不得对原工程设计进行变更;承包人在施工中提出的合理化建议涉及对设计图纸或施工组织设计的更改及对材料、设备的换用,须经工程师同意。”在实际施工过程中,龙海一建对屋面斜栏板施工方法进行了变更,未依照《施工合同》和设计图纸(图纸更改通知单第三号)的要求进行施工。对此,监理单位2014年11月24日向龙海一建发出的监理工程师通知单也载明“经检查发现现场屋面斜栏板彩瓦敷设方法与设计变更通知方法不一致,要求贵公司按设计变更通知方法进行敷设粘贴”。龙海一建于2015年2月14日向榜山中学发出的承诺书中亦认可屋面斜栏板施工方法与设计不符。对该变更,龙海一建未能提供证据证明已经设计单位或榜山中学同意。《建筑法》第58条第2款的规定并未以工程是否出现质量问题为前提。故榜山中学要求龙海一建按照《施工合同》和设计图纸(图纸更改通知单第三号)的要求返工重做,有合同依据和法律依据。

139　施工单位与建设单位约定擅自修改工程设计的协议效力如何

案件名称:江苏蓝岳淮安置业有限公司(以下简称蓝岳公司)与江苏兴鹏基础工程有限公司(以下简称兴鹏公司)建设工程施工合同纠纷案

审理法院:江苏省高级人民法院

案　　号:(2014)苏民终字第0282号

裁判观点:国务院《建设工程勘察设计管理条例》第28条第1款规定:“建设单位、施工单位、监理单位不得修改建设工程勘察、设计文件;确需修改建设工程勘察、设计文件的,应当由原建设工程勘察、设计单位修改。经原建设工程勘察、设计单位书面同意,建设单位也可以委托其他具有相应资质的建设工程勘察、设计单位修改。修改单位对修改的勘察、设计文件承担相应责任。”第3款规定:“建设工程勘察、设计文件内容需要作重大修改的,建设单位应当报经原审批机关批准后,方可修改。”根据上述法律、行政法规的规定,无论是建设单位还是施工单位均不能擅自修改工程设计文件,如确需修改,应当由原设计单位修改,若是重大修改,还需由建设单位报经原审批机关批准后方可修改。本案中,补充协议的主要内容是蓝岳公司与兴鹏公司双方约定对基坑北侧支护方案进行修改,将原设计方案的放坡挂网喷浆支护方案修改为增加双排深层搅拌桩止水帷幕的方案,并且约定了由兴鹏公司参照原评审方案适当修改,并承担设计及基础施工过程中基坑支护的安全责任。但兴鹏公司仅为桩基及支护工程的施工单位,其并不具备相应专业设计的资质,因此,补充协议的约定明显违反上述法律、行政法规的强制性规定,应认定无效。

第五十九条　【材料检验】建筑施工企业必须按照工程设计要求、施工技术标准和合同的约定,对建筑材料、建筑构配件和设备进行检验,不合格的不得使用。

条文理解

本条是关于材料检验的规定,依据《建设工程质量管理条例》第29条和第31条的规定,施工单位必须按照工程设计要求、施工技术标准和合同约定,对建筑材料、建筑构配件、设备和商品混凝土进行检验,检验应当有书面记录和专人签字。未经检验或者检验不合格的,不得使用。施工单位对涉及结构安全的试块、试件以及有关材料,应当在建设单位或者工程监理单位监督下现场取样,并送具有相应资质等级的质量检测单位进行检测。另外,依据《建设工程勘察设计管理条例》第29条的规定,建设工程勘察、设计文件中规定采用的新技术、新材料,可能影响建设工程质量和安全,又没有国家技术标准的,应当由国家认可的检测机构进行试验、论证,出具检测报告,并经国务院有关部门或者省、自治区、直辖市人民政府有关部门组织的建设工程技术专家委员会审定后,方可使用。

规定集成

《城市居民住宅安全防范设施建设管理规定》(1996年2月1日初次实施)

第10条　城市居民住宅安全防范设施所用产品、设备和材料,必须是符合有关标准规定并经鉴定合格的产品。未经鉴定和不合格的产品不得采用。

《建设工程质量管理条例》(2000年1月30日初次实施,2019年4月23日修订)

第29条　施工单位必须按照工程设计要求、施工技术标准和合同约定,对建筑材料、建筑构配件、设备和商品混凝土进行检验,检验应当有书面记录和专人签字;未经检验或者检验不合格的,不得使用。

第30条　施工单位必须建立、健全施工质量的检验制度,严格工序管理,作好隐蔽工程的质量检查和记录。隐蔽工程在隐蔽前,施工单位应当通知建设单位和建设工程质量监督机构。

第31条　施工人员对涉及结构安全的试块、试件以及有关材料,应当在建设单位或者工程监理单位监督下现场取样,并送具有相应资质等级的质量检测单位进行检测。

《建设工程勘察设计管理条例》(2000年9月25日初次实施,2017年10月7日修订)

第29条　建设工程勘察、设计文件中规定采用的新技术、新材料,可能影响建设工程质量和安全,又没有国家技术标准的,应当由国家认可的检测机构进行试验、论证,出具检测报告,并经国务院有关部门或者省、自治区、直辖市人民政府有关部门组织的建设工程技术专家委员会审定后,方可使用。

《建筑工程预防坍塌事故若干规定》(2003年4月17日初次实施)

第20条　施工现场使用的组装式活动房屋应有产品合格证。施工单位在组装后进行验收,经验收合格签字后,方能使用……

《建筑起重机械安全监督管理规定》(2008 年 6 月 1 日初次实施)

第 16 条　建筑起重机械安装完毕后,使用单位应当组织出租、安装、监理等有关单位进行验收,或者委托具有相应资质的检验检测机构进行验收。建筑起重机械经验收合格后方可投入使用,未经验收或者验收不合格的不得使用。实行施工总承包的,由施工总承包单位组织验收。建筑起重机械在验收前应当经有相应资质的检验检测机构监督检验合格。检验检测机构和检验检测人员对检验检测结果、鉴定结论依法承担法律责任。

《民用建筑节能条例》(2008 年 10 月 1 日初次实施)

第 16 条　施工单位应当对进入施工现场的墙体材料、保温材料、门窗、采暖制冷系统和照明设备进行查验;不符合施工图设计文件要求的,不得使用。工程监理单位发现施工单位不按照民用建筑节能强制性标准施工的,应当要求施工单位改正;施工单位拒不改正的,工程监理单位应当及时报告建设单位,并向有关主管部门报告。墙体、屋面的保温工程施工时,监理工程师应当按照工程监理规范的要求,采取旁站、巡视和平行检验等形式实施监理。未经监理工程师签字,墙体材料、保温材料、门窗、采暖制冷系统和照明设备不得在建筑上使用或者安装,施工单位不得进行下一道工序的施工。

《建筑施工项目经理质量安全责任十项规定(试行)》(2014 年 8 月 25 日初次实施)

第 4 条　项目经理必须组织对进入现场的建筑材料、构配件、设备、预拌混凝土等进行检验,未经检验或检验不合格,不得使用;必须组织对涉及结构安全的试块、试件以及有关材料进行取样检测,送检试样不得弄虚作假,不得篡改或者伪造检测报告,不得明示或暗示检测机构出具虚假检测报告。

案例适用

140　施工单位使用未经检验的建筑材料,出现质量问题举证责任如何承担

案件名称:抚顺市乾盛新型建材厂(以下简称乾盛建材厂)与沈阳

龙友建筑工程有限公司(以下简称龙友建筑公司)买卖合同纠纷案

审理法院:辽宁省抚顺市中级人民法院

案　　号:(2019)辽04民终171号

裁判观点:《建筑法》第59条规定了建筑施工企业对建筑材料进行检验的义务,因此虽然乾盛建材厂作为供货方负有提供质量合格产品的义务,但案涉砌块的质量最终应由龙友建筑公司检验。乾盛建材厂提供的砌块送到施工现场后,龙友建筑公司对空心砌块取样送检,检测机构作出试验报告,结论是合格品。龙友建筑公司对实心砌块没有进行检测。对此,龙友建筑公司称是因为乾盛建材厂送货时,没有提供实心砌块的检测报告,导致龙友建筑公司无法对实心砌块进行检测。因法律规定龙友建筑公司最终承担对建筑材料的检验义务,未对实心砌块检验而使用,责任在龙友建筑公司。龙友建筑公司已经使用案涉砌块,并支付了部分货款。空心砌块的检测结论及龙友建筑公司的使用、付款行为证明龙友建筑公司对案涉砌块质量予以认可。龙友建筑公司二审中承认乾盛建材厂曾停止供货,在此期间的砌块由哪个供货单位提供,没有证据证明。虽然大连理工大学的司法鉴定结论为砌块不符合要求,但该鉴定意见是在另案中形成,并不涉及砌块不符合要求的原因,因此,大连理工大学的鉴定意见不能证明乾盛建材厂提供的砌块不满足其与龙友建筑公司签订的供货合同的约定。因此龙友建筑公司关于因砌块质量不合格而要求赔偿损失的上诉请求不予支持。

141　施工单位使用未经检验的建筑构配件,出现返工损失如何担责

案件名称:中山市人民低压电器有限公司(以下简称中山低压电器公司)与中山市农村电力工程有限公司(以下简称中山农村电力公司)等买卖合同纠纷案

审理法院:广东省中山市中级人民法院

案　　号:(2021)粤20民终1964号

裁判观点:根据《合同法》(已失效)第157条"买受人收到标的物应

当在约定的检验期内检验,没有约定检验期间的,应当及时进行检验”的规定,买受人依合同约定及法律规定对交付的产品进行检验即是权利也包含义务。该权利行使影响其关于检验期、质量异议及货款支付、损失赔偿等方面的权益;也包含在发现质量问题后及时向出卖方通知的义务,没有通知或超期通知的,将会导致法律拟制的后果(如标的物的数量或质量符合约定)。并且该义务的行使也会影响买卖合同的履行和权利义务的确定及双方关于质量问题的解决。案涉产品用于建筑施工,属于建筑构配件……故中山农村电力公司作为买受方无论是基于合同法规定的上述权益范畴,还是基于建筑法规定的上述管理性规定义务范畴,中山农村电力公司在收到案涉产品后没有进行检验、在安装使用前没有进行检测确实存在不当,虽非产生返工费损失的必然原因,但在一定程度上足以影响和可以避免该费用的产生。结合中山低压电器公司提供不合格产品是产生该费用的根本性和主要原因,中山农村电力公司未进行安装前的检测对产生该费用的关联和影响程度,法院酌定由中山农村电力公司自担该损失30%的责任,即中山低压电器公司承担该损失的70%为54,012(77160.01×70%)元。

第六十条 【质量缺陷】建筑物在合理使用寿命内,必须确保地基基础工程和主体结构的质量。

建筑工程竣工时,屋顶、墙面不得留有渗漏、开裂等质量缺陷;对已发现的质量缺陷,建筑施工企业应当修复。

条文理解

本条是关于质量缺陷的规定,根据《建筑工程施工质量验收统一标准》附录B“建筑工程的分部工程、分项工程划分”,地基与基础分部工程包括地基、基础、基坑支护、地下水控制、土方、边坡、地下防水共七项子分部工程。主体结构分部工程包括混凝土结构、砌体结构、钢结构、钢管混凝土结构、型钢混凝土结构、铝合金结构、木结构共七项子分部工程。依据《民用建筑设计统一标准》第3.2条“设计年限”的规定,临时性建筑的设计使用年限为5年,易于替换结构的建筑为25年,普通建筑和构筑物为50年,纪念性建筑和特别重要的建筑为100年。施工单位应当确保上述地基基础工程和主体结构工程在上述规定的设计年限内的质量。

依据《建设工程质量管理条例》第20条的规定,施工单位对施工中出现质量问题的建筑工程或者竣工验收不合格的建筑工程,应当负责返修,即建筑工程竣工时,屋顶、墙面不得留有渗漏、开裂等质量缺陷。对已发现的质量缺陷,施工单位应当修复。依据《民法典》第801条和《最高人民法院关于审理建设工程施工合同纠纷案件适用法律问题的解释(一)》第12条、第14条的规定,因承包人的原因造成建筑工程质量不符合约定,发包人有权请求承包人在合理期限内无偿修理或者返工、改建。经过修理或者返工、改建后,造成逾期交付的,承包人应当承担违约责任。承包人拒绝修理、返工或者改建,发包人有权请求减少支付工程价款。建筑工程未经竣工验收,发包人擅自使用后,又以使用部分质量不符合约定为由主张权利的,人民法院不予支持,但是承包人应当在建筑工程的合理使用寿命内对地基基础工程和主体结构质量承担民事责任。

规定集成

《建设工程质量管理条例》(2000年1月30日初次实施,2019年4月23日修订)

第32条　施工单位对施工中出现质量问题的建设工程或者竣工验收不合格的建设工程,应当负责返修。

《民法典》(2021年1月1日初次实施)

第801条　因施工人的原因致使建设工程质量不符合约定的,发包人有权请求施工人在合理期限内无偿修理或者返工、改建。经过修理或者返工、改建后，造成逾期交付的，施工人应当承担违约责任。

第802条　因承包人的原因致使建设工程在合理使用期限内造成人身损害和财产损失的，承包人应当承担赔偿责任。

《最高人民法院关于审理建设工程施工合同纠纷案件适用法律问题的解释（一）》（2021年1月1日初次实施）

第12条　因承包人的原因造成建设工程质量不符合约定，承包人拒绝修理、返工或者改建，发包人请求减少支付工程价款的，人民法院应予支持。

第14条　建设工程未经竣工验收，发包人擅自使用后，又以使用部分质量不符合约定为由主张权利的，人民法院不予支持；但是承包人应当在建设工程的合理使用寿命内对地基基础工程和主体结构质量承担民事责任。

第16条　发包人在承包人提起的建设工程施工合同纠纷案件中，以建设工程质量不符合合同约定或者法律规定为由，就承包人支付违约金或者赔偿修理、返工、改建的合理费用等损失提出反诉的，人民法院可以合并审理。

第17条　有下列情形之一，承包人请求发包人返还工程质量保证金的，人民法院应予支持：（一）当事人约定的工程质量保证金返还期限届满；（二）当事人未约定工程质量保证金返还期限的，自建设工程通过竣工验收之日起满2年；（三）因发包人原因建设工程未按约定期限进行竣工验收的，自承包人提交工程竣工验收报告90日后当事人约定的工程质量保证金返还期限届满；当事人未约定工程质量保证金返还期限的，自承包人提交工程竣工验收报告90日后起满2年。发包人返还工程质量保证金后，不影响承包人根据合同约定或者法律规定履行工程保修义务。

案例适用

142　回填土变形所致的地面沉降是否属于地基基础工程的质量问题

案件名称：上诉人新泰市新汶建筑工程有限公司与被上诉人山东平阳纺织有限公司、原审第三人新泰市新汶工业总公司建设工程施工合同纠纷案

审理法院：山东省高级人民法院

案　　号：(2016)鲁民终1198号

裁判观点：本案双方当事人所争议的工程质量问题是否属于地基基础工程质量问题，即〔2014〕鉴字第03号司法意见书应否采信。一审中，经山东平阳纺织有限公司申请，一审法院依法委托山东国泰建筑工程设计咨询有限公司就涉案工程是否存在地面下沉等质量问题、质量问题的成因以及该质量问题是否属于地基基础或主体结构进行司法鉴定。〔2014〕鉴字第03号司法意见书认定：涉案建筑物8－16－A－H区间内存在不同程度的地面沉降现象，地面变形主要是由于回填土变形所致，并明确该质量问题属于地基基础的地基部分。上述鉴定意见经庭审质证，鉴定人员也出庭接受了当事人的质询，程序合法。虽然上诉人提交了单方委托或单方咨询的相关意见，但均未对涉案的地面沉降问题是否属于地基基础工程质量有明确意见，上诉人提交的证据不能推翻〔2014〕鉴字第03号司法意见书的意见，一审法院采信〔2014〕鉴字第03号司法意见书作为认定本案事实的证据正确，二审法院予以支持。

143　外墙保温工程是否属于主体结构工程

案件名称：哈尔滨滨建房地产开发有限公司与哈尔滨五建工程有限责任公司(以下简称五建工程公司)建设工程施工合同纠纷案

审理法院：黑龙江省高级人民法院

案　　号：(2019)黑民终628号

裁判观点：对于鉴定意见中提到的外墙保温苯板粘结强度部分不符合标准要求，外保温层渗漏水属非主体问题。《建筑工程施工质量验收统一标准》(GB 50300—2013)于2014年6月1日起施行，在此之前的建设工程应适用《黑龙江省建筑工程施工质量验收标准》(DB 23/711—2003)为参照依据，该验收标准中认定外墙保温工程属于主体结构。案涉工程于2013年12月竣工，据此，案涉工程的外墙保温工程应属于主体工程。依照《建筑法》第60条的规定，五建工程公司应对外墙保温工程的质量承担维修责任。

144 地基基础工程和主体结构质量问题的修复责任能否因验收或使用而免除

案件名称:新疆川盛建设工程有限责任公司(以下简称川盛公司)与中共拜城县委员会组织部(以下简称拜城县组织部)建设工程施工合同纠纷案

审理法院:新疆维吾尔自治区高级人民法院

案　　号:(2021)新民申563号

裁判观点:《建筑法》第60条规定:"建筑物在合理使用寿命内,必须确保地基基础工程和主体结构的质量。建筑工程竣工时,屋顶、墙面不得留有渗漏、开裂等质量缺陷;对已发现的质量缺陷,建筑施工企业应当修复。"换言之,无论建筑工程是否经过验收、发包人是否擅自使用,如果建筑工程在合理使用寿命内地基基础工程和主体结构出现质量问题,承包人仍然要承担责任。本案双方签订的《建设工程施工合同》附件3《工程质量保修书》也约定了工程的质保期。原审已查明,2015年10月9日,拜城县公证处对涉案工程多处质量问题进行公证后拜城县组织部入住至今。无论是拜城县组织部提交的公证书还是川盛公司认可五方验收形成的情况说明,均可以反映涉案工程在使用之前已经存在未按图施工、未设置消防设备及地面下沉等质量问题,结合前述法律规定及司法解释,川盛公司针对涉案工程应履行的维修责任不因工程未经验收而消灭。

> **第六十一条　【竣工验收】**交付竣工验收的建筑工程,必须符合规定的建筑工程质量标准,有完整的工程技术经济资料和经签署的工程保修书,并具备国家规定的其他竣工条件。
>
> 建筑工程竣工经验收合格后,方可交付使用;未经验收或者验收不合格的,不得交付使用。

条文理解

本条是关于竣工验收的规定，根据《房屋建筑和市政基础设施工程竣工验收规定》第5条的规定，工程符合下列要求方可进行竣工验收：(1)完成工程设计和合同约定的各项内容。(2)施工单位在工程完工后对工程质量进行了检查，确认工程质量符合有关法律、法规和工程建设强制性标准，符合设计文件及合同要求，并提出工程竣工报告。工程竣工报告应经项目经理和施工单位有关负责人审核签字。(3)对于委托监理的工程项目，监理单位对工程进行了质量评估，具有完整的监理资料，并提出工程质量评估报告。工程质量评估报告应经总监理工程师和监理单位有关负责人审核签字。(4)勘察、设计单位对勘察、设计文件及施工过程中由设计单位签署的设计变更通知书进行了检查，并提出质量检查报告。质量检查报告应经该项目勘察、设计负责人和勘察、设计单位有关负责人审核签字。(5)有完整的技术档案和施工管理资料。(6)有工程使用的主要建筑材料、建筑构配件和设备的进场试验报告，以及工程质量检测和功能性试验资料。(7)建设单位已按合同约定支付工程款。(8)有施工单位签署的工程质量保修书。(9)对于住宅工程，进行分户验收并验收合格，建设单位按户出具住宅工程质量分户验收表。(10)建设主管部门及工程质量监督机构责令整改的问题全部整改完毕。(11)法律、法规规定的其他条件。

上述第1项和第7项相对应，施工单位的主要义务是完成工程设计和合同约定的各项内容，建设单位的主要义务是按照合同约定支付工程款。第2项至第4项及第6项是关于符合建筑工程质量标准的规定，其中第2项至第4项需要有勘察、设计、施工、工程监理单位分别签署的质量合格文件。第6项对应的是本法第59条关于施工单位必须按照工程设计要求、施工技术标准和合同的约定，对建筑材料、建筑构配件和设备进行检验，不合格的不得使用的规定。第5项对应的是《城市建设档案管理规定》第 8 条和第 9 条的规定，即建设单位在组织竣工验收前，应当提请城建档案管理机构对工程档案进行预验收。预验收合格后，由城建档案管理机构出具工程档案认可文件。建设单位在取得工程档案认可文件后，方可组织工程竣工验收。第 8 项与本法第 62 条对应，即建筑工程实行质量保修制度，保修范围包括地基基础工程、主体结构工程、屋面防水工程和其他土建工程，以及电气管线、上下水管线的安装工程，供热、供冷系统工程等项目。关于第 9 项，依据《关于做好住宅工程质量分户验收工作的通知》第 2 条的规定，分户验收内容主要包括：(1) 地面、墙面和顶棚质量；(2) 门窗质量；(3) 栏杆、护栏质量；(4) 防水工程质量；(5) 室内主要空间尺寸；(6) 给水排水系统安装质量；(7) 室内电气工程安装质量；(8) 建筑节能和采暖工程质量；(9) 有关合同中规定的其他内容。

依据本条第 2 款及《建设工程质量管理条例》第 16 条的规定，建筑工程经验收合格的，方可交付使用。未经验收或者验收不合格的，不得交付使用。依据《最高人民法院关于审理建设工程施工合同纠纷案件适用法律问题的解释(一)》第 14 条的规定，建筑工程未经竣工验收，建设单位擅自使用后，不能再就使用部分质量不符合约定为由主张权利的，地基基础工程和主体结构质量除外，即建设单位擅自使用后，不能再就本法第 60 条关于屋顶、墙面渗漏、开裂等质量缺陷主张权利，但可以依据本法第 62 条的规定要求施工单位承担保修义务，范围包括屋面防水工程和其他土建工程，以及电气管线、上下水管线的安装工程，供热、供冷系统工程等项目。

规定集成

《工程建设项目实施阶段程序管理暂行规定》(1995 年 7 月 29 日初次实施)

第 18 条　工程建设项目施工阶段结束后，应按照国家计委计建设〔1990〕1215 号文《建设项目(工程)竣工验收办法》(已失效)的规定，及时组织竣工验收，并办理固定资产移交手续。工程建设项目经竣工验收符合要求后，建设单位应尽快与建筑业企业办理工程结算，不得以任何理由拖欠建筑业企业的工程款。

《城市居民住宅安全防范设施建设管理规定》（1996年2月1日初次实施）

第11条　城市居民住宅竣工后，工程质量监督部门和住宅管理单位必须按规定对安全防范设施进行验收，不合格的不得交付使用。

《城市建设档案管理规定》（1998年1月1日初次实施，2019年3月13日修正）

第8条　列入城建档案馆档案接收范围的工程，建设单位在组织竣工验收前，应当提请城建档案管理机构对工程档案进行预验收。预验收合格后，由城建档案管理机构出具工程档案认可文件。

第9条　建设单位在取得工程档案认可文件后，方可组织工程竣工验收。建设行政主管部门在办理竣工验收备案时，应当查验工程档案认可文件。

《建设项目环境保护管理条例》（1998年11月29日初次实施，2017年7月16日修订）

第17条　编制环境影响报告书、环境影响报告表的建设项目竣工后，建设单位应当按照国务院环境保护行政主管部门规定的标准和程序，对配套建设的环境保护设施进行验收，编制验收报告。建设单位在环境保护设施验收过程中，应当如实查验、监测、记载建设项目环境保护设施的建设和调试情况，不得弄虚作假。除按照国家规定需要保密的情形外，建设单位应当依法向社会公开验收报告。

第18条　分期建设、分期投入生产或者使用的建设项目，其相应的环境保护设施应当分期验收。

第19条第1款　编制环境影响报告书、环境影响报告表的建设项目，其配套建设的环境保护设施经验收合格，方可投入生产或者使用；未经验收或者验收不合格的，不得投入生产或者使用。

《建设工程质量管理条例》（2000年1月30日初次实施，2019年4月23日修订）

第16条　建设单位收到建设工程竣工报告后，应当组织设计、施工、工程监理等有关单位进行竣工验收。建设工程竣工验收应当具下列条件：（一）完成建设工程设计和合同约定的各项内容；（二）有完整的技术档案和施工管理资料；

（三）有工程使用的主要建筑材料、建筑构配件和设备的进场试验报告；（四）有勘察、设计、施工、工程监理等单位分别签署的质量合格文件；（五）有施工单位签署的工程保修书。建设工程经验收合格的，方可交付使用。

《房屋建筑和市政基础设施工程竣工验收备案管理办法》（2000年4月4日初次实施，2009年10月19日修正）

第5条　建设单位办理工程竣工验收备案应当提交下列文件：（一）工程竣工验收备案表；（二）工程竣工验收报告。竣工验收报告应当包括工程报建日期，施工许可证号，施工图设计文件审查意见，勘察、设计、施工、工程监理等单位分别签署的质量合格文件及验收人员签署的竣工验收原始文件，市政基础设施的有关质量检测和功能性试验资料以及备案机关认为需要提供的有关资料；（三）法律、行政法规规定应当由规划、环保等部门出具的认可文件或者准许使用文件；（四）法律规定应当由公安消防部门出具的对大型的人员密集场所和其他特殊建设工程验收合格的证明文件；（五）施工单位签署的工程质量保修书；（六）法规、规章规定必须提供的其他文件。住宅工程还应当提交《住宅质量保证书》和《住宅使用说明书》。

第8条　备案机关发现建设单位在竣工验收过程中有违反国家有关建设工程质量管理规定行为的，应当在收讫竣工验收备案文件15日内，责令停止使用，重新组织竣工验收。

《建设部关于加强住宅工程质量管理的若干意见》（2004年1月30日初次实施）

第3条第4项　各地建设行政主管部门要加强对住宅工程竣工验收备案工作的管理，将竣工验收备案情况及时向社会公布。单体住宅工程未经竣工验收备案的，不得进行住宅小区的综合验收。住宅工程经竣工验收备案后，方可办理产权证。

《城市地下管线工程档案管理办法》（2005年5月1日初次实施）

第8条　地下管线工程覆土前，建设单位应当委托具有相应资质的工程测量单位，按照《城市地下管线探测技术规程》（CJJ61）进行竣工测量，形成准确的竣工测量数据文件和管线工程测量图。

第9条　地下管线工程竣工验收前，建设单位应当提请城建档案管理机构对地下管线工程档案进行专项预验收。

第10条第1款　建设单位在地下管线工程竣工验收备案前，应当向城建档案管理机构移交下列档案资料：（一）地下管线工程项目准备阶段文件、监理文件、施工文件、竣工验收文件和竣工图；（二）地下管线竣工测量成果；（三）其他应当归档的文件资料（电子文件、工程照片、录像等）。

《民用建筑节能条例》（2008年10月1日初次实施）

第17条　建设单位组织竣工验收，应当对民用建筑是否符合民用建筑节能强制性标准进行查验；对不符合民用建筑节能强制性标准的，不得出具竣工验收合格报告。

《消防法》（2009年5月1日版，1998年9月1日初次实施，2021年4月29日修正）

第13条　国务院住房和城乡建设主管部门规定应当申请消防验收的建设工程竣工，建设单位应当向住房和城乡建设主管部门申请消防验收。前款规定以外的其他建设工程，建设单位在验收后应当报住房和城乡建设主管部门备案，住房和城乡建设主管部门应当进行抽查。依法应当进行消防验收的建设工程，未经消防验收或者消防验收不合格的，禁止投入使用；其他建设工程经依法抽查不合格的，应当停止使用。

《关于做好住宅工程质量分户验收工作的通知》（2009年12月22日初次实施）

第2条　分户验收内容主要包括：（一）地面、墙面和顶棚质量；（二）门窗质量；（三）栏杆、护栏质量；（四）防水工程质量；（五）室内主要空间尺寸；（六）给水排水系统安装质量；（七）室内电气工程安装质量；（八）建筑节能和采暖工程质量；（九）有关合同中规定的其他内容。

第3条　分户验收依据为国家现行有关工程建设标准，主要包括住宅建筑规范、混凝土结构工程施工质量验收、砌体工程施工质量验收、建筑装饰装修工程施工质量验收、建筑地面工程施工质量验收、建筑给水排水及采暖工程施工质量验收、建筑电气工程施工质量验收、建筑节能工程施工质量验收、智能建筑工程质量验收、屋面工程质量验收、地下防水工程质量验收等标准规范，以及经审查合格的施工图设计文件。

第 4 条第 1 款第 4 项　分户验收合格后，建设单位必须按户出具《住宅工程质量分户验收表》，并作为《住宅质量保证书》的附件，一同交给住户。

第 2 款　分户验收不合格，不能进行住宅工程整体竣工验收……

《关于进一步强化住宅工程质量管理和责任的通知》(2010 年 5 月 4 日初次实施)

第 2 条　加强住宅工程质量管理，严格执行法定基本制度，第 16 项，加强竣工验收管理：住宅工程建成后，建设单位要组织勘察、设计、施工、监理等有关单位严格按照规定的组织形式、验收程序和验收标准进行竣工验收，并及时将有关验收文件报有关住房和城乡建设主管部门备案。各地要加强对住宅工程竣工验收备案的管理，将竣工验收备案情况及时向社会公布。未经验收或验收不合格的住宅工程不得交付使用。住宅工程经竣工验收备案后，方可办理房屋所有权证。对发现建设单位在竣工验收过程中有违反国家有关建设工程质量管理规定以及建筑节能强制性标准行为的，或采用虚假证明文件办理工程竣工验收备案的住宅工程项目，要限期整改，重新组织竣工验收，并依法追究建设单位及其法定代表人的责任。有条件的地区，在住宅工程竣工验收前，要积极推行由建设单位组织实施的分户验收。若住房地基基础和主体结构质量经法定检测不符合验收质量标准或全装修住房的装饰装修标准不符合合同约定的，购房人有权按照合同约定向建设单位索赔。

《建设项目安全设施"三同时"监督管理暂行办法》(2011 年 2 月 1 日初次实施)

第 23 条第 1 款　建设项目竣工投入生产或者使用前，生产经营单位应当组织对安全设施进行竣工验收，并形成书面报告备查。安全设施竣工验收合格后，方可投入生产和使用。

第 26 条第 1 款　建设项目的安全设施有下列情形之一的，建设单位不得通过竣工验收，并不得投入生产或者使用：(一) 未选择具有相应资质的施工单位施工的；(二) 未按照建设项目安全设施设计文件施工或者施工质量未达到建设项目安全设施设计文件要求的；(三) 建设项目安全设施的施工不符合国家有关施工技术标准的；(四) 未选择具有相应资质的安全评价机构进行安全验收评价或者安全验收评价不合格的；(五) 安全设施和安全生产条件不符合有关安全生产法律、法规、规章和国家标准或者行业标准、技术规范规定的;(六)发现建设项目试运行期间存在事故隐患未整改的;(七)未依法设置安全生产管理机构或者配备安全生产管理人员的;(八)从业人员未经过安全生产教育和培训或者不具备相应资格的;(九)不符合法律、行政法规规定的其他条件的。

《防雷装置设计审核和竣工验收规定》(2011年9月1日初次实施)(已失效)

第4条　下列建(构)筑物、场所和设施的防雷装置应当经过设计审核和竣工验收:(一)《建筑物防雷设计规范》规定的第一、二、三类防雷建筑物……(四)按照有关规定应当安装防雷装置的其他场所和设施。

第5条第1款　……防雷装置竣工未经验收合格的,不得投入使用。

第15条　防雷装置实行竣工验收制度。建设单位应当向气象主管机构提出申请,填写《防雷装置竣工验收申请书》(附表10)。新建、改建、扩建建(构)筑物竣工验收时,建设单位应当通知当地气象主管机构同时验收防雷装置。

第16条　防雷装置竣工验收应当提交以下材料:(一)《防雷装置竣工验收申请书》(附表10);(二)《防雷装置设计核准意见书》;(三)施工单位的资质证和施工人员的资格证书的复印件;(四)取得防雷装置检测资质的单位出具的《防雷装置检测报告》;(五)防雷装置竣工图纸等技术资料;(六)防雷产品出厂合格证、安装记录和符合国务院气象主管机构规定的使用要求的证明文件。

第20条　防雷装置竣工验收内容:(一)申请材料的合法性;(二)安装的防雷装置是否符合国家有关标准和国务院气象主管机构规定的使用要求;(三)安装的防雷装置是否按照核准的施工图施工完成。

《建设用地容积率管理办法》(2012年3月1日初次实施)

第12条　县级以上地方人民政府城乡规划主管部门对建设工程进行核实时,要严格审查建设工程是否符合容积率要求。未经核实或经核实不符合容积率要求的,建设单位不得组织竣工验收。

《建筑工程施工质量验收统一标准》(GB 50300—2013)(2014年6月1日初次实施)

第3.0.6条　建筑工程施工质量应按下列要求进行验收:1.工程质量验收均应在施工单位自检合格的基础上进行;2.参加工程施工质量验收的各方人员应具备相应的资格;3.检验批的质量应按主控项目和一般项目验收;4.对涉及结

构安全、节能、环境保护和主要使用功能的试块、试件及材料，应在进场时或施工中按规定进行见证检验；5. 隐蔽工程在隐蔽前应由施工单位通知监理单位进行验收，并应形成验收文件，验收合格后方可继续施工；6. 对涉及结构安全、节能、环境保护和使用功能的重要分部工程，应在验收前按规定进行抽样检验；7. 工程的观感质量应由验收人员现场检查，并应共同确认。

第3.0.7条　建筑工程施工质量验收合格应符合下列规定：1. 符合工程勘察、设计文件的要求；2. 符合本标准和相关专业验收规范的规定。

《房屋建筑和市政基础设施工程竣工验收规定》(2013年12月2日初次实施)

第5条　工程符合下列要求方可进行竣工验收：(一)完成工程设计和合同约定的各项内容。(二)施工单位在工程完工后对工程质量进行了检查，确认工程质量符合有关法律、法规和工程建设强制性标准，符合设计文件及合同要求，并提出工程竣工报告。工程竣工报告应经项目经理和施工单位有关负责人审核签字。(三)对于委托监理的工程项目，监理单位对工程进行了质量评估，具有完整的监理资料，并提出工程质量评估报告。工程质量评估报告应经总监理工程师和监理单位有关负责人审核签字。(四)勘察、设计单位对勘察、设计文件及施工过程中由设计单位签署的设计变更通知书进行了检查，并提出质量检查报告。质量检查报告应经该项目勘察、设计负责人和勘察、设计单位有关负责人审核签字。(五)有完整的技术档案和施工管理资料。(六)有工程使用的主要建筑材料、建筑构配件和设备的进场试验报告，以及工程质量检测和功能性试验资料。(七)建设单位已按合同约定支付工程款。(八)有施工单位签署的工程质量保修书。(九)对于住宅工程，进行分户验收并验收合格，建设单位按户出具《住宅工程质量分户验收表》。(十)建设主管部门及工程质量监督机构责令整改的问题全部整改完毕。(十一)法律、法规规定的其他条件。

《建设单位项目负责人质量安全责任八项规定(试行)》(2015年3月6日初次实施)

第7条　建设单位项目负责人应当按照有关规定组织勘察、设计、施工、工程监理等有关单位进行竣工验收，并按照规定将竣工验收报告、有关认可文件或者准许使用文件报送备案。未组织竣工验收或验收不合格的，不得交付使用。

《建设项目竣工环境保护验收暂行办法》(2017年11月22日初次实施)

第7条第3款　建设项目配套建设的环境保护设施经验收合格后,其主体工程方可投入生产或者使用;未经验收或者验收不合格的,不得投入生产或者使用。

第8条　建设项目环境保护设施存在下列情形之一的,建设单位不得提出验收合格的意见:(一)未按环境影响报告书(表)及其审批部门审批决定要求建成环境保护设施,或者环境保护设施不能与主体工程同时投产或者使用的;(二)污染物排放不符合国家和地方相关标准、环境影响报告书(表)及其审批部门审批决定或者重点污染物排放总量控制指标要求的;(三)环境影响报告书(表)经批准后,该建设项目的性质、规模、地点、采用的生产工艺或者防治污染、防止生态破坏的措施发生重大变动,建设单位未重新报批环境影响报告书(表)或者环境影响报告书(表)未经批准的;(四)建设过程中造成重大环境污染未治理完成,或者造成重大生态破坏未恢复的;(五)纳入排污许可管理的建设项目,无证排污或者不按证排污的;(六)分期建设、分期投入生产或者使用依法应当分期验收的建设项目,其分期建设、分期投入生产或者使用的环境保护设施防治环境污染和生态破坏的能力不能满足其相应主体工程需要的;(七)建设单位因该建设项目违反国家和地方环境保护法律法规受到处罚,被责令改正,尚未改正完成的;(八)验收报告的基础资料数据明显不实,内容存在重大缺项、遗漏,或者验收结论不明确、不合理的;(九)其他环境保护法律法规规章等规定不得通过环境保护验收的。

《最高人民法院关于审理建设工程施工合同纠纷案件适用法律问题的解释(一)》(2021年1月1日初次实施)

第9条　当事人对建设工程实际竣工日期有争议的,人民法院应当分别按照以下情形予以认定:(一)建设工程经竣工验收合格的,以竣工验收合格之日为竣工日期;(二)承包人已经提交竣工验收报告,发包人拖延验收的,以承包人提交验收报告之日为竣工日期;(三)建设工程未经竣工验收,发包人擅自使用的,以转移占有建设工程之日为竣工日期。

第14条　建设工程未经竣工验收,发包人擅自使用后,又以使用部分质量不符合约定为由主张权利的，人民法院不予支持；但是承包人应当在建设工程的合理使用寿命内对地基基础工程和主体结构质量承担民事责任。

《民法典》(2021 年 1 月 1 日初次实施)

第 799 条　建设工程竣工后，发包人应当根据施工图纸及说明书、国家颁发的施工验收规范和质量检验标准及时进行验收。验收合格的，发包人应当按照约定支付价款，并接收该建设工程。建设工程竣工经验收合格后，方可交付使用；未经验收或者验收不合格的，不得交付使用。

案例适用

145　如何判断施工单位已完成配合竣工验收并交付技术档案和施工管理资料的义务

案件名称：中天建设集团有限公司(以下简称中天公司)与榆林市凯元房地产开发有限公司(以下简称凯元公司)建设工程施工合同纠纷案

终审法院：最高人民法院

案　　号：(2021)最高法民终 754 号

一审裁判观点：《建筑法》第 61 条第 1 款规定：……《建设工程质量管理条例》第 16 条规定："建设单位收到建设工程竣工报告后，应当组织设计、施工、工程监理等有关单位进行竣工验收。建设工程竣工验收应当具备下列条件：……(二)有完整的技术档案和施工管理资料；(三)有工程使用的主要建筑材料、建筑构配件和设备的进场试验报告……"根据上述规定，建设工程的承包方，依法不但要参加发包方组织的竣工验收，而且要提交完整的技术档案和施工管理资料。本案中，虽然中天公司提交的 2 份竣工报告、5 份单位工程质量竣工验收记录能够证明其于 2015 年 7 月 16 日向监理单位提交了竣工验收报告，但从单位工程质量竣工验收记录记载的内容看，1#～5#楼均无勘察单位验收记录，1#楼只有施工单位、监理单位盖章，3#楼只有监理单位、施工单位、设计单位盖章。因此,2015年7月16日竣工验收实际是按《施工协议书》第9条第4项约定对案涉工程进行的初验,并非对案涉工程进行的竣工验收。中天公司也无证据证明其已向凯元公司提交了案涉工程完整的技术施工管理资料,由此,凯元公司要求中天公司配合竣工验收并交付案涉工程施工资料的请求于法有据,予以支持。

二审裁判观点:中天公司提供的2份竣工报告及5份单位(子单位)工程质量竣工验收记录等证据,仅能证明已按照《施工协议书》第9条第4项之约定由施工方对案涉工程质量进行初验,并非对案涉工程质量的竣工验收。因案涉工程一直未依法定程序完成竣工验收,中天公司作为施工单位即负有向建设单位提供完整的施工技术资料并配合建设单位组织的竣工验收工作的义务。中天公司没有提供证据证明其已向凯元公司交付了完整的施工技术资料,因此,一审判决中天公司向凯元公司交付案涉工程施工技术资料并配合竣工验收,既有合同依据,也有法律依据。

146　建设单位未经竣工验收擅自使用后,能否就非地基基础工程和主体结构质量问题主张权利

案件名称:乌苏北园春房地产开发有限公司(以下简称北园春房产公司)与兴润建设集团有限公司建设工程施工合同纠纷案

审理法院:新疆维吾尔自治区高级人民法院

案　　号:(2021)新40民申251号

裁判观点:本案再审审查的主要问题是:涉案外墙保温工程是否存在质量问题。《合同法》(已失效)第279条规定,"建设工程竣工后,发包人应当根据施工图纸及说明书、国家颁发的施工验收规范和质量检验标准及时进行验收。验收合格的,发包人应当按照约定支付价款,并接收该建设工程。建设工程竣工经验收合格后,方可交付使用;未经验收或者验收不合格的,不得交付使用"。根据《建筑法》第61条规定可知,建设工程必须竣工验收合格才能使用,否则违法。《最高人民法院关于审理建设工程施工合同纠纷案件适用法律问题的解释》(已失效)第13

条规定,“建设工程未经竣工验收,发包人擅自使用后,又以使用部分质量不符合约定为由主张权利的,不予支持;但是承包人应当在建设工程的合理使用寿命内对地基基础和主体结构质量承担民事责任”。本案涉案保温工程属于建筑层面分部下的分项工程,不属于主体结构范围,根据上述规定即使未经竣工验收,发包人擅自使用,可视为发包人认可建设工程质量。故北园春房产公司主张涉案外墙保温工程存在质量问题的理由,不能成立,法院不予支持。

147　建设单位未经竣工验收擅自使用后,能否以未竣工验收为由拒绝结算

案件名称:固始县国宾大酒店有限公司(以下简称国宾公司)建设工程施工合同纠纷案

审理法院:最高人民法院

案　　号:(2020)最高法民申2575号

裁判观点:《建筑法》第61条第2款和《合同法》(已失效)第279条第2款均规定,建筑工程竣工经验收合格后,方可交付使用;未经验收或者验收不合格的,不得交付使用。《最高人民法院关于审理建设工程施工合同纠纷案件适用法律问题的解释》(已失效)第14条第3项规定:“建设工程未经竣工验收,发包人擅自使用的,以转移占有建设工程之日为竣工日期。”国宾公司作为案涉工程的开发商,对于项目工程主要用于出售,其在明知工程未经竣工验收的情况下,将案涉工程房屋交付业主并装修入住,其行为已经构成擅自使用。同时,案涉工程除零星工程外已经基本完成,主体工程已经验收合格,双方办理了水电交接手续。综合以上情况,应视为工程已经竣工并具备结算条件。

148　建设单位未经竣工验收擅自使用后,能否免除施工单位协助办理竣工验收及备案手续的义务

案件名称:湖南巴陵建设有限公司(以下简称巴陵公司)与湖南大兴人防投资开发有限公司(以下简称大兴公司)建设工程施工合同纠

纷案

审理法院:最高人民法院

案　　号:(2018)最高法民申279号

裁判观点:首先,发包人擅自使用未经竣工验收的建设工程,其法律后果是由发包人对其所使用部分工程承担质量风险责任,而非免除施工单位配合办理竣工验收及备案手续的义务。《合同法》(已失效)第279条规定:"建设工程竣工后,发包人应当根据施工图纸及说明书、国家颁发的施工验收规范和质量检验标准及时进行验收。验收合格的,发包人应当按照约定支付价款,并接收该建设工程。建设工程竣工经验收合格后,方可交付使用;未经验收或者验收不合格的,不得交付使用。"《建筑法》第61条规定:……前述两条是关于建设工程竣工验收的规定,并强调未经验收或验收不合格的不得交付使用。《最高人民法院关于审理建设工程施工合同纠纷案件适用法律问题的解释》(已失效)第13条规定:"建设工程未经竣工验收,发包人擅自使用后,又以使用部分质量不符合约定为由主张权利的,不予支持;但是承包人应当在建设工程的合理使用寿命内对地基基础工程和主体结构质量承担民事责任。"该条司法解释是关于发包人擅自使用未经竣工验收的建设工程法律后果的规定,即建设工程未经验收擅自使用的,除建设工程合理使用寿命内的地基基础和主体结构外,发包人对其擅自使用部分承担工程质量风险责任,该条文并未规定此种情形下免除施工单位对于办理竣工验收及备案手续的协助义务。该司法解释第14条第3项规定:"建设工程未经竣工验收,发包人擅自使用的,以转移占有建设工程之日为竣工日期。"该条文是关于竣工日期的规定。即使结合上述4个条文,也不能得出施工单位对发包人擅自使用的未经验收的工程免除办理竣工验收及备案手续的协助义务,更不能得出支付工程款为施工单位履行协助办理竣工验收及备案手续义务的前提条件。本案中,即使认定作为发包人的大兴公司在涉案工程未经验收合格情况下擅自使用,其后果仅仅是由其对所使用的部分工程的质量风险承担责任，巴陵公司作为施工单位的办理竣工验收及备案手续的协助义务并不因此而免除。其次，由施工单位协助办理涉案工程竣工验收、消防验收、综合验收及竣工验收备案的相关手续，是客观需要，也是诚实信用原则的必然要求。根据《建设工程质量管理条例》第16条第2款、《房屋建筑和市政基础设施工程竣工验收备案管理办法》第5条的规定，竣工验收及办理工程竣工验收备案手续应当提交的文件中，部分文件需要施工单位签署或者提供，故作为施工单位的巴陵公司在涉案建设工程竣工验收及备案过程中履行协助义务是客观需要。另外，《合同法》第60条第2款规定：当事人应当遵循诚实信用原则，根据合同的性质、目的和交易习惯履行通知、协助、保密等义务。工程质量关涉人民群众生命财产安全，工程竣工验收、消防验收及备案等手续的办理是国家对建设工程质量进行监督管理的重要制度。巴陵公司和大兴公司签订的《湖南省建设工程施工合同》虽未明确约定巴陵公司对大兴公司在涉案工程竣工验收、消防验收、综合验收及竣工验收备案过程中的直接协助义务，但从合同目的和办理前述验收备案手续的客观需要出发，要求巴陵公司履行相关协助义务亦属诚实信用原则的应有之义。

第六十二条　【质量保修】建筑工程实行质量保修制度。

建筑工程的保修范围应当包括地基基础工程、主体结构工程、屋面防水工程和其他土建工程，以及电气管线、上下水管线的安装工程，供热、供冷系统工程等项目；保修的期限应当按照保证建筑物合理寿命年限内正常使用，维护使用者合法权益的原则确定。具体的保修范围和最低保修期限由国务院规定。

条文理解

本条是关于质量保修的规定，依据《房屋建筑工程质量保修办法》

第3条、第4条及第7条的规定,建筑工程质量保修制度是指对建筑工程竣工验收后在保修期限内出现质量不符合工程建设强制性标准以及合同约定的质量缺陷,施工单位应当履行保修义务的制度。在正常使用条件下,房屋建筑工程的最低保修期限为:(1)地基基础工程和主体结构工程,为设计文件规定的该工程的合理使用年限;(2)屋面防水工程、有防水要求的卫生间、房间和外墙面的防渗漏,为5年;(3)供热与供冷系统,为2个采暖期、供冷期;(4)电气管线、给排水管道、设备安装为2年;(5)装修工程为2年。其他项目的保修期限由建设单位和施工单位约定。依据《民用建筑设计统一标准》第3.2条"设计年限"的规定,临时性建筑的设计使用年限为5年,易于替换结构的建筑的设计使用年限为25年,普通建筑和构筑物的设计使用年限为50年,纪念性建筑和特别重要的建筑的设计使用年限为100年,即地基基础工程和主体结构工程的保修期限按照前述规定执行。

依据《房屋建筑工程质量保修办法》第9条、第12条至第14条及第17条的规定,在保修期限内出现质量缺陷,建设单位或者房屋建筑所有人应当向施工单位发出保修通知。如果建设单位或者房屋建筑所有人未向施工单位发出保修通知自行维修的情形下,有案例判决建设单位或者房屋建筑所有人自行承担部分的维修费用。施工单位收到保修通知后不按工程质量保修书约定保修的,建设单位可以另行委托其他单位保修,由原施工单位承担相应责任。保修费用由质量缺陷的责任方承担。在保修期内,因房屋建筑工程质量缺陷造成房屋所有人、使用人或者第三方人身、财产损害的,房屋所有人、使用人或者第三方可以向建设单位提出赔偿要求。建设单位向造成房屋建筑工程质量缺陷的责任方追偿。因保修不及时造成新的人身、财产损害,由造成拖延的责任方承担赔偿责任。需要注意的是,因使用不当或者第三方造成的质量缺陷及不可抗力造成的质量缺陷,不属于《房屋建筑工程质量保修办法》规定的保修范围。另外,关于建设单位与施工单位约定的保修期限低于法定最低期限的问题，法定最低保修期限属于强制性规定，低于该期限的约定无效，施工单位应当按照最低保修期限承担保修义务。最后，关于保修期和质量保证金返还期限的关系问题，保修期届满，施工单位不再承担相应范围的保修义务，而质量保证金是建设单位在质量缺陷责任期届满就返还。保修期与质量保证金没有直接的关系，建设单位不能以保修期限未满为由拒绝返还质量保证金。

规定集成

《工程建设项目实施阶段程序管理暂行规定》(1995 年 7 月 29 日初次实施)

第 19 条　工程建设项目保修期限是指从竣工验收交付使用日起，对出现的质量缺陷承担保修和赔偿责任的年限。除特殊情况或合同另有约定外，保修期限、返修和损害赔偿按建设部第 29 号令《建设工程质量管理办法》(已失效，编者注)的规定执行。

《城市房地产开发经营管理条例》(1998 年 7 月 20 日初次实施，2020 年 11 月 29 日修订)

第 30 条　房地产开发企业应当在商品房交付使用时，向购买人提供住宅质量保证书和住宅使用说明书。住宅质量保证书应当列明工程质量监督单位核验的质量等级、保修范围、保修期和保修单位等内容。房地产开发企业应当按照住宅质量保证书的约定，承担商品房保修责任。保修期内，因房地产开发企业对商品房进行维修，致使房屋原使用功能受到影响，给购买人造成损失的，应当依法承担赔偿责任。

《建设工程质量管理条例》(2000 年 1 月 30 日初次实施，2019 年 4 月 23 日修订)

第 39 条　建设工程实行质量保修制度。建设工程承包单位在向建设单位提交工程竣工验收报告时，应当向建设单位出具质量保修书。

第 40 条　在正常使用条件下，建设工程的最低保修期限为：(一)基础设施工程、房屋建筑的地基基础工程和主体结构工程，为设计文件规定的该工程的合理使用年限；(二)屋面防水工程、有防水要求的卫生间、房间和外墙面的防渗漏，为5年;(三)供热与供冷系统,为2个采暖期、供冷期;(四)电气管线、给排水管道、设备安装和装修工程,为2年。其他项目的保修期限由发包方与承包方约定。建设工程的保修期,自竣工验收合格之日起计算。

第41条　建设工程在保修范围和保修期限内发生质量问题的,施工单位应当履行保修义务,并对造成的损失承担赔偿责任。

第42条　建设工程在超过合理使用年限后需要继续使用的,产权所有人应当委托具有相应资质等级的勘察、设计单位鉴定,并根据鉴定结果采取加固、维修等措施,重新界定使用期。

《房屋建筑工程质量保修办法》(2000年6月30日初次实施)

第3条　本办法所称房屋建筑工程质量保修,是指对房屋建筑工程竣工验收后在保修期限内出现的质量缺陷,予以修复。本办法所称质量缺陷,是指房屋建筑工程的质量不符合工程建设强制性标准以及合同的约定。

第4条　房屋建筑工程在保修范围和保修期限内出现质量缺陷,施工单位应当履行保修义务。

第6条　建设单位和施工单位应当在工程质量保修书中约定保修范围、保修期限和保修责任等,双方约定的保修范围、保修期限必须符合国家有关规定。

第7条　在正常使用条件下,房屋建筑工程的最低保修期限为:(一)地基基础工程和主体结构工程,为设计文件规定的该工程的合理使用年限;(二)屋面防水工程、有防水要求的卫生间、房间和外墙面的防渗漏,为5年;(三)供热与供冷系统,为2个采暖期、供冷期;(四)电气管线、给排水管道、设备安装为2年;(五)装修工程为2年。其他项目的保修期限由建设单位和施工单位约定。

第8条　房屋建筑工程保修期从工程竣工验收合格之日起计算。

第9条　房屋建筑工程在保修期限内出现质量缺陷,建设单位或者房屋建筑所有人应当向施工单位发出保修通知。施工单位接到保修通知后,应当到现场核查情况,在保修书约定的时间内予以保修。发生涉及结构安全或者严重影响使用功能的紧急抢修事故,施工单位接到保修通知后,应当立即到达现场抢修。

第12条　施工单位不按工程质量保修书约定保修的,建设单位可以另行委托其他单位保修,由原施工单位承担相应责任。

第 13 条　保修费用由质量缺陷的责任方承担。

第 14 条　在保修期内,因房屋建筑工程质量缺陷造成房屋所有人、使用人或者第三方人身、财产损害的,房屋所有人、使用人或者第三方可以向建设单位提出赔偿要求。建设单位向造成房屋建筑工程质量缺陷的责任方追偿。

第 15 条　因保修不及时造成新的人身、财产损害,由造成拖延的责任方承担赔偿责任。

第 17 条　下列情况不属于本办法规定的保修范围:(一)因使用不当或者第三方造成的质量缺陷;(二)不可抗力造成的质量缺陷。

《民用建筑节能条例》(2008 年 10 月 1 日初次实施)

第 23 条　在正常使用条件下,保温工程的最低保修期限为 5 年。保温工程的保修期,自竣工验收合格之日起计算。保温工程在保修范围和保修期内发生质量问题的,施工单位应当履行保修义务,并对造成的损失依法承担赔偿责任。

《关于进一步强化住宅工程质量管理和责任的通知》(2010 年 5 月 4 日初次实施)

第 2 条　加强住宅工程质量管理,严格执行法定基本制度,第 17 项,加强工程质量保修管理。建设单位要按照国家有关工程质量保修规定和住宅质量保证书承诺的内容承担相应法律责任。施工单位要按照国家有关工程质量保修规定和工程质量保修书的要求,对住宅工程竣工验收后在保修期限内出现的质量缺陷予以修复。在保修期内,因住宅工程质量缺陷造成房屋所有人、使用人或者第三方人身、财产损害的,房屋所有人、使用人或者第三方可以向建设单位提出赔偿要求,建设单位可以向造成房屋建筑工程质量缺陷的责任方追偿。对因不履行保修义务或保修不及时、不到位,造成工程质量事故的建设单位和施工单位,要依法追究法律责任。建设单位要逐步推进质量安全保险机制,在住宅工程项目中实行工程质量保险,为用户在工程竣工一定时期内出现的质量缺陷提供保险。

《国务院办公厅关于清理规范工程建设领域保证金的通知》(2016 年 6 月 27 日初次实施)

第 1 条　全面清理各类保证金。对建筑业企业在工程建设中需缴纳的保证金,除依法依规设立的投标保证金、履约保证金、工程质量保证金、农民工工资保证金外,其他保证金一律取消。对取消的保证金,自本通知印发之日起,一律停止收取。

第 4 条　严格工程质量保证金管理。工程质量保证金的预留比例上限不得高于工程价款结算总额的 5% 。在工程项目竣工前,已经缴纳履约保证金的,建设单位不得同时预留工程质量保证金。

《建设工程质量保证金管理办法》(2017 年 7 月 1 日初次实施)

第 2 条　本办法所称建设工程质量保证金(以下简称保证金)是指发包人与承包人在建设工程承包合同中约定,从应付的工程款中预留,用以保证承包人在缺陷责任期内对建设工程出现的缺陷进行维修的资金。缺陷是指建设工程质量不符合工程建设强制性标准、设计文件,以及承包合同的约定。缺陷责任期一般为 1 年,最长不超过 2 年,由发、承包双方在合同中约定。

第 8 条　缺陷责任期从工程通过竣工验收之日起计。由于承包人原因导致工程无法按规定期限进行竣工验收的,缺陷责任期从实际通过竣工验收之日起计。由于发包人原因导致工程无法按规定期限进行竣工验收的,在承包人提交竣工验收报告 90 天后,工程自动进入缺陷责任期。

第 9 条　缺陷责任期内,由承包人原因造成的缺陷,承包人应负责维修,并承担鉴定及维修费用。如承包人不维修也不承担费用,发包人可按合同约定从保证金或银行保函中扣除,费用超出保证金额的,发包人可按合同约定向承包人进行索赔。承包人维修并承担相应费用后,不免除对工程的损失赔偿责任。由他人原因造成的缺陷,发包人负责组织维修,承包人不承担费用,且发包人不得从保证金中扣除费用。

《房屋建筑和市政基础设施项目工程总承包管理办法》(2020 年 3 月 1 日初次实施)

第 25 条　工程保修书由建设单位与工程总承包单位签署,保修期内工程总承包单位应当根据法律法规规定以及合同约定承担保修责任,工程总承包单位不得以其与分包单位之间保修责任划分而拒绝履行保修责任。

《最高人民法院关于审理建设工程施工合同纠纷案件适用法律问题的解释(一)》(2021 年 1 月 1 日初次实施)

第 17 条第 2 款　发包人返还工程质量保证金后,不影响承包人根据合同约定或者法律规定履行工程保修义务。

第 18 条　因保修人未及时履行保修义务，导致建筑物毁损或者造成人身损害、财产损失的，保修人应当承担赔偿责任。保修人与建筑物所有人或者发包人对建筑物毁损均有过错的，各自承担相应的责任。

案例适用

149　约定保修期低于法定保修期的协议效力如何

案件名称：上海乔格防水保温工程有限公司（以下简称乔格公司）与昆山天泓置业有限公司工程款纠纷案

审理法院：江苏省高级人民法院

案　　号：（2018）苏民申 2404 号

裁判观点：双方关于"保修期二年"的约定是否有效的问题。《建筑法》第 62 条规定，建筑工程实行质量保修制度，具体的保修范围和最低保修期限由国务院规定。根据《民用建筑节能条例》第 23 条规定："在正常使用条件下，保温工程的最低保修期限为 5 年。保温工程的保修期，自竣工验收合格之日起计算。保温工程在保修范围和保修期内发生质量问题的，施工单位应当履行保修义务，并对造成的损失依法承担赔偿责任。"建筑工程质量安全涉及使用人及社会公共利益，最低保修期限具有法定性和强制性的特点，施工单位在最低保修期限内的保修义务具有法定性，排除了施工合同当事人通过合同约定降低保修期限的意思自治。据此，一、二审认定双方施工合同中"保修期二年"的约定违反法律、法规强制性规定，应为无效，并无不当。乔格公司主张涉案工程已过保修期，其不需承担保修责任的再审申请理由不能成立。

150　建设单位未向施工单位发出保修通知自行维修，费用如何承担

案件名称：齐某与齐齐哈尔市宏盛建筑工程有限公司（以下简称宏盛公司）等建设工程施工合同纠纷案

审理法院：最高人民法院

案　　号:(2017)最高法民申2128号

裁判观点:原审判决认定的28.94万元维修费用属于工程竣工验收后出现质量问题发生的维修费用,属于保修范畴。《房屋建筑工程质量保修办法》第9条规定:"房屋建筑工程在保修期限内出现质量缺陷,建设单位或者房屋建筑所有人应当向施工单位发出保修通知。"第12条规定:"施工单位不按工程质量保修书约定保修的,建设单位可以另行委托其他单位保修,由原施工单位承担相应责任。"原审判决载明齐某在原审中未举示通知宏盛公司维修而宏盛公司拒绝维修的相关证据。因此,在齐某没有充分证据证明其通知宏盛公司进行保修而宏盛公司拒绝的情形下,原审判决对齐某自行维修发生的费用,判令其自行承担50%,判决理由虽有瑕疵,但结果并无不当。

151　变更隐藏工程的施工设计图导致质量问题能否以保修期已过免责

案件名称:枝江市兴建房地产开发有限公司(以下简称兴建公司)与魏某商品房销售合同纠纷案

审理法院:湖北省宜昌市中级人民法院

案　　号:(2020)鄂05民终2240号

裁判观点:《城市房地产管理法》第20条规定,房地产开发项目的设计、施工,必须符合国家的有关标准和规范。从在卷证据可以证实兴建公司对涉案房屋给排水施工图进行变更,但对魏某的房屋卫生间下水管排水支管没有单独排至室外检查井,也没有采取有效的防反压措施,留下了缺陷,违反了《建筑给水排水设计规范》和《建筑给水排水设计标准》的相关规定,这是导致卫生间倒灌污水的主要原因,应当承担主要责任。在物业公司发现污水倒灌等情况之后即电话通知了业主魏某,但其未及时回家处理,故对损失的发生也有过错,应承担次要责任。由于兴建公司对建筑给水排水管道的设计变更而留下质量缺陷,非专业机构及专业人士难以发现,且在质量保证书和住宅使用说明书上也没有说明或提示,故其以已过保质期为由推卸责任的理由不充分,法院不予支持。因此,兴建公司交付的房屋存在质量缺陷,由此造成买受人的损失应承担赔偿责任。

152 实际施工人能否以施工合同无效为由免除保修责任

案件名称:施某与十一冶建设集团有限责任公司重庆二分公司(以下简称十一冶重庆二分公司)建设工程合同纠纷案

审理法院:四川省高级人民法院

案　　号:(2020)川民申 2577 号

裁判观点:虽然施某与十一冶重庆二分公司签订的《施工合同》为无效合同,但施某已实际履行了案涉工程的施工内容。根据《建筑法》第 60 条"建筑物在合理使用寿命内,必须确保地基基础工程和主体结构的质量。建筑工程竣工时,屋顶、墙面不得留有渗漏、开裂等质量缺陷;对已发现的质量缺陷,建筑施工企业应当修复"、第 62 条……以及《房屋建筑工程质量保修办法》第 7 条"在正常使用下,房屋建筑的最低保修期限为:……(五)装修工程为 2 年"的规定,施某应当对其施工完成的工程保修期内出现的质量问题承担责任。案涉工程于 2016 年 6 月 30 日完成竣工验收,其保修期应为 2016 年 7 月 1 日至 2018 年 6 月 30 日。2018 年 5 月 6 日,十一冶重庆二分公司工作人员李某通过微信向施某出具工作联系函,要求施某对出现质量问题的案涉工程进行整改、修复,施某在收到通知的情况下未进行抗辩和答复,也未履行修复义务进行整改、修复。故十一冶重庆二分公司委托第三人对工程进行整改、修复所产生的费用应该由施某承担。

153 实际施工人能否以施工合同无效为由减轻保修责任

案件名称:山东宇程生物科技有限公司(以下简称宇程公司)与李某建设工程合同纠纷案

审理法院:山东省济宁市中级人民法院

案　　号:(2015)济民终字第 2166 号

裁判观点:《最高人民法院关于审理建设工程施工合同纠纷案件适用法律问题的解释》(已失效)第13条并未明确工程未经竣工验收合格,发包人擅自使用后,承包人的保修责任。依据《建筑法》第62条、《建设工程质量管理条例》第39条、第41条的规定,建设工程竣工验收合格交付使用后,建设工程在保修范围和保修期限内发生质量问题的,施工单位应当履行保修义务,并对造成的损失承担赔偿责任。故建设工程未经竣工验收,发包方擅自使用后出现建筑物外墙体渗漏并不排除承包人保修期内的保修责任。但上述关于承包人的保修责任,均是在建设工程施工合同有效及建设工程经竣工验收合格交付使用为前提,而本案中,因上诉人李某属自然人,无建筑施工企业资质,两上诉人签订的建设工程施工合同应为无效合同,因此本案建设工程墙体渗漏造成的损失如何承担赔偿责任,应依据《合同法》(已失效)第58条关于处理无效合同的原则予以确定,上诉人李某作为实际施工人,其不具备建设工程承包人主体资格,也未严格按施工规范要求进行施工,系造成涉案工程墙体渗漏的主要原因,应承担主要赔偿责任;上诉人宇程公司作为建设单位明知上诉人李某不具备相应施工资质仍与其签订建设工程施工合同,且在涉案工程尚未完全竣工的情况下擅自使用也有过错,也应承担相应的赔偿责任。综合本案案情及双方当事人的过错,法院确认上诉人宇程公司、李某赔偿责任比例为40%、60%。

154 建设单位在房屋已经全部销售的情形下,是否有权要求施工单位承担保修义务

案件名称:新疆恒远建设集团有限公司(以下简称恒远公司)与和田众一房地产开发有限公司(以下简称众一公司)建设工程合同纠纷案

审理法院:新疆维吾尔自治区和田地区中级人民法院

案　　号:(2020)新32民终330号

裁判观点:众一公司是涉案工程的发包方,恒远公司是承包方。参照《建设工程质量管理条例》第41条“建设工程在保修范围和保修期限

内发生质量问题的，施工单位应当履行保修义务，并对造成的损失承担赔偿责任”的规定及依照《建筑法》第75条的规定，工程质量保修责任是施工单位依照相关法律规定及双方签订的建设工程施工合同就建设工程在保修范围和保修期限内发生的质量问题需要承担的责任，调整的是发包方与承包方之间的关系。本案中，众一公司主张的是恒远公司对经验收合格的工程在使用过程中出现的质量问题应承担的保修责任。据此，众一公司有权以涉案工程质量存在问题为由，按照双方建设工程施工合同及质量保修书的约定，主张恒远公司承担质量保修的责任，是本案适格原告。恒远公司关于涉案工程已全部销售，应由业主主张相关权利的上诉请求没有事实和法律依据，法院不予支持。

155　如何理解保修期与质量保证金返还期限的关系

案件名称：崔某与吉林市江北农民新村房地产开发有限公司（以下简称江北公司）建设工程施工合同纠纷案

审理法院：吉林省高级人民法院

案　　号：(2020)吉民终234号

裁判观点：一审判决未依照4月6日合同之约定确定质量保证金的返还期限，而是依据《建设工程质量保证金管理办法》第2条第3款之规定，将案涉工程缺陷责任期确定为2年，并据此确定江北公司应返还崔某全部的质量保证金。对一审判决的上述认定，二审法院予以维持。理由如下：(1)我国先有保修制度，再有缺陷责任制度。《建筑工程质量管理条例》第40条规定了不同分部工程的保修期不同：基础设施工程、房屋建筑的地基基础工程和主体结构工程的保修期为设计文件规定的该工程的合理使用年限；屋面防水工程、有防水要求的卫生间、房间和外墙面的防渗漏保修期为5年；供热与供冷系统的保修期为2个采暖期、供冷期；电气管线、给排水管道、设备安装和装修工程的保修期为2年；其他项目的保修期限由发包方与承包方约定。2002年9月27日财政部颁布的《基本建设财务管理规定》(已失效)规定了建设工程质量保证金制度。该规定第34条规定："建设期间,建设单位与施工单位进行工程价款结算,建设单位必须按工程价款结算总额的5%预留工程质量保证金,待工程竣工验收一年后再清算。"至2005年1月12日财政部和原建设部颁布《建设工程质量保证金管理暂行办法》(已失效),规定了缺陷责任期一般为6个月、12个月或24个月,具体可由发、承包双方在合同中约定。2017年6月20日住建部、财政部对《建设工程质量保证金管理办法》进行修订,将工程质量保证金预留比例由原来规定的不得高于工程价款结算总额的5%修订为不得高于工程价款结算总额的3%,进一步完善了工程质量保证金制度。同时,在建筑工程领域,存在发包人收取承包单位多个名目保证金的现象,国务院于2016年下发《国务院办公厅关于清理规范工程建设领域保证金的通知》(国办发〔2016〕49号),明确了除依法依规设立的投标保证金、履约保证金、工程质量保证金、农民工工资保证金外,其他保证金一律取消和停止收取,并要求转变保证金缴纳方式,推行银行保函制度。上述规定呈现出的缺陷责任期制度的发展过程可知,主管部门对于质量保证金预留比例逐步减少、预留期限逐步缩减,目的在于为建筑企业减负,营造公平竞争环境。因此,本案在选择适用4月6日合同关于质量保证金返还期限约定还是适用《建设工程质量保证金管理办法》的规定确定案涉工程质量保证金返还期限上,应贴合法律法规和行业主管部门关于工程质量保证金功能定位和价值取向,作出有利于为施工方减负、有利于营造公平竞争环境的选择。据此,一审判决关于案涉工程的缺陷责任期为2年的认定,符合工程质量保证金的功能定位和主管部门价值取向,应予维持。(2)4月6日合同无效,将作为《施工合同》附件的《建设工程质量保修书》中关于工程质量保证金返还期限的约定视为结算条款参照适用,无明确法律依据。(3)在建设工程施工合同的签订和履行过程中,应区分保修期和缺陷责任期。与保修期相对应的是承包人的保修责任,保修期届满,承包人不再承担保修义务;与缺陷责任期对应的是承包人的瑕疵担保责任,缺陷责任期届满，发包人应当向承包人退还建设工程质量保证金，但如果缺陷责任期已经届满但保修期尚未届满，承包人仍需承担保修责任。4月6日合同详细约定了分部工程的质量保修期，虽然缺陷责任期已经届满，但部分工程的保修期并未届满，返还崔某质量保证金并不意味着免除其质量保修义务。在质量保修期内，相应工程出现质量问题，江北公司可依法主张权利。对江北公司而言，返还质量保证金未损害其权益。

第六十三条 【检举控告】任何单位和个人对建筑工程的质量事故、质量缺陷都有权向建设行政主管部门或者其他有关部门进行检举、控告、投诉。

条文理解

本条是关于检举控告的规定，依据《关于做好房屋建筑和市政基础设施工程质量事故报告和调查处理工作的通知》第1条的规定，质量事故是指由于建设、勘察、设计、施工、监理等单位违反工程质量有关法律法规和工程建设标准，使工程产生结构安全、重要使用功能等方面的质量缺陷，造成人身伤亡或者重大经济损失的事故。关于质量缺陷，参照本法第60条的规定，是指建筑工程屋顶、墙面留有渗漏、开裂等情形。

依据《建设工程质量管理条例》第43条和第53条的规定，建设行政主管部门对建筑工程质量实施监督管理，交通、水利等有关部门在各自的职责范围内，负责相应专业的质量的监督管理。任何单位和个人对建设工程的质量事故、质量缺陷都有权检举、控告、投诉。依据《建设工程质量投诉处理暂行规定》第4条、第10条及第17条至第19条的规定，接待和处理工程质量投诉是各级建设行政主管部门的一项重要日常工作。各级建设行政主管部门要支持和保护群众通过正常渠道、采取正当方式反映工程质量问题。对于工程质量的投诉，要认真对待，妥善处理。

对涉及由建筑施工、房地产开发、勘察设计、建筑规划、市政公用建设和村镇建设等方面原因引起的工程质量投诉,应在建设行政主管部门的领导和协调下,由分管该业务的职能部门负责调查处理。对于投诉的工程质量问题,投诉处理机构要本着实事求是的原则,对合理的要求,要及时妥善处理。暂时解决不了的,要向投诉人作出解释,并责成工程质量责任方限期解决。对不合理的要求,要作出说明,经说明后仍坚持无理要求的,应给予批评教育。对注明联系地址和联系人姓名的投诉,要将处理的情况通知投诉人。在处理工程质量投诉过程中,不得将工程质量投诉中涉及的检举、揭发、控告材料及有关情况,透露或者转送给被检举、揭发、控告的人员和单位。任何组织和个人不得压制、打击报复、迫害投诉人。

规定集成

《建设工程质量投诉处理暂行规定》(1997 年 4 月 2 日初次实施)

第 2 条　本办法中所称工程质量投诉,是指公民、法人和其他组织通过信函、电话、来访等形式反映工程质量问题的活动。

第 3 条　凡是新建、改建、扩建的各类建筑安装、市政、公用、装饰装修等建设工程,在保修期内和建设过程中发生的工程质量问题,均属投诉范围。对超过保修期,在使用过程中发生的工程质量问题,由产权单位或有关部门处理。

第 4 条　接待和处理工程质量投诉是各级建设行政主管部门的一项重要日常工作。各级建设行政主管部门要支持和保护群众通过正常渠道、采取正当方式反映工程质量问题。对于工程质量的投诉,要认真对待,妥善处理。

第 6 条　建设部负责全国建设工程质量投诉管理工作。国务院各有关主管部门的工程质量投诉受理工作,由各部门根据具体情况指定专门机构负责。省、自治区、直辖市建设行政主管部门指定专门机构,负责受理工程质量的投诉。

第 9 条　市(地)、县建委(建设局)的工程质量投诉管理机构和职责,由省、自治区、直辖市建设行政主管部门或地方人民政府确定。

第 10 条　对涉及到由建筑施工、房地产开发、勘察设计、建筑规划、市政公用建设和村镇建设等方面原因引起的工程质量投诉,应在建设行政主管部门的领导和协调下,由分管该业务的职能部门负责调查处理。

第15条　省级投诉处理机构受理的工程质量投诉,按照属地解决的原则,交由工程所在地的投诉处理机构处理,并要求报告处理结果。对于严重的工程质量问题可派人协助有关方面调查处理。

第16条　市、县级投诉处理机构受理的工程质量投诉,原则上应直接派人或与有关部门共同调查处理,不得层层转批。

第17条　对于投诉的工程质量问题,投诉处理机构要本着实事求是的原则,对合理的要求,要及时妥善处理;暂时解决不了的,要向投诉人作出解释,并责成工程质量责任方限期解决;对不合理的要求,要作出说明,经说明后仍坚持无理要求的,应给予批评教育。

第18条　对注明联系地址和联系人姓名的投诉,要将处理的情况通知投诉人。

第19条　在处理工程质量投诉过程中,不得将工程质量投诉中涉及的检举、揭发、控告材料及有关情况,透露或者转送给被检举、揭发、控告的人员和单位。任何组织和个人不得压制、打击报复、迫害投诉人。

《建设工程质量管理条例》(2000年1月30日初次实施,2019年4月23日修订)

第4条　县级以上人民政府建设行政主管部门和其他有关部门应当加强对建设工程质量的监督管理。

第43条　国家实行建设工程质量监督管理制度。国务院建设行政主管部门对全国的建设工程质量实施统一监督管理。国务院铁路、交通、水利等有关部门按照国务院规定的职责分工,负责对全国的有关专业建设工程质量的监督管理。县级以上地方人民政府建设行政主管部门对本行政区域内的建设工程质量实施监督管理。县级以上地方人民政府交通、水利等有关部门在各自的职责范围内,负责对本行政区域内的专业建设工程质量的监督管理。

第46条第1款　建设工程质量监督管理,可以由建设行政主管部门或者其他有关部门委托的建设工程质量监督机构具体实施。

第48条　县级以上人民政府建设行政主管部门和其他有关部门履行监督

检查职责时，有权采取下列措施：(一)要求被检查的单位提供有关工程质量的文件和资料；(二)进入被检查单位的施工现场进行检查；(三)发现有影响工程质量的问题时，责令改正。

第53条　任何单位和个人对建设工程的质量事故、质量缺陷都有权检举、控告、投诉。

《关于进一步强化住宅工程质量管理和责任的通知》(2010年5月4日初次实施)

第4条　加强政府监管和社会监督，健全住宅工程质量监督体系，第26项，加强社会监督：建设单位要在住宅工程施工现场的显著部位，将建设、勘察、设计、施工、监理等单位的名称、联系电话、主要责任人姓名和工程基本情况挂牌公示。住宅工程建成后，建设单位须在每栋建筑物明显部位永久标注建设、勘察、设计、施工、监理单位的名称及主要责任人的姓名，接受社会监督。各地和有关单位要公布质量举报电话，建立质量投诉渠道，完善投诉处理制度。要进一步加强信息公开制度，及时向社会公布住宅建筑工程质量的相关信息，切实发挥媒体与公众的监督作用。所有单位、个人和新闻媒体都有权举报和揭发工程质量问题。各有关单位要及时处理在社会监督中发现的问题，对于不能及时处理有关问题的单位和个人，要依法进行处罚。

《关于做好房屋建筑和市政基础设施工程质量事故报告和调查处理工作的通知》(2010年7月20日初次实施)

第1条　工程质量事故，是指由于建设、勘察、设计、施工、监理等单位违反工程质量有关法律法规和工程建设标准，使工程产生结构安全、重要使用功能等方面的质量缺陷，造成人身伤亡或者重大经济损失的事故。

第2条　事故等级划分，根据工程质量事故造成的人员伤亡或者直接经济损失，工程质量事故分为4个等级：(一)特别重大事故，是指造成30人以上死亡，或者100人以上重伤，或者1亿元以上直接经济损失的事故；(二)重大事故，是指造成10人以上30人以下死亡，或者50人以上100人以下重伤，或者5000万元以上1亿元以下直接经济损失的事故；(三)较大事故，是指造成3人以上10人以下死亡，或者10人以上50人以下重伤，或者1000万元以上5000万元以下直接经济损失的事故；（四）一般事故，是指造成3人以下死亡，或者10人以下重伤，或者100万元以上1000万元以下直接经济损失的事故。本等级划分所称的“以上”包括本数，所称的“以下”不包括本数。

案例适用

156　建设行政主管部门应如何处理个人投诉的房屋质量缺陷问题

案件名称：韶关市住房和城乡建设局（以下简称韶关市住建局）与朱某等城乡建设行政管理纠纷案

审理法院：广东省高级人民法院

案　　号：（2017）粤行终348号

一审裁判观点：《建设工程质量管理条例》第4条规定：“县级以上人民政府建设行政主管部门和其他有关部门应当加强对建设工程质量的监督管理。”第43条第3款规定：“县级以上地方人民政府建设行政主管部门对本行政区域内的建设工程质量实施监督管理。县级以上地方人民政府交通、水利等有关部门在各自的职责范围内，负责对本行政区域内的专业建设工程质量的监督管理。”《房屋建筑工程质量保修办法》第5条第2款规定：“县级以上地方人民政府建设行政主管部门负责本行政区域内房屋建筑工程质量保修的监督管理。”本案中，原告朱某1请求撤销韶关市政府作出的韶府行复〔2016〕第30号《行政复议不予受理决定书》理由充分。对朱某1所申请的投诉事项，韶关市政府以韶关市住建局作出的是信访事项的答复为由，在未对其投诉事项审查清楚是否属于行政主管部门应作出行政处理的情况下，作出不予受理决定，处理不当，应当予以撤销。

二审裁判观点：朱某1及其子朱某2在办理涉案房屋的收楼手续和装修过程中，认为涉案房屋存在多处质量问题，经与开发商碧桂园公司交涉未能达成一致，先后向韶关市信访局和韶关市住建局等部门进行投诉、控告。韶关市住建局在收到朱某1的投诉、控告后，虽然由韶关市质监站向碧桂园公司发出整改通知书，责成其履行保修责任，并由该局进行了相关协调工作等，但朱某1认为其反映的涉案房屋质量问题仍未得到妥善解决。而对朱某1反映的房屋质量问题是否属实，导致维修停滞的具体原因和责任由谁承担等问题，韶关市住建局并未查清。韶关市住建局仍应继续履行其法定职责，对朱某1反映的房屋质量问题进行有效的监督管理。韶关市住建局作出的涉案答复意见虽然是以信访答复的形式作出，但对朱某1的权利义务存在实际影响，朱某1有权对其申请复议和提起诉讼。韶关市政府以本案属于信访类案件，不符合行政复议受案范围为由，作出涉案《行政复议不予受理决定书》依据不足。原审判决撤销韶关市政府作出的涉案《行政复议不予受理决定书》以及韶关市住建局作出的涉案《关于朱某1信访事项的答复意见书》，并判决韶关市住建局在60日内重新作出具体行政行为，并无不当。

第七章

法律责任

第六十四条　【擅自施工】违反本法规定，未取得施工许可证或者开工报告未经批准擅自施工的，责令改正，对不符合开工条件的责令停止施工，可以处以罚款。

条文理解

本条是关于擅自施工的处罚规定，对应的是本法第7条关于“建筑工程开工前，建设单位应当按照国家有关规定向工程所在地县级以上人民政府建设行政主管部门申请领取施工许可证……”的规定。依据《建设工程质量管理条例》第57条和《建筑工程施工许可管理办法》第12条的规定，未取得施工许可证或者开工报告未经批准擅自施工的，责令停止施工，限期改正，对建设单位处工程合同价款1%以上2%以下的罚款，对施工单位处3万元以下罚款。

规定集成

《建设工程质量管理条例》（2000年1月30日初次实施，2019年4月23日修订）

第57条　违反本条例规定，建设单位未取得施工许可证或者开工报告未经批准，擅自施工的，责令停止施工，限期改正，处工程合同价款1%以上2%以下的罚款。

《建筑工程施工许可管理办法》（2014年10月25日初次实施，2018年9月28日修正）

第12条　对于未取得施工许可证或者为规避办理施工许可证将工程项目分解后擅自施工的，由有管辖权的发证机关责令停止施工，限期改正，对建设单位处工程合同价款1%以上2%以下罚款；对施工单位处3万元以下罚款。

第 13 条　建设单位采用欺骗、贿赂等不正当手段取得施工许可证的，由原发证机关撤销施工许可证，责令停止施工，并处 1 万元以上 3 万元以下罚款；构成犯罪的，依法追究刑事责任。

第 14 条　建设单位隐瞒有关情况或者提供虚假材料申请施工许可证的，发证机关不予受理或者不予许可，并处 1 万元以上 3 万元以下罚款；构成犯罪的，依法追究刑事责任。建设单位伪造或者涂改施工许可证的，由发证机关责令停止施工，并处 1 万元以上 3 万元以下罚款；构成犯罪的，依法追究刑事责任。

第 15 条　依照本办法规定，给予单位罚款处罚的，对单位直接负责的主管人员和其他直接责任人员处单位罚款数额 5% 以上 10% 以下罚款。单位及相关责任人受到处罚的，作为不良行为记录予以通报。

案例适用

157　如何把握对未取得施工许可证擅自施工行为的处罚幅度

案件名称：广西桂平市嘉兴实业投资有限公司（以下简称嘉兴投资公司）与桂平市住房和城乡建设局（以下简称桂平市住建局）行政处罚案

审理法院：广西壮族自治区贵港市中级人民法院

案　　号：（2020）桂 08 行终 127 号

裁判观点：《建筑法》第 7 条、第 64 条规定，建筑工程开工前，建设单位应当按照国家有关规定向工程所在地县级以上人民政府建设行政主管部门申请领取施工许可证；违反本法规定，未取得施工许可证或者开工报告未经批准擅自施工的，责令改正，对不符合开工条件的责令停止施工，可以处以罚款。《建设工程质量管理条例》第 57 条规定，违反本条例规定，建设单位未取得施工许可证或者开工报告未经批准，擅自施工的，责令停止施工，限期改正，处工程合同价款 1% 以上 2% 以下的罚款。本案中，嘉兴投资公司虽然取得了建设用地和建设工程的规划许可证，但尚未取得施工许可证即擅自开工建设，违反了上述法律规定，桂平市住建局责令其限期改正违法行为并无不当。关于罚款金额是否得当的问题。2017 年《行政处罚法》第 4 条第 2 款规定，设定和实施行政处罚必须以事实为依据，与违法行为的事实、性质、情节以及社会危害程度相当。根据上述规定，行政机关对违法行为人适用行政处罚，应当查清行为人违法行为的事实、性质、情节等，所处罚种和处罚幅度要与违法行为人的违法过错程度相适应。本案中，嘉兴投资公司经申请已于 2019 年 11 月 4 日取得施工许可证，且经检测涉案工程不存在结构及施工质量安全隐患，可以证实涉案工程开工时已具备施工条件，嘉兴投资公司未取得施工许可证即开工属于可改正、社会危害程度较轻的违法行为，可对其作出与违法行为情节相适应的处罚。但上诉人以工程合同价款 2% 进行罚款 1,872,792.76 元，属于法律规定的顶格罚款，所处罚款数额与违法行为情节不相适应，明显不当。关于 494 号处罚决定程序是否合法的问题。《行政处罚法》第 38 条第 2 款规定，对情节复杂或者重大违法行为给予较重的行政处罚，行政机关的负责人应当集体讨论决定。本案中，上诉人对被上诉人处以 1,872,792.76 元罚款，属于给予较重的行政处罚，依据上述法律规定，行政机关的负责人应当集体讨论决定，但上诉人未能提供行政处罚经集体讨论的证据材料，属于违反法律强制性规定，程序违法，依法应予撤销。鉴于桂平市住建局对嘉兴投资公司作出的处罚决定存在处罚过重及程序违法的事实，一审判决撤销该处罚决定的处理结果正确，二审法院予以维持。但应当指出的是，因本案被上诉人未取得施工许可证即擅自开工的违法事实确实存在，该处罚决定被撤销以后，上诉人可在完善相关执法程序后，对被上诉人作出与其违法事实、情节、行为相适应的行政处罚。

第六十五条 【缺乏资质】发包单位将工程发包给不具有相应资质条件的承包单位的，或者违反本法规定将建筑工程肢解发包的，责令改正，处以罚款。

超越本单位资质等级承揽工程的，责令停止违法行为，处以罚款，可以责令停业整顿，降低资质等级；情节严重的，吊销资质证书；有违法所得的，予以没收。

未取得资质证书承揽工程的，予以取缔，并处罚款；有违法所得的，予以没收。

以欺骗手段取得资质证书的，吊销资质证书，处以罚款；构成犯罪的，依法追究刑事责任。

条文理解

本条是关于缺乏资质的处罚规定，第 1 款对应的是本法第 22 条关于“发包单位应当将建筑工程发包给具有相应资质条件的承包单位”及本法第 24 条关于“禁止将建筑工程肢解发包”的规定。依据《建设工程质量管理条例》第 54 条和第 55 条的规定，建设单位将建筑工程发包给不具有相应资质等级的勘察、设计、施工单位或者委托给不具有相应资质等级的工程监理单位的，责令改正，处 50 万元以上 100 万元以下的罚款。建设单位将建筑工程肢解发包的，责令改正，处工程合同价款 0.5% 以上 1% 以下的罚款。对全部或者部分使用国有资金的项目，并可以暂停项目执行或者暂停资金拨付。

第 2 款对应的是本法第 26 条关于“承包建筑工程的单位应当持有依法取得的资质证书，并在其资质等级许可的业务范围内承揽工程。禁止建筑施工企业超越本企业资质等级许可的业务范围或者以任何形式用其他建筑施工企业的名义承揽工程”的规定。依据《建设工程质量管理条例》第 60 条的规定，勘察、设计、施工、工程监理单位超越本单位资质等级承揽工程的，责令停止违法行为，对勘察、设计单位或者工程监理单位处合同约定的勘察费、设计费或者监理酬金1倍以上2倍以下的罚款。对施工单位处工程合同价款2%以上4%以下的罚款，可以责令停业整顿，降低资质等级。情节严重的，吊销资质证书，有违法所得的，予以没收。未取得资质证书承揽工程的，予以取缔，依照前款规定处以罚款，有违法所得的，予以没收，即本条第3款规定的处罚。以欺骗手段取得资质证书承揽工程的，吊销资质证书，依照超越资质的处罚规定处以罚款，有违法所得的，予以没收，即本条第4款规定的处罚。

规定集成

《建设工程质量管理条例》(2000年1月30日初次实施，2019年4月23日修订)

第54条　违反本条例规定，建设单位将建设工程发包给不具有相应资质等级的勘察、设计、施工单位或者委托给不具有相应资质等级的工程监理单位的，责令改正，处50万元以上100万元以下的罚款。

第55条　违反本条例规定，建设单位将建设工程肢解发包的，责令改正，处工程合同价款0.5%以上1%以下的罚款；对全部或者部分使用国有资金的项目，并可以暂停项目执行或者暂停资金拨付。

第60条　违反本条例规定，勘察、设计、施工、工程监理单位超越本单位资质等级承揽工程的，责令停止违法行为，对勘察、设计单位或者工程监理单位处合同约定的勘察费、设计费或者监理酬金1倍以上2倍以下的罚款；对施工单位处工程合同价款2%以上4%以下的罚款，可以责令停业整顿，降低资质等级；情节严重的，吊销资质证书；有违法所得的，予以没收。未取得资质证书承揽工程的，予以取缔，依照前款规定处以罚款；有违法所得的，予以没收。以欺骗手段取得资质证书承揽工程的，吊销资质证书，依照本条第一款规定处以罚款；有违法所得的，予以没收。

第六十六条 【出借资质】建筑施工企业转让、出借资质证书或者以其他方式允许他人以本企业的名义承揽工程的，责令改正，没收违法所得，并处罚款，可以责令停业整顿，降低资质等级；情节严重的，吊销资质证书。对因该项承揽工程不符合规定的质量标准造成的损失，建筑施工企业与使用本企业名义的单位或者个人承担连带赔偿责任。

条文理解

本条是关于出借资质的处罚规定，对应的是本法第26条关于“禁止建筑施工企业以任何形式允许其他单位或者个人使用本企业的资质证书、营业执照，以本企业的名义承揽工程”的规定。依据《建设工程质量管理条例》第61条的规定，勘察、设计、施工、工程监理单位允许其他单位或者个人以本单位名义承揽工程的，责令改正，没收违法所得，对勘察、设计单位和工程监理单位处合同约定的勘察费、设计费和监理酬金1倍以上2倍以下的罚款。对施工单位处工程合同价款2%以上4%以下的罚款。可以责令停业整顿，降低资质等级。情节严重的，吊销资质证书。依据《建筑工程施工发包与承包违法行为认定查处管理办法》第15条的规定，对2年内发生2次及以上转让出借资质证书或者以其他方式允许他人以本单位的名义承揽工程的施工单位，应当依法按照情节严重情形给予处罚。

依据《最高人民法院关于审理建设工程施工合同纠纷案件适用法律问题的解释(一)》第7条的规定，缺乏资质的单位或者个人借用有资质的建筑施工企业名义签订建设工程施工合同，发包人有权请求出借方与借用方对建设工程质量不合格等因出借资质造成的损失承担连带赔偿责任。上述司法解释规定的是发包人的权利，而依据本条的规定，对因承揽工程不符合规定的质量标准造成的损失的受害方，都有权要求建筑施工企业与使用该企业名义的单位或者个人承担连带赔偿责任，不仅限于发包人。

规定集成

《建设工程质量管理条例》(2000 年 1 月 30 日初次实施，2019 年 4 月 23 日修订)

第 61 条　违反本条例规定，勘察、设计、施工、工程监理单位允许其他单位或者个人以本单位名义承揽工程的，责令改正，没收违法所得，对勘察、设计单位和工程监理单位处合同约定的勘察费、设计费和监理酬金 1 倍以上 2 倍以下的罚款；对施工单位处工程合同价款 2% 以上 4% 以下的罚款；可以责令停业整顿，降低资质等级；情节严重的，吊销资质证书。

《建筑工程施工发包与承包违法行为认定查处管理办法》(2019 年 1 月 1 日初次实施)

第 15 条　……(四)对认定有转让、出借资质证书或者以其他方式允许他人以本单位的名义承揽工程的施工单位，依据《中华人民共和国建筑法》第六十六条、《建设工程质量管理条例》第六十一条规定进行处罚……(六)……对 2 年内发生 2 次及以上转包、违法分包、挂靠、转让出借资质证书或者以其他方式允许他人以本单位的名义承揽工程的施工单位，应当依法按照情节严重情形给予处罚……

《最高人民法院关于审理建设工程施工合同纠纷案件适用法律问题的解释(一)》(2021 年 1 月 1 日初次实施)

第 7 条　缺乏资质的单位或者个人借用有资质的建筑施工企业名义签订建设工程施工合同，发包人请求出借方与借用方对建设工程质量不合格等因出借资质造成的损失承担连带赔偿责任的，人民法院应予支持。

第 15 条　因建设工程质量发生争议的，发包人可以以总承包人、分包人和实际施工人为共同被告提起诉讼。

案例适用

158　被挂靠方是否需要承担挂靠方欠付工程款的连带责任

案件名称：张某与江西华鼎建设工程有限公司（以下简称华鼎公司）、何某及新余市城乡建设投资（集团）有限公司（以下简称城投公司）建设工程施工合同纠纷案

审理法院：江西省高级人民法院

案　　号：（2020）赣民申409号

裁判观点：本案的争议焦点在于华鼎公司应否对何某欠付的工程款本息承担连带责任。本案所涉工程系由何某以华鼎公司名义从城投公司处承包，华鼎公司未实际投资和参与工程施工管理，仅向何某出借资质并收取管理费，整个工程项目是何某借用华鼎公司的资质进行施工，据此可以认定华鼎公司与何某之间是挂靠关系，对此事实双方当事人也均无异议，应予确认。根据《建筑法》第66条等规定，在借用资质签订建设工程施工合同的情况下，出借方与借用方对建设工程质量不合格等因出借资质造成的损失承担连带赔偿责任。而本案挂靠人何某欠付张某工程款本息并不属于上述法律司法解释的规定的被挂靠方应当承担连带赔偿责任的情形。同时，何某与华鼎公司签订《工程转包协议》的同日，张某与何某签订了《新余市观下安置房建设工程合作协议》，该合作协议并没有华鼎公司盖章或其法定代表人签名，张某也未主张且未举证证明何某与华鼎公司存在表见代理关系，故难以认定张某与华鼎公司存在合同关系。因此，二审法院依据《民法总则》（已失效）第178条第3款关于“连带责任，由法律规定或当事人约定”的规定及合同相对性原则，判决华鼎公司不承担本案的连带责任，适用法律并无不当。

第六十七条 【转包分包】承包单位将承包的工程转包的，或者违反本法规定进行分包的，责令改正，没收违法所得，并处罚款，可以责令停业整顿，降低资质等级；情节严重的，吊销资质证书。

承包单位有前款规定的违法行为的，对因转包工程或者违法分包的工程不符合规定的质量标准造成的损失，与接受转包或者分包的单位承担连带赔偿责任。

条文理解

本条是关于转包分包的责任规定，对应的是本法第 28 条关于“禁止承包单位将其承包的全部建筑工程转包给他人，禁止承包单位将其承包的全部建筑工程肢解以后以分包的名义分别转包给他人”及本法第 29 条关于“建筑工程总承包单位可以将承包工程中的部分工程发包给具有相应资质条件的分包单位；但是，除总承包合同中约定的分包外，必须经建设单位认可。施工总承包的，建筑工程主体结构的施工必须由总承包单位自行完成……禁止总承包单位将工程分包给不具备相应资质条件的单位。禁止分包单位将其承包的工程再分包”的规定。关于转包和违法分包的具体情形，详见《建筑工程施工发包与承包违法行为认定查处管理办法》第 8 条和第 12 条的规定。

依据《建设工程质量管理条例》第 62 条的规定，承包单位将承包的工程转包或者违法分包的，责令改正，没收违法所得，对勘察、设计单位处合同约定的勘察费、设计费 25% 以上 50% 以下的罚款。对施工单位处工程合同价款 0.5% 以上 1% 以下的罚款。工程监理单位转让工程监理业务的，责令改正，没收违法所得，处合同约定的监理酬金 25% 以上 50% 以下的罚款。可以责令停业整顿，降低资质等级。情节严重的，吊销资质证书。另外，本条第 2 款规定的连带责任仅限于工程不符合规定的质量标准造成的损失，与本法第 66 条关于施工单位转让、出借资质证书或者以其他方式允许他人以本企业的名义承揽工程规定的情形，以及《建设工程质量管理条例》第27条关于总承包单位与分包单位对分包工程的质量承担连带责任规定的情形一样，都是就工程不符合规定的质量标准造成的损失承担连带赔偿责任。

规定集成

《招标投标法》(2000年1月1日初次实施，2017年12月27日修正)

第58条　中标人将中标项目转让给他人的，将中标项目肢解后分别转让给他人的，违反本法规定将中标项目的部分主体、关键性工作分包给他人的，或者分包人再次分包的，转让、分包无效，处转让、分包项目金额千分之五以上千分之十以下的罚款；有违法所得的，并处没收违法所得；可以责令停业整顿；情节严重的，由工商行政管理机关吊销营业执照。

《建设工程质量管理条例》(2000年1月30日初次实施，2019年4月23日修订)

第27条　总承包单位依法将建设工程分包给其他单位的，分包单位应当按照分包合同的约定对其分包工程的质量向总承包单位负责，总承包单位与分包单位对分包工程的质量承担连带责任。

第62条　违反本条例规定，承包单位将承包的工程转包或者违法分包的，责令改正，没收违法所得，对勘察、设计单位处合同约定的勘察费、设计费25%以上50%以下的罚款；对施工单位处工程合同价款0.5%以上1%以下的罚款；可以责令停业整顿，降低资质等级；情节严重的，吊销资质证书。工程监理单位转让工程监理业务的，责令改正，没收违法所得，处合同约定的监理酬金25%以上50%以下的罚款；可以责令停业整顿，降低资质等级；情节严重的，吊销资质证书。

《建筑工程施工发包与承包违法行为认定查处管理办法》(2019年1月1日初次实施)

第7条　本办法所称转包，是指承包单位承包工程后，不履行合同约定的责任和义务，将其承包的全部工程或者将其承包的全部工程肢解后以分包的名义分别转给其他单位或个人施工的行为。

第 8 条　存在下列情形之一的，应当认定为转包，但有证据证明属于挂靠或者其他违法行为的除外：（一）承包单位将其承包的全部工程转给其他单位（包括母公司承接建筑工程后将所承接工程交由具有独立法人资格的子公司施工的情形）或个人施工的；（二）承包单位将其承包的全部工程肢解以后，以分包的名义分别转给其他单位或个人施工的；（三）施工总承包单位或专业承包单位未派驻项目负责人、技术负责人、质量管理负责人、安全管理负责人等主要管理人员，或派驻的项目负责人、技术负责人、质量管理负责人、安全管理负责人中一人及以上与施工单位没有订立劳动合同且没有建立劳动工资和社会养老保险关系，或派驻的项目负责人未对该工程的施工活动进行组织管理，又不能进行合理解释并提供相应证明的；（四）合同约定由承包单位负责采购的主要建筑材料、构配件及工程设备或租赁的施工机械设备，由其他单位或个人采购、租赁，或施工单位不能提供有关采购、租赁合同及发票等证明，又不能进行合理解释并提供相应证明的；（五）专业作业承包人承包的范围是承包单位承包的全部工程，专业作业承包人计取的是除上缴给承包单位“管理费”之外的全部工程价款的；（六）承包单位通过采取合作、联营、个人承包等形式或名义，直接或变相将其承包的全部工程转给其他单位或个人施工的；（七）专业工程的发包单位不是该工程的施工总承包或专业承包单位的，但建设单位依约作为发包单位的除外；（八）专业作业的发包单位不是该工程承包单位的；（九）施工合同主体之间没有工程款收付关系，或者承包单位收到款项后又将款项转拨给其他单位和个人，又不能进行合理解释并提供材料证明的。两个以上的单位组成联合体承包工程，在联合体分工协议中约定或者在项目实际实施过程中，联合体一方不进行施工也未对施工活动进行组织管理的，并且向联合体其他方收取管理费或者其他类似费用的，视为联合体一方将承包的工程转包给联合体其他方。

第 11 条　本办法所称违法分包，是指承包单位承包工程后违反法律法规规定，把单位工程或分部分项工程分包给其他单位或个人施工的行为。

第 12 条　存在下列情形之一的，属于违法分包：（一）承包单位将其承包的工程分包给个人的；（二）施工总承包单位或专业承包单位将工程分包给不具备相应资质单位的；（三）施工总承包单位将施工总承包合同范围内工程主体结构的施工分包给其他单位的，钢结构工程除外；（四）专业分包单位将其承包的专业工程中非劳务作业部分再分包的;(五)专业作业承包人将其承包的劳务再分包的;(六)专业作业承包人除计取劳务作业费用外,还计取主要建筑材料款和大中型施工机械设备、主要周转材料费用的。

第15条 ……(二)对认定有转包、违法分包违法行为的施工单位,依据《中华人民共和国建筑法》第六十七条、《建设工程质量管理条例》第六十二条规定进行处罚……(六)……对2年内发生2次及以上转包、违法分包、挂靠、转让出借资质证书或者以其他方式允许他人以本单位的名义承揽工程的施工单位,应当依法按照情节严重情形给予处罚。(七)因违法发包、转包、违法分包、挂靠等违法行为导致发生质量安全事故的,应当依法按照情节严重情形给予处罚。

案例适用

159 承包单位因转包或者违法分包的所得是否应一律没收

案件名称:江西中煤建设集团有限公司(以下简称中煤公司)与严某建设工程施工合同纠纷案

审理法院:江西省景德镇市中级人民法院

案　　号:(2020)赣02民终372号

裁判观点:根据《建筑法》第67条等规定,二审法院认为,上述法律、司法解释的规定在于制裁违法行为,规范建筑市场,保证建筑市场工程质量,进而保证人民生命、财产安全,对于非法转包、违法分包及挂靠施工中的管理费,应当区分不同情形进行处理:当转包人、违法分包人、出借资质方完全不参与施工合同实际履行的,其行为明显违反法律规定,管理费应全部作为非法所得予以收缴;当其参与实际施工时,其对于工程的完工投入了一定的人力、物力,且物化到该工程之中,此种情形下,管理费不只是因签订违法合同获得,而且是因其投入人力、物力而获得,因此,对于其投入的人力、物力的价值应当分离,剩余的管理费作为非法所得予以收缴。管理费的表现形式不仅是合同中约定的管理费,还包括转包人对于工程投入的人力或物力。一审法院酌定,派驻人员工资为

78,800 元,由严某支付给中煤公司,认定正确,二审法院予以维持。

160　接受转包或者分包的单位能否以发包单位明知为由免除质量连带赔偿责任

案件名称:大连市政设施修建有限公司(以下简称市政公司)与北方华锦化学工业股份有限公司(以下简称华锦公司)、大连神沟非开挖施工有限公司(以下简称神沟公司)建设工程施工合同纠纷案

审理法院:最高人民法院

案　　号:(2019)最高法民申 5769 号

裁判观点:根据原审已经查明的事实,市政公司在中标后未按工程设计及施工要求完成施工,且未经发包方华锦公司同意,擅自将案涉工程转包给神沟公司施工,市政公司显然存在过错。事实上,也因实际施工人神沟公司所施工的大清河南北支石油管线埋深严重背离设计及规范要求,给华锦公司造成损失,故原审判决判令市政公司与神沟公司连带承担赔偿责任,有事实和法律依据,并无不当。市政公司申请再审以华锦公司明知工程转包为由主张其无须承担连带赔偿责任,理由不能成立。

> **第六十八条　【受贿行贿】**在工程发包与承包中索贿、受贿、行贿,构成犯罪的,依法追究刑事责任;不构成犯罪的,分别处以罚款,没收贿赂的财物,对直接负责的主管人员和其他直接责任人员给予处分。
>
> 对在工程承包中行贿的承包单位,除依照前款规定处罚外,可以责令停业整顿,降低资质等级或者吊销资质证书。

条文理解

本条是关于受贿行贿的责任规定,对应的是本法第 17 条关于"发包

单位及其工作人员在建筑工程发包中不得收受贿赂、回扣或者索取其他好处。承包单位及其工作人员不得利用向发包单位及其工作人员行贿、提供回扣或者给予其他好处等不正当手段承揽工程”的规定。依据《刑法》第385条的规定,国家工作人员利用职务上的便利,索取他人财物的,或者非法收受他人财物,为他人谋取利益的,是受贿罪。国家工作人员在经济往来中,违反国家规定,收受各种名义的回扣、手续费,归个人所有的,以受贿论处。依据《刑法》第389条的规定,为谋取不正当利益,给予国家工作人员以财物的,是行贿罪。依据《行政处罚法》第27条的规定,违法行为涉嫌犯罪的,行政机关应当及时将案件移送司法机关,依法追究刑事责任。对依法不需要追究刑事责任或者免予刑事处罚,但应当给予行政处罚的,司法机关应当及时将案件移送有关行政机关。

规定集成

《刑法》(1997年10月1日版,1980年1月1日初次实施,2020年12月26日修正)

第163条　公司、企业或者其他单位的工作人员,利用职务上的便利,索取他人财物或者非法收受他人财物,为他人谋取利益,数额较大的,处三年以下有期徒刑或者拘役,并处罚金;数额巨大或者有其他严重情节的,处三年以上十年以下有期徒刑,并处罚金;数额特别巨大或者有其他特别严重情节的,处十年以上有期徒刑或者无期徒刑,并处罚金。公司、企业或者其他单位的工作人员在经济往来中,利用职务上的便利,违反国家规定,收受各种名义的回扣、手续费,归个人所有的,依照前款的规定处罚。国有公司、企业或者其他国有单位中从事公务的人员和国有公司、企业或者其他国有单位委派到非国有公司、企业以及其他单位从事公务的人员有前两款行为的,依照本法第三百八十五条、第三百八十六条的规定定罪处罚。

第164条第1款　为谋取不正当利益,给予公司、企业或者其他单位的工作人员以财物,数额较大的,处三年以下有期徒刑或者拘役,并处罚金;数额巨大的,处三年以上十年以下有期徒刑,并处罚金。

第 383 条　对犯贪污罪的，根据情节轻重，分别依照下列规定处罚：（一）贪污数额较大或者有其他较重情节的，处三年以下有期徒刑或者拘役，并处罚金。（二）贪污数额巨大或者有其他严重情节的，处三年以上十年以下有期徒刑，并处罚金或者没收财产。（三）贪污数额特别巨大或者有其他特别严重情节的，处十年以上有期徒刑或者无期徒刑，并处罚金或者没收财产；数额特别巨大，并使国家和人民利益遭受特别重大损失的，处无期徒刑或者死刑，并处没收财产。对多次贪污未经处理的，按照累计贪污数额处罚。犯第一款罪，在提起公诉前如实供述自己罪行、真诚悔罪、积极退赃，避免、减少损害结果的发生，有第一项规定情形的，可以从轻、减轻或者免除处罚；有第二项、第三项规定情形的，可以从轻处罚。犯第一款罪，有第三项规定情形被判处死刑缓期执行的，人民法院根据犯罪情节等情况可以同时决定在其死刑缓期执行二年期满依法减为无期徒刑后，终身监禁，不得减刑、假释。

第 385 条　国家工作人员利用职务上的便利，索取他人财物的，或者非法收受他人财物，为他人谋取利益的，是受贿罪。国家工作人员在经济往来中，违反国家规定，收受各种名义的回扣、手续费，归个人所有的，以受贿论处。

第 389 条　为谋取不正当利益，给予国家工作人员以财物的，是行贿罪。在经济往来中，违反国家规定，给予国家工作人员以财物，数额较大的，或者违反国家规定，给予国家工作人员以各种名义的回扣、手续费的，以行贿论处。因被勒索给予国家工作人员以财物，没有获得不正当利益的，不是行贿。

第 390 条　对犯行贿罪的，处五年以下有期徒刑或者拘役，并处罚金；因行贿谋取不正当利益，情节严重的，或者使国家利益遭受重大损失的，处五年以上十年以下有期徒刑，并处罚金；情节特别严重的，或者使国家利益遭受特别重大损失的，处十年以上有期徒刑或者无期徒刑，并处罚金或者没收财产。行贿人在被追诉前主动交待行贿行为的，可以从轻或者减轻处罚。其中，犯罪较轻的，对侦破重大案件起关键作用的，或者有重大立功表现的，可以减轻或者免除处罚。

《行政处罚法》（1996 年 10 月 1 日初次实施，2021 年 1 月 22 日修订）

第 9 条　行政处罚的种类：（一）警告、通报批评；（二）罚款、没收违法所得、没收非法财物；（三）暂扣许可证件、降低资质等级、吊销许可证件；（四）限制开展生产经营活动、责令停产停业、责令关闭、限制从业;(五)行政拘留;(六)法律、行政法规规定的其他行政处罚。

第27条 违法行为涉嫌犯罪的,行政机关应当及时将案件移送司法机关,依法追究刑事责任。对依法不需要追究刑事责任或者免予刑事处罚,但应当给予行政处罚的,司法机关应当及时将案件移送有关行政机关。行政处罚实施机关与司法机关之间应当加强协调配合,建立健全案件移送制度,加强证据材料移交、接收衔接,完善案件处理信息通报机制。

第六十九条 【监理责任】工程监理单位与建设单位或者建筑施工企业串通,弄虚作假、降低工程质量的,责令改正,处以罚款,降低资质等级或者吊销资质证书;有违法所得的,予以没收;造成损失的,承担连带赔偿责任;构成犯罪的,依法追究刑事责任。

工程监理单位转让监理业务的,责令改正,没收违法所得,可以责令停业整顿,降低资质等级;情节严重的,吊销资质证书。

条文理解

本条是关于监理责任的规定,对应的是本法第34条关于"工程监理单位不得转让工程监理业务"及本法第35条关于"工程监理单位与承包单位串通,为承包单位谋取非法利益,给建设单位造成损失的,应当与承包单位承担连带赔偿责任"的规定。依据《建设工程质量管理条例》第67条的规定,监理单位与建设单位或者施工单位串通,弄虚作假、降低工程质量的,或者将不合格的建设工程、建筑材料、建筑构配件和设备按照合格签字的,责令改正,处50万元以上100万元以下的罚款,降低资质等级或者吊销资质证书。有违法所得的,予以没收。造成损失的,承担连带赔偿责任。构成犯罪的,依法追究刑事责任。依据《刑法》第137条的规定,建设单位、设计单位、施工单位、工程监理单位违反国家规定,降低工程质量标准,造成重大安全事故的,对直接责任人员,处5年以下有期徒刑或者拘役,并处罚金。后果特别严重的,处5年以上10年以下有期徒刑,并处罚金。

依据《建设工程质量管理条例》第62条的规定,工程监理单位转让工程监理业务的,责令改正,没收违法所得,处合同约定的监理酬金25%以上50%以下的罚款。可以责令停业整顿,降低资质等级。情节严重的,吊销资质证书。另外,依据《建设工程安全生产管理条例》第57条的规定,监理单位未对施工组织设计中的安全技术措施或者专项施工方案进行审查的,发现安全事故隐患未及时要求施工单位整改或者暂时停止施工的,施工单位拒不整改或者不停止施工,未及时向有关主管部门报告的,未依照法律、法规和工程建设强制性标准实施监理的,责令限期改正。逾期未改正的,责令停业整顿,并处10万元以上30万元以下的罚款。情节严重的,降低资质等级,直至吊销资质证书。造成重大安全事故,构成犯罪的,对直接责任人员,依照刑法有关规定追究刑事责任。造成损失的,依法承担赔偿责任。

规定集成

《刑法》(1997年10月1日版,1980年1月1日初次实施,2020年12月26日修正)

第137条　建设单位、设计单位、施工单位、工程监理单位违反国家规定,降低工程质量标准,造成重大安全事故的,对直接责任人员,处五年以下有期徒刑或者拘役,并处罚金;后果特别严重的,处五年以上十年以下有期徒刑,并处罚金。

《建设工程质量管理条例》(2000年1月30日初次实施,2019年3月24日修订)

第62条第1款　工程监理单位转让工程监理业务的,责令改正,没收违法所得,处合同约定的监理酬金25%以上50%以下的罚款;可以责令停业整顿,降低资质等级;情节严重的,吊销资质证书。

第67条　工程监理单位有下列行为之一的，责令改正，处50万元以上100万元以下的罚款，降低资质等级或者吊销资质证书；有违法所得的，予以没收；造成损失的，承担连带赔偿责任：（一）与建设单位或者施工单位串通，弄虚作假、降低工程质量的；（二）将不合格的建设工程、建筑材料、建筑构配件和设备按照合格签字的。

《建设工程安全生产管理条例》（2004年2月1日初次实施）

第57条　违反本条例的规定，工程监理单位有下列行为之一的，责令限期改正；逾期未改正的，责令停业整顿，并处10万元以上30万元以下的罚款；情节严重的，降低资质等级，直至吊销资质证书；造成重大安全事故，构成犯罪的，对直接责任人员，依照刑法有关规定追究刑事责任；造成损失的，依法承担赔偿责任：（一）未对施工组织设计中的安全技术措施或者专项施工方案进行审查的；（二）发现安全事故隐患未及时要求施工单位整改或者暂时停止施工的；（三）施工单位拒不整改或者不停止施工，未及时向有关主管部门报告的；（四）未依照法律、法规和工程建设强制性标准实施监理的。

《建设部关于落实建设工程安全生产监理责任的若干意见》（2006年10月16日初次实施）

第3条　建设工程安全生产的监理责任：（一）监理单位应对施工组织设计中的安全技术措施或专项施工方案进行审查，未进行审查的，监理单位应承担《建设工程安全生产管理条例》第五十七条规定的法律责任。施工组织设计中的安全技术措施或专项施工方案未经监理单位审查签字认可，施工单位擅自施工的，监理单位应及时下达工程暂停令，并将情况及时书面报告建设单位。监理单位未及时下达工程暂停令并报告的，应承担《建设工程安全生产管理条例》第五十七条规定的法律责任。（二）监理单位在监理巡视检查过程中，发现存在安全事故隐患的，应按照有关规定及时下达书面指令要求施工单位进行整改或停止施工。监理单位发现安全事故隐患没有及时下达书面指令要求施工单位进行整改或停止施工的，应承担《建设工程安全生产管理条例》第五十七条规定的法律责任。（三）施工单位拒绝按照监理单位的要求进行整改或者停止施工的，监理单位应及时将情况向当地建设主管部门或工程项目的行业主管部门报告。监理单位没有及时报告，应承担《建设工程安全生产管理条例》第五十七条规定的法律责任。（四）监理单位未依照法律、法规和工程建设强制性标准实施监理的，应当承担《建设工程安全生产管理条例》第五十七条规定的法律责任。监理单位履行了上述规定的职责，施工单位未执行监理指令继续施工或发生安全事故的，应依法追究监理单位以外的其他相关单位和人员的法律责任。

《民用建筑节能条例》（2008年10月1日初次实施）

第42条　违反本条例规定，工程监理单位有下列行为之一的，由县级以上地方人民政府建设主管部门责令限期改正；逾期未改正的，处10万元以上30万元以下的罚款；情节严重的，由颁发资质证书的部门责令停业整顿，降低资质等级或者吊销资质证书；造成损失的，依法承担赔偿责任：（一）未按照民用建筑节能强制性标准实施监理的；（二）墙体、屋面的保温工程施工时，未采取旁站、巡视和平行检验等形式实施监理的。对不符合施工图设计文件要求的墙体材料、保温材料、门窗、采暖制冷系统和照明设备，按照符合施工图设计文件要求签字的，依照《建设工程质量管理条例》第六十七条的规定处罚。

《消防法》（2009年5月1日版，1998年9月1日初次实施，2021年4月29日修正）

第59条　违反本法规定，有下列行为之一的，由住房和城乡建设主管部门责令改正或者停止施工，并处一万元以上十万元以下罚款：……（四）工程监理单位与建设单位或者建筑施工企业串通，弄虚作假，降低消防施工质量的。

《危险性较大的分部分项工程安全管理规定》（2018年6月1日初次实施，2019年3月13日修正）

第36条　监理单位有下列行为之一的，依照《中华人民共和国安全生产法》《建设工程安全生产管理条例》对单位进行处罚；对直接负责的主管人员和其他直接责任人员处1000元以上5000元以下的罚款：（一）总监理工程师未按照本规定审查危大工程专项施工方案的；（二）发现施工单位未按照专项施工方案实施，未要求其整改或者停工的；（三）施工单位拒不整改或者不停止施工时，未向建设单位和工程所在地住房城乡建设主管部门报告的。

第37条　监理单位有下列行为之一的，责令限期改正，并处1万元以上3

万元以下的罚款；对直接负责的主管人员和其他直接责任人员处 1000 元以上 5000 元以下的罚款：（一）未按照本规定编制监理实施细则的；（二）未对危大工程施工实施专项巡视检查的；（三）未按照本规定参与组织危大工程验收的；（四）未按照本规定建立危大工程安全管理档案的。

第七十条 【主体装修】违反本法规定，涉及建筑主体或者承重结构变动的装修工程擅自施工的，责令改正，处以罚款；造成损失的，承担赔偿责任；构成犯罪的，依法追究刑事责任。

条文理解

本条是关于主体装修的责任规定，对应的是本法第 49 条关于“涉及建筑主体和承重结构变动的装修工程，建设单位应当在施工前委托原设计单位或者具有相应资质条件的设计单位提出设计方案；没有设计方案的，不得施工”的规定。依据《建设工程质量管理条例》第 69 条的规定，涉及建筑主体或者承重结构变动的装修工程，没有设计方案擅自施工的，责令改正，处 50 万元以上 100 万元以下的罚款。房屋建筑使用者在装修过程中擅自变动房屋建筑主体和承重结构的，责令改正，处 5 万元以上 10 万元以下的罚款。有前款所列行为，造成损失的，依法承担赔偿责任。

实务中，房屋使用者在装修过程中存在擅自变动房屋主体和承重结构行为的情形下，诉求恢复原状是否属于人民法院受理范围存在不同的判例。认为不属于人民法院受理范围的的理由是责令改正、处以罚款等处罚应由建设行政主管部门或者其他有关部门依照法定职权处理，依据是本法第 76 条关于“本法规定的责令停业整顿、降低资质等级和吊销资质证书的行政处罚，由颁发资质证书的机关决定；其他行政处罚，由建设行政主管部门或者有关部门依照法律和国务院规定的职权范围决定。

依照本法规定被吊销资质证书的,由工商行政管理部门吊销其营业执照”的规定。认为属于人民法院受理范围的理由是《民法典》第272条关于“……业主行使权利不得危及建筑物的安全,不得损害其他业主的合法权益”的规定,认为违法行为人应停止侵害,恢复原状,所以属于人民法院的受理范围。

规定集成

《建设工程质量管理条例》(2000年1月30日初次实施,2019年4月23日修订)

第69条　违反本条例规定,涉及建筑主体或者承重结构变动的装修工程,没有设计方案擅自施工的,责令改正,处50万元以上100万元以下的罚款;房屋建筑使用者在装修过程中擅自变动房屋建筑主体和承重结构的,责令改正,处5万元以上10万元以下的罚款。有前款所列行为,造成损失的,依法承担赔偿责任。

《民法典》(2021年1月1日初次实施)

第272条　业主对其建筑物专有部分享有占有、使用、收益和处分的权利。业主行使权利不得危及建筑物的安全,不得损害其他业主的合法权益。

案例适用

161　责令改正变动主体或者承重结构的装修工程是否属于法院受案范围

案件名称:东方广华实业有限公司(以下简称广华公司)与崔某恢复原状纠纷案

终审法院:海南省第二中级人民法院

案　　号:(2019)琼97民终1009号

一审裁判观点:《建筑法》第70条规定……《建筑法》第76条规定:“本法规定的责令停业整顿、降低资质等级和吊销资质证书的行政处罚,由颁发资质证书的机关决定;其他行政处罚,由建设行政主管部门或者有关部门依照法律和国务院规定的职权范围决定。”本案中，虽然崔某在装修过程中存在未经许可而擅自施工，将入户花园改建成厨房、部分拆除入户花园与客厅之间的墙体及部分改变卫生间墙体结构等行为，但崔某擅自改建涉案房屋结构问题以及是否需要恢复原状和恢复成什么样的状态依法应由建设行政主管部门或者有关部门监管及处理，不属法院主管。广华公司可就崔某违法改建房屋结构问题向建设行政主管部门或者有关部门申请处理，由相关的行政机关依法责令整改或处罚。综上，广华公司的起诉不属于人民法院受理民事诉讼的范围。

二审裁判观点：《建设工程质量管理条例》第69条规定：“违反本条例规定，涉及建筑主体或者承重结构变动的装修工程，没有设计方案擅自施工的，责令改正，处50万元以上100万元以下的罚款；房屋建筑使用者在装修过程中擅自变动房屋建筑主体和承重结构的，责令改正，处5万元以上10万元以下的罚款。有前款所列行为，造成损失的，依法承担赔偿责任。”《建设工程质量管理条例》第75条第1款规定：“本条例规定的责令停业整顿，降低资质等级和吊销资质证书的行政处罚，由颁发资质证书的机关决定；其他行政处罚，由建设行政主管部门或者其他有关部门依照法定职权决定。”根据上述法律规定，广华公司认为崔某将入户花园擅自更改为厨房，并且有拆除承重墙的行为，应申请建设行政主管部门或者其他有关部门依照法定职权进行处理。根据《民事诉讼法》第124条第3项“依照法律规定，应当由其他机关处理的争议，告知原告向有关机关申请解决”的规定，广华公司的请求不属于人民法院受理民事诉讼的范围。

162　物业能否诉求变动主体或者承重结构装修的业主恢复原状

案件名称：上诉人任某、马某与被上诉人沈阳宏昊物业管理有限公司恢复原状纠纷案

终审法院：辽宁省沈阳市中级人民法院

案　　号：(2021)辽01民终19018号

一审查明事实：原告申请对案涉的房屋窗改门所处同一位置墙体是否为承重墙，对案涉房屋窗改门恢复同一位置原状（窗户）出具修复方案进行鉴定，鉴定意见为：沈河区小南街180号第三层25－(1/26)－F墙（案涉窗改门处）为承重墙。

一审裁判观点：《民法典》第272条规定：业主对其建筑物专有部分享有占有、使用、收益和处分的权利。业主行使权利不得危及建筑物的安全，不得损害其他业主的合法权益。《建筑法》第70条规定，违反本法规定，涉及建筑主体或者承重结构变动的装修工程擅自施工的责令改正处以罚款，造成损失的承担赔偿责任；构成犯罪的依法追究刑事责任。本案被告实施的案涉房屋的装修（窗改门），已经对房屋主体结构、承重部分进行了变更，该行为违反了前述规定，应为禁止。被告在购买了案涉房屋后，被告未提供书面证据证明购买房屋时开发公司同意窗改门，故认定被告应将其改成门的窗户停止侵害，恢复原状。

二审裁判观点：上诉人任某、马某与被上诉人沈阳宏昊物业管理有限公司之间为物业服务合同关系。被上诉人基于上诉人居住在三楼将房屋窗户改建为门而请求恢复原状。《民法典》第272条规定：业主对其建筑物专有部分享有占有、使用、收益和处分的权利。业主行使权利不得危及建筑物的安全，不得损害其他业主的合法权益。上诉人将窗改门的行为已危及该建筑物的安全，一审法院判决恢复原状正确。

第七十一条　【隐患消除】建筑施工企业违反本法规定，对建筑安全事故隐患不采取措施予以消除的，责令改正，可以处以罚款；情节严重的，责令停业整顿，降低资质等级或者吊销资质证书；构成犯罪的，依法追究刑事责任。

建筑施工企业的管理人员违章指挥、强令职工冒险作业，因而发生重大伤亡事故或者造成其他严重后果的，依法追究刑事责任。

条文理解

本条是关于隐患消除的责任规定,对应的是本法第39条关于"建筑施工企业应当在施工现场采取维护安全、防范危险、预防火灾等措施;有条件的,应当对施工现场实行封闭管理。施工现场对毗邻的建筑物、构筑物和特殊作业环境可能造成损害的,建筑施工企业应当采取安全防护措施"及第47条关于"建筑施工企业和作业人员在施工过程中,应当遵守有关安全生产的法律、法规和建筑行业安全规章、规程,不得违章指挥或者违章作业"的规定。

依据《安全生产法》第102条的规定,施工单位未采取措施消除事故隐患的,责令立即消除或者限期消除,处5万元以下的罚款。拒不执行的,责令停产停业整顿,对其直接负责的主管人员和其他直接责任人员处5万元以上10万元以下的罚款。构成犯罪的,依照刑法有关规定追究刑事责任。依据《刑法》第134条的规定,在生产、作业中违反有关安全管理的规定,因而发生重大伤亡事故或者造成其他严重后果的,处3年以下有期徒刑或者拘役。情节特别恶劣的,处3年以上7年以下有期徒刑。强令他人违章冒险作业,或者明知存在重大事故隐患而不排除,仍冒险组织作业,因而发生重大伤亡事故或者造成其他严重后果的,处5年以下有期徒刑或者拘役。情节特别恶劣的,处5年以上有期徒刑。

规定集成

《刑法》(1997年10月1日版,1980年1月1日初次实施,2020年12月26日修正)

第134条　在生产、作业中违反有关安全管理的规定,因而发生重大伤亡事故或者造成其他严重后果的,处三年以下有期徒刑或者拘役;情节特别恶劣的,处三年以上七年以下有期徒刑。强令他人违章冒险作业,或者明知存在重大事故隐患而不排除,仍冒险组织作业,因而发生重大伤亡事故或者造成其他严重后果的，处五年以下有期徒刑或者拘役；情节特别恶劣的，处五年以上有期徒刑。

《安全生产法》(2002 年 11 月 1 日初次实施,2021 年 6 月 10 日修正)

第 99 条　生产经营单位有下列行为之一的，责令限期改正，处五万元以下的罚款；逾期未改正的，处五万元以上二十万元以下的罚款，对其直接负责的主管人员和其他直接责任人员处一万元以上二万元以下的罚款；情节严重的，责令停产停业整顿；构成犯罪的，依照刑法有关规定追究刑事责任：(一)未在有较大危险因素的生产经营场所和有关设施、设备上设置明显的安全警示标志的；(二)安全设备的安装、使用、检测、改造和报废不符合国家标准或者行业标准的；(三)未对安全设备进行经常性维护、保养和定期检测的；(四)关闭、破坏直接关系生产安全的监控、报警、防护、救生设备、设施，或者篡改、隐瞒、销毁其相关数据、信息的；(五)未为从业人员提供符合国家标准或者行业标准的劳动防护用品的；(六)危险物品的容器、运输工具，以及涉及人身安全、危险性较大的海洋石油开采特种设备和矿山井下特种设备未经具有专业资质的机构检测、检验合格，取得安全使用证或者安全标志，投入使用的；(七)使用应当淘汰的危及生产安全的工艺、设备的；(八)餐饮等行业的生产经营单位使用燃气未安装可燃气体报警装置的。

第 102 条　生产经营单位未采取措施消除事故隐患的，责令立即消除或者限期消除，处五万元以下的罚款；生产经营单位拒不执行的，责令停产停业整顿，对其直接负责的主管人员和其他直接责任人员处五万元以上十万元以下的罚款；构成犯罪的，依照刑法有关规定追究刑事责任。

第 105 条　生产经营单位有下列行为之一的，责令限期改正，处五万元以下的罚款，对其直接负责的主管人员和其他直接责任人员处一万元以下的罚款；逾期未改正的，责令停产停业整顿；构成犯罪的，依照刑法有关规定追究刑事责任：(一)生产、经营、储存、使用危险物品的车间、商店、仓库与员工宿舍在同一座建筑内，或者与员工宿舍的距离不符合安全要求的；(二)生产经营场所和员工宿舍未设有符合紧急疏散需要、标志明显、保持畅通的出口、疏散通道，或者占用、锁闭、封堵生产经营场所或者员工宿舍出口、疏散通道的。

《建设工程安全生产管理条例》(2004 年 2 月 1 日初次实施)

第 62 条　违反本条例的规定,施工单位有下列行为之一的,责令限期改正;逾期未改正的,责令停业整顿,依照《中华人民共和国安全生产法》的有关规定处以罚款;造成重大安全事故,构成犯罪的,对直接责任人员,依照刑法有关规定追究刑事责任:(一)未设立安全生产管理机构、配备专职安全生产管理人员或者分部分项工程施工时无专职安全生产管理人员现场监督的;(二)施工单位的主要负责人、项目负责人、专职安全生产管理人员、作业人员或者特种作业人员,未经安全教育培训或者经考核不合格即从事相关工作的;(三)未在施工现场的危险部位设置明显的安全警示标志,或者未按照国家有关规定在施工现场设置消防通道、消防水源、配备消防设施和灭火器材的;(四)未向作业人员提供安全防护用具和安全防护服装的;(五)未按照规定在施工起重机械和整体提升脚手架、模板等自升式架设设施验收合格后登记的;(六)使用国家明令淘汰、禁止使用的危及施工安全的工艺、设备、材料的。

第 64 条　违反本条例的规定,施工单位有下列行为之一的,责令限期改正;逾期未改正的,责令停业整顿,并处 5 万元以上 10 万元以下的罚款;造成重大安全事故,构成犯罪的,对直接责任人员,依照刑法有关规定追究刑事责任:(一)施工前未对有关安全施工的技术要求作出详细说明的;(二)未根据不同施工阶段和周围环境及季节、气候的变化,在施工现场采取相应的安全施工措施,或者在城市市区内的建设工程的施工现场未实行封闭围挡的;(三)在尚未竣工的建筑物内设置员工集体宿舍的;(四)施工现场临时搭建的建筑物不符合安全使用要求的;(五)未对因建设工程施工可能造成损害的毗邻建筑物、构筑物和地下管线等采取专项防护措施的。施工单位有前款规定第(四)项、第(五)项行为,造成损失的,依法承担赔偿责任。

第七十二条　【建设责任】建设单位违反本法规定,要求建筑设计单位或者建筑施工企业违反建筑工程质量、安全标准,降低工程质量的,责令改正,可以处以罚款;构成犯罪的,依法追究刑事责任。

条文理解

本条是关于建设单位的责任规定,对应的是本法第54条关于"建设单位不得以任何理由,要求建筑设计单位或者建筑施工企业在工程设计或者施工作业中,违反法律、行政法规和建筑工程质量、安全标准,降低工程质量"的规定。依据《建设工程质量管理条例》第56条的规定,建设单位明示或者暗示设计单位或者施工单位违反工程建设强制性标准,降低工程质量的,责令改正,处20万元以上50万元以下的罚款。构成犯罪的,依法追究刑事责任。依据《刑法》第137条关于工程重大安全事故罪的规定,建设单位、设计单位、施工单位、工程监理单位违反国家规定,降低工程质量标准,造成重大安全事故的,对直接责任人员,处5年以下有期徒刑或者拘役,并处罚金。后果特别严重的,处5年以上10年以下有期徒刑,并处罚金。

依据《城乡规划法》第64条、《环境影响评价法》第31条和第32条及《建设工程质量管理条例》第56条和第58条的规定,建设单位其他违法行为包括:(1)未取得建设工程规划许可证或者未按照建设工程规划许可证的规定进行建设;(2)未依法报批建设项目环境影响报告书、报告表,擅自开工建设;(3)建设项目环境影响报告书、环境影响报告表存在基础资料明显不实,内容存在重大缺陷、遗漏或者虚假,环境影响评价结论不正确或者不合理等严重质量问题;(4)迫使承包方以低于成本的价格竞标;(5)任意压缩合理工期;(6)施工图设计文件未经审查或者审查不合格,擅自施工;(7)建设项目必须实行工程监理而未实行工程监理;(8)未按照国家规定办理工程质量监督手续;(9)明示或者暗示施工单位使用不合格的建筑材料、建筑构配件和设备;(10)未按照国家规定将竣工验收报告、有关认可文件或者准许使用文件报送备案;(11)未组织竣工验收,擅自交付使用;(12)验收不合格,擅自交付使用;(13)对不合格的建设工程按照合格工程验收等。上述第(1)项行为的处罚标准为责令停止建设,尚可采取改正措施消除对规划实施的影响的,限期改正,处建设工程造价5%以上10%以下的罚款。无法采取改正措施消除影响的,限期拆除,不能拆除的,没收实物或者违法收入,可以并处建设工程造价10%以下的罚款。上述第(2)项行为的处罚标准为责令停止建设,处建设项目总投资额1%以上5%以下的罚款,并可以责令恢复原状。上述第(3)项行为的处罚标准为处50万元以上200万元以下的罚款,并对建设单位的法定代表人、主要负责人、直接负责的主管人员和其他直接责任人员,处5万元以上20万元以下的罚款。上述第(4)项至第(10)项行为的处罚标准为责令改正,处20万元以上50万元以下的罚款。上述第(11)项至第(13)项行为的处罚标准为责令改正,处工程合同价款2%以上4%以下的罚款。

规定集成

《刑法》(1997年10月1日版,1980年1月1日初次实施,2020年12月26日修正)

第137条　建设单位、设计单位、施工单位、工程监理单位违反国家规定,降低工程质量标准,造成重大安全事故的,对直接责任人员,处五年以下有期徒刑或者拘役,并处罚金;后果特别严重的,处五年以上十年以下有期徒刑,并处罚金。

《建设工程质量管理条例》(2000年1月30日初次实施,2019年4月23日修订)

第56条　违反本条例规定,建设单位有下列行为之一的,责令改正,处20万元以上50万元以下的罚款:(一)迫使承包方以低于成本的价格竞标的;(二)任意压缩合理工期的;(三)明示或者暗示设计单位或者施工单位违反工程建设强制性标准,降低工程质量的;(四)施工图设计文件未经审查或者审查不合格,擅自施工的;(五)建设项目必须实行工程监理而未实行工程监理的;(六)未按照国家规定办理工程质量监督手续的;(七)明示或者暗示施工单位使用不合格的建筑材料、建筑构配件和设备的;(八)未按照国家规定将竣工验收报告、有关认可文件或者准许使用文件报送备案的。

第58条 违反本条例规定,建设单位有下列行为之一的,责令改正,处工程合同价款2%以上4%以下的罚款;造成损失的,依法承担赔偿责任:(一)未组织竣工验收,擅自交付使用的;(二)验收不合格,擅自交付使用的;(三)对不合格的建设工程按照合格工程验收的。

《房屋建筑和市政基础设施工程竣工验收备案管理办法》(2000年4月4日初次实施,2009年10月19日修正)

第9条 建设单位在工程竣工验收合格之日起15日内未办理工程竣工验收备案的,备案机关责令限期改正,处20万元以上50万元以下罚款。

第10条 建设单位将备案机关决定重新组织竣工验收的工程,在重新组织竣工验收前,擅自使用的,备案机关责令停止使用,处工程合同价款2%以上4%以下罚款。

第11条 建设单位采用虚假证明文件办理工程竣工验收备案的,工程竣工验收无效,备案机关责令停止使用,重新组织竣工验收,处20万元以上50万元以下罚款;构成犯罪的,依法追究刑事责任。

《超限高层建筑工程抗震设防管理规定》(2002年9月1日初次实施)

第17条 建设单位违反本规定,施工图设计文件未经审查或者审查不合格,擅自施工的,责令改正,处以20万元以上50万元以下的罚款。

《环境影响评价法》(2003年9月1日初次实施,2018年12月29日修正)

第31条第1、2款 建设单位未依法报批建设项目环境影响报告书、报告表,或者未依照本法第二十四条的规定重新报批或者报请重新审核环境影响报告书、报告表,擅自开工建设的,由县级以上生态环境主管部门责令停止建设,根据违法情节和危害后果,处建设项目总投资额百分之一以上百分之五以下的罚款,并可以责令恢复原状;对建设单位直接负责的主管人员和其他直接责任人员,依法给予行政处分。建设项目环境影响报告书、报告表未经批准或者未经原审批部门重新审核同意,建设单位擅自开工建设的,依照前款的规定处罚、处分。建设单位未依法备案建设项目环境影响登记表的,由县级以上生态环境主管部门责令备案,处五万元以下的罚款。

第32条第1款　建设项目环境影响报告书、环境影响报告表存在基础资料明显不实，内容存在重大缺陷、遗漏或者虚假，环境影响评价结论不正确或者不合理等严重质量问题的，由设区的市级以上人民政府生态环境主管部门对建设单位处五十万元以上二百万元以下的罚款，并对建设单位的法定代表人、主要负责人、直接负责的主管人员和其他直接责任人员，处五万元以上二十万元以下的罚款。

《城市地下管线工程档案管理办法》(2005年5月1日初次实施，2019年3月13日修正)

第17条　建设单位违反本办法规定，未移交地下管线工程档案的，由建设主管部门责令改正，处1万元以上10万元以下的罚款；对单位直接负责的主管人员和其他直接责任人员，处单位罚款数额5%以上10%以下的罚款；因建设单位未移交地下管线工程档案，造成施工单位在施工中损坏地下管线的，建设单位依法承担相应的责任。

《民用建筑节能管理规定》(2006年1月1日初次实施)

第24条　建设单位在竣工验收过程中，有违反建筑节能强制性标准行为的，按照《建设工程质量管理条例》的有关规定，重新组织竣工验收。

第25条　建设单位未按照建筑节能强制性标准委托设计，擅自修改节能设计文件，明示或暗示设计单位、施工单位违反建筑节能设计强制性标准，降低工程建设质量的，处20万元以上50万元以下的罚款。

《城乡规划法》(2008年1月1日初次实施，2019年4月23日修正)

第64条　未取得建设工程规划许可证或者未按照建设工程规划许可证的规定进行建设的，由县级以上地方人民政府城乡规划主管部门责令停止建设；尚可采取改正措施消除对规划实施的影响的，限期改正，处建设工程造价百分之五以上百分之十以下的罚款；无法采取改正措施消除影响的，限期拆除，不能拆除的，没收实物或者违法收入，可以并处建设工程造价百分之十以下的罚款。

第67条　建设单位未在建设工程竣工验收后六个月内向城乡规划主管部门报送有关竣工验收资料的，由所在地城市、县人民政府城乡规划主管部门责令限期补报；逾期不补报的，处一万元以上五万元以下的罚款。

《节约能源法》(2008 年 4 月 1 日版,1998 年 1 月 1 日初次实施,2018 年 10 月 26 日修正)

第 79 条第 1 款　建设单位违反建筑节能标准的,由建设主管部门责令改正,处二十万元以上五十万元以下罚款。

《民用建筑节能条例》(2008 年 10 月 1 日初次实施)

第 37 条　违反本条例规定,建设单位有下列行为之一的,由县级以上地方人民政府建设主管部门责令改正,处 20 万元以上 50 万元以下的罚款:(一)明示或者暗示设计单位、施工单位违反民用建筑节能强制性标准进行设计、施工的;(二)明示或者暗示施工单位使用不符合施工图设计文件要求的墙体材料、保温材料、门窗、采暖制冷系统和照明设备的;(三)采购不符合施工图设计文件要求的墙体材料、保温材料、门窗、采暖制冷系统和照明设备的;(四)使用列入禁止使用目录的技术、工艺、材料和设备的。

第 38 条　违反本条例规定,建设单位对不符合民用建筑节能强制性标准的民用建筑项目出具竣工验收合格报告的,由县级以上地方人民政府建设主管部门责令改正,处民用建筑项目合同价款 2% 以上 4% 以下的罚款;造成损失的,依法承担赔偿责任。

《消防法》(2009 年 5 月 1 日版,1998 年 9 月 1 日初次实施,2021 年 4 月 29 日修正)

第 58 条　违反本法规定,有下列行为之一的,由住房和城乡建设主管部门、消防救援机构按照各自职权责令停止施工、停止使用或者停产停业,并处三万元以上三十万元以下罚款:(一)依法应当进行消防设计审查的建设工程,未经依法审查或者审查不合格,擅自施工的;(二)依法应当进行消防验收的建设工程,未经消防验收或者消防验收不合格,擅自投入使用的;(三)本法第十三条规定的其他建设工程验收后经依法抽查不合格,不停止使用的;建设单位未依照本法规定在验收后报住房和城乡建设主管部门备案的,由住房和城乡建设主管部门责令改正,处五千元以下罚款。

第 59 条　违反本法规定,有下列行为之一的,由住房和城乡建设主管部门责令改正或者停止施工,并处一万元以上十万元以下罚款:(一)建设单位要求建筑设计单位或者建筑施工企业降低消防技术标准设计、施工的……

《防震减灾法》(1998 年 3 月 1 日初次实施,2008 年 12 月 27 日修订)

第 85 条　违反本法规定,未按照要求增建抗干扰设施或者新建地震监测设施的,由国务院地震工作主管部门或者县级以上地方人民政府负责管理地震工作的部门或者机构责令限期改正;逾期不改正的,处二万元以上二十万元以下的罚款;造成损失的,依法承担赔偿责任。

第 87 条　未依法进行地震安全性评价,或者未按照地震安全性评价报告所确定的抗震设防要求进行抗震设防的,由国务院地震工作主管部门或者县级以上地方人民政府负责管理地震工作的部门或者机构责令限期改正;逾期不改正的,处三万元以上三十万元以下的罚款。

《雷电防护装置设计审核和竣工验收规定》(2021 年 1 月 1 日初次实施)

第 25 条　申请单位以欺骗、贿赂等不正当手段通过设计审核或者竣工验收的,有关气象主管机构按照权限给予警告,撤销其许可证书,可以并处三万元以下罚款;构成犯罪的,依法追究刑事责任。

《建筑工程施工许可管理办法》(2014 年 10 月 25 日初次实施,2018 年 9 月 28 日修正)

第 12 条　对于未取得施工许可证或者为规避办理施工许可证将工程项目分解后擅自施工的,由有管辖权的发证机关责令停止施工,限期改正,对建设单位处工程合同价款 1% 以上 2% 以下罚款;对施工单位处 3 万元以下罚款。

第 13 条　建设单位采用欺骗、贿赂等不正当手段取得施工许可证的,由原发证机关撤销施工许可证,责令停止施工,并处 1 万元以上 3 万元以下罚款;构成犯罪的,依法追究刑事责任。

《环境保护法》(1989 年 12 月 26 日初次实施,2014 年 4 月 24 日修订)

第 61 条　建设单位未依法提交建设项目环境影响评价文件或者环境影响评价文件未经批准,擅自开工建设的,由负有环境保护监督管理职责的部门责令停止建设,处以罚款,并可以责令恢复原状。

第 63 条　企业事业单位和其他生产经营者有下列行为之一,尚不构成犯罪的,除依照有关法律法规规定予以处罚外,由县级以上人民政府环境保护主管部门或者其他有关部门将案件移送公安机关，对其直接负责的主管人员和其他直接责任人员，处十日以上十五日以下拘留；情节较轻的，处五日以上十日以下拘留：（一）建设项目未依法进行环境影响评价，被责令停止建设，拒不执行的；（二）违反法律规定，未取得排污许可证排放污染物，被责令停止排污，拒不执行的；（三）通过暗管、渗井、渗坑、灌注或者篡改、伪造监测数据，或者不正常运行防治污染设施等逃避监管的方式违法排放污染物的；（四）生产、使用国家明令禁止生产、使用的农药，被责令改正，拒不改正的。

第七十三条　【设计责任】建筑设计单位不按照建筑工程质量、安全标准进行设计的，责令改正，处以罚款；造成工程质量事故的，责令停业整顿，降低资质等级或者吊销资质证书，没收违法所得，并处罚款；造成损失的，承担赔偿责任；构成犯罪的，依法追究刑事责任。

条文理解

本条是关于设计单位的责任规定，对应的是本法第 37 条关于“建筑工程设计应当符合按照国家规定制定的建筑安全规程和技术规范，保证工程的安全性能”的规定。依据《建设工程安全生产管理条例》第 56 条和《建设工程质量管理条例》第 63 条的规定，设计单位不按照建筑工程质量、安全标准进行设计的，责令改正，处 10 万元以上 30 万元以下的罚款。造成工程质量事故的，责令停业整顿，降低资质等级。情节严重的，吊销资质证书。造成损失的，依法承担赔偿责任。构成犯罪的，依法追究刑事责任。依据《刑法》第 137 条关于工程重大安全事故罪的规定，建设单位、设计单位、施工单位、工程监理单位违反国家规定，降低工程质量标准，造成重大安全事故的，对直接责任人员，处 5 年以下有期徒刑或者拘役，并处罚金。后果特别严重的，处 5 年以上 10 年以下有期徒刑，并处罚金。

依据《建设工程安全生产管理条例》第56条和《建设工程质量管理条例》第63条的规定，设计单位其他非法设计的行为包括：(1)未根据勘察成果文件进行工程设计；(2)指定建筑材料、建筑构配件的生产厂、供应商；(3)采用新结构、新材料、新工艺的建设工程和特殊结构的建设工程，设计单位未在设计中提出保障施工作业人员安全和预防生产安全事故的措施建议等。上述三项的处罚标准与不按照建筑工程质量、安全标准进行设计的处罚标准基本相同。

规定集成

《刑法》(1997年10月1日版，1980年1月1日初次实施，2020年12月26日修正)

第137条　建设单位、设计单位、施工单位、工程监理单位违反国家规定，降低工程质量标准，造成重大安全事故的，对直接责任人员，处五年以下有期徒刑或者拘役，并处罚金；后果特别严重的，处五年以上十年以下有期徒刑，并处罚金。

《建设工程质量管理条例》(2000年1月30日初次实施，2019年4月23日修订)

第63条　违反本条例规定，有下列行为之一的，责令改正，处10万元以上30万元以下的罚款：(一)勘察单位未按照工程建设强制性标准进行勘察的；(二)设计单位未根据勘察成果文件进行工程设计的；(三)设计单位指定建筑材料、建筑构配件的生产厂、供应商的；(四)设计单位未按照工程建设强制性标准进行设计的。有前款所列行为，造成工程质量事故的，责令停业整顿，降低资质等级；情节严重的，吊销资质证书；造成损失的，依法承担赔偿责任。

《超限高层建筑工程抗震设防管理规定》(2002年9月1日初次实施)

第18条　勘察、设计单位违反本规定，未按照抗震设防专项审查意见进行超限高层建筑工程勘察、设计的，责令改正，处以1万元以上3万元以下的罚款；造成损失的，依法承担赔偿责任。

《建设工程安全生产管理条例》(2004 年 2 月 1 日初次实施)

第 56 条　违反本条例的规定,勘察单位、设计单位有下列行为之一的,责令限期改正,处 10 万元以上 30 万元以下的罚款;情节严重的,责令停业整顿,降低资质等级,直至吊销资质证书;造成重大安全事故,构成犯罪的,对直接责任人员,依照刑法有关规定追究刑事责任;造成损失的,依法承担赔偿责任:(一)未按照法律、法规和工程建设强制性标准进行勘察、设计的;(二)采用新结构、新材料、新工艺的建设工程和特殊结构的建设工程,设计单位未在设计中提出保障施工作业人员安全和预防生产安全事故的措施建议的。

《民用建筑节能管理规定》(2006 年 1 月 1 日初次实施)

第 26 条　设计单位未按照建筑节能强制性标准进行设计的,应当修改设计。未进行修改的,给予警告,处 10 万元以上 30 万元以下罚款;造成损失的,依法承担赔偿责任;2 年内,累计 3 项工程未按照建筑节能强制性标准设计的,责令停业整顿,降低资质等级或者吊销资质证书。

《民用建筑节能条例》(2008 年 10 月 1 日初次实施)

第 39 条　违反本条例规定,设计单位未按照民用建筑节能强制性标准进行设计,或者使用列入禁止使用目录的技术、工艺、材料和设备的,由县级以上地方人民政府建设主管部门责令改正,处 10 万元以上 30 万元以下的罚款;情节严重的,由颁发资质证书的部门责令停业整顿,降低资质等级或者吊销资质证书;造成损失的,依法承担赔偿责任。

《消防法》(2009 年 5 月 1 日版,1998 年 9 月 1 日初次实施,2021 年 4 月 29 日修正)

第 59 条　违反本法规定,有下列行为之一的,由住房和城乡建设主管部门责令改正或者停止施工,并处一万元以上十万元以下罚款:……(二)建筑设计单位不按照消防技术标准强制性要求进行消防设计的……

第七十四条 【施工责任】建筑施工企业在施工中偷工减料的，使用不合格的建筑材料、建筑构配件和设备的，或者有其他不按照工程设计图纸或者施工技术标准施工的行为的，责令改正，处以罚款；情节严重的，责令停业整顿，降低资质等级或者吊销资质证书；造成建筑工程质量不符合规定的质量标准的，负责返工、修理，并赔偿因此造成的损失；构成犯罪的，依法追究刑事责任。

条文理解

本条是关于施工责任的规定，对应的是本法第58条关于“建筑施工企业对工程的施工质量负责。建筑施工企业必须按照工程设计图纸和施工技术标准施工，不得偷工减料。工程设计的修改由原设计单位负责，建筑施工企业不得擅自修改工程设计”及第59条关于“建筑施工企业必须按照工程设计要求、施工技术标准和合同的约定，对建筑材料、建筑构配件和设备进行检验，不合格的不得使用”的规定。依据《建设工程质量管理条例》第64条的规定，施工单位在施工中偷工减料的，使用不合格的建筑材料、建筑构配件和设备的，或者有不按照工程设计图纸或者施工技术标准施工的其他行为的，责令改正，处工程合同价款2%以上4%以下的罚款。造成建筑工程质量不符合规定的质量标准的，负责返工、修理，并赔偿因此造成的损失。情节严重的，责令停业整顿，降低资质等级或者吊销资质证书。依据《民法典》第801条的规定，因施工单位的原因致使建筑工程质量不符合约定的，建设单位有权请求施工单位在合理期限内无偿修理或者返工、改建。经过修理或者返工、改建后，造成逾期交付的，施工单位应当承担违约责任。根据相关案例，施工单位在合理期限内无偿修理或者返工、改建的责任属于违约责任，非质保责任，施工单位不能以保修期已过免责。依据《刑法》第137条关于工程重大安全事故罪的规定，施工单位违反国家规定，降低工程质量标准，造成重大安全事故的,对直接责任人员,处5年以下有期徒刑或者拘役,并处罚金。后果特别严重的,处5年以上10年以下有期徒刑,并处罚金。

依据《建设工程安全生产管理条例》第62条至第65条及《建设工程质量管理条例》第65条的规定,施工单位在安全生产方面的违法行为还包括:(1)未设立安全生产管理机构、配备专职安全生产管理人员或者分部分项工程施工时无专职安全生产管理人员现场监督的;(2)主要负责人、项目负责人、专职安全生产管理人员、作业人员或者特种作业人员,未经安全教育培训或者经考核不合格即从事相关工作的;(3)未在施工现场的危险部位设置明显的安全警示标志,或者未按照国家有关规定在施工现场设置消防通道、消防水源、配备消防设施和灭火器材的;(4)未向作业人员提供安全防护用具和安全防护服装的;(5)未按照规定在施工起重机械和整体提升脚手架、模板等自升式架设设施验收合格后登记的;(6)使用国家明令淘汰、禁止使用的危及施工安全的工艺、设备、材料的;(7)未对建筑材料、建筑构配件、设备和商品混凝土进行检验,或者未对涉及结构安全的试块、试件以及有关材料取样检测的;(8)安全防护用具、机械设备、施工机具及配件在进入施工现场前未经查验或者查验不合格即投入使用的;(9)使用未经验收或者验收不合格的施工起重机械和整体提升脚手架、模板等自升式架设设施的;(10)委托不具有相应资质的单位承担施工现场安装、拆卸施工起重机械和整体提升脚手架、模板等自升式架设设施的;(11)在施工组织设计中未编制安全技术措施、施工现场临时用电方案或者专项施工方案的;(12)施工前未对有关安全施工的技术要求作出详细说明的;(13)未根据不同施工阶段和周围环境及季节、气候的变化,在施工现场采取相应的安全施工措施,或者在城市市区内的建设工程的施工现场未实行封闭围挡的;(14)在尚未竣工的建筑物内设置员工集体宿舍的;(15)施工现场临时搭建的建筑物不符合安全使用要求的;(16)未对因建设工程施工可能造成损害的毗邻建筑物、构筑物和地下管线等采取专项防护措施的;

(17)挪用列入建设工程概算的安全生产作业环境及安全施工措施所需费用的等。

依据《建设工程安全生产管理条例》第 62 条的规定,上述第(1)项至第(6)项的行为,处罚标准是责令限期改正。逾期未改正的,责令停业整顿,依照《安全生产法》的有关规定处以罚款。造成重大安全事故,构成犯罪的,对直接责任人员,依照刑法有关规定追究刑事责任。依据《安全生产法》第 97 条的规定,上述第(1)项、第(2)项的行为,责令限期改正,处 10 万元以下的罚款。逾期未改正的,责令停产停业整顿,并处 10 万元以上 20 万元以下的罚款,对其直接负责的主管人员和其他直接责任人员处 2 万元以上 5 万元以下的罚款。依据《安全生产法》第 99 条的规定,上述第(3)项、第(4)项、第(6)项的行为,责令限期改正,处 5 万元以下的罚款。逾期未改正的,处 5 万元以上 20 万元以下的罚款,对其直接负责的主管人员和其他直接责任人员处 1 万元以上 2 万元以下的罚款。情节严重的,责令停产停业整顿。构成犯罪的,依照刑法有关规定追究刑事责任。依据《建设工程质量管理条例》第 65 条的规定,上述第(7)项的行为,责令改正,处 10 万元以上 20 万元以下的罚款。情节严重的,责令停业整顿,降低资质等级或者吊销资质证书。造成损失的,依法承担赔偿责任。依据《建设工程安全生产管理条例》第 65 条的规定,上述第(8)项至第(11)项行为,责令限期改正。逾期未改正的,责令停业整顿,并处 10 万元以上 30 万元以下的罚款。情节严重的,降低资质等级,直至吊销资质证书。造成重大安全事故,构成犯罪的,对直接责任人员,依照刑法有关规定追究刑事责任。造成损失的,依法承担赔偿责任。依据《建设工程安全生产管理条例》第 64 条的规定,上述第(12)项至第(16)项的行为,责令限期改正。逾期未改正的,责令停业整顿,并处 5 万元以上 10 万元以下的罚款。造成重大安全事故,构成犯罪的,对直接责任人员,依照刑法有关规定追究刑事责任。依据《建设工程安全生产管理条例》第 63 条的规定,上述第(17)项行为,责令限期改正,处挪用费用20%以上50%以下的罚款。造成损失的，依法承担赔偿责任。

规定集成

《刑法》(1997年10月1日版，1980年1月1日初次实施，2020年12月26日修正)

第137条　建设单位、设计单位、施工单位、工程监理单位违反国家规定，降低工程质量标准，造成重大安全事故的，对直接责任人员，处五年以下有期徒刑或者拘役，并处罚金；后果特别严重的，处五年以上十年以下有期徒刑，并处罚金。

《建设工程质量管理条例》(2000年1月30日初次实施，2019年4月23日修订)

第64条　违反本条例规定，施工单位在施工中偷工减料的，使用不合格的建筑材料、建筑构配件和设备的，或者有不按照工程设计图纸或者施工技术标准施工的其他行为的，责令改正，处工程合同价款2%以上4%以下的罚款；造成建设工程质量不符合规定的质量标准的，负责返工、修理，并赔偿因此造成的损失；情节严重的，责令停业整顿，降低资质等级或者吊销资质证书。

第65条　违反本条例规定，施工单位未对建筑材料、建筑构配件、设备和商品混凝土进行检验，或者未对涉及结构安全的试块、试件以及有关材料取样检测的，责令改正，处10万元以上20万元以下的罚款；情节严重的，责令停业整顿，降低资质等级或者吊销资质证书；造成损失的，依法承担赔偿责任。

《安全生产法》(2002年11月1日初次实施，2021年6月10日修正)

第97条　生产经营单位有下列行为之一的，责令限期改正，处十万元以下的罚款；逾期未改正的，责令停产停业整顿，并处十万元以上二十万元以下的罚款，对其直接负责的主管人员和其他直接责任人员处二万元以上五万元以下的罚款：(一)未按照规定设置安全生产管理机构或者配备安全生产管理人员、注册安全工程师的；(二)危险物品的生产、经营、储存、装卸单位以及矿山、金属冶炼、建筑施工、运输单位的主要负责人和安全生产管理人员未按照规定经考核合格的；(三)未按照规定对从业人员、被派遣劳动者、实习学生进行安全生产教育和培训，或者未按照规定如实告知有关的安全生产事项的；(四)未如实记录安全生产教育和培训情况的；（五）未将事故隐患排查治理情况如实记录或者未向从业人员通报的；（六）未按照规定制定生产安全事故应急救援预案或者未定期组织演练的；（七）特种作业人员未按照规定经专门的安全作业培训并取得相应资格，上岗作业的。

第99条　生产经营单位有下列行为之一的，责令限期改正，处五万元以下的罚款；逾期未改正的，处五万元以上二十万元以下的罚款，对其直接负责的主管人员和其他直接责任人员处一万元以上二万元以下的罚款；情节严重的，责令停产停业整顿；构成犯罪的，依照刑法有关规定追究刑事责任：（一）未在有较大危险因素的生产经营场所和有关设施、设备上设置明显的安全警示标志的；（二）安全设备的安装、使用、检测、改造和报废不符合国家标准或者行业标准的；（三）未对安全设备进行经常性维护、保养和定期检测的；（四）关闭、破坏直接关系生产安全的监控、报警、防护、救生设备、设施，或者篡改、隐瞒、销毁其相关数据、信息的；（五）未为从业人员提供符合国家标准或者行业标准的劳动防护用品的；（六）危险物品的容器、运输工具，以及涉及人身安全、危险性较大的海洋石油开采特种设备和矿山井下特种设备未经具有专业资质的机构检测、检验合格，取得安全使用证或者安全标志，投入使用的；（七）使用应当淘汰的危及生产安全的工艺、设备的；（八）餐饮等行业的生产经营单位使用燃气未安装可燃气体报警装置的。

第105条　生产经营单位有下列行为之一的，责令限期改正，处五万元以下的罚款，对其直接负责的主管人员和其他直接责任人员处一万元以下的罚款；逾期未改正的，责令停产停业整顿；构成犯罪的，依照刑法有关规定追究刑事责任：（一）生产、经营、储存、使用危险物品的车间、商店、仓库与员工宿舍在同一座建筑内，或者与员工宿舍的距离不符合安全要求的；（二）生产经营场所和员工宿舍未设有符合紧急疏散需要、标志明显、保持畅通的出口、疏散通道，或者占用、锁闭、封堵生产经营场所或者员工宿舍出口、疏散通道的。

《建设工程安全生产管理条例》（2004年2月1日初次实施）

第62条　违反本条例的规定，施工单位有下列行为之一的，责令限期改正；逾期未改正的，责令停业整顿，依照《中华人民共和国安全生产法》的有关规定处以罚款;造成重大安全事故,构成犯罪的,对直接责任人员,依照刑法有关规定追究刑事责任:(一)未设立安全生产管理机构、配备专职安全生产管理人员或者分部分项工程施工时无专职安全生产管理人员现场监督的;(二)施工单位的主要负责人、项目负责人、专职安全生产管理人员、作业人员或者特种作业人员,未经安全教育培训或者经考核不合格即从事相关工作的;(三)未在施工现场的危险部位设置明显的安全警示标志,或者未按照国家有关规定在施工现场设置消防通道、消防水源、配备消防设施和灭火器材的;(四)未向作业人员提供安全防护用具和安全防护服装的;(五)未按照规定在施工起重机械和整体提升脚手架、模板等自升式架设设施验收合格后登记的;(六)使用国家明令淘汰、禁止使用的危及施工安全的工艺、设备、材料的。

第63条　违反本条例的规定,施工单位挪用列入建设工程概算的安全生产作业环境及安全施工措施所需费用的,责令限期改正,处挪用费用20%以上50%以下的罚款;造成损失的,依法承担赔偿责任。

第64条　违反本条例的规定,施工单位有下列行为之一的,责令限期改正;逾期未改正的,责令停业整顿,并处5万元以上10万元以下的罚款;造成重大安全事故,构成犯罪的,对直接责任人员,依照刑法有关规定追究刑事责任:(一)施工前未对有关安全施工的技术要求作出详细说明的;(二)未根据不同施工阶段和周围环境及季节、气候的变化,在施工现场采取相应的安全施工措施,或者在城市市区内的建设工程的施工现场未实行封闭围挡的;(三)在尚未竣工的建筑物内设置员工集体宿舍的;(四)施工现场临时搭建的建筑物不符合安全使用要求的;(五)未对因建设工程施工可能造成损害的毗邻建筑物、构筑物和地下管线等采取专项防护措施的。施工单位有前款规定第(四)项、第(五)项行为,造成损失的,依法承担赔偿责任。

第65条　违反本条例的规定,施工单位有下列行为之一的,责令限期改正;逾期未改正的,责令停业整顿,并处10万元以上30万元以下的罚款;情节严重的,降低资质等级,直至吊销资质证书;造成重大安全事故,构成犯罪的,对直接责任人员,依照刑法有关规定追究刑事责任;造成损失的,依法承担赔偿责任:(一)安全防护用具、机械设备、施工机具及配件在进入施工现场前未经查验或者查验不合格即投入使用的;(二)使用未经验收或者验收不合格的施工起重机械和整体提升脚手架、模板等自升式架设设施的;(三)委托不具有相应资质的单位承担施工现场安装、拆卸施工起重机械和整体提升脚手架、模板等自升式架设设施的;(四)在施工组织设计中未编制安全技术措施、施工现场临时用电方案或者专项施工方案的。

《城市建筑垃圾管理规定》(2005年6月1日初次实施)

第22条　施工单位未及时清运工程施工过程中产生的建筑垃圾,造成环境污染的,由城市人民政府市容环境卫生主管部门责令限期改正,给予警告,处5000元以上5万元以下罚款。施工单位将建筑垃圾交给个人或者未经核准从事建筑垃圾运输的单位处置的,由城市人民政府市容环境卫生主管部门责令限期改正,给予警告,处1万元以上10万元以下罚款。

《民用建筑节能管理规定》(2006年1月1日初次实施)

第27条　对未按照节能设计进行施工的施工单位,责令改正;整改所发生的工程费用,由施工单位负责;可以给予警告,情节严重的,处工程合同价款2%以上4%以下的罚款;2年内,累计3项工程未按照符合节能标准要求的设计进行施工的,责令停业整顿,降低资质等级或者吊销资质证书。

《民用建筑节能条例》(2008年10月1日初次实施)

第40条　违反本条例规定,施工单位未按照民用建筑节能强制性标准进行施工的,由县级以上地方人民政府建设主管部门责令改正,处民用建筑项目合同价款2%以上4%以下的罚款;情节严重的,由颁发资质证书的部门责令停业整顿,降低资质等级或者吊销资质证书;造成损失的,依法承担赔偿责任。

第41条　违反本条例规定,施工单位有下列行为之一的,由县级以上地方人民政府建设主管部门责令改正,处10万元以上20万元以下的罚款;情节严重的,由颁发资质证书的部门责令停业整顿,降低资质等级或者吊销资质证书;造成损失的,依法承担赔偿责任:(一)未对进入施工现场的墙体材料、保温材料、门窗、采暖制冷系统和照明设备进行查验的;(二)使用不符合施工图设计文件要求的墙体材料、保温材料、门窗、采暖制冷系统和照明设备的;(三)使用列入禁止使用目录的技术、工艺、材料和设备的。

《消防法》(2009年5月1日版,1998年9月1日初次实施,2021年4月29日修正)

第59条　违反本法规定,有下列行为之一的,由住房和城乡建设主管部门责令改正或者停止施工,并处一万元以上十万元以下罚款:……(三)建筑施工企业不按照消防设计文件和消防技术标准施工,降低消防施工质量的……

《建筑工程施工许可管理办法》(2014年10月25日初次实施,2018年9月28日修正)

第12条　对于未取得施工许可证或者为规避办理施工许可证将工程项目分解后擅自施工的,由有管辖权的发证机关责令停止施工,限期改正……对施工单位处3万元以下罚款。

《危险性较大的分部分项工程安全管理规定》(2018年6月1日初次实施,2019年3月13日修正)

第32条　施工单位未按照本规定编制并审核危大工程专项施工方案的,依照《建设工程安全生产管理条例》对单位进行处罚,并暂扣安全生产许可证30日;对直接负责的主管人员和其他直接责任人员处1000元以上5000元以下的罚款。

第34条　施工单位有下列行为之一的,责令限期改正,处1万元以上3万元以下的罚款,并暂扣安全生产许可证30日;对直接负责的主管人员和其他直接责任人员处1000元以上5000元以下的罚款:(一)未对超过一定规模的危大工程专项施工方案进行专家论证的;(二)未根据专家论证报告对超过一定规模的危大工程专项施工方案进行修改,或者未按照本规定重新组织专家论证的;(三)未严格按照专项施工方案组织施工,或者擅自修改专项施工方案的。

《民法典》(2021年1月1日初次实施)

第801条　因施工人的原因致使建设工程质量不符合约定的,发包人有权请求施工人在合理期限内无偿修理或者返工、改建。经过修理或者返工、改建后,造成逾期交付的,施工人应当承担违约责任。

第802条　因承包人的原因致使建设工程在合理使用期限内造成人身损害和财产损失的,承包人应当承担赔偿责任。

《最高人民法院关于审理建设工程施工合同纠纷案件适用法律问题的解释(一)》(2021年1月1日初次实施)

第12条　因承包人的原因造成建设工程质量不符合约定,承包人拒绝修理、返工或者改建,发包人请求减少支付工程价款的,人民法院应予支持。

案例适用

163　施工单位未按照设计图纸或者施工技术标准施工导致的返工、修理及赔偿责任属于质保责任还是违约责任

案件名称:上海金浦装潢工程有限公司(以下简称金浦公司)与无锡绿地东部置业有限公司建设工程施工合同纠纷案

终审法院:江苏省无锡市中级人民法院

案　　号:(2019)苏02民终822号

一审裁判观点:建筑施工企业在施工中不按照工程设计图纸或者施工技术标准施工的,造成建筑工程质量不符合规定的质量标准的,应负责返工、修理,并赔偿因此造成的损失。本案所涉房屋在无锡市锡山区建设工程质量监督站发出相关整改通知后,经有资质的鉴定部门鉴定发现,存在相关石材幕墙存在水平石材面板固定方式与施工图固定方式不一致;局部位置幕墙与主体结构连接与施工图固定方式不一致等问题。金浦公司作为施工单位未完全按照双方合同约定履行施工义务,导致相关工程质量不合格且存在脱落等安全隐患,应承担返工、修理等义务。金浦公司辩称,根据双方合同约定已过诉讼时效,其不应承担维修义务。《房屋建筑工程质量保修办法》第3条规定,房屋建筑工程质量保修,是指对房屋建筑工程竣工验收后在保修期内出现的质量缺陷予以修复。本案中,金浦公司未按图施工系未按约履行合同的行为,其交付的工程本身不符合合同约定,该缺陷在施工时即存在,并非竣工验收后出现质量缺陷,故不适用上述保修期相关规定,该辩称意见,一审法院不予采纳。

二审裁判观点:《建筑法》第62条规定:"建筑工程实行质量保修制度。建筑工程的保修范围应当包括地基基础工程、主体结构工程、屋面防水工程和其他土建工程,以及电气管线、上下水管线的安装工程,供热、供冷系统工程等项目;……"针对违反上述质保义务应当承担的责任在该法第75条中予以了明确,即"建筑施工企业违反本法规定,不履行保修义务或者拖延履行保修义务的,责令改正,可以处以罚款,并对在保修期内因屋顶、墙面渗漏、开裂等质量缺陷造成的损失,承担赔偿责任。"而由《建筑法》第74条的规定可知,《建筑法》对于违反质保义务应承担的责任已在第75条作了规定,故第74条的规定针对的不是质保责任。施工单位在施工中偷工减料的,使用不合格的建筑材料、建筑构配件和设备的,或者有其他不按照工程设计图纸或者施工技术标准施工的行为,应承担相应的违约责任,该责任不受质保期的限制,而金浦公司明知甲供石材不符合安装要求,但并未以书面形式要求变更施工方案或要求绿地公司更换材料,金浦公司以采用不符合施工图纸的施工方式放任了安全隐患的发生。因此,金浦公司提供的证据及理由均不足以说明石材脱落与其无关,其关于石材脱落责任全部在于石材供应商的上诉主张,无事实依据,二审法院不予支持。鉴于金浦公司改变施工方案对房屋形成了仅承担保修责任也无法救济的损害,即便该工程超过了质保期,金浦公司仍应承担修复责任。综上,金浦公司关于本案已经超过质保期不应承担责任的意见,二审法院不予采纳。

第七十五条　【保修责任】建筑施工企业违反本法规定,不履行保修义务或者拖延履行保修义务的,责令改正,可以处以罚款,并对在保修期内因屋顶、墙面渗漏、开裂等质量缺陷造成的损失,承担赔偿责任。

条文理解

本条是关于违反保修义务的责任规定，对应的是本法第62条关于“建筑工程实行质量保修制度。建筑工程的保修范围应当包括地基基础工程、主体结构工程、屋面防水工程和其他土建工程，以及电气管线、上下水管线的安装工程，供热、供冷系统工程等项目；保修的期限应当按照保证建筑物合理寿命年限内正常使用，维护使用者合法权益的原则确定。具体的保修范围和最低保修期限由国务院规定”的规定。依据《房屋建筑工程质量保修办法》第4条和第19条及《建设工程质量管理条例》第66条的规定，建筑工程在保修范围和保修期限内出现质量缺陷，施工单位应当履行保修义务。施工单位不履行保修义务或者拖延履行保修义务的，由建设行政主管部门责令改正，处10万元以上20万元以下的罚款，并对在保修期内因质量缺陷造成的损失承担赔偿责任。

规定集成

《建设工程质量管理条例》（2000年1月30日初次实施，2019年4月23日修订）

第66条　违反本条例规定，施工单位不履行保修义务或者拖延履行保修义务的，责令改正，处10万元以上20万元以下的罚款，并对在保修期内因质量缺陷造成的损失承担赔偿责任。

《房屋建筑工程质量保修办法》（2000年6月30日初次实施）

第4条　房屋建筑工程在保修范围和保修期限内出现质量缺陷，施工单位应当履行保修义务。

第9条　房屋建筑工程在保修期限内出现质量缺陷，建设单位或者房屋建筑所有人应当向施工单位发出保修通知。施工单位接到保修通知后，应当到现场核查情况，在保修书约定的时间内予以保修。发生涉及结构安全或者严重影响使用功能的紧急抢修事故，施工单位接到保修通知后，应当立即到达现场抢修。

第12条　施工单位不按工程质量保修书约定保修的，建设单位可以另行委托其他单位保修,由原施工单位承担相应责任。

第 14 条 在保修期内,因房屋建筑工程质量缺陷造成房屋所有人、使用人或者第三方人身、财产损害的,房屋所有人、使用人或者第三方可以向建设单位提出赔偿要求。建设单位向造成房屋建筑工程质量缺陷的责任方追偿。

第 15 条 因保修不及时造成新的人身、财产损害,由造成拖延的责任方承担赔偿责任。

第 18 条 施工单位有下列行为之一的,由建设行政主管部门责令改正,并处 1 万元以上 3 万元以下的罚款:(一)工程竣工验收后,不向建设单位出具质量保修书的;(二)质量保修的内容、期限违反本办法规定的。

第 19 条 施工单位不履行保修义务或者拖延履行保修义务的,由建设行政主管部门责令改正,处 10 万元以上 20 万元以下的罚款。

《最高人民法院关于审理建设工程施工合同纠纷案件适用法律问题的解释(一)》(2021 年 1 月 1 日初次实施)

第 18 条 因保修人未及时履行保修义务,导致建筑物毁损或者造成人身损害、财产损失的,保修人应当承担赔偿责任。保修人与建筑物所有人或者发包人对建筑物毁损均有过错的,各自承担相应的责任。

第七十六条 【处罚机关】本法规定的责令停业整顿、降低资质等级和吊销资质证书的行政处罚,由颁发资质证书的机关决定;其他行政处罚,由建设行政主管部门或者有关部门依照法律和国务院规定的职权范围决定。

依照本法规定被吊销资质证书的,由工商行政管理部门吊销其营业执照。

条文理解

本条是关于处罚机关的规定,依据《建筑业企业资质管理规定》第 9

条至第11条的规定,国务院住房和城乡建设主管部门负责下列建筑业企业资质的许可:(1)施工总承包资质序列特级资质、一级资质及铁路工程施工总承包二级资质;(2)专业承包资质序列公路、水运、水利、铁路、民航方面的专业承包一级资质及铁路、民航方面的专业承包二级资质;涉及多个专业的专业承包一级资质。企业工商注册所在地省、自治区、直辖市人民政府住房和城乡建设主管部门负责下列建筑业企业资质的许可:(1)施工总承包资质序列二级资质及铁路、通信工程施工总承包三级资质;(2)专业承包资质序列一级资质(不含公路、水运、水利、铁路、民航方面的专业承包一级资质及涉及多个专业的专业承包一级资质);(3)专业承包资质序列二级资质(不含铁路、民航方面的专业承包二级资质);铁路方面专业承包三级资质;特种工程专业承包资质。企业工商注册所在地设区的市人民政府住房和城乡建设主管部门负责下列建筑业企业资质的许可:(1)施工总承包资质序列三级资质(不含铁路、通信工程施工总承包三级资质);(2)专业承包资质序列三级资质(不含铁路方面专业承包资质)及预拌混凝土、模板脚手架专业承包资质;(3)施工劳务资质;(4)燃气燃烧器具安装、维修企业资质。对上述建筑业企业关于责令停业整顿、降低资质等级和吊销资质证书的行政处罚,由上述对应的颁发资质证书的机关决定。

依据《行政处罚法》第9条的规定,行政处罚的种类包括:(1)警告、通报批评;(2)罚款、没收违法所得、没收非法财物;(3)暂扣许可证件、降低资质等级、吊销许可证件;(4)限制开展生产经营活动、责令停产停业、责令关闭、限制从业;(5)行政拘留;(6)法律、行政法规规定的其他行政处罚。除了责令停业整顿、降低资质等级和吊销资质证书的行政处罚之外,其他行政处罚,包括改正、停止违法行为、停止施工、取缔、罚款、没收违法所得、处分等,由建设行政主管部门或者有关部门依照法律和国务院规定的职权范围决定。另外,依据《市场主体登记管理条例》第26条的规定,许可证或者批准文件被吊销、撤销或者有效期届满的,应当自许可证或者批准文件被吊销、撤销或者有效期届满之日起30日内向登记机关申请变更登记或者办理注销登记。

规定集成

《建设工程质量管理条例》(2000年1月30日初次实施,2019年4月23日修订)

第75条　本条例规定的责令停业整顿,降低资质等级和吊销资质证书的行政处罚,由颁发资质证书的机关决定;其他行政处罚,由建设行政主管部门或者其他有关部门依照法定职权决定。依照本条例规定被吊销资质证书的,由工商行政管理部门吊销其营业执照。

《建筑业企业资质管理规定》(2015年3月1日初次实施,2016年9月13日修正)

第4条　国务院住房城乡建设主管部门负责全国建筑业企业资质的统一监督管理。国务院交通运输、水利、工业信息化等有关部门配合国务院住房城乡建设主管部门实施相关资质类别建筑业企业资质的管理工作。省、自治区、直辖市人民政府住房城乡建设主管部门负责本行政区域内建筑业企业资质的统一监督管理。省、自治区、直辖市人民政府交通运输、水利、通信等有关部门配合同级住房城乡建设主管部门实施本行政区域内相关资质类别建筑业企业资质的管理工作。

第9条　下列建筑业企业资质,由国务院住房城乡建设主管部门许可:(一)施工总承包资质序列特级资质、一级资质及铁路工程施工总承包二级资质;(二)专业承包资质序列公路、水运、水利、铁路、民航方面的专业承包一级资质及铁路、民航方面的专业承包二级资质;涉及多个专业的专业承包一级资质。

第10条　下列建筑业企业资质,由企业工商注册所在地省、自治区、直辖市人民政府住房城乡建设主管部门许可:(一)施工总承包资质序列二级资质及铁路、通信工程施工总承包三级资质;(二)专业承包资质序列一级资质(不含公路、水运、水利、铁路、民航方面的专业承包一级资质及涉及多个专业的专业承包一级资质);(三)专业承包资质序列二级资质(不含铁路、民航方面的专业承包二级资质);铁路方面专业承包三级资质;特种工程专业承包资质。

第11条　下列建筑业企业资质，由企业工商注册所在地设区的市人民政府住房城乡建设主管部门许可：（一）施工总承包资质序列三级资质（不含铁路、通信工程施工总承包三级资质）；（二）专业承包资质序列三级资质（不含铁路方面专业承包资质）及预拌混凝土、模板脚手架专业承包资质；（三）施工劳务资质；（四）燃气燃烧器具安装、维修企业资质。

《建筑业企业资质管理规定和资质标准实施意见》（2015年3月1日初次实施）

第1条　资质申请和许可程序：第1项，申请建筑业企业资质的，应依法取得工商行政管理部门颁发的公司法人《营业执照》。

《行政处罚法》（1996年10月1日初次实施，2021年1月22日修订）

第2条　行政处罚是指行政机关依法对违反行政管理秩序的公民、法人或者其他组织，以减损权益或者增加义务的方式予以惩戒的行为。

第9条　行政处罚的种类：（一）警告、通报批评；（二）罚款、没收违法所得、没收非法财物；（三）暂扣许可证件、降低资质等级、吊销许可证件；（四）限制开展生产经营活动、责令停产停业、责令关闭、限制从业；（五）行政拘留；（六）法律、行政法规规定的其他行政处罚。

第17条　行政处罚由具有行政处罚权的行政机关在法定职权范围内实施。

《市场主体登记管理条例》（2022年3月1日初次实施）

第3条　市场主体应当依照本条例办理登记。未经登记，不得以市场主体名义从事经营活动。法律、行政法规规定无需办理登记的除外。市场主体登记包括设立登记、变更登记和注销登记。

第5条　国务院市场监督管理部门主管全国市场主体登记管理工作。县级以上地方人民政府市场监督管理部门主管本辖区市场主体登记管理工作，加强统筹指导和监督管理。

第21条　申请人申请市场主体设立登记，登记机关依法予以登记的，签发营业执照。营业执照签发日期为市场主体的成立日期。法律、行政法规或者国务院决定规定设立市场主体须经批准的，应当在批准文件有效期内向登记机关申请登记。

第26条　市场主体变更经营范围，属于依法须经批准的项目的，应当自批准之日起30日内申请变更登记。许可证或者批准文件被吊销、撤销或者有效期届满的,应当自许可证或者批准文件被吊销、撤销或者有效期届满之日起30日内向登记机关申请变更登记或者办理注销登记。

第七十七条　【资质颁发】违反本法规定,对不具备相应资质等级条件的单位颁发该等级资质证书的,由其上级机关责令收回所发的资质证书,对直接负责的主管人员和其他直接责任人员给予行政处分;构成犯罪的,依法追究刑事责任。

条文理解

本条是关于资质颁发的责任规定,依据《建筑业企业资质管理规定》第41条的规定,县级以上人民政府住房城乡建设主管部门及其工作人员有下列情形之一的,由其上级行政机关或者监察机关责令改正。对直接负责的主管人员和其他直接责任人员,依法给予行政处分。直接负责的主管人员和其他直接责任人员构成犯罪的,依法追究刑事责任:(1)对不符合资质标准规定条件的申请企业准予资质许可的;(2)对符合受理条件的申请企业不予受理或者未在法定期限内初审完毕的;(3)对符合资质标准规定条件的申请企业不予许可或者不在法定期限内准予资质许可的;(4)发现违反本规定规定的行为不予查处,或者接到举报后不依法处理的;(5)在企业资质许可和监督管理中,利用职务上的便利,收受他人财物或者其他好处,以及有其他违法行为的。依据《行政机关公务员处分条例》第21条的规定,在行政许可工作中违反法定权限、条件和程序设定或者实施行政许可的,给予警告或者记过处分。情节较重的,给予记大过或者降级处分。情节严重的,给予撤职处分。依据《刑法》第397条关于滥用职权罪和玩忽职守罪的规定,国家机关工作人员滥用职权或者玩忽职守,致使公共财产、国家和人民利益遭受重大损失的,处3年以下有期徒刑或者拘役。情节特别严重的,处3年以上7年以下有期徒刑。刑法另有规定的,依照规定。国家机关工作人员徇私舞弊,犯前款罪的,处5年以下有期徒刑或者拘役。情节特别严重的,处5年以上10年以下有期徒刑。刑法另有规定的,依照规定。

规定集成

《刑法》(1997年10月1日版,1980年1月1日初次实施,2020年12月26日修正)

第397条　国家机关工作人员滥用职权或者玩忽职守,致使公共财产、国家和人民利益遭受重大损失的,处三年以下有期徒刑或者拘役;情节特别严重的,处三年以上七年以下有期徒刑。本法另有规定的,依照规定。国家机关工作人员徇私舞弊,犯前款罪的,处五年以下有期徒刑或者拘役;情节特别严重的,处五年以上十年以下有期徒刑。本法另有规定的,依照规定。

《建设工程质量管理条例》(2000年1月30日初次实施,2019年4月23日修订)

第76条　国家机关工作人员在建设工程质量监督管理工作中玩忽职守、滥用职权、徇私舞弊,构成犯罪的,依法追究刑事责任;尚不构成犯罪的,依法给予行政处分。

《建设工程安全生产管理条例》(2004年2月1日初次实施)

第53条　违反本条例的规定,县级以上人民政府建设行政主管部门或者其他有关行政管理部门的工作人员,有下列行为之一的,给予降级或者撤职的行政处分;构成犯罪的,依照刑法有关规定追究刑事责任:(一)对不具备安全生产条件的施工单位颁发资质证书的;(二)对没有安全施工措施的建设工程颁发施工许可证的;(三)发现违法行为不予查处的;(四)不依法履行监督管理职责的其他行为。

《行政机关公务员处分条例》(2007年6月1日初次实施)

第2条第1款　行政机关公务员违反法律、法规、规章以及行政机关的决定和命令,应当承担纪律责任的,依照本条例给予处分。

第 6 条　行政机关公务员处分的种类为：（一）警告；（二）记过；（三）记大过；（四）降级；（五）撤职；（六）开除。

第 21 条　有下列行为之一的，给予警告或者记过处分；情节较重的，给予记大过或者降级处分；情节严重的，给予撤职处分：（一）在行政许可工作中违反法定权限、条件和程序设定或者实施行政许可的……

第 34 条　对行政机关公务员给予处分，由任免机关或者监察机关（以下统称处分决定机关）按照管理权限决定。

《建筑业企业资质管理规定》（2015 年 3 月 1 日初次实施，2016 年 9 月 13 日修正）

第 41 条　县级以上人民政府住房城乡建设主管部门及其工作人员，违反本规定，有下列情形之一的，由其上级行政机关或者监察机关责令改正；对直接负责的主管人员和其他直接责任人员，依法给予行政处分；直接负责的主管人员和其他直接责任人员构成犯罪的，依法追究刑事责任：（一）对不符合资质标准规定条件的申请企业准予资质许可的；（二）对符合受理条件的申请企业不予受理或者未在法定期限内初审完毕的；（三）对符合资质标准规定条件的申请企业不予许可或者不在法定期限内准予资质许可的；（四）发现违反本规定规定的行为不予查处，或者接到举报后不依法处理的；（五）在企业资质许可和监督管理中，利用职务上的便利，收受他人财物或者其他好处，以及有其他违法行为的。

第七十八条　【指定发包】政府及其所属部门的工作人员违反本法规定，限定发包单位将招标发包的工程发包给指定的承包单位的，由上级机关责令改正；构成犯罪的，依法追究刑事责任。

条文理解

本条是关于指定发包的责任规定，对应的是本法第 23 条关于“政府及其所属部门不得滥用行政权力，限定发包单位将招标发包的建筑工程发包给指定的承包单位"的规定。依据《招标投标法实施条例》第80条的规定,国家工作人员利用职务便利,以直接或者间接、明示或者暗示等任何方式非法干涉招标投标活动,有下列情形之一的,依法给予记过或者记大过处分。情节严重的,依法给予降级或者撤职处分。情节特别严重的,依法给予开除处分。构成犯罪的,依法追究刑事责任:(1)要求对依法必须进行招标的项目不招标,或者要求对依法应当公开招标的项目不公开招标;(2)要求评标委员会成员或者招标人以其指定的投标人作为中标候选人或者中标人,或者以其他方式非法干涉评标活动,影响中标结果;(3)以其他方式非法干涉招标投标活动。依据《刑法》第397条关于滥用职权罪和玩忽职守罪的规定,国家机关工作人员滥用职权或者玩忽职守,致使公共财产、国家和人民利益遭受重大损失的,处3年以下有期徒刑或者拘役。情节特别严重的,处3年以上7年以下有期徒刑。刑法另有规定的,依照规定。国家机关工作人员徇私舞弊,犯前款罪的,处5年以下有期徒刑或者拘役。情节特别严重的,处5年以上10年以下有期徒刑。刑法另有规定的,依照规定。

规定集成

《刑法》(1997年10月1日版,1980年1月1日初次实施,2020年12月26日修正)

第397条　国家机关工作人员滥用职权或者玩忽职守,致使公共财产、国家和人民利益遭受重大损失的,处三年以下有期徒刑或者拘役;情节特别严重的,处三年以上七年以下有期徒刑。本法另有规定的,依照规定。国家机关工作人员徇私舞弊,犯前款罪的,处五年以下有期徒刑或者拘役;情节特别严重的,处五年以上十年以下有期徒刑。本法另有规定的,依照规定。

《招标投标法》(2000年1月1日初次实施,2017年12月27日修正)

第62条　任何单位违反本法规定,限制或者排斥本地区、本系统以外的法人或者其他组织参加投标的,为招标人指定招标代理机构的,强制招标人委托招标代理机构办理招标事宜的，或者以其他方式干涉招标投标活动的，责令改正；对单位直接负责的主管人员和其他直接责任人员依法给予警告、记过、记大过的处分，情节较重的，依法给予降级、撤职、开除的处分。个人利用职权进行前款违法行为的，依照前款规定追究责任。

第63条　对招标投标活动依法负有行政监督职责的国家机关工作人员徇私舞弊、滥用职权或者玩忽职守，构成犯罪的，依法追究刑事责任；不构成犯罪的，依法给予行政处分。

《行政机关公务员处分条例》（2007年6月1日初次实施）

第21条　有下列行为之一的，给予警告或者记过处分；情节较重的，给予记大过或者降级处分；情节严重的，给予撤职处分：……（五）对需要政府、政府部门决定的招标投标、征收征用、城市房屋拆迁、拍卖等事项违反规定办理的。

《招标投标法实施条例》（2012年2月1日初次实施，2019年3月2日修订）

第80条　国家工作人员利用职务便利，以直接或者间接、明示或者暗示等任何方式非法干涉招标投标活动，有下列情形之一的，依法给予记过或者记大过处分；情节严重的，依法给予降级或者撤职处分；情节特别严重的，依法给予开除处分；构成犯罪的，依法追究刑事责任：（一）要求对依法必须进行招标的项目不招标，或者要求对依法应当公开招标的项目不公开招标；（二）要求评标委员会成员或者招标人以其指定的投标人作为中标候选人或者中标人，或者以其他方式非法干涉评标活动，影响中标结果；（三）以其他方式非法干涉招标投标活动。

《工程建设项目施工招标投标办法》（2003年5月1日初次实施，2013年3月11日修正）

第87条　任何单位违法限制或者排斥本地区、本系统以外的法人或者其他组织参加投标的，为招标人指定招标代理机构的，强制招标人委托招标代理机构办理招标事宜的，或者以其他方式干涉招标投标活动的，有关行政监督部门责令改正；对单位直接负责的主管人员和其他直接责任人员依法给予警告、记过、记大过的处分，情节较重的，依法给予降级、撤职、开除的处分。个人利用职权进行前款违法行为的，依照前款规定追究责任。

第88条　对招标投标活动依法负有行政监督职责的国家机关工作人员徇

私舞弊、滥用职权或者玩忽职守,构成犯罪的,依法追究刑事责任;不构成犯罪的,依法给予行政处分。

第七十九条 【施许验收】负责颁发建筑工程施工许可证的部门及其工作人员对不符合施工条件的建筑工程颁发施工许可证的,负责工程质量监督检查或者竣工验收的部门及其工作人员对不合格的建筑工程出具质量合格文件或者按合格工程验收的,由上级机关责令改正,对责任人员给予行政处分;构成犯罪的,依法追究刑事责任;造成损失的,由该部门承担相应的赔偿责任。

条文理解

本条是施许验收的责任规定,对应的是本法第8条关于"申请领取施工许可证,应当具备下列条件:(1)已经办理该建筑工程用地批准手续;(2)依法应当办理建设工程规划许可证的,已经取得建设工程规划许可证;(3)需要拆迁的,其拆迁进度符合施工要求;(4)已经确定建筑施工企业;(5)有满足施工需要的资金安排、施工图纸及技术资料;(6)有保证工程质量和安全的具体措施",以及本法第61条关于"交付竣工验收的建筑工程,必须符合规定的建筑工程质量标准,有完整的工程技术经济资料和经签署的工程保修书,并具备国家规定的其他竣工条件"的规定。

依据《建筑工程施工许可管理办法》第16条的规定,发证机关及其工作人员有下列情形之一的,由其上级行政机关或者监察机关责令改正。情节严重的,对直接负责的主管人员和其他直接责任人员,依法给予行政处分:(1)对不符合条件的申请人准予施工许可的;(2)对符合条件的申请人不予施工许可或者未在法定期限内作出准予许可决定的;(3)对符合条件的申请不予受理的;(4)利用职务上的便利,收受他人财物或者谋取其他利益的;(5)不依法履行监督职责或者监督不力,造成严重后果的。依据《行政机关公务员处分条例》第21条的规定,在行政许可工作中违反法定权限、条件和程序设定或者实施行政许可的,给予警告或者记过处分。情节较重的,给予记大过或者降级处分。情节严重的,给予撤职处分。本条规定的违法颁发施工许可证、违法出具质量合格文件及违法验收的情形,属于上述违反法定权限、条件和程序设定或者实施行政许可的行为,没有特殊规定的,依据上述规定进行行政处分。依据《刑法》第397条关于滥用职权罪和玩忽职守罪的规定,国家机关工作人员滥用职权或者玩忽职守,致使公共财产、国家和人民利益遭受重大损失的,处3年以下有期徒刑或者拘役。情节特别严重的,处3年以上7年以下有期徒刑。刑法另有规定的,依照规定。国家机关工作人员徇私舞弊,犯前款罪的,处5年以下有期徒刑或者拘役。情节特别严重的,处5年以上10年以下有期徒刑。刑法另有规定的,依照规定。

规定集成

《刑法》(1997年10月1日版,1980年1月1日初次实施,2020年12月26日修正)

第397条　国家机关工作人员滥用职权或者玩忽职守,致使公共财产、国家和人民利益遭受重大损失的,处三年以下有期徒刑或者拘役;情节特别严重的,处三年以上七年以下有期徒刑。本法另有规定的,依照规定。国家机关工作人员徇私舞弊,犯前款罪的,处五年以下有期徒刑或者拘役;情节特别严重的,处五年以上十年以下有期徒刑。本法另有规定的,依照规定。

《建设工程质量管理条例》(2000年1月30日初次实施,2019年4月23日修订)

第76条　国家机关工作人员在建设工程质量监督管理工作中玩忽职守、滥用职权、徇私舞弊,构成犯罪的,依法追究刑事责任;尚不构成犯罪的,依法给予行政处分。

《安全生产法》(2002 年 11 月 1 日初次实施,2021 年 6 月 10 日修正)

第 90 条　负有安全生产监督管理职责的部门的工作人员,有下列行为之一的,给予降级或者撤职的处分;构成犯罪的,依照刑法有关规定追究刑事责任:(一)对不符合法定安全生产条件的涉及安全生产的事项予以批准或者验收通过的;(二)发现未依法取得批准、验收的单位擅自从事有关活动或者接到举报后不予取缔或者不依法予以处理的;(三)对已经依法取得批准的单位不履行监督管理职责,发现其不再具备安全生产条件而不撤销原批准或者发现安全生产违法行为不予查处的;(四)在监督检查中发现重大事故隐患,不依法及时处理的。负有安全生产监督管理职责的部门的工作人员有前款规定以外的滥用职权、玩忽职守、徇私舞弊行为的,依法给予处分;构成犯罪的,依照刑法有关规定追究刑事责任。

第 92 条　承担安全评价、认证、检测、检验职责的机构出具失实报告的,责令停业整顿,并处三万元以上十万元以下的罚款;给他人造成损害的,依法承担赔偿责任。承担安全评价、认证、检测、检验职责的机构租借资质、挂靠、出具虚假报告的,没收违法所得;违法所得在十万元以上的,并处违法所得二倍以上五倍以下的罚款,没有违法所得或者违法所得不足十万元的,单处或者并处十万元以上二十万元以下的罚款;对其直接负责的主管人员和其他直接责任人员处五万元以上十万元以下的罚款;给他人造成损害的,与生产经营单位承担连带赔偿责任;构成犯罪的,依照刑法有关规定追究刑事责任。对有前款违法行为的机构及其直接责任人员,吊销其相应资质和资格,五年内不得从事安全评价、认证、检测、检验等工作;情节严重的,实行终身行业和职业禁入。

《行政机关公务员处分条例》(2007 年 6 月 1 日初次实施)

第 6 条　行政机关公务员处分的种类为:(一)警告;(二)记过;(三)记大过;(四)降级;(五)撤职;(六)开除。

第 21 条　有下列行为之一的,给予警告或者记过处分;情节较重的,给予记大过或者降级处分;情节严重的,给予撤职处分:(一)在行政许可工作中违反法定权限、条件和程序设定或者实施行政许可的……

第 23 条　有贪污、索贿、受贿、行贿、介绍贿赂、挪用公款、利用职务之便为自己或者他人谋取私利、巨额财产来源不明等违反廉政纪律行为的，给予记过或者记大过处分；情节较重的，给予降级或者撤职处分；情节严重的，给予开除处分。

《民用建筑节能条例》(2008年10月1日初次实施)

第35条　违反本条例规定，县级以上人民政府有关部门有下列行为之一的，对负有责任的主管人员和其他直接责任人员依法给予处分；构成犯罪的，依法追究刑事责任：(一)对设计方案不符合民用建筑节能强制性标准的民用建筑项目颁发建设工程规划许可证的；(二)对不符合民用建筑节能强制性标准的设计方案出具合格意见的；(三)对施工图设计文件不符合民用建筑节能强制性标准的民用建筑项目颁发施工许可证的；(四)不依法履行监督管理职责的其他行为。

《建筑工程施工许可管理办法》(2014年10月25日初次实施，2018年9月28日修正)

第16条　发证机关及其工作人员，违反本办法，有下列情形之一的，由其上级行政机关或者监察机关责令改正；情节严重的，对直接负责的主管人员和其他直接责任人员，依法给予行政处分：(一)对不符合条件的申请人准予施工许可的；(二)对符合条件的申请人不予施工许可或者未在法定期限内作出准予许可决定的；(三)对符合条件的申请不予受理的；(四)利用职务上的便利，收受他人财物或者谋取其他利益的；(五)不依法履行监督职责或者监督不力，造成严重后果的。

第八十条　【损害赔偿】在建筑物的合理使用寿命内，因建筑工程质量不合格受到损害的，有权向责任者要求赔偿。

条文理解

本条是关于损害赔偿的责任规定，建筑工程质量的责任主体涉及建设单位、勘察设计单位、施工单位等。依据本法第54条、第56条和第58

条的规定，建设单位不得要求设计单位或者施工单位违反规定，降低建筑工程质量。勘察、设计文件应当符合有关法律、行政法规的规定和建筑工程质量、安全标准、建筑工程勘察、设计技术规范以及合同的约定。施工单位应当按照工程设计图纸和施工技术标准施工，不能偷工减料。依据本法第62条的规定，保修的期限应当按照保证建筑物合理寿命年限内正常使用，维护使用者合法权益的原则确定，即建筑物在合理使用寿命内，应保证其正常使用。依据《民用建筑设计统一标准》第3.2条“设计使用年限”的规定，临时性建筑的设计使用年限为5年，易于替换结构的建筑为25年，普通建筑和构筑物为50年，纪念性建筑和特别重要的建筑为100年，即上述建筑物在上述对应的期限内，其质量应当有所保证。因质量不合格受到损害的，有权向责任者要求赔偿。

实务中，施工单位常以建筑工程已经验收合格为由主张自己无责，这种理由得不到法院的支持。首先，依据本法第62条的规定，质量保修期限从竣工验收交付使用日起算，即验收合格与质量责任没有关联性。其次，依据本条的规定，在建筑物的合理使用寿命内，因建筑工程质量不合格受到损害的，受害者都有权向责任者要求赔偿。所以，施工单位以验收合格为由主张无责依据不足。另外，在建筑物物件脱落、坠落损害案件中，举证责任适用的是过错推定原则，即建筑物、构筑物或者其他设施及其搁置物、悬挂物发生脱落、坠落造成他人损害的，所有人、管理人和使用人不能证明自己没有过错的，应当承担侵权责任。所有人、管理人或者使用人赔偿后，有权向其他责任人追偿，其他责任人包括建设单位、施工单位、设计单位及监理单位等。

规定集成

《建设工程质量管理条例》(2000年1月30日初次实施,2019年4月23日修订)

第3条　建设单位、勘察单位、设计单位、施工单位、工程监理单位依法对建设工程质量负责。

第 58 条　违反本条例规定，建设单位有下列行为之一的……造成损失的，依法承担赔偿责任：(一) 未组织竣工验收，擅自交付使用的；(二) 验收不合格，擅自交付使用的；(三) 对不合格的建设工程按照合格工程验收的。

第 63 条　违反本条例规定，有下列行为之一的……：(一) 勘察单位未按照工程建设强制性标准进行勘察的；(二) 设计单位未根据勘察成果文件进行工程设计的；(三) 设计单位指定建筑材料、建筑构配件的生产厂、供应商的；(四) 设计单位未按照工程建设强制性标准进行设计的。……造成损失的，依法承担赔偿责任。

第 64 条　违反本条例规定，施工单位在施工中偷工减料的，使用不合格的建筑材料、建筑构配件和设备的，或者有不按照工程设计图纸或者施工技术标准施工的其他行为的，……造成建设工程质量不符合规定的质量标准的，负责返工、修理，并赔偿因此造成的损失……

第 65 条　违反本条例规定，施工单位未对建筑材料、建筑构配件、设备和商品混凝土进行检验，或者未对涉及结构安全的试块、试件以及有关材料取样检测的……造成损失的，依法承担赔偿责任。

第 66 条　违反本条例规定，施工单位不履行保修义务或者拖延履行保修义务的……对在保修期内因质量缺陷造成的损失承担赔偿责任。

第 67 条　工程监理单位有下列行为之一的，……造成损失的，承担连带赔偿责任：(一) 与建设单位或者施工单位串通，弄虚作假、降低工程质量的；(二) 将不合格的建设工程、建筑材料、建筑构配件和设备按照合格签字的。

第 69 条　违反本条例规定，涉及建筑主体或者承重结构变动的装修工程，没有设计方案擅自施工的……造成损失的，依法承担赔偿责任。

《最高人民法院关于审理建设工程施工合同纠纷案件适用法律问题的解释(一)》(2021 年 1 月 1 日初次实施)

第 14 条　建设工程未经竣工验收，发包人擅自使用后，又以使用部分质量不符合约定为由主张权利的，人民法院不予支持；但是承包人应当在建设工程的合理使用寿命内对地基基础工程和主体结构质量承担民事责任。

《民法典》(2021年1月1日初次实施)

第802条　因承包人的原因致使建设工程在合理使用期限内造成人身损害和财产损失的,承包人应当承担赔偿责任。

案例适用

164　建设单位能否以保修期已过为由免除其在建筑物合理使用寿命内的质量责任

案件名称:李某与安徽金凯房地产开发有限公司(以下简称金凯房地产公司)财产损害赔偿纠纷案

审理法院:安徽省安庆市中级人民法院

案　　号:(2020)皖08民终1954号

裁判观点:《建筑法》第80条明确规定,在建筑物的合理使用寿命内,因建筑工程质量不合格受到损害的,有权向责任者要求赔偿。金凯房地产公司作为建设方,应对建筑物工程质量负责。虽然涉案楼盘的住宅工程质量保证书载明给排水管道的保修期为2年,但保修期限系施工单位进行无偿修理期限的规定,不能因此免除建筑物工程质量问题致人损害所产生的赔偿责任。在建设工程的合理使用年限内,出现主下水管道弯头脱落,由此造成的损失,金凯房地产公司应当向李某承担相应的赔偿责任。

165　施工单位能否以验收合格为由免除其在建筑物合理使用寿命内的质量责任

案件名称:大连市政设施修建有限公司(以下简称市政公司)与北方华锦化学工业股份有限公司等建设工程施工合同纠纷案

审理法院:最高人民法院

案　　号:(2019)最高法民申5769号

裁判观点:《建筑法》第80条规定:"在建筑物的合理使用寿命内,因建筑工程质量不合格受到损害的,有权向责任者要求赔偿。"据此,工程验收合格不等于工程真正合格，因施工人的原因发生质量事故的，其依法仍应承担民事责任。任何法律、法规均没有工程一经验收合格，施工人对之后出现的任何质量问题均可免责的规定。市政公司以案涉工程已经正式通过竣工验收为由主张其不应承担责任，理由不能成立。

166　开发商能否以房产已售且保修期已过为由免除其在建筑物合理使用寿命内的质量责任

案件名称：阿拉善盟呈龙房地产开发有限责任公司与聂某等物件脱落、坠落损害责任纠纷案

终审法院：内蒙古自治区阿拉善盟中级人民法院

案　　号：(2017)内29民终44号

一审裁判观点：本案系物件脱落、坠落损害责任纠案件。依照《侵权责任法》(已失效)第85条的规定，建筑物、构筑物或者其他设施及其搁置物、悬挂物发生脱落、坠落造成他人损害，所有人、管理人和使用人不能证明自己没有过错的，应当承担侵权责任。所有人、管理人或者使用人赔偿后，有其他责任人的，有权向其他责任人追偿。虽然《建筑工程质量管理条例》对建设工程的保修范围和保修期限作了明确的规定，但保修期限调整的是建设工程施工合同发包方和施工方之间的关系，保修期限是对施工单位就建设工程质量问题进行无偿修理期限的规定，建筑物致他人损害所产生的赔偿责任的确定，不应适用保修期限的有关规定。阿拉善盟呈龙房地产开发有限责任公司提出，本案所涉建筑物通过了竣工验收，并办理竣工备案手续，但竣工验收是施工单位向建设单位交付工程的必经程序，竣工验收合格的证明文件只是证明工程质量合格的证据，竣工验收合格只能表明验收时的质量状况，而有些质量问题特别是内在质量缺陷，需要通过一段时间才能显现出来。在合理使用年限内建筑物发生脱落坠落现象，在没有证据证明系其他原因造成的情况下，通常是因为工程质量存在问题。因此，从本案中房屋楼顶发生瓦片掉落现象，可以推定为工程存在质量问题，如果阿拉善盟呈龙房地产开发有限

责任公司主张瓦片脱落并非房屋质量问题所引起的，应承担举证责任。因此，本案关于瓦片掉落的原因的举证责任应由阿拉善盟呈龙房地产开发有限责任公司承担，阿拉善盟呈龙房地产开发有限责任公司经法院释明后，不申请鉴定，应承担举证不能的不利后果。其作为本案案涉房屋的开发企业，出售给他人的房屋存在质量问题，并致人损害，应承担相应的赔偿责任，其承担赔偿责任后可向其他责任人进行追偿。

二审裁判观点：依据《建筑法》第80条的规定，本案涉案建筑在正常使用的情况下，屋顶发生瓦片掉落并致人损害，阿拉善盟呈龙房地产开发有限责任公司不能证明系其他原因导致，则证实涉案建筑工程存在质量瑕疵，开发企业阿拉善盟呈龙房地产开发有限责任公司应对工程质量承担举证责任。一审中经阿拉善左旗人民法院释明，阿拉善盟呈龙房地产开发有限责任公司未对涉案建筑工程质量申请鉴定，故应承担举证不能的不利后果。阿拉善盟呈龙房地产开发有限责任公司作为本案案涉房屋的开发企业，出售给他人的房屋存在质量瑕疵问题，并致人损害，应承担相应的赔偿责任。关于上诉人阿拉善盟呈龙房地产开发有限责任公司认为不属于“所有人、管理人、使用人”而不应承担责任的意见不能成立。根据《侵权责任法》（已失效）第85条的规定，“建筑物、构筑物或者其他设施及其搁置物、悬挂物发生脱落、坠落造成他人损害，所有人、管理人或者使用人不能证明自己没有过错的，应当承担侵权责任。所有人、管理人或者使用人赔偿后，有其他责任人的，有权向其他责任人追偿”。本案中，因建筑质量可能存在问题导致被上诉人聂某被瓦片砸伤，上诉人阿拉善盟呈龙房地产开发有限责任公司应作为本条规定的“其他责任人”承担侵权责任。

第八章

附　　则

第八十一条　【适用补充】本法关于施工许可、建筑施工企业资质审查和建筑工程发包、承包、禁止转包，以及建筑工程监理、建筑工程安全和质量管理的规定，适用于其他专业建筑工程的建筑活动，具体办法由国务院规定。

条文理解

本条是关于适用范围的补充规定，依据本法第2条关于适用范围的规定，本法适用于各类房屋建筑及其附属设施的建造和与其配套的线路、管道、设备的安装活动，本条即是对本法第2条适用范围的补充规定。参照《建筑业企业资质标准》的规定，其他专业建筑工程是指公路工程、铁路工程、港口与航道工程、水利水电工程、电力工程、矿山工程、冶金工程、石油化工工程、市政公用工程、通信工程、机电工程。上述专业在施工许可、建筑施工企业资质审查和建筑工程发包、承包、禁止转包，以及建筑工程监理、建筑工程安全和质量管理方面，适用本法的规定。有关法律、行政法规有明确规定的，从其规定。

规定集成

《建设工程质量管理条例》(2000年1月30日初次实施，2019年4月23日修订)

第2条　凡在中华人民共和国境内从事建设工程的新建、扩建、改建等有关活动及实施对建设工程质量监督管理的，必须遵守本条例。本条例所称建设工程，是指土木工程、建筑工程、线路管道和设备安装工程及装修工程。

《房屋建筑工程施工旁站监理管理办法(试行)》(2003年1月1日初次实施)

第12条　其他工程的施工旁站监理，可以参照本办法实施。

《建设工程安全生产管理条例》(2004 年 2 月 1 日初次实施)

第 2 条　在中华人民共和国境内从事建设工程的新建、扩建、改建和拆除等有关活动及实施对建设工程安全生产的监督管理,必须遵守本条例。本条例所称建设工程,是指土木工程、建筑工程、线路管道和设备安装工程及装修工程。

《建筑工程安全防护、文明施工措施费用及使用管理规定》(2005 年 9 月 1 日初次实施)

第 16 条　建筑工程以外的工程项目安全防护、文明施工措施费用及使用管理可以参照本规定执行。

《建筑工程施工许可管理办法》(2014 年 10 月 25 日初次实施,2018 年 9 月 28 日修正)

第 18 条　本办法关于施工许可管理的规定适用于其他专业建筑工程。有关法律、行政法规有明确规定的,从其规定。《建筑法》第八十三条第三款规定的建筑活动,不适用本办法。军事房屋建筑工程施工许可的管理,按国务院、中央军事委员会制定的办法执行。

《建筑业企业资质标准》(2015 年 1 月 1 日)

总则部分第 1 条　资质分类:建筑业企业资质分为施工总承包、专业承包和施工劳务三个序列。其中施工总承包序列设有 12 个类别,一般分为 4 个等级(特级、一级、二级、三级);专业承包序列设有 36 个类别,一般分为 3 个等级(一级、二级、三级);施工劳务序列不分类别和等级。

标准部分,第 1 分部分,施工总承包序列资质标准:施工总承包序列设有 12 个类别,分别是:建筑工程施工总承包、公路工程施工总承包、铁路工程施工总承包、港口与航道工程施工总承包、水利水电工程施工总承包、电力工程施工总承包、矿山工程施工总承包、冶金工程施工总承包、石油化工工程施工总承包、市政公用工程施工总承包、通信工程施工总承包、机电工程施工总承包。

《建筑工程施工发包与承包违法行为认定查处管理办法》(2019 年 1 月 1 日初次实施)

第 18 条　房屋建筑和市政基础设施工程以外的专业工程可参照本办法执行。省级人民政府住房和城乡建设主管部门可结合本地实际,依据本办法制定相应实施细则。

第八十二条　【管理费用】建设行政主管部门和其他有关部门在对建筑活动实施监督管理中，除按照国务院有关规定收取费用外，不得收取其他费用。

条文理解

本条是关于管理费用禁止乱收的规定，建设行政主管部门和其他有关部门在对建筑活动实施监督管理中，收取费用按照国务院有关规定为依据，没有国务院有关规定的，不得收取费用。依据《关于治理乱收费的规定》第3条的规定，以下几种乱收费行为必须立即停止，坚决纠正：(1)未按国家规定的收费审批权限批准，擅自出台收费项目，扩大收费范围，提高收费标准；(2)将国家机关职责范围内的公务活动变无偿为有偿；(3)利用办实体、搞创收，把一部分国家机关的职能转移、分解到下属从事第三产业的经济实体，进行有偿服务，从中收费提成；(4)利用职权和行业垄断地位强行服务，强买强卖，搭车收费，从中谋利；(5)利用职权和行业垄断地位，以保证金、抵押金、储蓄金、集资、赞助等形式变相收费；(6)只收费不服务，公开敲诈勒索。

依据《行政事业性收费标准管理办法》第26条和第30条的规定，收费单位应当在收费地点的显著位置公示收费项目、收费标准、收费主体、计费单位、收费依据、收费范围、收费对象、减免规定、监督举报电话等，自觉接受社会监督。收费单位违反规定，具有下列情形之一的，由各级价格、财政部门按照职责分工责令改正，并按照有关法律法规和党中央、国务院关于收费管理的有关规定进行查处。(1)擅自制定收费标准的；(2)不执行规定收费标准和减免政策的，或者采取分解收费项目、增加收费频次、延长收费时限、扩大收费范围等方式变相提高收费标准的；

(3)已明令取消的收费项目或者停止执行的收费标准仍然收费的;(4)未按照规定向社会公示收费项目、收费标准收费的;(5)其他违反收费管理规定的。

规定集成

《关于治理乱收费的规定》(1993年10月9日初次实施)

第3条　……以下几种乱收费行为必须立即停止,坚决纠正:(一)未按国家规定的收费审批权限批准,擅自出台收费项目,扩大收费范围,提高收费标准;(二)将国家机关职责范围内的公务活动变无偿为有偿;(三)利用办实体、搞创收,把一部分国家机关的职能转移、分解到下属从事第三产业的经济实体,进行有偿服务,从中收费提成;(四)利用职权和行业垄断地位强行服务,强买强卖,搭车收费,从中谋利;(五)利用职权和行业垄断地位,以保证金、抵押金、储蓄金、集资、赞助等形式变相收费;(六)只收费不服务,公开敲诈勒索。

《行政事业性收费标准管理办法》(2018年5月1日初次实施)

第4条　收费标准实行中央和省两级审批制度。国务院和省、自治区、直辖市人民政府(以下简称省级政府)的价格财政部门按照规定权限审批收费标准。未列入行政事业性收费目录清单的收费项目,一律不得审批收费标准。中央有关部门和单位,以及全国或者区域(跨省、自治区、直辖市)范围内实施收费的收费标准,由国务院价格、财政部门审批。其中,重要收费项目的收费标准应当由国务院价格、财政部门审核后报请国务院批准。除上款规定的其他收费标准,由省级政府价格、财政部门审批。其中,重要收费项目的收费标准应当由省级政府价格、财政部门审核后报请省级政府批准。

第6条　审批收费标准应当遵循以下原则:(一)公平、公正、公开和效率的原则;(二)满足社会公共管理需要,合理补偿管理或者服务成本并与社会承受能力相适应的原则;(三)促进环境保护、资源节约和有效利用,以及经济和社会事业持续发展的原则;(四)符合国际惯例和国际对等的原则。

第17条　鉴定类收费,即根据法律法规规定,行使或者代行政府职能强制实施检验、检测、检定、认证、检疫等收取的费用,收费标准根据行使管理职能的需要，按照鉴定的场地费用、人员劳务费、仪器设备折旧、流动耗材损耗及其他成本审核。

第18条　考试类收费，即根据法律法规、国务院或者省级政府文件规定组织考试收取的费用，以及组织经人力资源和社会保障部批准的专业技术资格、执业资格和职业资格考试收取的费用，收费标准按照考务工作、组织报名、租用考试场地、聘请监考人员等组织考试的成本审核。在全国范围内统一组织的考试，可以分别制定中央有关单位向各地考试机构收取的考务费标准和各地考试机构向考生收取的考试费标准。

第19条　培训类收费，即根据法律法规或者国务院规定开展强制性培训收取的费用，收费标准按照聘请师资、租用培训场地、编制培训资料、交通支出等培训成本审核。

第21条　其他类别的收费标准，根据管理或者服务需要，按照成本补偿和非营利原则审核。

第26条　收费单位应当在收费地点的显著位置公示收费项目、收费标准、收费主体、计费单位、收费依据、收费范围、收费对象、减免规定、监督举报电话等，自觉接受社会监督。

第30条　收费单位违反规定，具有下列情形之一的，由各级价格、财政部门按照职责分工责令改正，并按照有关法律法规和党中央、国务院关于收费管理的有关规定进行查处。(一)擅自制定收费标准的;(二)不执行规定收费标准和减免政策的，或者采取分解收费项目、增加收费频次、延长收费时限、扩大收费范围等方式变相提高收费标准的;(三)已明令取消的收费项目或者停止执行的收费标准仍然收费的;(四)未按照规定向社会公示收费项目、收费标准收费的;(五)其他违反收费管理规定的。

第八十三条　【适用特别】省、自治区、直辖市人民政府确定的小型房屋建筑工程的建筑活动，参照本法执行。

依法核定作为文物保护的纪念建筑物和古建筑等的修缮，依照文物保护的有关法律规定执行。

抢险救灾及其他临时性房屋建筑和农民自建低层住宅的建筑活动，不适用本法。

条文理解

本条是关于适用范围的特别规定，第1款规定的省、自治区、直辖市人民政府确定的小型房屋建筑工程的范围，各地规定有所不同，针对的是规模较小的建筑工程，参照本法执行。第2款规定的依法核定作为文物保护的纪念建筑物和古建筑等的修缮，依据《文物保护法》第21条的规定，由取得文物保护工程资质证书的单位承担，对不可移动文物的修缮，必须遵守不改变文物原状的原则。第3款规定的抢险救灾及其他临时性房屋建筑，因为其临时性、紧急性，所以不适用本法的规定，遵守的是特事特办的原则。依据《建设部关于加强村镇建设工程质量安全管理的若干意见》第3条的规定，农民自建低层住宅是指村庄建设规划范围内的农民自建两层（含两层）以下住宅，因为数量庞大，适用本法成本过高，难以落地，这是由我国国情决定的。

规定集成

《文物保护法》（1982年11月19日初次实施，2017年11月4日修正）

第21条　国有不可移动文物由使用人负责修缮、保养；非国有不可移动文物由所有人负责修缮、保养。非国有不可移动文物有损毁危险，所有人不具备修缮能力的，当地人民政府应当给予帮助；所有人具备修缮能力而拒不依法履行修缮义务的，县级以上人民政府可以给予抢救修缮，所需费用由所有人负担。对文物保护单位进行修缮，应当根据文物保护单位的级别报相应的文物行政部门批准；对未核定为文物保护单位的不可移动文物进行修缮，应当报登记的县级人民政府文物行政部门批准。文物保护单位的修缮、迁移、重建，由取得文物保护工程资质证书的单位承担。对不可移动文物进行修缮、保养、迁移，必须遵守不改变文物原状的原则。

第66条　有下列行为之一，尚不构成犯罪的，由县级以上人民政府文物主管部门责令改正，造成严重后果的，处五万元以上五十万元以下的罚款；情节严重的，由原发证机关吊销资质证书：……（四）擅自修缮不可移动文物，明显改变文物原状的；……（六）施工单位未取得文物保护工程资质证书，擅自从事文物修缮、迁移、重建的……

《建设工程质量管理条例》（2000 年 1 月 30 日初次实施，2019 年 4 月 23 日修订）

第 80 条　抢险救灾及其他临时性房屋建筑和农民自建低层住宅的建设活动，不适用本条例。

《建设工程安全生产管理条例》（2004 年 2 月 1 日初次实施）

第 69 条　抢险救灾和农民自建低层住宅的安全生产管理，不适用本条例。

《关于加强村镇建设工程质量安全管理的若干意见》（2004 年 12 月 6 日初次实施）

第 3 条　突出重点，分类指导，创新监督管理方式，第 1 项，对于建制镇、集镇规划区内的所有公共建筑工程、居民自建两层（不含两层）以上、以及其它建设工程投资额在 30 万元以上或者建筑面积在 300 平方米以上的所有村镇建设工程、村庄建设规划范围内的学校、幼儿园、卫生院等公共建筑（以下称限额以上工程），应严格按照国家有关法律、法规和工程建设强制性标准实施监督管理。建制镇、集镇规划区内所有加层的扩建工程必须委托有资质的设计单位进行设计，并由有资质的施工单位承建。第 2 项，对于建制镇、集镇规划区内建设工程投资额 30 万元以下且建筑面积 300 平方米以下的市政基础设施、生产性建筑，居民自建两层（含两层）以下住宅和村庄建设规划范围内的农民自建两层（不含两层）以上住宅的建设活动（以下简称限额以下工程）由各省、自治区、直辖市结合本地区的实际，依据本意见“五”明确的对限额以下工程的指导原则制定相应的管理办法。第 3 项，对于村庄建设规划范围内的农民自建两层（含两层）以下住宅（以下简称农民自建低层住宅）的建设活动，县级建设行政主管部门的管理以为农民提供技术服务和指导作为主要工作方式。

《房屋建筑和市政基础设施工程竣工验收规定》（2013 年 12 月 2 日初次实施）

第 10 条　抢险救灾工程、临时性房屋建筑工程和农民自建低层住宅工程，不适用本规定。

《建筑工程施工许可管理办法》(2014年10月25日初次实施,2018年9月28日修正)

第18条　本办法关于施工许可管理的规定适用于其他专业建筑工程。有关法律、行政法规有明确规定的,从其规定。《建筑法》第八十三条第三款规定的建筑活动,不适用本办法。军事房屋建筑工程施工许可的管理,按国务院、中央军事委员会制定的办法执行。

案例适用

167　农民自建低层住宅的建筑活动是否适用本法规定

案件名称:叶某与陈某等农村建房施工合同纠纷案

审理法院:云南省高级人民法院

案　　号:(2021)云民申1678号

裁判观点:《建筑法》第83条第3款规定:"抢险救灾及其他临时性房屋建筑和农民自建低层住宅的建筑活动,不适用本法。"《建设部关于加强村镇建设工程质量安全管理的若干意见》第3条规定:"农民自建低层建筑是指农民自建两层(含两层)以下住宅。"根据上述规定,农民自建的两层(含两层)以下的住宅,属于农民自建低层建筑,不属于《建筑法》所调整的范围,也不属于《最高人民法院关于审理建设工程施工合同纠纷案件适用法律问题的解释》(已失效)所调整的建设工程施工合同法律关系。本案系农村自建一层房屋,不适用《建筑法》和《最高人民法院关于审理建设工程施工合同纠纷案件适用法律问题的解释》(已失效)。

168　农民将低层住宅的建造外包给无资质的个人发生事故是否担责

案件名称:李某与颜某、韩某、倪某提供劳务者受害责任纠纷案

审理法院:江苏省高级人民法院

案　　号:(2020)苏民申976号

裁判观点:倪某与李某口头约定,由李某对倪某自有三间瓦房拆旧

翻新，二人确定建房手工费170元/平方米，由李某负责拆除旧房屋，拆房价格1500元，双方形成承揽合同法律关系。李某随后召集颜某、韩某等人从事拆除房屋工作，李某与颜某、韩某之间系雇佣法律关系。在拆房过程中，因韩某操作铲车将走廊支柱铲倒，致使在走廊上拆除旧楼板的颜某跌落受伤。依据《最高人民法院关于审理人身损害赔偿案件适用法律若干问题的解释》第9条的规定，雇员在从事雇佣活动中致人损害的，雇主应当承担赔偿责任；雇员因故意或者重大过失致人损害的，应当与雇主承担连带赔偿责任。雇主承担连带赔偿责任的，可以向雇员追偿。本案中，李某作为案涉房屋的承揽人及颜某、韩某的雇主，对因韩某操作铲车不当导致颜某的受伤应承担赔偿责任，韩某施工中存在重大过失，其行为直接导致颜某的损害，应与李某承担连带赔偿责任。颜某从事拆房工作应预见有一定危险因素存在，其自身未尽合理注意义务且未采取安全防护措施，对损害后果的发生也有一定过错，可以减轻李某、韩某的责任。根据《建筑法》第83条的规定，农民自建低层住宅的建筑活动不适用建筑法，农民可以将自建低层住宅承包给无建筑资质的人，因此倪某不存在选任不当过错，在本案中不承担责任。

第八十四条　【军用建筑】军用房屋建筑工程建筑活动的具体管理办法，由国务院、中央军事委员会依据本法制定。

条文理解

本条是关于军用建筑的规定，因其保密性、危险性等特殊原因，其建筑活动的具体管理办法，由国务院、中央军事委员会依据本法制定等。

规定集成

《招标投标法》(2000 年 1 月 1 日初次实施,2017 年 12 月 27 日修正)

第 66 条　涉及国家安全、国家秘密、抢险救灾或者属于利用扶贫资金实行以工代赈、需要使用农民工等特殊情况,不适宜进行招标的项目,按照国家有关规定可以不进行招标。

《建设工程质量管理条例》(2000 年 1 月 30 日初次实施,2019 年 4 月 23 日修订)

第 81 条　军事建设工程的管理,按照中央军事委员会的有关规定执行。

《建设工程安全生产管理条例》(2004 年 2 月 1 日初次实施)

第 70 条　军事建设工程的安全生产管理,按照中央军事委员会的有关规定执行。

《房屋建筑和市政基础设施工程竣工验收规定》(2013 年 12 月 2 日初次实施)

第 11 条　军事建设工程的管理,按照中央军事委员会的有关规定执行。

《建筑工程施工许可管理办法》(2014 年 10 月 25 日初次实施,2018 年 9 月 28 日修正)

第 18 条　本办法关于施工许可管理的规定适用于其他专业建筑工程。有关法律、行政法规有明确规定的,从其规定。《建筑法》第八十三条第三款规定的建筑活动,不适用本办法。军事房屋建筑工程施工许可的管理,按国务院、中央军事委员会制定的办法执行。

第八十五条　【施行时间】本法自 1998 年 3 月 1 日起施行。

条文理解

本条是关于施行时间的规定,本法于 1997 年 11 月 1 日第八届全国人民代表大会常务委员会第二十八次会议通过,自 1998 年 3 月 1 日起施行。2011 年 4 月 22 日，第十一届全国人民代表大会常务委员会第二十次会议作出《关于修改〈中华人民共和国建筑法〉的决定》，对本法进行第一次修正，将第 48 条修改为："建筑施工企业应当依法为职工参加工伤保险缴纳工伤保险费。鼓励企业为从事危险作业的职工办理意外伤害保险，支付保险费。"修改条款自 2011 年 7 月 1 日起施行，其他条款施行时间不变，依然是 1998 年 3 月 1 日。

2019 年 4 月 23 日，第十三届全国人民代表大会常务委员会第十次会议作出《关于修改〈中华人民共和国建筑法〉等八部法律的决定》，对本法进行第二次修正，将第 8 条修改为："申请领取施工许可证，应当具备下列条件：（一）已经办理该建筑工程用地批准手续；（二）依法应当办理建设工程规划许可证的，已经取得建设工程规划许可证；（三）需要拆迁的，其拆迁进度符合施工要求；（四）已经确定建筑施工企业；（五）有满足施工需要的资金安排、施工图纸及技术资料；（六）有保证工程质量和安全的具体措施。建设行政主管部门应当自收到申请之日起七日内，对符合条件的申请颁发施工许可证。"修改条款自 2019 年 11 月 1 日起施行，其他条款施行时间不变。

规定集成

《关于修改〈中华人民共和国建筑法〉的决定》（2011 年 7 月 1 日初次实施）

第十一届全国人民代表大会常务委员会第二十次会议决定对《中华人民共和国建筑法》作如下修改：将第四十八条修改为："建筑施工企业应当依法为职工参加工伤保险缴纳工伤保险费。鼓励企业为从事危险作业的职工办理意外伤害保险，支付保险费。"本决定自 2011 年 7 月 1 日起施行。

《关于修改〈中华人民共和国建筑法〉等八部法律的决定》（2019 年 4 月 23 日初次实施）

第十三届全国人民代表大会常务委员会第十次会议决定：第一条：对《中华人《民共和国建筑法》作出修改：将第八条修改为："申请领取施工许可证，应当具备下列条件：(一)已经办理该建筑工程用地批准手续；(二)依法应当办理建设工程规划许可证的，已经取得建设工程规划许可证；(三)需要拆迁的，其拆迁进度符合施工要求；(四)已经确定建筑施工企业；(五)有满足施工需要的资金安排、施工图纸及技术资料；(六)有保证工程质量和安全的具体措施。建设行政主管部门应当自收到申请之日起七日内，对符合条件的申请颁发施工许可证。"

附录一 《中华人民共和国建筑法》

中华人民共和国建筑法

（1997 年 11 月 1 日第八届全国人民代表大会常务委员会第二十八次会议通过　根据 2011 年 4 月 22 日第十一届全国人民代表大会常务委员会第二十次会议《关于修改〈中华人民共和国建筑法〉的决定》第一次修正　根据 2019 年 4 月 23 日第十三届全国人民代表大会常务委员会第十次会议《关于修改〈中华人民共和国建筑法〉等八部法律的决定》第二次修正）

目　录

第一章 总 则

第一条 为了加强对建筑活动的监督管理,维护建筑市场秩序,保证建筑工程的质量和安全,促进建筑业健康发展,制定本法。

第二条 在中华人民共和国境内从事建筑活动,实施对建筑活动的监督管理,应当遵守本法。

本法所称建筑活动,是指各类房屋建筑及其附属设施的建造和与其配套的线路、管道、设备的安装活动。

第三条 建筑活动应当确保建筑工程质量和安全,符合国家的建筑工程安全标准。

第四条 国家扶持建筑业的发展,支持建筑科学技术研究,提高房屋建筑设计水平,鼓励节约能源和保护环境,提倡采用先进技术、先进设备、先进工艺、新型建筑材料和现代管理方式。

第五条 从事建筑活动应当遵守法律、法规,不得损害社会公共利益和他人的合法权益。

任何单位和个人都不得妨碍和阻挠依法进行的建筑活动。

第六条 国务院建设行政主管部门对全国的建筑活动实施统一监督管理。

第二章 建筑许可

第一节 建筑工程施工许可

第七条 建筑工程开工前,建设单位应当按照国家有关规定向工程所在地县级以上人民政府建设行政主管部门申请领取施工许可证;但是,国务院建设行政主管部门确定的限额以下的小型工程除外。

按照国务院规定的权限和程序批准开工报告的建筑工程,不再领取施工许可证。

第八条 申请领取施工许可证，应当具备下列条件：

（一）已经办理该建筑工程用地批准手续；

（二）依法应当办理建设工程规划许可证的，已经取得建设工程规划许可证；

（三）需要拆迁的，其拆迁进度符合施工要求；

（四）已经确定建筑施工企业；

（五）有满足施工需要的资金安排、施工图纸及技术资料；

（六）有保证工程质量和安全的具体措施。

建设行政主管部门应当自收到申请之日起七日内，对符合条件的申请颁发施工许可证。

第九条 建设单位应当自领取施工许可证之日起三个月内开工。因故不能按期开工的，应当向发证机关申请延期；延期以两次为限，每次不超过三个月。既不开工又不申请延期或者超过延期时限的，施工许可证自行废止。

第十条 在建的建筑工程因故中止施工的，建设单位应当自中止施工之日起一个月内，向发证机关报告，并按照规定做好建筑工程的维护管理工作。

建筑工程恢复施工时，应当向发证机关报告；中止施工满一年的工程恢复施工前，建设单位应当报发证机关核验施工许可证。

第十一条 按照国务院有关规定批准开工报告的建筑工程，因故不能按期开工或者中止施工的，应当及时向批准机关报告情况。因故不能按期开工超过六个月的，应当重新办理开工报告的批准手续。

第二节 从业资格

第十二条 从事建筑活动的建筑施工企业、勘察单位、设计单位和工程监理单位，应当具备下列条件：

（一）有符合国家规定的注册资本；

（二）有与其从事的建筑活动相适应的具有法定执业资格的专业技

术人员；

（三）有从事相关建筑活动所应有的技术装备；

（四）法律、行政法规规定的其他条件。

第十三条 从事建筑活动的建筑施工企业、勘察单位、设计单位和工程监理单位，按照其拥有的注册资本、专业技术人员、技术装备和已完成的建筑工程业绩等资质条件，划分为不同的资质等级，经资质审查合格，取得相应等级的资质证书后，方可在其资质等级许可的范围内从事建筑活动。

第十四条 从事建筑活动的专业技术人员，应当依法取得相应的执业资格证书，并在执业资格证书许可的范围内从事建筑活动。

第三章 建筑工程发包与承包

第一节 一般规定

第十五条 建筑工程的发包单位与承包单位应当依法订立书面合同，明确双方的权利和义务。

发包单位和承包单位应当全面履行合同约定的义务。不按照合同约定履行义务的，依法承担违约责任。

第十六条 建筑工程发包与承包的招标投标活动，应当遵循公开、公正、平等竞争的原则，择优选择承包单位。

建筑工程的招标投标，本法没有规定的，适用有关招标投标法律的规定。

第十七条 发包单位及其工作人员在建筑工程发包中不得收受贿赂、回扣或者索取其他好处。

承包单位及其工作人员不得利用向发包单位及其工作人员行贿、提供回扣或者给予其他好处等不正当手段承揽工程。

第十八条 建筑工程造价应当按照国家有关规定，由发包单位与承包单位在合同中约定。公开招标发包的，其造价的约定，须遵守招标投标法律的规定。

发包单位应当按照合同的约定,及时拨付工程款项。

第二节　发　　包

第十九条　建筑工程依法实行招标发包,对不适于招标发包的可以直接发包。

第二十条　建筑工程实行公开招标的,发包单位应当依照法定程序和方式,发布招标公告,提供载有招标工程的主要技术要求、主要的合同条款、评标的标准和方法以及开标、评标、定标的程序等内容的招标文件。

开标应当在招标文件规定的时间、地点公开进行。开标后应当按照招标文件规定的评标标准和程序对标书进行评价、比较,在具备相应资质条件的投标者中,择优选定中标者。

第二十一条　建筑工程招标的开标、评标、定标由建设单位依法组织实施,并接受有关行政主管部门的监督。

第二十二条　建筑工程实行招标发包的,发包单位应当将建筑工程发包给依法中标的承包单位。建筑工程实行直接发包的,发包单位应当将建筑工程发包给具有相应资质条件的承包单位。

第二十三条　政府及其所属部门不得滥用行政权力,限定发包单位将招标发包的建筑工程发包给指定的承包单位。

第二十四条　提倡对建筑工程实行总承包,禁止将建筑工程肢解发包。

建筑工程的发包单位可以将建筑工程的勘察、设计、施工、设备采购一并发包给一个工程总承包单位,也可以将建筑工程勘察、设计、施工、设备采购的一项或者多项发包给一个工程总承包单位;但是,不得将应当由一个承包单位完成的建筑工程肢解成若干部分发包给几个承包单位。

第二十五条　按照合同约定,建筑材料、建筑构配件和设备由工程承包单位采购的,发包单位不得指定承包单位购入用于工程的建筑材料、建筑构配件和设备或者指定生产厂、供应商。

第三节　承　　包

第二十六条　承包建筑工程的单位应当持有依法取得的资质证书,并在其资质等级许可的业务范围内承揽工程。

禁止建筑施工企业超越本企业资质等级许可的业务范围或者以任何形式用其他建筑施工企业的名义承揽工程。禁止建筑施工企业以任何形式允许其他单位或者个人使用本企业的资质证书、营业执照,以本企业的名义承揽工程。

第二十七条　大型建筑工程或者结构复杂的建筑工程,可以由两个以上的承包单位联合共同承包。共同承包的各方对承包合同的履行承担连带责任。

两个以上不同资质等级的单位实行联合共同承包的,应当按照资质等级低的单位的业务许可范围承揽工程。

第二十八条　禁止承包单位将其承包的全部建筑工程转包给他人,禁止承包单位将其承包的全部建筑工程肢解以后以分包的名义分别转包给他人。

第二十九条　建筑工程总承包单位可以将承包工程中的部分工程发包给具有相应资质条件的分包单位;但是,除总承包合同中约定的分包外,必须经建设单位认可。施工总承包的,建筑工程主体结构的施工必须由总承包单位自行完成。

建筑工程总承包单位按照总承包合同的约定对建设单位负责;分包单位按照分包合同的约定对总承包单位负责。总承包单位和分包单位就分包工程对建设单位承担连带责任。

禁止总承包单位将工程分包给不具备相应资质条件的单位。禁止分包单位将其承包的工程再分包。

第四章　建筑工程监理

第三十条　国家推行建筑工程监理制度。

国务院可以规定实行强制监理的建筑工程的范围。

第三十一条　实行监理的建筑工程，由建设单位委托具有相应资质条件的工程监理单位监理。建设单位与其委托的工程监理单位应当订立书面委托监理合同。

第三十二条　建筑工程监理应当依照法律、行政法规及有关的技术标准、设计文件和建筑工程承包合同，对承包单位在施工质量、建设工期和建设资金使用等方面，代表建设单位实施监督。

工程监理人员认为工程施工不符合工程设计要求、施工技术标准和合同约定的，有权要求建筑施工企业改正。

工程监理人员发现工程设计不符合建筑工程质量标准或者合同约定的质量要求的，应当报告建设单位要求设计单位改正。

第三十三条　实施建筑工程监理前，建设单位应当将委托的工程监理单位、监理的内容及监理权限，书面通知被监理的建筑施工企业。

第三十四条　工程监理单位应当在其资质等级许可的监理范围内，承担工程监理业务。

工程监理单位应当根据建设单位的委托，客观、公正地执行监理任务。

工程监理单位与被监理工程的承包单位以及建筑材料、建筑构配件和设备供应单位不得有隶属关系或者其他利害关系。

工程监理单位不得转让工程监理业务。

第三十五条　工程监理单位不按照委托监理合同的约定履行监理义务，对应当监督检查的项目不检查或者不按照规定检查，给建设单位造成损失的，应当承担相应的赔偿责任。

工程监理单位与承包单位串通，为承包单位谋取非法利益，给建设单位造成损失的，应当与承包单位承担连带赔偿责任。

第五章　建筑安全生产管理

第三十六条　建筑工程安全生产管理必须坚持安全第一、预防为主的方针，建立健全安全生产的责任制度和群防群治制度。

第三十七条　建筑工程设计应当符合按照国家规定制定的建筑安全规程和技术规范，保证工程的安全性能。

第三十八条　建筑施工企业在编制施工组织设计时，应当根据建筑工程的特点制定相应的安全技术措施；对专业性较强的工程项目，应当编制专项安全施工组织设计，并采取安全技术措施。

第三十九条　建筑施工企业应当在施工现场采取维护安全、防范危险、预防火灾等措施；有条件的，应当对施工现场实行封闭管理。

施工现场对毗邻的建筑物、构筑物和特殊作业环境可能造成损害的，建筑施工企业应当采取安全防护措施。

第四十条　建设单位应当向建筑施工企业提供与施工现场相关的地下管线资料，建筑施工企业应当采取措施加以保护。

第四十一条　建筑施工企业应当遵守有关环境保护和安全生产的法律、法规的规定，采取控制和处理施工现场的各种粉尘、废气、废水、固体废物以及噪声、振动对环境的污染和危害的措施。

第四十二条　有下列情形之一的，建设单位应当按照国家有关规定办理申请批准手续：

（一）需要临时占用规划批准范围以外场地的；

（二）可能损坏道路、管线、电力、邮电通讯等公共设施的；

（三）需要临时停水、停电、中断道路交通的；

（四）需要进行爆破作业的；

（五）法律、法规规定需要办理报批手续的其他情形。

第四十三条　建设行政主管部门负责建筑安全生产的管理，并依法接受劳动行政主管部门对建筑安全生产的指导和监督。

第四十四条 建筑施工企业必须依法加强对建筑安全生产的管理，执行安全生产责任制度，采取有效措施，防止伤亡和其他安全生产事故的发生。

建筑施工企业的法定代表人对本企业的安全生产负责。

第四十五条 施工现场安全由建筑施工企业负责。实行施工总承包的，由总承包单位负责。分包单位向总承包单位负责，服从总承包单位对施工现场的安全生产管理。

第四十六条 建筑施工企业应当建立健全劳动安全生产教育培训制度，加强对职工安全生产的教育培训；未经安全生产教育培训的人员，不得上岗作业。

第四十七条 建筑施工企业和作业人员在施工过程中，应当遵守有关安全生产的法律、法规和建筑行业安全规章、规程，不得违章指挥或者违章作业。作业人员有权对影响人身健康的作业程序和作业条件提出改进意见，有权获得安全生产所需的防护用品。作业人员对危及生命安全和人身健康的行为有权提出批评、检举和控告。

第四十八条 建筑施工企业应当依法为职工参加工伤保险缴纳工伤保险费。鼓励企业为从事危险作业的职工办理意外伤害保险，支付保险费。

第四十九条 涉及建筑主体和承重结构变动的装修工程，建设单位应当在施工前委托原设计单位或者具有相应资质条件的设计单位提出设计方案；没有设计方案的，不得施工。

第五十条 房屋拆除应当由具备保证安全条件的建筑施工单位承担，由建筑施工单位负责人对安全负责。

第五十一条 施工中发生事故时，建筑施工企业应当采取紧急措施减少人员伤亡和事故损失，并按照国家有关规定及时向有关部门报告。

第六章　建筑工程质量管理

第五十二条　建筑工程勘察、设计、施工的质量必须符合国家有关建筑工程安全标准的要求，具体管理办法由国务院规定。

有关建筑工程安全的国家标准不能适应确保建筑安全的要求时，应当及时修订。

第五十三条　国家对从事建筑活动的单位推行质量体系认证制度。从事建筑活动的单位根据自愿原则可以向国务院产品质量监督管理部门或者国务院产品质量监督管理部门授权的部门认可的认证机构申请质量体系认证。经认证合格的，由认证机构颁发质量体系认证证书。

第五十四条　建设单位不得以任何理由，要求建筑设计单位或者建筑施工企业在工程设计或者施工作业中，违反法律、行政法规和建筑工程质量、安全标准，降低工程质量。

建筑设计单位和建筑施工企业对建设单位违反前款规定提出的降低工程质量的要求，应当予以拒绝。

第五十五条　建筑工程实行总承包的，工程质量由工程总承包单位负责，总承包单位将建筑工程分包给其他单位的，应当对分包工程的质量与分包单位承担连带责任。分包单位应当接受总承包单位的质量管理。

第五十六条　建筑工程的勘察、设计单位必须对其勘察、设计的质量负责。勘察、设计文件应当符合有关法律、行政法规的规定和建筑工程质量、安全标准、建筑工程勘察、设计技术规范以及合同的约定。设计文件选用的建筑材料、建筑构配件和设备，应当注明其规格、型号、性能等技术指标，其质量要求必须符合国家规定的标准。

第五十七条　建筑设计单位对设计文件选用的建筑材料、建筑构配件和设备，不得指定生产厂、供应商。

第五十八条　建筑施工企业对工程的施工质量负责。

建筑施工企业必须按照工程设计图纸和施工技术标准施工，不得偷工减料。工程设计的修改由原设计单位负责，建筑施工企业不得擅自修改工程设计。

第五十九条　建筑施工企业必须按照工程设计要求、施工技术标准和合同的约定，对建筑材料、建筑构配件和设备进行检验，不合格的不得使用。

第六十条　建筑物在合理使用寿命内，必须确保地基基础工程和主体结构的质量。

建筑工程竣工时，屋顶、墙面不得留有渗漏、开裂等质量缺陷；对已发现的质量缺陷，建筑施工企业应当修复。

第六十一条　交付竣工验收的建筑工程，必须符合规定的建筑工程质量标准，有完整的工程技术经济资料和经签署的工程保修书，并具备国家规定的其他竣工条件。

建筑工程竣工经验收合格后，方可交付使用；未经验收或者验收不合格的，不得交付使用。

第六十二条　建筑工程实行质量保修制度。

建筑工程的保修范围应当包括地基基础工程、主体结构工程、屋面防水工程和其他土建工程，以及电气管线、上下水管线的安装工程，供热、供冷系统工程等项目；保修的期限应当按照保证建筑物合理寿命年限内正常使用，维护使用者合法权益的原则确定。具体的保修范围和最低保修期限由国务院规定。

第六十三条　任何单位和个人对建筑工程的质量事故、质量缺陷都有权向建设行政主管部门或者其他有关部门进行检举、控告、投诉。

第七章　法律责任

第六十四条　违反本法规定，未取得施工许可证或者开工报告未经批准擅自施工的，责令改正，对不符合开工条件的责令停止施工，可以处以罚款。

第六十五条 发包单位将工程发包给不具有相应资质条件的承包单位的,或者违反本法规定将建筑工程肢解发包的,责令改正,处以罚款。

超越本单位资质等级承揽工程的,责令停止违法行为,处以罚款,可以责令停业整顿,降低资质等级;情节严重的,吊销资质证书;有违法所得的,予以没收。

未取得资质证书承揽工程的,予以取缔,并处罚款;有违法所得的,予以没收。

以欺骗手段取得资质证书的,吊销资质证书,处以罚款;构成犯罪的,依法追究刑事责任。

第六十六条 建筑施工企业转让、出借资质证书或者以其他方式允许他人以本企业的名义承揽工程的,责令改正,没收违法所得,并处罚款,可以责令停业整顿,降低资质等级;情节严重的,吊销资质证书。对因该项承揽工程不符合规定的质量标准造成的损失,建筑施工企业与使用本企业名义的单位或者个人承担连带赔偿责任。

第六十七条 承包单位将承包的工程转包的,或者违反本法规定进行分包的,责令改正,没收违法所得,并处罚款,可以责令停业整顿,降低资质等级;情节严重的,吊销资质证书。

承包单位有前款规定的违法行为的,对因转包工程或者违法分包的工程不符合规定的质量标准造成的损失,与接受转包或者分包的单位承担连带赔偿责任。

第六十八条 在工程发包与承包中索贿、受贿、行贿,构成犯罪的,依法追究刑事责任;不构成犯罪的,分别处以罚款,没收贿赂的财物,对直接负责的主管人员和其他直接责任人员给予处分。

对在工程承包中行贿的承包单位,除依照前款规定处罚外,可以责令停业整顿,降低资质等级或者吊销资质证书。

第六十九条 工程监理单位与建设单位或者建筑施工企业串通,弄虚作假、降低工程质量的,责令改正,处以罚款,降低资质等级或者吊销资质证书;有违法所得的,予以没收;造成损失的,承担连带赔偿责任;构成犯罪的,依法追究刑事责任。

工程监理单位转让监理业务的,责令改正,没收违法所得,可以责令停业整顿,降低资质等级;情节严重的,吊销资质证书。

第七十条 违反本法规定,涉及建筑主体或者承重结构变动的装修工程擅自施工的,责令改正,处以罚款;造成损失的,承担赔偿责任;构成犯罪的,依法追究刑事责任。

第七十一条 建筑施工企业违反本法规定,对建筑安全事故隐患不采取措施予以消除的,责令改正,可以处以罚款;情节严重的,责令停业整顿,降低资质等级或者吊销资质证书;构成犯罪的,依法追究刑事责任。

建筑施工企业的管理人员违章指挥、强令职工冒险作业,因而发生重大伤亡事故或者造成其他严重后果的,依法追究刑事责任。

第七十二条 建设单位违反本法规定,要求建筑设计单位或者建筑施工企业违反建筑工程质量、安全标准,降低工程质量的,责令改正,可以处以罚款;构成犯罪的,依法追究刑事责任。

第七十三条 建筑设计单位不按照建筑工程质量、安全标准进行设计的,责令改正,处以罚款;造成工程质量事故的,责令停业整顿,降低资质等级或者吊销资质证书,没收违法所得,并处罚款;造成损失的,承担赔偿责任;构成犯罪的,依法追究刑事责任。

第七十四条 建筑施工企业在施工中偷工减料的,使用不合格的建筑材料、建筑构配件和设备的,或者有其他不按照工程设计图纸或者施工技术标准施工的行为的,责令改正,处以罚款;情节严重的,责令停业整顿,降低资质等级或者吊销资质证书;造成建筑工程质量不符合规定的质量标准的,负责返工、修理,并赔偿因此造成的损失;构成犯罪的,依法追究刑事责任。

第七十五条 建筑施工企业违反本法规定，不履行保修义务或者拖延履行保修义务的，责令改正，可以处以罚款，并对在保修期内因屋顶、墙面渗漏、开裂等质量缺陷造成的损失，承担赔偿责任。

第七十六条 本法规定的责令停业整顿、降低资质等级和吊销资质证书的行政处罚，由颁发资质证书的机关决定；其他行政处罚，由建设行政主管部门或者有关部门依照法律和国务院规定的职权范围决定。

依照本法规定被吊销资质证书的，由工商行政管理部门吊销其营业执照。

第七十七条 违反本法规定，对不具备相应资质等级条件的单位颁发该等级资质证书的，由其上级机关责令收回所发的资质证书，对直接负责的主管人员和其他直接责任人员给予行政处分；构成犯罪的，依法追究刑事责任。

第七十八条 政府及其所属部门的工作人员违反本法规定，限定发包单位将招标发包的工程发包给指定的承包单位的，由上级机关责令改正；构成犯罪的，依法追究刑事责任。

第七十九条 负责颁发建筑工程施工许可证的部门及其工作人员对不符合施工条件的建筑工程颁发施工许可证的，负责工程质量监督检查或者竣工验收的部门及其工作人员对不合格的建筑工程出具质量合格文件或者按合格工程验收的，由上级机关责令改正，对责任人员给予行政处分；构成犯罪的，依法追究刑事责任；造成损失的，由该部门承担相应的赔偿责任。

第八十条 在建筑物的合理使用寿命内，因建筑工程质量不合格受到损害的，有权向责任者要求赔偿。

第八章　附　　则

第八十一条 本法关于施工许可、建筑施工企业资质审查和建筑工程发包、承包、禁止转包，以及建筑工程监理、建筑工程安全和质量管理的规定，适用于其他专业建筑工程的建筑活动，具体办法由国务院规定。

第八十二条　建设行政主管部门和其他有关部门在对建筑活动实施监督管理中，除按照国务院有关规定收取费用外，不得收取其他费用。

第八十三条　省、自治区、直辖市人民政府确定的小型房屋建筑工程的建筑活动，参照本法执行。

依法核定作为文物保护的纪念建筑物和古建筑等的修缮，依照文物保护的有关法律规定执行。

抢险救灾及其他临时性房屋建筑和农民自建低层住宅的建筑活动，不适用本法。

第八十四条　军用房屋建筑工程建筑活动的具体管理办法，由国务院、中央军事委员会依据本法制定。

第八十五条　本法自1998年3月1日起施行。

附录二　综合性规定[①]

综合性规定			
序号	规定名称	发布单位	施行时间
1	《工程建设项目实施阶段程序管理暂行规定》	住建部(原建设部)	1995 年 7 月 29 日
2	《建筑法》	全国人大常委会	1998 年 3 月 1 日
3	《关于建筑装饰装修归口管理问题的复函》	住建部(原建设部)	2000 年 6 月 7 日
4	《建设工程勘察设计管理条例》	国务院	2000 年 9 月 25 日
5	《关于加强村镇建设工程质量安全管理的若干意见》	住建部(原建设部)	2004 年 12 月 6 日
6	《关于加强农民住房建设技术服务和管理的通知》	住建部(原建设部)	2006 年 12 月 14 日
7	《住房城乡建设部主要职责内设机构和人员编制规定》	国务院办公厅	2008 年 7 月 10 日
8	《关于进一步加强建筑市场监管工作的意见》	住建部	2011 年 6 月 24 日

① 以下规定施行时间均为首次颁布时的施行时间,非现行有效的实施时间。

续表

综合性规定			
序号	规定名称	发布单位	施行时间
9	《关于修改〈中华人民共和国建筑法〉的决定》	全国人大常委会	2011年7月1日
10	《关于进一步促进工程勘察设计行业改革与发展的若干意见》	住建部	2013年2月6日
11	《关于推进建筑业发展和改革的若干意见》	住建部	2014年7月1日
12	《建设单位项目负责人质量安全责任八项规定(试行)》	住建部	2015年3月6日
13	《建筑工程勘察单位项目负责人质量安全责任七项规定(试行)》	住建部	2015年3月6日
14	《建筑工程设计单位项目负责人质量安全责任七项规定(试行)》	住建部	2015年3月6日
15	《关于促进建筑业持续健康发展的意见》	国务院办公厅	2017年2月21日
16	《关于修改〈中华人民共和国建筑法〉等八部法律的决定》	全国人大常委会	2019年4月23日

附录三　建筑许可的规定[①]

建筑许可的规定			
序号	规定名称	发布单位	施行时间
1	《注册建筑师条例》	国务院	1995 年 9 月 23 日
2	《注册结构工程师执业资格制度暂行规定》	住建部(原建设部)、人社部(原人事部)	1997 年 9 月 1 日
3	《注册结构工程师执业及管理工作有关问题的暂行规定》	住建部(原建设部)	1998 年 11 月 23 日
4	《注册土木工程师(岩土)执业资格制度暂行规定》	住建部(原建设部)、人社部(原人事部)	2002 年 4 月 8 日
5	《国务院关于取消第一批行政审批项目的决定》(国发〔2002〕24 号)	国务院	2002 年 11 月 1 日
6	《关于外国企业在中华人民共和国境内从事建设工程设计活动的管理暂行规定》	住建部(原建设部)	2004 年 6 月 10 日
7	《关于工程勘察、设计、施工、监理企业及招标代理机构资质申请及年检有关问题的通知》	住建部(原建设部)办公厅	2005 年 8 月 9 日

① 以下规定施行时间均为首次颁布时的施行时间,非现行有效的实施时间。

续表

建筑许可的规定			
序号	规定名称	发布单位	施行时间
8	《注册监理工程师管理规定》	住建部(原建设部)	2006年4月1日
9	《最高人民法院关于如何认定工程造价从业人员是否同时在两个单位执业问题的答复》	最高人民法院	2006年6月26日
10	《工程造价咨询企业管理办法》	住建部(原建设部)	2006年7月1日
11	《注册建造师管理规定》	住建部(原建设部)	2007年3月1日
12	《注册造价工程师管理办法》	住建部(原建设部)	2007年3月1日
13	《工程设计资质标准》(已失效)	住建部(原建设部)	2007年3月29日
14	《工程监理企业资质标准》(已失效)	住建部(原建设部)	2007年5月21日
15	《工程监理企业资质管理规定实施意见》	住建部(原建设部)	2007年7月31日(2001年11月14日已被修改)
16	《工程监理企业资质管理规定》	住建部(原建设部)	2007年8月1日
17	《建设工程勘察设计资质管理规定实施意见》(部分失效)	住建部(原建设部)	2007年8月21日
18	《建设工程勘察设计资质管理规定》(已被修改)	住建部(原建设部)	2007年9月1日

续表

建筑许可的规定			
序号	规定名称	发布单位	施行时间
19	《注册建造师执业管理办法(试行)》	住建部(原建设部)	2008 年 2 月 26 日
20	《注册建筑师条例实施细则》	住建部(原建设部)	2008 年 3 月 15 日
21	《建筑施工特种作业人员管理规定》	住建部	2008 年 6 月 1 日
22	《建设用地容积率管理办法》	住建部	2012 年 3 月 1 日
23	《中央投资项目招标代理资格管理办法》(已失效)	国家发改委	2012 年 4 月 2 日
24	《工程勘察资质标准》(已被修改)	住建部	2013 年 1 月 21 日
25	《工程勘察资质标准实施办法》	住建部	2013 年 6 月 7 日
26	《建筑工程施工许可管理办法》(已被修改)	住建部	2014 年 10 月 25 日
27	《建筑业企业资质标准》	住建部	2015 年 1 月 1 日
28	《建筑业企业资质管理规定》(已被修改)	住建部	2015 年 3 月 1 日
29	《建筑业企业资质管理规定和资质标准实施意见》(已被修改)	住建部	2015 年 3 月 1 日
30	《国务院关于优化建设工程防雷许可的决定》	国务院	2016 年 6 月 28 日

附录四　建筑工程发包与承包的规定[①]

建筑工程发包与承包的规定			
序号	规定名称	发布单位	施行时间
1	《最高人民法院关于给承包单位介绍工程索要信息费如何处理问题的复函》	最高人民法院	1990 年 11 月 19 日
2	《建设部、国家工商行政管理局关于禁止在工程建设中垄断市场和肢解发包工程的通知》	住建部(原建设部)、国家市场监督管理总局(原国家工商行政管理局)	1996 年 4 月 22 日
3	《国家重点建设项目管理办法》(已被修改)	国家发改委(原国家计划委员会)	1996 年 6 月 14 日
4	《建设工程施工发包与承包价格管理暂行规定》	住建部(原建设部)	1999 年 1 月 6 日
5	《招标投标法》	全国人大常委会	2000 年 1 月 1 日
6	《关于国务院有关部门实施招标投标活动行政监督的职责分工意见》	国务院办公厅	2000 年 5 月 3 日

① 以下规定施行时间均为首次颁布时的施行时间,非现行有效的实施时间。

续表

建筑工程发包与承包的规定			
序号	规定名称	发布单位	施行时间
7	《招标公告发布暂行办法》(已失效)	国家发改委(原国家计划委员会)	2000年7月1日
8	《最高人民法院关于建设工程承包合同案件中双方当事人已确认的工程决算价款与审计部门审计的工程决算价款不一致时如何适用法律问题的电话答复意见》	最高人民法院	2001年4月2日
9	《房屋建筑和市政基础设施工程施工招标投标管理办法》	住建部(原建设部)	2001年6月1日
10	《工程建设项目可行性研究报告增加招标内容和核准招标事项暂行规定》(已被修改)	国家发改委(原国家计划委员会)	2001年6月18日
11	《评标委员会和评标方法暂行规定》(已被修改)	国家发改委(原国家计划委员会)等有关部门	2001年7月5日
12	《国家重大建设项目招标投标监督暂行办法》(已失效)	国家发改委(原国家计划委员会)	2002年2月1日
13	《最高人民法院关于建设工程价款优先受偿权问题的批复》(已失效)	最高人民法院	2002年6月27日
14	《关于培育发展工程总承包和工程项目管理企业的指导意见》	住建部(原建设部)	2003年2月13日
15	《工程建设项目勘察设计招标投标办法》(已被修改)	国家发改委(原国家计划委员会)等有关部门	2003年8月1日
16	《关于工程总承包市场准入问题的复函》	住建部(原建设部)办公厅	2003年11月21日

续表

建筑工程发包与承包的规定			
序号	规定名称	发布单位	施行时间
17	《房屋建筑和市政基础设施工程施工分包管理办法》	住建部（原建设部）	2004年4月1日
18	《工程建设项目招标投标活动投诉处理办法》	国家发改委等有关部门	2004年8月1日
19	《建设领域农民工工资支付管理暂行办法》	住建部(原建设部)、人社部(原劳社部)	2004年9月6日
20	《建设工程价款结算暂行办法》	财政部、住建部(原建设部)	2004年10月20日
21	《最高人民法院关于装修装饰工程款是否享有合同法第二百八十六条规定的优先受偿权的函复》	最高人民法院	2004年12月8日
22	《工程建设项目货物招标投标办法》	国家发改委等有关部门	2005年3月1日
23	《关于加强房屋建筑和市政基础设施工程项目施工招标投标行政监督工作的若干意见》	住建部（原建设部）	2005年10月10日
24	《关于严禁政府投资项目使用带资承包方式进行建设的通知》	住建部(原建设部)等有关部门	2006年1月4日
25	《建筑工程方案设计招标投标管理办法》(已被修改)	住建部	2008年5月1日
26	《最高人民法院关于人民法院在审理建设工程施工合同纠纷案件中如何认定财政评审中心出具的审核结论问题的答复》	最高人民法院	2008年5月16日
27	《招标投标法实施条例》	国务院	2012年2月1日

续表

建筑工程发包与承包的规定			
序号	规定名称	发布单位	施行时间
28	《住房城乡建设部关于进一步加强房屋建筑和市政工程项目招标投标监督管理工作的指导意见》	住建部	2012 年 4 月 18 日
29	《建筑安装工程费用项目组成》	住建部、财政部	2013 年 3 月 21 日
30	《工程建设项目施工招标投标办法》	国家发改委等有关部门	2013 年 5 月 1 日
31	《建筑工程施工发包与承包计价管理办法》	住建部	2014 年 2 月 1 日
32	《建设工程定额管理办法》	住建部	2015 年 12 月 25 日
33	《住房城乡建设部关于进一步推进工程总承包发展的若干意见》	住建部	2016 年 5 月 20 日
34	《建筑工程设计招标投标管理办法》	住建部	2017 年 5 月 1 日
35	《建设工程施工合同(示范文本)》(GF－2017－0201)	住建部、国家市场监督管理总局(原国家工商行政管理总局)	2017 年 10 月 1 日
36	《必须招标的工程项目规定》	国家发改委	2018 年 6 月 1 日
37	《建筑工程施工发包与承包违法行为认定查处管理办法》	住建部	2019 年 1 月 1 日
38	《房屋建筑和市政基础设施项目工程总承包管理办法》	住建部、国家发改委	2020 年 3 月 1 日
39	《最高人民法院关于审理建设工程施工合同纠纷案件适用法律问题的解释(一)》	最高人民法院	2021 年 1 月 1 日

附录五　建筑工程监理的规定[①]

建筑工程监理的规定			
序号	规定名称	发布单位	施行时间
1	《建设工程监理范围和规模标准规定》	住建部(原建设部)	2001年1月17日
2	《房屋建筑工程施工旁站监理管理办法(试行)》	住建部(原建设部)	2003年1月1日
3	《建设部办公厅关于监理单位审核工程预算资格和建设工程项目承包发包有关问题的复函》	住建部(原建设部)办公厅	2003年1月9日
4	《建设部关于落实建设工程安全生产监理责任的若干意见》	住建部(原建设部)	2006年10月16日
5	《建设工程监理规范》(GB/T 50319—2013)	住建部	2014年3月1日
6	《建筑工程项目总监理工程师质量安全责任六项规定(试行)》	住建部	2015年3月6日
7	《住房城乡建设部关于促进工程监理行业转型升级创新发展的意见》	住建部	2017年7月7日

① 以下规定施行时间均为首次颁布时的施行时间,非现行有效的实施时间。

附录六　建筑安全生产管理的规定[①]

建筑安全生产管理的规定			
序号	规定名称	发布单位	施行时间
1	《工程建设国家标准管理办法》	住建部（原建设部）	1992年12月30日
2	《工程建设行业标准管理办法》	住建部（原建设部）	1992年12月30日
3	《建设工程施工现场综合考评试行办法》	住建部（原建设部）	1995年7月14日
4	《施工现场安全防护用具及机械设备使用监督管理规定》	住建部(原建设部)、国家市场监督管理总局(原国家工商行政管理总局)、国家(质量)技术监督局	1998年9月4日
5	《建设项目环境保护管理条例》	国务院	1998年11月29日
6	《建筑工程预防高处坠落事故若干规定》	住建部（原建设部）	2003年4月17日

① 以下规定施行时间均为首次颁布时的施行时间，非现行有效的实施时间。

续表

建筑安全生产管理的规定			
序号	规定名称	发布单位	施行时间
7	《建筑工程预防坍塌事故若干规定》	住建部(原建设部)	2003年4月17日
8	《建设部关于加强建筑意外伤害保险工作的指导意见》	住建部(原建设部)	2003年5月23日
9	《环境影响评价法》	全国人大常委会	2003年9月1日
10	《建设工程安全生产管理条例》	国务院	2004年2月1日
11	《城市地下管线工程档案管理办法》	住建部(原建设部)	2005年5月1日
12	《城市建筑垃圾管理规定》	住建部(原建设部)	2005年6月1日
13	《建筑工程安全防护、文明施工措施费用及使用管理规定》	住建部(原建设部)	2005年9月1日
14	《关于严格实施建筑施工企业安全生产许可证制度的若干补充规定》	住建部(原建设部)	2006年1月25日
15	《建筑施工人员个人劳动保护用品使用管理暂行规定》	住建部(原建设部)	2007年11月5日
16	《建筑施工企业安全生产管理机构设置及专职安全生产管理人员配备办法》	住建部	2008年5月13日
17	《建筑起重机械安全监督管理规定》	住建部(原建设部)	2008年6月1日

续表

建筑安全生产管理的规定			
序号	规定名称	发布单位	施行时间
18	《建筑起重机械备案登记办法》	住建部(原建设部)	2008年6月1日
19	《建筑施工企业安全生产许可证动态监管暂行办法》	住建部	2008年6月30日
20	《建筑施工组织设计规范》	住建部等有关部门	2009年10月1日
21	《建设项目安全设施"三同时"监督管理暂行办法》	应急部(原安监局)	2011年2月1日
22	《建筑施工企业负责人及项目负责人施工现场带班暂行办法》	住建部	2011年7月22日
23	《关于发布国家标准〈住宅设计规范〉的公告》(部分失效)	住建部	2011年8月1日
24	《房屋市政工程生产安全重大隐患排查治理挂牌督办暂行办法》	住建部	2011年10月8日
25	《房屋市政工程生产安全事故报告和查处工作规程》	住建部	2013年1月14日
26	《住房城乡建设部关于房屋建筑工程推广应用减隔震技术的若干意见(暂行)》	住建部	2014年2月21日
27	《建筑施工安全生产标准化考评暂行办法》	住建部	2014年7月31日
28	《建筑施工企业主要负责人、项目负责人和专职安全生产管理人员安全生产管理规定》	住建部	2014年9月1日

续表

建筑安全生产管理的规定			
序号	规定名称	发布单位	施行时间
29	《房屋建筑和市政基础设施工程施工安全监督规定》(已被修改)	住建部	2014 年 10 月 24 日
30	《房屋建筑和市政基础设施工程施工安全监督工作规程》(已被修改)	住建部	2014 年 10 月 28 日
31	《建筑施工企业主要负责人、项目负责人和专职安全生产管理人员安全生产管理规定实施意见》	住建部	2015 年 12 月 10 日
32	《住房城乡建设部办公厅关于实施〈危险性较大的分部分项工程安全管理规定〉有关问题的通知》	住建部办公厅	2018 年 5 月 17 日
33	《危险性较大的分部分项工程安全管理规定》	住建部	2018 年 6 月 1 日

附录七　建筑工程质量管理的规定[①]

建筑工程质量管理的规定			
序号	规定名称	发布单位	施行时间
1	《城市居民住宅安全防范设施建设管理规定》	住建部(原建设部)、公安部	1996年2月1日
2	《建设工程质量投诉处理暂行规定》	住建部(原建设部)	1997年4月2日
3	《城市建设档案管理规定》	住建部(原建设部)	1998年1月1日
4	《建设工程质量管理条例》	国务院	2000年1月30日
5	《房屋建筑和市政基础设施工程竣工验收备案管理办法》	住建部(原建设部)	2000年4月4日
6	《房屋建筑工程质量保修办法》	住建部(原建设部)	2000年6月30日
7	《实施工程建设强制性标准监督规定》(已被修改)	住建部(原建设部)	2000年8月25日
8	《建设工程抗震设防要求管理规定》	中国地震局	2002年1月28日

① 以下规定施行时间均为首次颁布时的施行时间,非现行有效的实施时间。

续表

建筑工程质量管理的规定			
序号	规定名称	发布单位	施行时间
9	《超限高层建筑工程抗震设防管理规定》	住建部(原建设部)	2002 年 9 月 1 日
10	《建设工程勘察质量管理办法》(已被修改)	住建部(原建设部)	2003 年 2 月 1 日
11	《建设部关于加强住宅工程质量管理的若干意见》	住建部(原建设部)	2004 年 1 月 30 日
12	《建设工程质量保证金管理暂行办法》(已失效)	住建部(原建设部)、财政部	2005 年 1 月 12 日
13	《建设工程质量检测管理办法》	住建部(原建设部)	2005 年 11 月 1 日
14	《民用建筑节能管理规定》	住建部(原建设部)	2006 年 1 月 1 日
15	《房屋建筑工程抗震设防管理规定》	住建部(原建设部)	2006 年 4 月 1 日
16	《民用建筑工程节能质量监督管理办法》	住建部(原建设部)	2006 年 7 月 31 日
17	《民用建筑节能条例》	国务院	2008 年 10 月 1 日
18	《关于做好住宅工程质量分户验收工作的通知》	住建部	2009 年 12 月 22 日
19	《关于进一步强化住宅工程质量管理和责任的通知》	住建部	2010 年 5 月 4 日
20	《关于做好房屋建筑和市政基础设施工程质量事故报告和调查处理工作的通知》	住建部	2010 年 7 月 20 日

续表

建筑工程质量管理的规定			
序号	规定名称	发布单位	施行时间
21	《建设工程质量保证金管理办法》	住建部、财政部	2017 年 7 月 1 日
22	《建筑工程施工质量验收统一标准》(GB 50300—2013)	住建部	2014 年 6 月 1 日
23	《房屋建筑和市政基础设施工程竣工验收规定》	住建部	2013 年 12 月 2 日
24	《建筑工程五方责任主体项目负责人质量终身责任追究暂行办法》	住建部	2014 年 8 月 25 日
25	《建筑施工项目经理质量安全责任十项规定(试行)》	住建部	2014 年 8 月 25 日
26	《国务院办公厅关于清理规范工程建设领域保证金的通知》	国务院办公厅	2016 年 6 月 27 日
27	《建设工程质量保证金管理办法》	住建部、财政部	2017 年 7 月 1 日
28	《建设项目竣工环境保护验收暂行办法》	生态环境部(原环境保护部)	2017 年 11 月 22 日

附录八　其他相关规定①

其他相关规定			
序号	规定名称	发布单位	施行时间
1	《关于保护通信线路的规定》	国务院、中央军委	1982年9月20日
2	《文物保护法》	全国人大常委会	1982年11月19日
3	《电力设施保护条例》	国务院	1987年9月15日
4	《标准化法实施条例》	国务院	1990年4月6日
5	《产品质量法》	全国人大常委会	1993年9月1日
6	《关于治理乱收费的规定》	财政部	1993年10月9日
7	《城市供水条例》	国务院	1994年10月1日
8	《劳动法》	全国人大常委会	1995年1月1日
9	《电力法》	全国人大常委会	1996年4月1日
10	《城市道路管理条例》	国务院	1996年10月1日
11	《刑法》	全国人大	1997年10月1日
12	《公路法》	全国人大常委会	1998年1月1日
13	《城市房地产开发经营管理条例》	国务院	1998年7月20日
14	《土地管理法》	全国人大常委会	1999年1月1日
15	《海洋环境保护法》	全国人大常委会	2000年4月1日

① 以下规定施行时间均为首次颁布时的施行时间，非现行有效的实施时间。

续表

其他相关规定			
序号	规定名称	发布单位	施行时间
16	《安全生产法》	全国人大常委会	2002 年 11 月 1 日
17	《安全生产许可证条例》	国务院	2004 年 1 月 13 日
18	《关于确立劳动关系有关事项的通知》	人社部（原劳社部）	2005 年 5 月 25 日
19	《公司法》	全国人大常委会	2006 年 1 月 1 日
20	《民用爆炸物品安全管理条例》	国务院	2006 年 9 月 1 日
21	《生产安全事故报告和调查处理条例》	国务院	2007 年 6 月 1 日
22	《行政机关公务员处分条例》	国务院	2007 年 6 月 1 日
23	《城乡规划法》	全国人大常委会	2008 年 1 月 1 日
24	《节约能源法》	全国人大常委会	2008 年 4 月 1 日
25	《水污染防治法》	全国人大常委会	2008 年 6 月 1 日
26	《循环经济促进法》	全国人大常委会	2009 年 1 月 1 日
27	《消防法》	全国人大常委会	2009 年 5 月 1 日
28	《防震减灾法》	全国人大常委会	2009 年 5 月 1 日
29	《邮政法》	全国人大常委会	2009 年 10 月 1 日
30	《国有土地上房屋征收与补偿条例》	国务院	2011 年 1 月 21 日
31	《城镇燃气管理条例》	国务院	2011 年 3 月 1 日
32	《城镇排水与污水处理条例》	国务院	2014 年 1 月 1 日

续表

其他相关规定			
序号	规定名称	发布单位	施行时间
33	《国务院办公厅关于加强城市地下管线建设管理的指导意见》	国务院办公厅	2014 年 6 月 3 日
34	《最高人民法院关于审理工伤保险行政案件若干问题的规定》	最高人民法院	2014 年 9 月 1 日
35	《环境保护法》	全国人大常委会	2015 年 1 月 1 日
36	《大气污染防治法》	全国人大常委会	2016 年 1 月 1 日
37	《标准化法》	全国人大常委会	2018 年 1 月 1 日
38	《反不正当竞争法》	全国人大常委会	2018 年 1 月 1 日
39	《行政事业性收费标准管理办法》	发改委、财政部	2018 年 5 月 1 日
40	《保障农民工工资支付条例》	国务院	2020 年 5 月 1 日
41	《固体废物污染环境防治法》	全国人大常委会	2020 年 9 月 1 日
42	《民法典》	全国人大	2021 年 1 月 1 日
43	《行政处罚法》	全国人大常委会	2021 年 7 月 15 日
44	《市场主体登记管理条例》	国务院	2022 年 3 月 1 日
45	《噪声污染防治法》	全国人大常委会	2022 年 6 月 5 日